世界主要国家
财政运行报告
(2017)

中国财政科学研究院
广西(东盟)财经研究中心 著

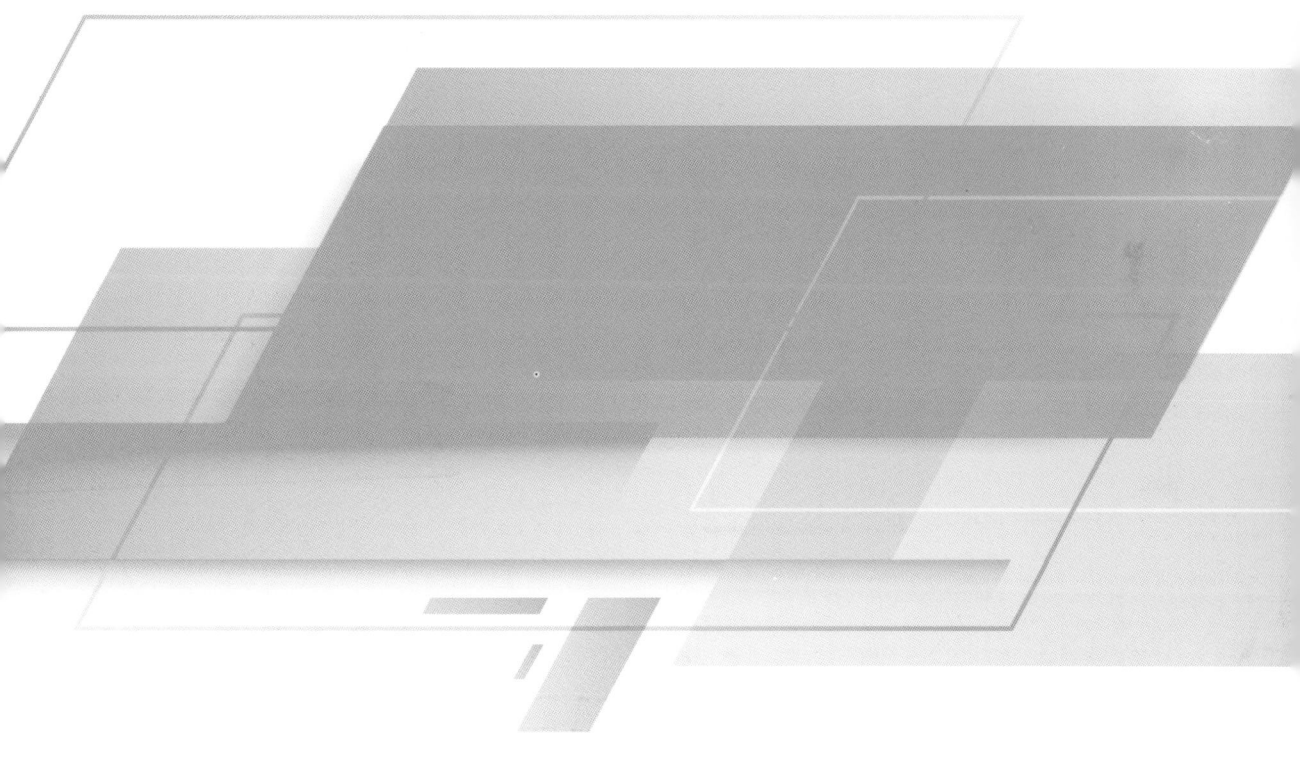

中国财经出版传媒集团
经济科学出版社
Economic Science Press

编 委 会

主　　　任：刘尚希
副 主 任：王朝才　傅志华　宁旭初
撰写组组长：马洪范
成　　　员：（按姓氏笔画排序）
　　　　　　丁雨琦　马念谊　于雯杰　王美桃
　　　　　　白忠涛　吕旺实　李三秀　李成威
　　　　　　李　欣　李　博　刘　炫　刘翠微
　　　　　　张东明　张晓云　梁佳雯　景婉博
　　　　　　靳友雯
协 调 人：李　欣　刘金林

目录 CONTENTS

第一篇 欧 洲

第一章 英国 ··· **3**

    一、经济概况 ··· 3

    二、政府支出 ··· 5

    三、政府收入 ··· 11

    四、政府盈余/赤字 ··· 17

    五、政府债务 ··· 18

    六、政府间转移支付 ··· 20

    七、施政方针与财政改革 ·· 21

    主要参考文献 ·· 25

第二章 德国 ··· **26**

    一、经济概况 ··· 26

    二、政府支出 ··· 28

    三、政府收入 ··· 36

    四、政府盈余/赤字 ··· 49

    五、政府债务 ··· 50

    六、政府间转移支付 ··· 54

  七、施政方针与财政改革 ………………………………………… 59
  主要参考文献 …………………………………………………… 63

第三章 法国 ……………………………………………… **64**

  一、经济概况 ……………………………………………………… 64
  二、政府支出 ……………………………………………………… 67
  三、政府收入 ……………………………………………………… 72
  四、政府盈余/赤字 ………………………………………………… 75
  五、政府债务 ……………………………………………………… 76
  六、施政方针与财政改革 ………………………………………… 78
  主要参考文献 …………………………………………………… 82

第四章 俄罗斯 …………………………………………… **83**

  一、经济概况 ……………………………………………………… 83
  二、政府支出 ……………………………………………………… 88
  三、政府收入 ……………………………………………………… 93
  四、政府盈余/赤字 ………………………………………………… 96
  五、政府债务 ……………………………………………………… 97
  六、政府间转移支付 ……………………………………………… 98
  七、储备基金和国家福利基金 …………………………………… 101
  八、施政方针与财政改革 ………………………………………… 102
  主要参考文献 …………………………………………………… 106

第二篇 北美洲

第五章 美国 ……………………………………………… **111**

  一、经济概况 ……………………………………………………… 111
  二、政府支出 ……………………………………………………… 115

三、政府收入 117
　　四、政府盈余/赤字 120
　　五、政府债务 122
　　六、政府间转移支付 126
　　七、施政方针与财政改革 128
　　主要参考文献 131

第六章　加拿大　　**133**
　　一、经济概况 133
　　二、政府支出 136
　　三、政府收入 141
　　四、政府盈余/赤字 146
　　五、政府债务 148
　　六、政府间转移支付 151
　　七、施政方针与财政改革 156
　　主要参考文献 158

第三篇　南美洲

第七章　巴西　　**161**
　　一、经济概况 161
　　二、政府支出 163
　　三、政府收入 173
　　四、政府赤字和债务 179
　　五、政府间转移支付 185
　　六、施政方针与财政改革 189
　　主要参考文献 190

第四篇 大洋洲

第八章 澳大利亚 ··· **195**

- 一、经济概况 ··· 195
- 二、政府支出 ··· 197
- 三、政府收入 ··· 201
- 四、政府赤字和债务 ··· 205
- 五、政府间转移支付 ··· 207
- 六、施政方针与财政改革 ··· 211
- 主要参考文献 ··· 215

第五篇 非洲

第九章 南非 ··· **219**

- 一、经济概况 ··· 219
- 二、政府支出 ··· 223
- 三、政府收入 ··· 228
- 四、政府盈余/赤字 ··· 231
- 五、政府债务 ··· 234
- 六、政府间转移支付 ··· 236
- 七、施政方针与财政改革 ··· 238
- 主要参考文献 ··· 242

第六篇 亚 洲

第十章 日本 **245**

 一、经济概况 245

 二、政府支出 248

 三、政府收入 257

 四、政府盈余/赤字 261

 五、政府债务 262

 六、政府间转移支付 265

 七、施政方针与财政改革 269

 主要参考文献 270

第十一章 韩国 **271**

 一、经济概况 271

 二、政府支出 275

 三、政府收入 278

 四、政府盈余与综合财政收支 280

 五、政府债务 281

 六、政府间转移支付 284

 七、施政方针与财政改革 287

 主要参考文献 292

第十二章 印度 **293**

 一、经济概况 293

 二、政府支出 295

 三、政府收入 303

 四、政府盈余/赤字 308

五、政府债务 ··· 311
　　六、政府间转移支付 ·· 312
　　七、施政方针与财政改革 ·· 316
　　　主要参考文献 ··· 319

第十三章　印度尼西亚 ··· **321**

　　一、经济概况 ··· 321
　　二、政府支出 ··· 324
　　三、政府收入 ··· 327
　　四、政府盈余/赤字 ·· 330
　　五、政府债务 ··· 331
　　六、政府间转移支付 ·· 331
　　七、施政方针与财政改革 ·· 334
　　　主要参考文献 ··· 337

附录：G20 的发展与展望 ··· 338
后记 ·· 347

德国

英国

法国

俄罗斯

第一篇
欧 洲

第一章
英 国

英国全称大不列颠及北爱尔兰联合王国,位于欧洲西部,是一个岛国,面积24.41万平方公里(包括内陆水域),人口6 470万人(2015年),首都为伦敦。英国于1973年1月加入欧共体,是欧盟成员国,并且为非欧元区国家。英国资本主义发展较早,是最先完成工业化的国家,曾是世界霸主,被称为"日不落帝国"。第一次世界大战后英国开始衰落,其世界霸权地位逐渐被美国取代,第二次世界大战严重削弱了英国的经济实力。但英国仍然是英联邦53个成员国的盟主,在海外还有13块领地,其对英联邦成员国无论是语言还是体制、制度上都有深远的影响。不但如此,英国的很多法律和制度还是世界各国学习和效仿的对象,例如大宪章、君主立宪制。①

一、经济概况

(一)国民经济

英国经济实力较强,是世界第五大经济体,欧盟第二大经济体。农业在英国国内生产总值(GDP)中所占比重不到1%,从业人口不到就业总人口的2%,农业主要包括畜牧、粮食、园艺、渔业,可满足国内食品需求的近2/3。工业占英国国内

---

① 中国外交部:《英国国家概况》,中国外交部网站,2016年7月。

生产总值的比重约为23%，工业主要包括采矿、冶金、化工、机械、电子、电子仪器、汽车、航空、食品、饮料、烟草、轻纺、造纸、印刷、出版、建筑等，其中生物制药、航空和国防是英国工业研发的重点，也是英国最具创新力和竞争力的行业。英国是欧盟中能源资源最丰富的国家，主要有煤、石油、天然气、核能和水力等，能源产业在英国经济中占有重要地位。服务业是英国经济的支柱产业，占英国国内生产总值的3/4，主要包括金融保险、零售、旅游和商业服务等。伦敦是世界著名金融中心，拥有现代化金融服务体系，从事跨国银行借贷、国际债券发行、基金投资等业务，同时也是世界最大外汇交易市场、最大保险市场、最大黄金现货交易市场、最大衍生品交易市场、全球第三大保险市场、重要船贷市场和非贵重金属交易中心，并拥有世界上数量最多的外国银行分支机构和办事处。

（二）经济增长

英国是世界经济增长较快的发达经济体之一。全球金融危机后，英国经济虽然受到重大的不利影响，但在发达经济体中，是恢复最快的国家之一，并且经济增速逐步提高。2010~2015年，英国GDP增速分别为1.54%、1.51%、1.31%、1.91%、3.07%和2.25%（见表1-1）。到2016年第一季度，GDP同比增长2%，第二季度预计增长2.2%。国际货币基金组织（IMF）近期发布报告，将2016年英国经济增长预期下调至1.7%，预测2017年英国经济增长将在0.9%~1.3%。

表1-1　　　　　　　　2010~2015年英国主要宏观经济指标

年　份	2010	2011	2012	2013	2014	2015
GDP实际增长率（%）	1.54	1.51	1.31	1.91	3.07	2.25
CPI指数（2010=100）	100.00	104.48	107.43	110.18	111.79	111.84
失业率（%）	7.88	8.10	7.99	7.59	6.19	5.37

注：CPI为消费者价格指数。
资料来源：IMF, International Financial Statistics (IFS), Feb. 24 2017, http://data.imf.org/?sk=dac5755f-a3bb-438a-b64f-67c687e2cfd5&sid=1390030109571&ss=1390030323199.

（三）宏观经济

2015年英国国内生产总值约合2.85万亿美元，同比增长2.3%。人均GDP约合4.38万美元，同比增长1.5%。2016年3~5月失业率为4.9%，为2005年以来最低。截至 2016 年 6 月，公共债务为 1.62 万亿英镑，占国内生产总值的 84%，通货膨胀率为 0.3%。2016 年 6 月 23 日公投脱欧后，英国金融市场一度剧烈震荡，英镑大幅贬值，2016 年 7 月 1 英镑约合 1.3209 美元，到 2017 年 1 月英镑进一步下挫到 1 美元 =0.81 英镑（平均值）[①]。

（四）财政概况

2015/2016 财年[②]，英国全国政府（General Government）经常性收入 6 741 亿英镑，经常性支出 6 908 亿英镑，折旧 294 亿英镑，经常性预算赤字 462 亿英镑，净投资 301 亿英镑，净借款 763 亿英镑，净现金需求 620 亿英镑（见表 1-2）。

表 1-2　　　　　　2015/2016 财年英国政府财政状况

		中央政府（百万英镑）	地方政府（百万英镑）	汇总（百万英镑）	中央政府所占比重（%）	地方政府所占比重（%）
经常性收入	1	635 223	38 828	674 051	94.2	5.8
经常性支出	2	652 096	38 676	690 772	94.4	5.6
经常性预算赤字	3 = 2 - 1 + 折旧	35 220	10 940	46 160	76.3	23.7
净投资	4	34 927	-4 782	30 145	115.9	-15.9
净借款	5 = 3 + 4	70 147	6 158	76 305	91.9	8.1
净现金需求	6 = 5 + 相关交易	59 629	2 389	62 018	96.1	3.9

注：（1）比重为计算得出。
（2）经常性预算赤字 = 经常性支出 - 经常性收入 + 折旧，净借款 = 经常性赤字 + 净投资，净现金需求 = 净借款 + 与净现金需求相关的交易。
资料来源：Office for National Statistics, Public Sector Finances：Jan 2017, 21 February 2017, PSA10，英国财政部网站。

二、政府支出

英国是单一制国家，政府分为两个层级，即中央和地方。除政府外，英国还包

---
① 2017 年 1 月数据来自 IMF, International Financial Statistics (IFS), Feb. 24 2017, http：//data.imf.org/?sk = dac5755f - a3bb - 438a - b64f - 67c687e2cfd5&sid = 1390030109571&ss = 1390030323199.
② 英国财政年度开始于每年的 4 月。

括很多其他的公共部门，如非金融类国有企业（Non-Financial Public Corporations，NFPCs）、英格兰银行（Bank of England，BoE）、其他国有银行（Public Sector Banking Groups，PSBGs）。

（一）全国政府支出

2015/2016 财年，英国全国政府经常性支出 6908 亿英镑，净投资（资本性支出净值）301 亿英镑，分别占 GDP 的 36.0% 和 1.6%。与 2013/2014 财年相比，经常性支出增长了 2.7%，净投资下降了 0.9%，占 GDP 的比重都有所下降（见表 1-3）。

从支出结构来看，按经济分类，政府支出分为经常性支出和资本性支出两类，其中以经常性支出为主。2015/2016 财年，经常性支出占经常性支出和净投资总量的比例约为 95.8%。从政府层级来看，政府支出分为中央政府支出和地方政府支出，其中以中央政府支出为主。2015/2016 财年，中央政府经常性支出和净投资约占政府经常性支出和净投资的 95.3%（见表 1-3）。

表 1-3　　　　　　　　2013~2016 财年英国政府支出概况

财年	2013/2014				2015/2016			
项目	中央政府（百万英镑）	地方政府（百万英镑）	汇总（百万英镑）	占GDP比重（%）	中央政府（百万英镑）	地方政府（百万英镑）	汇总（百万英镑）	占GDP比重（%）
经常性支出	644 540	27 799	672 339	37.3	652 096	38 676	690 772	36.0
净投资	33 944	-3 531	30 413	1.7	34 927	-4 782	30 145	1.6

注：根据 Office for National Statistics，Public Sector Finances：Jan 2017，21 February 2017 表格计算 2013/2014 财年 GDP 约为 18 042 亿英镑，2015/2016 财年 GDP 约为 19 175 亿英镑，据此计算的占 GDP 比重。

资料来源：（1）Office for National Statistics，Public Sector Finances：April 2015，22 May 2015，PSA10，英国财政部网站。

（2）Office for National Statistics，Public Sector Finances：Jan 2017，21 February 2017，PSA10，英国财政部网站。

（二）中央政府支出

1. 支出规模及其变化

2015/2016 财年，英国中央政府总支出 736 459 亿英镑，支出比上一财年增长 0.5%，支出占 GDP 的 38.4%（见表 1-4）。从变动趋势来看，支出总量逐年增长，但增长率较低，一般在1%~1.5%，而且增长率逐年下降，2015/2016财年的增长率低至0.5%，支出占GDP比重也是逐年下降，占比从2012/2013财年的41.5%下降到38.4%。

表1-4 　　　　　　　　2013/2014财年~2015/2016财年
英国中央政府支出概况

财　　年	2012/2013	2013/2014	2014/2015	2015/2016
总支出（百万英镑）	714 922	723 435	733 052	736 459
支出增长率（%）		1.2	1.3	0.5
GDP（亿英镑）	17 226	18 042	18 592	19 175
支出占GDP比重（%）	41.5	40.1	39.4	38.4

注：（1）GDP根据Office for National Statistics, Public Sector Finances：Jan 2017, 21 February 2017, PSA1计算得出。
（2）支出增长率和支出占GDP比重均为计算得出。
资料来源：Office for National Statistics, Public Sector Finances：Jan 2017, 21 February 2017, PSA6C, 英国财政部网站。

2. 支出结构及其变化

（1）经济分类。按经济分类，中央政府支出分经常性支出和资本性支出两大类别，其中以经常性支出为主，所占比重超过92.0%，资本性支出所占比重较低，不到8%（见表1-5）。2015/2016财年，中央政府的经常性支出681 057亿英镑，占总支出的92.5%，资本性支出55 402亿英镑，占总支出的7.5%。从变动趋势来看，经常性支出一直是支出的最重要类别，占总支出的比重略有增长，资本性支出的变动情况与经常性支出正好相反。

表1-5 　　　2012~2016财年英国中央政府支出结构：经济分类

财　　年	2012/2013	2013/2014	2014/2015	2015/2016
总支出	714 922	723 435	733 052	736 459
经常性支出（百万英镑）	657 463	670 242	677 000	681 057
资本性支出（百万英镑）	57 459	53 193	56 052	55 402
	占总支出比重			
经常性支出（%）	92.0	92.6	92.4	92.5
资本性支出（%）	8.0	7.4	7.6	7.5

注：占总支出比重为计算得出。
资料来源：Office for National Statistics, Public Sector Finances：Jan 2017, 21 February 2017, PSA6C, 英国财政部网站。

(2) 部门分类。由于缺乏英国中央政府支出部门分类的数据，因此这里对英国公共部门管理总支出（Total Managed Expenditure）按部门分类情况进行分析。按部门分类，英国管理总支出分为24个部门，分别是：（1）国防；（2）单一情报账户；（3）国土安全办公室；（4）外交和联邦办公室；（5）国际发展；（6）医疗卫生；（7）就业和养老金；（8）教育；（9）商业、创新和技术；（10）交通；（11）能源和气候变化；（12）文化、媒体和体育运动；（13）社区和地方政府部（Department for Communities and Local Government，DCLG）的社区；（14）社区和地方政府部的地方政府；（15）苏格兰；（16）威尔士；（17）北爱尔兰；（18）司法；（19）检察官部；（20）环境、食品和农村事务；（21）收入和关税；（22）财政部；（23）内阁办公室；（24）小型独立机构。从支出的数量来看，最重要的支出部门依次是就业和养老金、医疗卫生、能源和气候变化（见表1-6、图1-1）。2015/2016财年，医疗卫生、就业和养老金、能源和气候变化这3个部门的支出占部门支出汇总的比重分别为21.7%、23.5%和13.8%，其他21个部门的支出占总支出比重为40.9%。从变动趋势来看，医疗卫生部门的支出占比较为稳定，就业和养老金部门的支出占比在2015/2016财年有较大幅度的下降，能源和气候变化部门的支出占比在2015/2016财年有很大幅度的上升，从不到2%上升到13.8%，成为支出排名第三的部门。

表1-6　　　　　　　　2011/2012财年~2015/2016财年
英国管理支出：部门分类

财　年	2011/2012	2012/2013	2013/2014	2014/2015	2015/2016
医疗卫生	122 426	124 101	127 899	135 292	165 784
就业和养老金	166 904	173 156	170 603	174 740	179 728
能源和气候变化	6 286	8 526	7 849	11 508	105 351
其他	321 591	313 924	328 761	298 815	312 638
部门支出汇总	617 207	619 707	635 112	620 355	763 501
占GDP比重					
医疗卫生（%）	19.8	20.0	20.1	21.8	21.7
就业和养老金（%）	27.0	27.9	26.9	28.2	23.5
能源和气候变化（%）	1.0	1.4	1.2	1.9	13.8
其他（%）	52.1	50.7	51.8	48.2	40.9

资料来源：HM Treasury, Statistical Bulletin: Public Spending Statistics February 2017, Table 8.

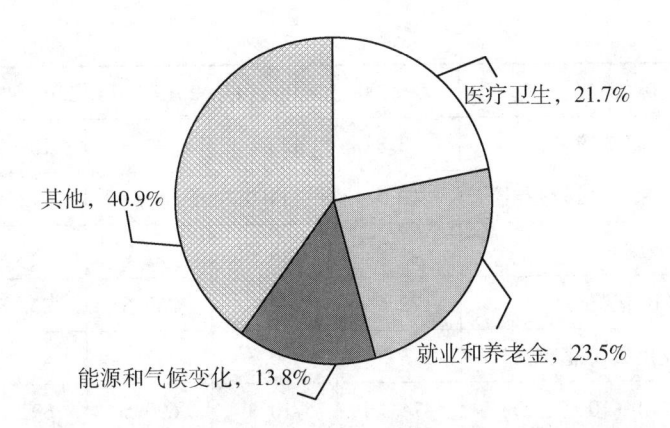

图 1-1 2015/2016 财年英国管理支出：部门分类

资料来源：HM Treasury, Statistical Bulletin: Public Spending Statistics February 2017, Table 8.

（3）功能分类。由于缺乏英国中央政府功能分类的数据，因此这里对英国公共部门服务支出按功能分类的结构进行分析（见表 1-7、图 1-2）。按功能分类，英国公共部门服务支出分为 11 个类别，它们是：（1）一般公共服务；（2）国防；（3）公共秩序与安全；（4）经济事务；（5）环境保护；（6）住房和社区服务；（7）医疗卫生；（8）娱乐、文化和宗教；（9）教育；（10）社会保障；（11）与欧盟相关的支出。从支出的数量来看，最重要的支出类别依次是社会保障、医疗卫生和教育。2015/2016 财年，社会保障、医疗卫生和教育支出占公共部门服务支出的比重分别为 37.9%、19.8% 和 11.9%，其他 8 类支出占比为 30.4%。从变动趋势来看，这 3 类支出中社会保障支出和医疗卫生支出增长较快，教育支出较为稳定，这 3 类支出占总支出比重近年来较为稳定，教育支出占比有所下降。

表 1-7 2000/2001 财年～2013/2014 财年英国公共部门服务支出结构：功能分类

实际数	2000/2001	2010/2011	2013/2014	2014/2015	2015/2016
1. 一般公共服务（10 亿英镑）	51.9	67.8	62.5	59.5	59.2
2. 国防（10 亿英镑）	34.5	42.3	37.2	37.0	36.6
3. 公共秩序与安全（10 亿英镑）	27.4	35.6	30.2	30.1	29.5
4. 经济事务（10 亿英镑）	32.0	43.0	40.9	40.7	47.1
5. 环境保护（10 亿英镑）	6.9	11.7	11.4	11.7	11.6
6. 住房与社区服务（10 亿英镑）	7.4	14.3	10.0	10.3	10.1

续表

实际数	2000/2001	2010/2011	2013/2014	2014/2015	2015/2016
7. 医疗卫生（10亿英镑）	72.8	129.0	132.3	134.8	138.5
8. 娱乐、文化和宗教（10亿英镑）	10.5	14.0	11.7	12.5	10.9
9. 教育（10亿英镑）	61.7	98.4	87.2	86.4	83.2
10. 社会保障（10亿英镑）	172.6	247.8	259.6	262.8	265.1
与欧盟相关的支出（10亿英镑）	-3.5	6.3	7.4	6.3	7.7
公共部门服务支出（10亿英镑）	474.1	710.3	690.5	692.1	699.5
账户调整（10亿英镑）	29.1	58.8	62.8	65.5	54.5
管理总支出（10亿英镑）	503.2	769.2	753.3	757.6	753.9
占GDP比重					
1. 一般公共服务（%）	3.5	4.0	3.5	3.2	3.1
2. 国防（%）	2.4	2.5	2.1	2.0	1.9
3. 公共秩序与安全（%）	1.9	2.1	1.7	1.6	1.6
4. 经济事务（%）	2.2	2.5	2.3	2.2	2.5
5. 环境保护（%）	0.5	0.7	0.6	0.6	0.6
6. 住房与社区服务（%）	0.5	0.8	0.6	0.6	0.5
7. 医疗卫生（%）	5.0	7.5	7.4	7.3	7.3
8. 娱乐、文化和宗教（%）	0.7	0.8	0.6	0.7	0.6
9. 教育（%）	4.2	5.7	4.9	4.7	4.4
10. 社会保障（%）	11.8	14.5	14.4	14.2	14.1
与欧盟相关的支出（%）	-0.2	0.4	0.4	0.3	0.4
公共部门服务支出（%）	32.3	41.5	38.4	37.4	37.1
账户调整（%）	2.0	3.4	3.5	3.5	2.9
管理总支出（%）	34.3	44.9	41.9	41.0	40.0

注：（1）实际数是指根据名义数进行了价格的调整，表中数据根据2015/2016的价格进行了调整。

（2）采用权责发生制会计处理方法。

资料来源：HM Treasury, Statistical Bulletin: Public Spending Statistics February 2017, Table 10a and 10b.

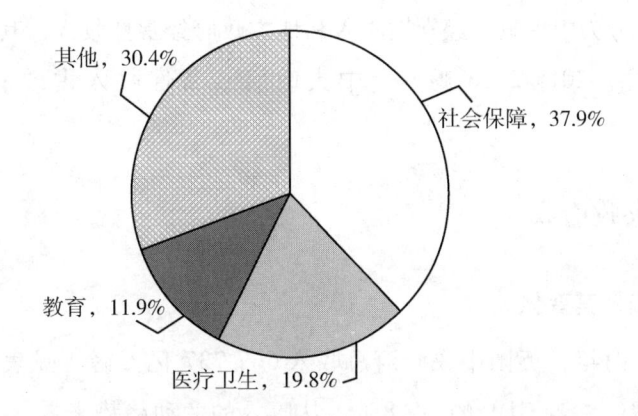

图1-2　2015/2016财年英国公共部门服务支出结构：功能分类

注：根据表1-7绘制。

三、政府收入

（一）全国政府收入

2015/2016财年，英国全国政府经常性收入674 051亿英镑，占GDP的35.2%，资本性收入数据不详。与2013/2014财年相比，经常性收入增长了7.4%，占GDP的比重略有增加（见表1-8）。

表1-8　2013/2014财年~2015/2016财年英国政府收入概况

财年	2013/2014				2015/2016			
项目	中央政府（百万英镑）	地方政府（百万英镑）	汇总（百万英镑）	占GDP比重（%）	中央政府（百万英镑）	地方政府（百万英镑）	汇总（百万英镑）	占GDP比重（%）
经常性收入	592 326	35 297	627 605	34.8	635 223	38 828	674 051	35.2

注：根据Office for National Statistics，Public Sector Finances：Jan 2017，21 February 2017，PSA1计算2013/2014财年GDP约为18 042亿英镑，2015/2016财年GDP约为19 175亿英镑，据此计算收入占GDP比重。

资料来源：（1）Office for National Statistics，Public Sector Finances：April 2015，22 May 2015，PSA10，英国财政部网站。

（2）Office for National Statistics，Public Sector Finances：Jan 2017，21 February 2017，PSA10，英国财政部网站。

从收入结构来看，按经济分类，政府收入分为经常性收入和资本性收入两类，资本性收入的数据不详，但仍然可以判断收入以经常性收入为主。从政府层级来看，经常性收入分为中央政府经常性收入和地方政府经常性收入，其中以中央政府经常性收入为主。2015/2016 财年，中央政府经常性收入占政府经常性收入的 94.2%。

（二）中央政府收入

1. 收入规模及其变化

2015/2016 财年，英国中央政府总收入 667 737 亿英镑（见表 1-9），比上一财年增长 3.9%，占 GDP 的 34.8%。从收入的变动趋势来看，总收入逐年增长，增幅在 3%~5%，超过支出的增幅，收入占 GDP 的比重较为稳定并略有提高。

表 1-9　　　　2012/2013 财年~2015/2016 财年

英国中央政府收入状况

财年 项目	2012/2013	2013/2014	2014/2015	2015/2016
总收入（百万英镑）	591 499	622 266	642 610	667 737
总收入增长率（%）		5.2	3.3	3.9
GDP（亿英镑）	17 226	18 042	18 592	19 175
总收入占 GDP 比重（%）	34.3	34.5	34.6	34.8

注：(1) GDP 根据 Office for National Statistics, Public Sector Finances：Jan 2017, 21 February 2017, PSA1 计算得出。
(2) 支出增长率和支出占 GDP 比重均为计算得出。
资料来源：Office for National Statistics, Public Sector Finances：Jan 2017, 21 February 2017, PSA6C，英国财政部网站。

2. 收入结构及其变化

（1）总收入的结构及其变化。英国中央政府收入分经常性收入、产出、养老金缴费、对中央政府的经常性转移支付、对中央政府的资本性转移支付、营运盈余六个部分（见表 1-10）。中央政府收入以经常性收入为主，占总收入的 96% 左右，近年来占比略有下降。2015/2016 财年，英国中央政府经常性收入 636 648 百万英镑，占总收入的 95.3%。

表 1-10   2012/2013 财年~2015/2016 财年
英国中央政府收入结构

财年 项目	2012/2013	2013/2014	2014/2015	2015/2016
总收入（百万英镑）	591 499	622 266	642 610	667 737
经常性收入（百万英镑）	568 957	595 377	615 738	636 648
产出（百万英镑）	16 260	18 916	19 066	20 253
养老金缴费（百万英镑）	22 654	23 654	24 619	26 977
对中央政府的经常性转移支付（百万英镑）	96	111	130	78
对中央政府的资本性转移支付（百万英镑）	661	1 791	1 001	2 128
减营运盈余（百万英镑）	-17 129	-17 583	-17 944	-18 347
	占总收入比重			
经常性收入（%）	96.2	95.7	95.8	95.3
产出（%）	2.7	3.0	3.0	3.0
养老金缴费（%）	3.8	3.8	3.8	4.0
对中央政府的经常性拨款（%）	0.0	0.0	0.0	0.0
对中央政府的资本性转移支付（%）	0.1	0.3	0.2	0.3
减营运盈余（%）	-2.9	-2.8	-2.8	-2.7

注：比重为计算得出。

资料来源：Office for National Statistics，Public Sector Finances：Jan 2017，21 February 2017，PSA6C，英国财政部网站。

（2）经常性收入的结构及其变化。英国中央政府经常性收入分为税收收入、国民社会保险缴费、利息和红利收入和其他收入四类（见表 1-11）。其中税收收入是经常性收入的主体，占比在75%左右；其次是国民社会保险缴费，占比在18%左右；再次是其他收入，最后是利息和红利收入，这两类收入合计占经常性收入的7%左右。近年来，各项收入占经常性收入的比重基本稳定，税收收入所占比重略有提高，国民社会保险缴费所占比重略有下降。2015/2016 财年，税收收入、国民社会保险缴费、利息和红利收入和其他收入分别为482 10 百万英镑、114 061 百万英镑、17 200百万英镑、22 477 百万英镑，占经常性收入的比重分别为 75.9%、17.9%、2.7%和3.5%。

表 1–11　2012/2013 财年~2015/2016 财年
英国中央政府经常性收入结构

财年 项目	2012/2013	2013/2014	2014/2015	2015/2016
经常性收入（百万英镑）	568 957	595 377	615 738	636 648
税收收入（百万英镑）	427 601	446 380	463 473	482 910
国民社会保险缴费（NICs）（百万英镑）	104 483	107 306	110 260	114 061
利息和红利（百万英镑）	16 637	20 318	19 107	17 200
其他收入（百万英镑）	20 236	21 373	22 898	22 477
	占经常性收入的比重			
税收收入（%）	75.2	75.0	75.3	75.9
国民社会保险缴费（NICs）（%）	18.4	18.0	17.9	17.9
利息和红利（%）	2.9	3.4	3.1	2.7
其他收入（%）	3.6	3.6	3.7	3.5

注：比重为计算得出。
资料来源：Office for National Statistics, Public Sector Finances: Jan 2017, 21 February 2017, PSA6C，英国财政部网站。

（3）税收收入的结构及其变化。英国中央政府税收收入分为产品税类、所得和财产税类和其他三大类（见表 1–12）。其中产品税类和所得和财产税类的税收收入是税收收入的主体，占税收收入比重分别在 50% 和 46% 左右；其他税收收入相对较小，占比不到 4%。2015/2016 财年，产品税类、所得和财产税类和其他的税收收入分别为 242 405 百万英镑、222 076 百万英镑和 18 429 百万英镑，占税收收入的比重分别为 50.2%、46.0% 和 3.8%。从近年变动趋势来看，产品税类所占比重略有上升，所得和财产税类所占比重略有下降，其他税收收入所占比重基本稳定。

表 1–12　2012/2013 财年~2015/2016 财年
英国中央政府税收收入结构

财年 项目	2012/2013	2013/2014	2014/2015	2015/2016
税收收入（百万英镑）	427 601	446 380	463 473	482 910
产品税类（百万英镑）	211 597	223 842	232 124	242 405
所得和财产税类（百万英镑）	200 407	204 948	213 794	222 076

续表

财年 项目	2012/2013	2013/2014	2014/2015	2015/2016
其他（百万英镑）	15 597	17 590	17 555	18 429
	占税收收入的比重			
产品税类（%）	49.5	50.1	50.1	50.2
所得和财产税类（%）	46.9	45.9	46.1	46.0
其他（%）	3.6	3.9	3.8	3.8

注：比重为计算得出。
资料来源：Office for National Statistics, Public Sector Finances: Jan 2017, 21 February 2017, PSA6B, 英国财政部网站。

分税种看，最重要的税种依次是收入所得税（PAYE IT-Pay As You Earn Income Tax）、增值税、企业所得税（Corporation Tax）。收入所得税收入占税收收入比重超过30%，但占比略有下降；增值税收入占税收收入的比重在27%左右，近年来占比稳定且略有上升；企业所得税收入占税收总收入的比重在9%左右，近年来占比略有下降。其他一些较为重要的税种还有燃料税（Fuel Duty）、商业（房产）税①（Business Rates）、自我评估所得税（Self Assessed Income tax），这三个税种的收入占税收收入的比重都在5%~6%。2015/2016财年，中央政府税收收入中占比最高的三个税种依次是收入所得税、增值税和企业所得税，其税收收入分别为1 462亿英镑、1 305亿英镑和460亿英镑，占税收收入的比重分别为30.3%、27.0%和9.5%（见表1-13）。

表1-13　　　　　　　　2012/2013财年~2015/2016财年
英国中央政府税收收入结构：分税种

财年 项目	2012/2013	2013/2014	2014/2015	2015/2016
产品税类（百万英镑）	211 597	223 842	232 124	242 405
增值税（百万英镑）	114 428	120 167	124 846	130 514
酒税（百万英镑）	10 139	10 308	10 449	10 697
烟草税（百万英镑）	9 590	9 556	9 251	9 106
燃料税（百万英镑）	26 571	26 882	27 156	27 622

① 作者注：这个税种是对商业房产征收的房产税，曾属地方税种后被收归中央，其收入用于在各地间进行转移支付，这个税种的另外一种英文叫法是Non-Domestic Rates，翻译过来是非住宅房产税的意思。

续表

财年 项目	2012/2013	2013/2014	2014/2015	2015/2016
商业（房产）税（百万英镑）	23 768	24 600	24 944	26 226
印花税（股票）（百万英镑）	2 233	3 108	2 925	3 323
印花税（土地和财产）（百万英镑）	6 907	9 371	10 852	11 272
企业支付的车辆税（百万英镑）	958	978	1 100	1 111
其他（百万英镑）	17 003	18 872	20 601	22 534
所得和财产税类（百万英镑）	200 407	204 948	213 794	222 076
自我评估所得税（百万英镑）	20 551	20 854	23 644	24 328
资本利得税（百万英镑）	3 927	3 910	5 558	7 060
收入所得税（PAYE IT）（百万英镑）	132 559	135 481	140 001	146 159
其他所得税（百万英镑）	−815	1 285	−22	−1 615
企业所得税（百万英镑）	41 821	41 642	44 067	45 964
石油所得税（百万英镑）	1 737	1 118	77	−562
杂项税（百万英镑）	627	658	469	742
其他税收收入（百万英镑）	15 597	17 590	17 555	18 429
电视牌照税（百万英镑）	3 085	3 120	3 137	3 115
家庭支付的车辆税（百万英镑）	5 029	5 127	4 794	4 795
银行税（百万英镑）	1 773	2 430	3 117	3 183
其他（百万英镑）	5 710	6 913	6 507	7 336
税收收入汇总（百万英镑）	427 601	446 380	463 473	482 910
	占税收收入的比重			
增值税（%）	26.8	26.9	26.9	27.0
酒税（%）	2.4	2.3	2.3	2.2
烟草税（%）	2.2	2.1	2.0	1.9
燃料税（%）	6.2	6.0	5.9	5.7
商业（房产）税（%）	5.6	5.5	5.4	5.4
印花税（股票）（%）	0.5	0.7	0.6	0.7
印花税（土地和财产）（%）	1.6	2.1	2.3	2.3
企业支付的车辆税（%）	0.2	0.2	0.2	0.2

续表

财年\项目	2012/2013	2013/2014	2014/2015	2015/2016
其他（%）	4.0	4.2	4.4	4.7
自我评估所得税（%）	4.8	4.7	5.1	5.0
资本利得税（%）	0.9	0.9	1.2	1.5
收入所得税（PAYE IT）（%）	31.0	30.4	30.2	30.3
其他所得税（%）	-0.2	0.3	0.0	-0.3
企业所得税（%）	9.8	9.3	9.5	9.5
石油所得税（%）	0.4	0.3	0.0	-0.1
杂项税（%）	0.1	0.1	0.1	0.2
电视牌照税（%）	0.7	0.7	0.7	0.6
家庭支付的车辆税（%）	1.2	1.1	1.0	1.0
银行税（%）	0.4	0.5	0.7	0.7
其他（%）	1.3	1.5	1.4	1.5

注：比重为计算得出。

资料来源：Office for National Statistics，Public Sector Finances：Jan 2017, 21 February 2017, PSA6D，英国财政部网站。

四、政府盈余/赤字

（一）全国政府经常性预算盈余/赤字、净借款及现金需求

2015/2016 财年，英国全国政府经常性预算赤字 46 160 亿英镑，加上净投资 30 145 亿英镑，净借款达到 76 305 亿英镑，再考虑其他交易如资产出售的所得，因此净现金需求 62 018 亿英镑，经常性预算赤字、净投资、净借款和净现金需求占 GDP 的比重分别为 2.4%、1.6%、4.0% 和 3.2%（见表 1-14）。与 2013/2014 财年相比，经常性预算赤字、净投资、净借款、净现金需求都有所下降，这几项指标占 GDP 的比重除净投资外都有明显的下降，说明财政状况得到改善。

表 1-14　2013/2014 财年~2015/2016 财年英国政府收经常性预算盈余/赤字、净借款及现金需求

财年	2013/2014				2015/2016			
项目	中央政府（百万英镑）	地方政府（百万英镑）	汇总（百万英镑）	占GDP比重（%）	中央政府（百万英镑）	地方政府（百万英镑）	汇总（百万英镑）	占GDP比重（%）
经常性预算赤字	69 183	2 014	71 197	3.9	35 220	10 940	46 160	2.4
净投资	33 944	-3 531	30 413	1.7	34 927	-4 782	30 145	1.6
净借款	103 127	-1 517	101 610	5.6	70 147	6 158	76 305	4.0
净现金需求	79 832	-3 114	76 718	4.3	59 629	2 389	62 018	3.2

注：（1）根据 Office for National Statistics，Public Sector Finances：Jan 2017，21 February 2017，PSA1 计算 2013/2014 财年 GDP 约为 18 042 亿英镑，2015/2016 财年 GDP 约为 19 175 亿英镑，据此计算收入占 GDP 比重。

（2）经常性预算赤字 = 经常性支出 - 经常性收入 + 折旧，净借款 = 经常性赤字 + 净投资，净现金需求 = 净借款 + 与净现金需求相关的交易。

资料来源：（1）Office for National Statistics，Public Sector Finances：April 2015，22 May 2015，PSA10，英国财政部网站。

（2）Office for National Statistics，Public Sector Finances：Jan 2017，21 February 2017，PSA10，英国财政部网站。

（二）中央政府经常性预算盈余/赤字、净借款及现金需求

2015/2016 财年，英国中央政府经常性预算赤字 352.2 亿英镑，加上净投资 349.27 亿英镑，净借款达到 701.47 亿英镑，再考虑其他交易如资产出售的所得，因此净现金需求 596.29 亿英镑，经常性预算赤字、净投资、净借款和净现金需求占 GDP 的比重分别为 1.8%、1.8%、3.7% 和 3.1%（根据表 1-14 数据计算得出）。与 2013/2014 财年相比，除净投资外经常性预算赤字、净借款、净现金需求都有所下降，这 4 项指标占 GDP 的比重都有明显的下降，说明中央政府的财政状况得到改善。

五、政府债务

（一）全国政府债务

2015/2016 财年，英国全国政府总债务 1.65 万亿英镑，占 GDP 的 86.2%，政府净债务 1.5 万亿英镑，占 GDP 的 78.2%（见表 1-15）。从历史变动情况来看，

全球金融危机以来，英国政府总债务不断积累，总量上看，从2010/2011财年的1.21万亿英镑持续增加到2015/2016财年的1.65万亿英镑，总债务占GDP比重从2010/2011财年的75.2%增加到2015/2016财年的86.2%。英国政府净债务的状况也是如此，总量上看，从2010/2011财年的1.1万亿英镑增加到2015/2016财年的1.5万亿英镑，从净债务占GDP比重看，从2010/2011财年的68.2%增加到2015/2016财年的78.2%。也就是说，2010年以来英国政府债务不断积累，一直没有得到有效地缓解和改善。从债务结构来看，英国政府债务以中央政府债务为主。

表1-15　　　　2010/2011财年~2014/2015财年
英国政府债务水平（期末，名义价值）

财年 项目	2010/2011	2013/2014	2014/2015	2015/2016
政府总债务（百万英镑）	1 214 478	1 522 459	1 604 013	1 651 962
其中：中央政府（百万英镑）	1 198 491	1 506 347	1 586 456	1 633 328
地方政府（百万英镑）	71 496	85 221	86 566	88 972
政府净债务（百万英镑）	1 101 172	1 364 676	1 449 628	1 500 050
	占GDP比重			
政府总债务（%）	75.2	84.4	86.3	86.2
政府净债务（%）	68.2	75.6	78.0	78.2

注：（1）据Office for National Statistics，Public Sector Finances：Jan 2017, 21 February 2017, PSA1计算GDP，比重根据GDP计算得出。
（2）政府净债务＝政府总债务－官方储备金－中央政府存款和其他短期资产－地方政府存款和其他短期资产。
资料来源：Office for National Statistics，Public Sector Finances：Jan 2017, 21 February 2017, PSA8A、PSA8C，英国财政部网站。

（二）中央政府债务

2015/2016财年，英国中央政府总债务1.63万亿英镑，占GDP的85.2%（见表1-15）。从历史变动情况来看，英国中央政府总债务不断积累，总量上看，从2010/2011财年的1.2万亿英镑持续增加到2015/2016财年的1.63万亿英镑，总债务占GDP比重从2010/2011财年的75.2%增加到2015/2016财年的86.2%。2010年以来英国中央政府债务不断积累，没有得到有效地缓解和改善。

六、政府间转移支付

作为财政权力高度集中的单一制国家,英国政府收支都高度集中在中央政府手中。英国中央政府支出(包括转移支付)占政府支出的95%左右,中央政府经常性收入占政府经常性收入的94%左右,中央政府的税收收入占政府税收收入的95%左右。由于地方政府的收入仅占政府收入的5%左右,但要承担30%左右的支出责任。为保证地方政府提供公共服务的需要,中央政府需要对地方政府进行转移支付。由于英国的转移支付不仅涉及中央政府和地方政府,也涉及国有企业(Public Corporations)和私人部门(Private Sector),既有政府对国有企业和私人部门的转移支付,也有来自国有企业和私人部门的对政府的转移支付,这里主要讨论中央政府与地方政府之间的转移支付。

就中央政府获得的来自地方政府转移支付来看(见表1-16),2015/2016财年,中央获得地方政府的资本性转移支付1 122百万英镑。从历史变化来看,中央政府获得地方政府的资本性转移支付是常态,但是金额变化较大,该转移支付在2015/2016财年有大幅增加,但从数量上看,中央获得的来自地方政府的资本性转移支付的金额不高。

表1-16   (2012/2013财年~2015/2016财年)
英国政府间转移支付

财年 项目	2012/2013	2013/2014	2014/2015	2015/2016
对中央政府的资本性转移支付(百万英镑)	661	1 791	1 001	2 128
其中来自地方政府的资本性转移支付(百万英镑)	116	289	298	1 122
中央政府对地方政府的经常性转移支付(百万英镑)	125 156	124 930	121 937	117 996
中央政府对地方政府的资本性转移支付(百万英镑)	11 761	11 829	11 993	12 968

续表

项目 \ 财年	2012/2013	2013/2014	2014/2015	2015/2016
中央政府对地方政府转移支付（经常性+资本性）占中央政府支出的比重（%）	19.2	18.9	18.3	17.8
中央政府对地方政府转移支付（经常性+资本性）占中央政府收入的比重（%）	23.1	22.0	20.8	19.6

注：比重为计算得出。

资料来源：Office for National Statistics, Public Sector Finances：Jan 2017, 21 February 2017, PSA6C、PSA6E, 英国财政部网站。

英国中央政府对地方政府转移支付的规模较大，但呈现下降态势，地方政府的支出主要依赖中央的转移支付（见表1–16）。2015/2016财年，中央政府对地方政府的经常性和资本性转移支付分别为117 996百万英镑和12 968百万英镑，转移支付总额占中央政府支出的17.8%，占中央政府收入的19.6%。从变动趋势来看，中央政府对地方政府的经常性转移支付从绝对量上看呈明显的下降态势，资本性转移支付的绝对量略有增长，转移支付总额占中央政府收支的比重都呈现下降态势。总的来说，中央政府将其收入的20%左右转移给地方政府，对地方政府的转移支付占其支出的18%左右。从支出方面看，中央政府与地方政府支出比重是95∶5，在中央政府给予地方政府转移支付后他们的支出比重变成了78∶22，可以看出地方政府对中央政府转移支付的依赖度很高。

七、施政方针与财政改革[①]

（一）国家的优势和挑战

1. 拥有的优势

（1）经济继续增长。根据英国国家统计办公室（Office for National Statistics）的估计，2016年英国GDP实际增长率为1.8%，在主要发达经济体中仅次于德国排在第二位。英国经济从全球金融危机中得到恢复，2016年GDP比危机前的2008年初

[①] HM Treasury, Spring Budget 2017, March 2017, https：//www.gov.uk/government/uploads/system/uploads/attachment_data/file/597467/spring_budget_2017_web.pdf.

增长了8.6%。2016年,英国人均GDP增长了1.1%。

(2) 就业高。2015年和2016年英国就业人口数量在增加,分别增长到3 130万人和3 170万人,预计未来的5年中,就业人口还会持续增长。同时,失业率在下降,2015年和2016年的失业率分别为5.4%、4.9%,预计未来5年失业率仍然可以维持在5%左右的低点(见表1-17)。

表1-17　　2015~2021年预算责任办公室对英国经济的预测

	2015年	预测					
		2016年	2017年	2018年	2019年	2020年	2021年
GDP(%)	2.2	1.8	2.0	1.6	1.7	1.9	2.0
人均GDP(%)	1.4	1.1	1.3	0.9	1.1	1.2	1.4
通货膨胀率(CPI)(%)	0.0	0.7	2.4	2.3	2.0	2.0	2.0
就业(百万人)	31.3	31.7	31.9	32.1	32.2	32.3	32.5
劳动力调查(LFS)的失业(失业率,%)	5.4	4.9	4.9	5.1	5.2	5.2	5.1
单位小时劳动生产率(%)	0.8	0.5	1.6	1.5	1.7	1.8	1.9

资料来源:HM Treasury, Spring Budget 2017, March 2017, https://www.gov.uk/government/uploads/system/uploads/attachment_data/file/597467/spring_budget_2017_web.pdf, table 1.1.

(3) 全球经济增长稳定。尽管各经济体GDP增长率存在差异,但是全球经济增长在2016年的后半年还是稳定的,欧元区GDP年增长率为1.7%,美国为1.6%,2016年中国和印度的GDP增长率分别为6.7%和6.6%。根据IMF的预测,2017年全球经济有望增长3.4%,发达经济体的增长比之前预期的要更强劲,而新兴经济体的增长预期比预计会弱一些。

2. 存在的挑战

(1) 商业投资下降。

2016年,英国商业投资下降了1.5%。由于英国启动退出欧盟的程序导致经济的不确定性增强,英国商业投资意愿可能还会进一步减弱。

(2) 全球经济不确定性增强。

受到政策和政治风险的影响,全球经济的不确定性有所加强。

(二) 前景展望

1. 经济前景展望

2016年第4季度，英国经济增长超过预期，近期经济增长势头也更为强劲，因此预算责任办公室把对2017年经济增长的预测调高到2.0%，高增长之后会有个调整期，因此预计2018～2020年的经济增长分别为1.6%、1.7%和1.9%，2021年仍然维持原有的判断增长2.0%。对其他宏观指标的预测详情参见表1-17。

2. 财政前景展望

预算责任办公室对英国财政整体概况的预测结果见表1-18。可以看出，财政收支的缺口不断缩窄，净借款、赤字和净债务的控制得到进一步加强，净债务的总量虽然在上升但其占GDP比重将有所下降。

表1-18　　2015/2016财年～2021/2022财年预算责任办公室对财政状况的预测

财年	2015/2016	预测					
		2016/2017	2017/2018	2018/2019	2019/2020	2020/2021	2021/2022
收入与支出占GDP比重（%）							
公共部门经常性收入（a）	36.2	36.7	36.7	37.1	37.2	37.1	37.2
管理总支出（b）	40.0	39.3	39.6	39.0	38.2	38.0	37.9
财政目标占GDP比重（%）							
周期调整后的净借款	3.6	2.6	2.9	1.9	0.9	0.9	0.7
公共部门净债务	83.6	86.6	88.8	88.5	86.9	83.0	79.8
赤字占GDP比重（%）							
公共部门净借款（b-a）	3.8	2.6	2.9	1.9	1.0	0.9	0.7
经常性预算赤字	2.1	0.8	0.9	-0.1	-1.0	-1.3	-1.6
融资占GDP比重（%）							
中央政府净现金需求	3.2	3.5	2.3	2.3	1.4	1.7	1.6
公共部门净现金需求	2.7	6.7	4.7	2.5	1.5	-0.4	-0.1
单位：10亿英镑						
公共部门净借款	71.7	51.7	58.3	40.8	21.4	20.6	16.8
经常性预算赤字	40.1	15.2	18.2	-1.1	-21.3	-29.6	-37.1
周期调整后的净借款	67.4	51.8	59.3	40.4	19.8	19.3	16.5

续表

财　　年	2015/2016	预　测					
		2016/2017	2017/2018	2018/2019	2019/2020	2020/2021	2021/2022
周期调整后的经常性预算赤字	35.8	15.2	19.3	-1.5	-22.9	-30.9	-37.5
公共部门净债务	1 606	1 730	1 830	1 885	1 918	1 904	1 904

注：（1）管理总支出（total managed expenditure）＝公共部门经常性支出＋公共部门净投资＋折旧。
（2）公共部门净借款＝管理总支出－公共部门经常性收入
（3）经常性预算赤字＝公共部门经常性支出＋折旧－公共部门经常性收入
（4）公共部门净债务截至3月底。
资料来源：HM Treasury，Spring Budget 2017，March 2017，https：//www.gov.uk/government/uploads/system/uploads/attachment_data/file/597467/spring_budget_2017_web.pdf，table B.2：Fiscal aggregates.

（三）施政方针、目标

目前英国财政的首要目标是稳定经济。随着英国退出欧盟的正式程序开始启动，英国2017年春季预算把经济稳定排在工作的首位。

（四）重点推进的财政改革

1. 支出政策

确定五大重点支出领域。2017年春季预算中阐述，政府将：（1）帮助来自普通工人家庭的年轻人获得相应的技能以便能够从事高收入、高技能的工作；（2）让更多的儿童能够有机会上好的或杰出的学校，让这样的学校把他们培养成优秀的人而走向成功；（3）投入更多资金支持社会保障体系，让人们变老后可以获得应得的保障，支持地方国民健康保险制度（NHS），利用新的资本性投资来改善事故和急诊治疗；（4）投资尖端技术和创新，让英国继续处于全球技术革命的前沿位置；（5）继续降低赤字，在收入许可范围内订立支出计划，在长期内通过公平和可持续的税收体系满足公共服务的支出需求。

2. 税收政策

主要的税收调整如下：（1）增加个人所得税的免税额，调高高税率对应的税收级距；（2）到2020年，把企业所得税税率降到17%；（3）国家保险缴费第4档基本税率将在2018年4月由9%增加到10%，2019年4月将再次增加到11%，缩小自我雇佣者和雇员在缴费比率上的差异；（4）从2018年4月，红利所得的免税额从5 000英镑降低到2 000英镑；（5）个人所得税的免税额将提高到每月收入11 500

英镑，比 2010 年高 75%，与本届议会初期相比，有 130 万人将免于缴纳个人所得税。

3. 赤字政策

2016 年秋季报告设定了在下一议会期尽快实现财政平衡的政府战略。在此期间，政府将把结构性赤字降到 GDP 的 2% 以下，债务占 GDP 比重到 2020/2021 财年实现下降。

4. 债务政策

政府将坚持财政规则，与 2016 年秋季报告相比，每年都要减少借款数额。预算责任办公室期望，到 2021/2022 财年，借款占 GDP 比重下降到 0.7%，债务占 GDP 比重下降到 79.8%。

5. 财政制度与管理

（1）支出管理。为实现赤字和债务方面的目标，英国政府要量入为出，坚持公共支出方面的财政纪律。

（2）收入管理。建立公平和可持续的税收体系。税收需要有竞争力，能够支持经济增长，让英国能够继续成为新建和发展商业企业的最佳国家之一。

主要参考文献

[1] IMF，International Financial Statistics（IFS），Feb. 24 2017，国际货币基金组织网站.

[2] Office for National Statistics，Public Sector Finances：Jan 2017，21 February 2017，英国财政部网站。

[3] Office for National Statistics，Public Sector Finances：April 2015，22 May 2015，英国财政部网站。

[4] HM Treasury，Statistical Bulletin：Public Spending Statistics February 2017，英国财政部网站。

[5] HM Treasury，Spring Budget 2017，March 2017，英国财政部网站。

[6] 中国外交部：《英国国家概况》，中国外交部网站，2016 年 7 月更新。

第二章
德 国

德国全称为德意志联邦共和国，位于欧洲中部，是欧洲邻国最多的国家。面积为357 376平方公里，全国人口约8 220万人，主要是德意志人。有870万外籍人，占人口总数的10.6%。德国分为联邦、州、市镇三级，共有16个州，13 175个市镇。德国是高度发达的工业国家，经济实力居欧洲首位，属世界第四大经济体。德国是商品出口大国，工业产品的一半销往国外，近1/3的就业人员在出口行业工作。主要出口产品有汽车、机械产品、电气、运输设备、化学品和钢铁，进口产品主要有机械、电器、运输设备、汽车、石油和服装，主要贸易对象是西方工业国。①

一、经济概况

（一）经济增长

自2012年以来，德国经济形势在经历了全球性经济危机和欧债危机两次强力冲击之后，2014年开始出现整体好转的迹象，联邦政府通过一系列的政策措施力促经济的进一步复苏，2016年良好的景气状况更为明显，2016年中有关方面预测经济增长增速在1.7~1.8%。而2016年全国的GDP（BIP）达到31 360亿欧元（未调），实际增速超过预测，达到1.9%。财政收支达到平衡，没有新的债务。

---

① 中国外交部：《德国国家概况》，中国外交部网站，2017年2月。

（二）投资状况

当前经济的稳步增长是以国内生产的积极性为动力的。除工业制造业景气状况良好外，建筑业也在摆脱了停滞状态后，投资量稳步增加，一方面是政府投资总额的增加，对建筑业的复苏起到了推动作用；另一方面是企业与私人的需求促进了其快速回暖。2015 年，联邦政府投资总额 296 亿欧元，2016 年达到 315 亿欧元，三级政府总投资达到 642 亿欧元。经济的全面复苏首先表现在实物投资的增加，这里不仅是指公共投资资金的增加，更重要的是私人投资的增加。只有私人投资增长了，才能显示出社会总体经济状况的真正好转。

（三）贸易状况

2012 年，德国的投资总额因受到欧盟其他重要贸易伙伴国家债务危机的影响出现了滑坡的趋势。进入 2014 年以后在设备及固定资产投资方面投资者的克制与观望态度在逐渐转化，市场开始进入活跃期，国内与国际消费需求迅速增温。同时，就业形势的持续向好决定了国民实际收入的增加，也拉动了私人消费需求的增长。2015 年国内私人和公共消费需求与前一年相比分别增加 0.4% 和 0.5%，而 2016 年预测的私人消费需求增长（与 2015 年比）将达到 2%，在国际贸易方面，联邦政府这几年一直希望逐步降低外贸负增长率对 BIP 的影响，希望在经济危机期间被抑制的出口动力能在经济景气状况良好的状态下成为经济增长的另外的强势助推器。与此同时，联邦政府鼓励根据国内需求的上升趋势扩大进口贸易，通过消费支出的提高来影响经济景气状况的变化，预计 2016 年净出口贸易没有较大波动，约有 0.7% 的增长率或至少与 2015 年持平。进口贸易将略高于出口贸易的增长。此外，外汇市场的波动，特别是欧元与美元的汇率变化，也将影响本国国际贸易的平衡，形成影响市场的不稳定因素。

（四）就业状况

据 2016 年初联邦统计局公布的统计数据，2016 年年初，全国就业人数与 2015 年同期相比增加了 1.1%，增加了 48 万人，总就业人口为 4 350 万人。新增就业人口中，年龄较大者和妇女人数明显增加，这类人员顺利加入就业行列成为近期劳动力市场供求关系出现的一个新特点。与去年同期相比，全国失业登记人数有所回落，减少了 4 万人。目前德国劳动力市场面临的较大压力来自于进入德国的难民群体，

2016年需要就业但尚未就业的难民数至少达到11万人,而更为紧迫的是这一人数还将不断增加,就业的难度更超过原本登记的失业人口(见表2-1)。

表2-1　　　　2012~2016年德国经济的主要宏观指标

年份 项目	2012	2013	2014	2015	2016
国内经济					
实际GDP(亿欧元)	27 549	28 208	29 157	30 259	31 360
与前一年相比(+-)(%)	0.4	0.3	1.6	1.7	1.9
国内需求(亿欧元)	20 608	21 127	21 666	22 216	22 953
与前一年相比(+-)(%)	—	2.5	2.6	2.5	3.3
私人部门国内需求(亿欧元)	15 395	15 715	16 043	16 348	16 791
与前一年相比(+-)(%)	—	2.1	2.1	1.9	2.7
CPI,期末值	2.2	1.4	0.2	0.3	1.7
失业人口(百万人)	289.7	295.0	289.8	279.4	275.5
失业率(%)	6.8	5.2	6.7	6.4	6.1
国民总储蓄(10亿欧元)	237 239	237 722	276 441	304 931	313 639
与前一年相比(+-)(%)		0.2	16.3	10.3	2.9
国内总投资(10亿欧元)	532 531	549 961	577 789	583 607	598 648
与前一年相比(+-)(%)	—	3.3	5.1	1.0	2.6
国际收支					
经常账户余额(亿欧元)	168	173	210	195	186
与前一年相比(+-)(%)	—	2.9	21.4	-7.1	-4.6
贸易余额(差额)(亿欧元)	1 493	1 694	1 964	2 362	2 387
与前一年相比(+-)(%)		13.5	15.9	20.3	1.1
贸易条件(变化率,%)					
净FDI					
储备(期末值,10亿美元)					

资料来源:IMF国别报告第13/210号。

二、政府支出

(一)联邦财政支出规模简况

从联邦财政部公布的数据看,联邦政府2016年的财政支出总额为3 112亿欧元，比2015年增长了3.2%，占全国财政支出总额的35%。2016年联邦财政的收支差额为正的62亿欧元，收入大于支出。联邦级财政支出占本年度全国GDP（BIP）的9.9%。联邦级财政支出占GDP的比重从2012年以来呈下降趋势，从2012年的11.2%连续下降到2015年和2016年的9.9%。2016年全国三级政府的财政支出总额为8 892亿欧元，占全国GDP的28.4%，从2012年开始，全国三级财政支出总额分别为2012年7 747亿欧元，2013年7 804亿欧元，2014年7 925亿欧元，2015年8 053亿欧元，占GDP的比重分别为28.1%、27.7%、27.2%、26.6%。（见表2-2、表2-3、表2-4）由此可看到，全国三级财政支出在2012~2015年呈现逐年下降趋势，但在2016年出现了增长态势。这说明虽然联邦财政支出在2016年没有发生占GDP比重的增减，但在州和地市两级财政支出中出现了比重增长的变化。

表2-2　　　　　　　　德国政府财政状况（2016年）

	总计（亿欧元）	联邦政府（亿欧元）	州政府（亿欧元）	地市级（亿欧元）	联邦政府所占比重（%）	州以下政府所占比重（%）
经常性收入	8 954	3 174	3 480	2 300	35.4	64.6
经常性支出	8 950	3 170	3 490	2 290	35.0	65.0
经常性预算赤字	-10	0	-10	0	—	100.0
净投资	642	332	70	240	51.7	48.3
净贷款	0	0	0	0	0	0

资料来源：德国联邦财政部网站。

表2-3　　　　　　　　联邦三级政府财政支出结构一览

年份 项目	2012（亿欧元）	2013（亿欧元）	增减（%）	2014（亿欧元）	增减（%）	2015（亿欧元）	增减（%）	2016（亿欧元）	增减（%）
联邦总支出	3 068	3 078	0.3	2 955	-4.0	2 993	1.3	3 170	5.9
1. 经常性账户	2 700	2 738	1.4	2 656	-3.0	2 690	1.3	2 855	7.0
2. 资产性账户	368	340	-7.5	299	-12.2	303	1.3	320	6.0
联邦州总支出	2 993	3 087	3.2	3 194	3.5	3 327	4.2	3 490	5.0
1. 经常性账户	2 675	2 768	3.5	2 857	3.2	2 989	4.6	3 140	5.0

续表

年份 项目	2012 （亿欧元）	2013 （亿欧元）	增减 （%）	2014 （亿欧元）	增减 （%）	2015 （亿欧元）	增减 （%）	2016 （亿欧元）	增减 （%）
2. 资产性账户	318	319	0.2	337	5.7	338	0.4	350	3.5
地市级政府支出	1 875	1 956	4.4	2 051	4.8	2 152	4.9	2 290	6.5
1. 经常性账户	1 622	1 690	4.2	1 773	4.9	1 867	5.3	1 985	6.5
2. 资产性账户	253	266	5.2	278	4.5	285	2.5	305	7.0

资料来源：德国联邦财政部网站。

（二）联邦财政支出结构

表2-4、表2-5是2012~2016年联邦财政支出状况及按经济分类显示的经常性支出与资本性支出在支出总额中所占的比例。经常性支出近5年来略有上升，从2012年的88%上升到2014年的90%，并在近三年保持在90%比例上。资本性支出在支出总额中占10%，近5年来资本性支出最高达到12%，这与2008年爆发的全球性经济危机有关联，在应对危机所采取的措施中增加了对公共基础设施的投资，同时政府对公共服务的购买也有一定的增量。2014~2016年资本性支出稳定在10%的比例，从这一侧面可以了解到德国整体经济的发展处于稳定的状态，公共财政的投资支出保持在常规水平。

表2-4　　　　2012~2016年德国联邦政府支出状况

年度 项目	2012	2013	2014	2015	2016
财政支出总计（亿欧元）	3 068	3 078	2 955	2 993	3 170
财政支出增长率（%）	3.6	0.3	-4.0	2.1	5.9
GDP（亿欧元）	27 549	28 208	29 157	30 259	31 360（未调）
财政支出占GDP比重（%）	11.1	10.9	10.1	9.9	9.9

资料来源：德国联邦财政部网站。

表 2-5　　　　　2012~2016 年德国联邦政府支出结构：经济分类

年份 项目	2012	2013	2014	2015	2016
财政支出总计（亿欧元）	3 068	3 078	2 955	2 993	3 170
经常性支出（亿欧元）	2 700	2 738	2 656	2 690	2 850
资本性支出（亿欧元）	368	340	299	303	320
占总支出比重（%）					
经常性支出（%）	88	89	90	90	90
资本性支出（%）	12	11	10	10	10

资料来源：德国联邦财政部网站。

图 2-1 是 2016 年德国公共部门服务支出结构功能分类。饼图右侧显示的是社会保障类支出，占总支出的 51%，其中包括：法定社会保险支出 34%，劳动力市场政策性支出 11%，社会家庭、子女、母婴等保障性支出 2%，其他社会保障支出 4%。饼图左侧是其他类支出，占总额的 49%。包括：国防保卫与社会治安 11%，债务利息支出 9%，教育、科技研发、文化事业支出 7%，交通、通讯、信息等基础设施建设支出 6%，联邦级财政其他类支出 16%。联邦财政承担着社会保障的保底责任，因此每年度的预算中社会保障支出均占 50% 以上。按功能分类的比例与往年相比变动不大，一般情况下基本保持在社会保障支出占 50%~52% 的水平上。

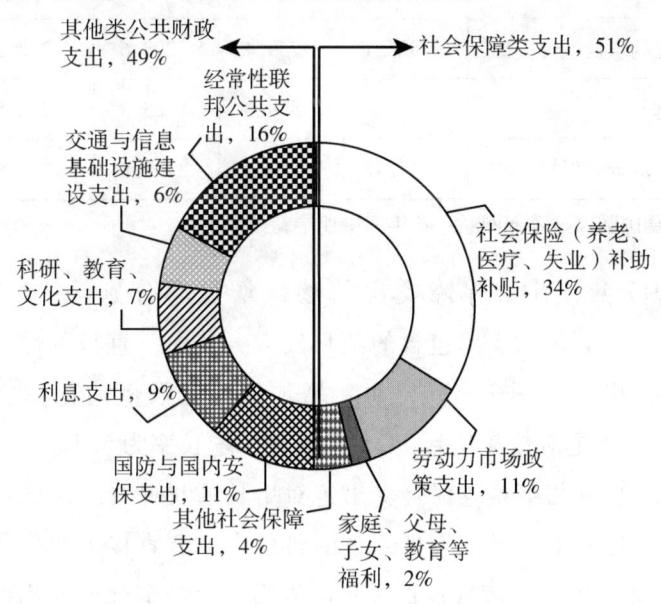

图 2-1　2016 年德国公共部门服务支出结构：功能分类

资料来源：德国联邦财政部网站。

（三）联邦财政主要支出项目增减状况分析

1. 社会保障支出

表 2-6 是 2013~2017 年联邦财政主要支出项目一览。在十大类支出项目中，占总支出额比例最大的是社会保障支出，其增长幅度也是最大的。

表 2-6　　2013~2017 年联邦财政主要支出类别一览表　　单位：亿欧元

年份 项目	2013 （实际）	2014 （实际）	2015 （实际）	2016 （预算）	2017 （计划）
社会保障支出	1 461.02	1 486.4	1 535.6	1 609.7	1 703.5
经济发展与能源支出	49.85	49.9	51.2	68.7	61.4
交通运输建设支出	217.60	215.0	218.9	241.9	250.2
科技文化与教育支出	184.29	186.0	201.5	219.3	234.3
环境保护支出	9.47	11.5	11.6	14.8	14.2
经济合作与发展支出	58.99	63.8	64.0	72.9	79.5
住宅与城市建筑支出	19.46	16.7	16.4	22.8	28.1
公共事项与债务利息及融资支出	482.31	259.4	298.6	328.2	284.6
国家安全与防御	277.4	279.0	285.3	286.5	308.4
农林业、食品与消费者保护	10.42	9.7	9.8	11.8	13.7

资料来源：德国联邦财政部网站：各年度中期滚动预算报告。

2013~2017 年，社会保障支出的逐年增长率分别为：1.7%，3.3%，4.8%，5.8%。社会保障支出包含的项目较多，其中一直呈刚性增长的是对养老保险的补贴支出（见图 2-2）。每年增加的绝对数额均在 20 亿欧元以上，2017 年预算的增长绝对数额达到 44.5 亿欧元，增长率为 5.1%，达到了近年来增幅的高水平。从近几年养老保险支出绝对增长的状况看，德国社会老龄化的特点日益突出，这除了与退休人员人数的自然增加有直接关联外，联邦政府从 2015 年调整退休政策、适度降低退休年龄界限也对养老保险支出的快速增长有一定的影响。

联邦政府对失业保险及劳动力市场的补贴支出 5 年来也处于增长的态势，2016

年比2015年增加了约9亿欧元,增长了2.7%,2017年预算比2016年增加36亿欧元,增长率为10.4%。尽管近年来失业人数在下降,2016年年平均失业登记人数为275万人,比2015年的279万人略有下降(见图2-3)。总的就业岗位在增加,实际就业人数也在增加。但联邦政府用于劳动力市场的财力投入并没有减少,投入的公共财政资金主要用于对劳动力的技能和知识更新的培训,还有一部分用于提高劳动力市场的管理水平,包括对现代化管理设备的应用等。一般情况下,如果没有大的经济波动,联邦财政对失业保险和劳动力市场的补贴基本维持在稳定基础上略有增加的水平上。

社会保障支出中第三大项是联邦财政对法定医疗保险的补贴支出和对公共卫生健康事业的资金投入。2016年这一项的支出额度为140亿欧元,比2015年增加了25亿欧元,增长率达到22%。增加的资金主要用于法定医疗保险的改革和保险缴费率下调的补贴。2017年联邦财政对该项的支出是145亿欧元,比2016年增加了5亿欧元。

社会保障支出的其他项目包括家庭政策性补助、住房补贴、农业人口社会政策补助、社会救助、战争遗留问题补助等,其支出额度变化均不大,增减都在正常范围内,没有大的波动。

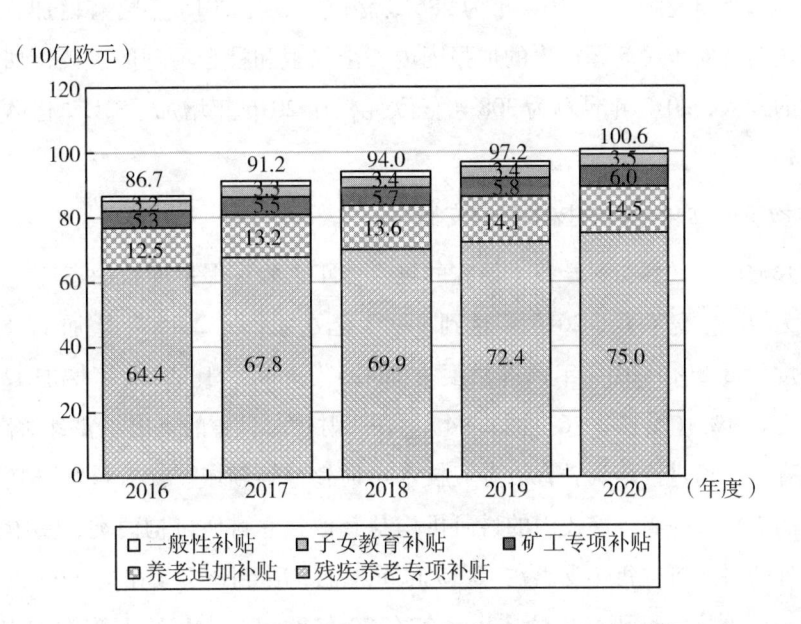

图2-2 2016~2020年德国联邦财政养老保险补贴支出一览(含预测)

资料来源:德国联邦财政部网站。

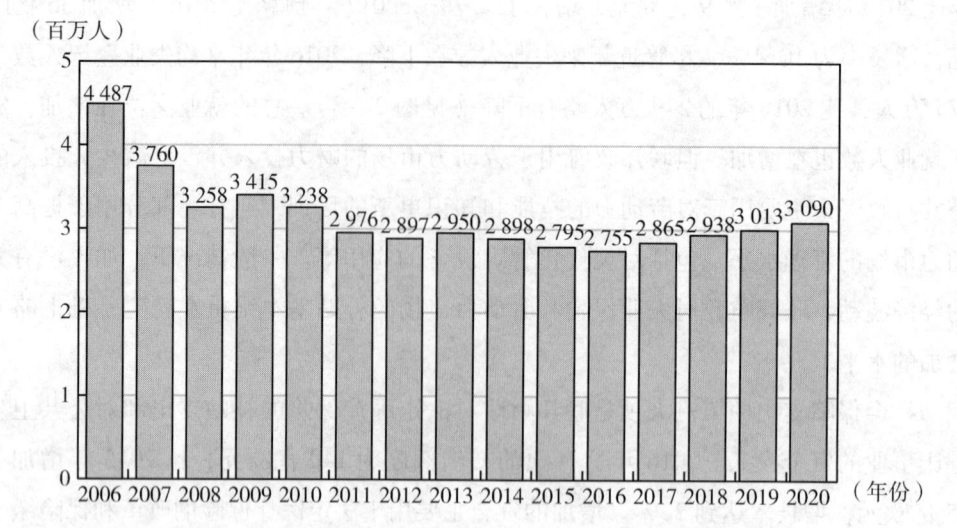

图 2-3 2006~2020 年德国登记失业人数状况一览（含预测）

资料来源：德国联邦财政部网站。

2. 国家安全与社会治安支出

联邦财政所承担的国家安全与社会治安支出近几年来均在 280 亿欧元以上，2015 年为 285.3 亿欧元，2016 年为 286.5 亿欧元，比 2015 年略有增加。目前，根据联邦议会针对难民问题提出的加强国内安全保卫和社会治理的决议，加大了对该项支出的投入，2017 年预算为 308.4 亿欧元，比 2016 年增加了 21.9 亿欧元，增加了 7.6%。

3. 教育、文化与科学技术研究支出

联邦财政对教育与科学技术研究的投入多年来始终保持增长的态势，2015 年该项支出为 201.5 亿欧元，2016 年达到 219.3 亿欧元，比 2015 年增加 17.8 亿欧元，增加幅度为 8.8%。2017 年预算额度为 234.3 亿欧元，比 2016 年增加 15 亿欧元，增长率为 6.8%（见表 2-6，图 2-4）。联邦财政对教育的支出主要针对高等院校、职业教育、普通进修培训教育、专业技术培训教育等领域。针对科学研究与技术开发应用的支出分为高等院校内的科研机构与其他独立科研机构两类，其中针对高等院校以外的科研机构每年支出在 100 亿欧元左右，达到该类支出的 47% 以上。对高等院校和高等院校科研机构的支出每年在 70 亿欧元左右，约占该类支出的 32%。对职业与培训教育的支出 2016 年为 19.3 亿欧元，约占该类支出的 9%。文化事业和其他支出约为 23 亿欧元，占 12% 左右。

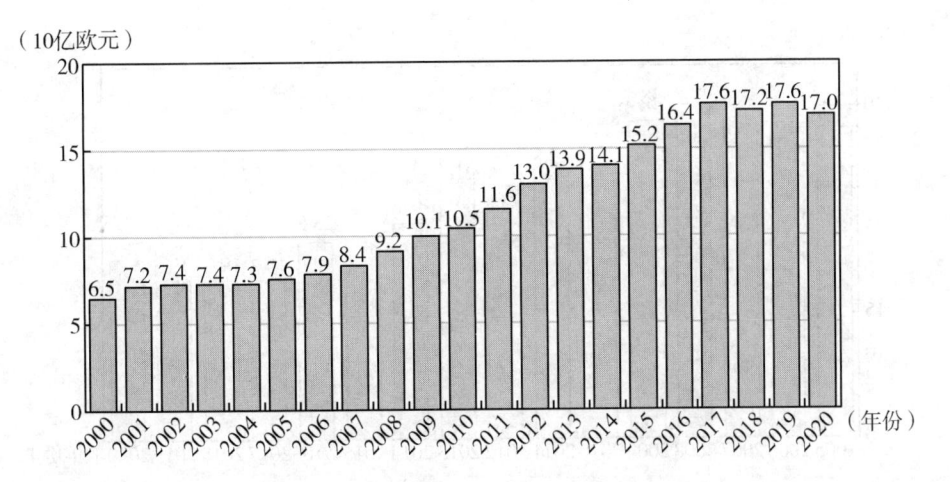

图 2-4 德国联邦财政 2000~2020 年教育与科研支出一览
（不包括文化事业支出）

资料来源：德国联邦财政部网站。

4. 交通运输基本建设支出

近 5 年来联邦财政每年对交通基础设施建设的投入在 200 亿欧元以上。交通基础设施建设包括联邦公路、高速公路、航道交通与港口、航空交通与港口、通讯设施、信息高速通道等。交通基本建设支出近两年增长幅度较大，2016 年比 2015 年增加了 23 亿欧元，增长了 10.5%。2017 年预算支出 250.2 亿欧元，比 2016 年增加 8.3 亿欧元，增长率为 3.4%。增加的支出除对网络信息通道基础设施建设增加投入外，其余的资金主要用于交通基础设施的维护与改造。从 20 世纪 70 年代开始，德国陆路交通和水路交通的基础设施建设曾有三四十年保持着世界领先水平的地位，但由于缺乏及时的更新改造与维护，其设施陈旧老化，由此引发的问题也日益增多。因此德国政府近两年加大了对交通基础设施建设的投入，预计在未来 5 年中，该项支出的增加还将继续。

5. 公共事项与债务利息及融资支出

债务利息支出在联邦财政支出总额中占 10% 左右，是一项较大的支出，2016 年债务利息支出为 328.2 亿欧元，比 2015 年的 298.6 亿欧元增加了 29.6 亿欧元。2017 年预算 284.6 亿欧元，比 2016 年减少 43.6 亿欧元。由于利息支出与政府债务的构成有直接关联，因此该项支出常呈现波浪起伏的动态状况。随着联邦政府"债务刹车"稳固原则的不断推进，联邦财政将继续实行年度"0"赤字预算，并依计划降低累积债务水平，债务利息支出也必将出现稳步下降的趋势（见图 2-5）。

35

(10亿欧元)

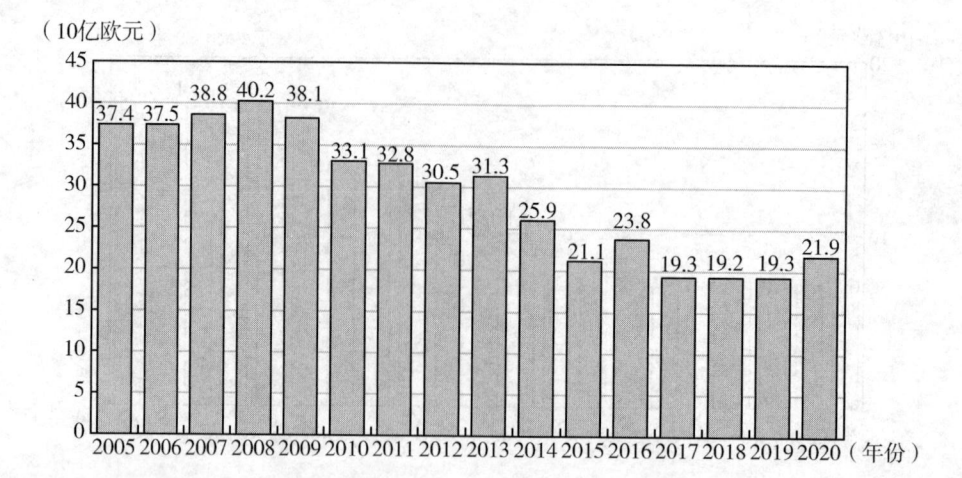

图 2-5 德国联邦财政 2005~2020 年债务利息支出一览

资料来源：德国联邦财政部网站。

三、政府收入

德国联邦政府的财政收入包括三部分：一是税收收入，一般占总收入的80%以上；二是非税收入，即规费收入，一般占到总收入的5%~10%；三是债务收入，即联邦政府为弥补当年预算赤字而安排的举债收入。联邦州政府的财政收入构成除了税收和规费收入外，还有来自纵向与横向的转移支付资金收入。地市级政府的财政收入则是由税收、规费和来自上级政府的转移支付资金构成。三级政府财政收入中主要来源均是税收，德国是最早实行分税制的国家之一，依据各级政府的行政事权划分税收收入，将不同的税种划分为共享税与专享税，在三级政府间合理分配，以达到与行政事权相匹配的目的。德国政府财政收入不包括社会保险收入和专项基金收入，这两类收入与支出均独立核算，不属于财政收入。

（一）税收收入在三级政府间的分配

1. 共享税

共享税包括公司所得税（即法人税、公司税）、个人（工资收入）所得税、增值税（原营业税）、利息税和清偿债务及出售转让（财产等）税费。四类共享税的分配比例如下。

（1）公司所得税中的50%属联邦政府所得，50%属各联邦州所得，地方政府不分享公司所得税。

（2）个人所得税由三级政府共同分享，其中联邦政府享有42.5%，州政府享有42.5%，地方政府享有15%。

（3）增值税的分配比较特殊，有专有的分配制度与方式。按最终分配比例，联邦政府分得增值税的53.9%，州一级政府分得44.1%，地方政府分得2%。

（4）利息税与清偿债务及出售转让税费按联邦政府44%、州一级政府44%、地方政府12%的比例进行分配。

以上分配比例是当前具体实行的标准，一般情况下，联邦政府每隔三至五年会就各州与地方政府的税收能力与财力状况进行评估测算，并依据评估结论、各级政府的财政状况以及总体经济景气形势对分配比例做出调整。每年的税收分配具体方案都会在年初以文件的形式确定并公布出来，一经公布即成为具有法律效力的文件，如特殊情况下需要调整（包括微调）均需报经联邦议会讨论通过，方可调整。

2. 专享税

（1）联邦税：能源税、电税、烟草税、咖啡税、烧酒红酒税、保险税、大型运输卡车税、团结统一税。

（2）联邦州税：遗产赠与税、土地购置税、啤酒税、赌马彩票税、赌场税、消防保护税。

（3）地方税：营业许可税、工商税、土地税、娱乐税、狗税、第二居所税、自动赌博游戏机税、饮料税。

（4）欧盟税：增值税特别基金、海关税、糖税、BNE特别基金。

由于各州人口与经济发展不平衡，州和地方所属的专享税是否开征、税率高低由各州或地方政府自行确定。因此在这方面各州之间存在一定的差异。

（二）近5年来各级政府财政收入简况

表2-7~表2-10是五年来德国各级政府财政收入的发展状况。从表2-10中可以看到，2016年三级政府财政收入总计达到8 905亿欧元，占2016年GDP（31 360亿欧元）比重的28.4%，2012~2016年，这一比重有微幅增加，但基本保持在28%~28.5%的水平上，说明财政总收入的增长与GDP的增长呈正相关联动关系。

表 2-7　　　　　德国联邦政府收入状况（2012~2016 年）

项目＼年份	2012	2013	2014	2015	2016
财政收入总计（亿欧元）	2 840	2 855	2 951	3 111	3 125
财政收入增长率（%）	—	0.5	3.4	5.4	0.5
GDP（BIP）（亿欧元）	27 549	28 208	29 157	30 259	31 360（未调）
财政收入占 GDP 比重（%）	10.3	10.1	10.1	10.3	10.0

资料来源：德国联邦财政部网站。

2016 年的总收入比 2015 年（8 623 亿欧元）增加了 3.8%，与 2015 年的增速 5.2% 相比有所下降。近几年来德国全国的财政收入一直呈增长趋势，但从各级政府状况来看，增长的态势有所不一。其中地市级政府的增幅较大，近两年均在 5% 以上，2015 年达到了 6.3%，这与联邦政府以及各州政府为解决地方政府财政困难调整转移支付政策与力度有直接关系。联邦州政府近几年的财政收入增速保持在 4%~4.5%，比较稳定。相比之下，联邦政府的财政收入增长的波动较大，在 0.5%~5.4%，尤其在 2015 年达到 5.4% 的良好态势下，2016 年的增幅只达到 0.5%。

表 2-8　　　　　德国联邦州政府收入状况（2012~2016 年）

项目＼年份	2012	2013	2014	2015	2016
财政收入总计（亿欧元）	2 935	3 068	3 189	3 330	3 480
财政收入增长率（%）	—	4.5	4.0	4.4	4.5
GDP（BIP）（亿欧元）	27 549	28 208	29 157	30 259	31 360（未调）
财政收入占 GDP 比重（%）	10.6	10.9	10.9	11.0	11.1

资料来源：德国联邦财政部网站。

表 2-9　　　　　德国地方政府收入状况（2012~2016 年）

项目＼年份	2012	2013	2014	2015	2016
财政收入总计（亿欧元）	1 900	1 973	2 053	2 182	2 300
财政收入增长率（%）	—	3.8	4.1	6.3	5.4

续表

年份 项目	2012	2013	2014	2015	2016
GDP（BIP）（亿欧元）	27 549	28 208	29 157	30 259	31 360（未调）
财政收入占GDP比重（%）	6.9	7.0	7.0	7.2	7.3

资料来源：德国联邦财政部网站。

表2-10　　　　德国三级政府收入总计（2012~2016年）

年份 项目	2012	2013	2014	2015	2016
联邦政府（亿欧元）	2 840	2 855	2 951	3 111	3 125
联邦州政府（亿欧元）	2 935	3 068	3 189	3 330	3 480
地市级政府（亿欧元）	1 900	1 973	2 053	2 182	2 300
三级政府收入总计（亿欧元）	7 675	7 896	8 193	8 623	8 905
与前一年相比增长（%）	—	2.9	3.8	5.2	3.8
GDP（BIP）（亿欧元）	27 549	28 208	29 157	30 259	31 360（未调）
总收入占GDP比重（%）	27.9	28.0	28.1	28.5	28.4

资料来源：德国联邦财政部网站。

（三）三级政府的财政收入结构

三级政府的的财政收入中，联邦政府与州政府均以税收收入为主要来源。2012~2016年，联邦财政的税收收入占总收入的比例在73%~75%，并且呈平缓上升趋势。而规费收入的变化较大，5年中既有较大幅度的增加，也有较大幅度的减少，这种波动较大的变动主要与当年经济的发展、具体政策的调整以及行政管理规范的变化有关。资产性账户收入在联邦财政收入中所占比例仅为2%以下。州政府的税收收入占州财政总收入的比例也在73%~75%，2012~2016年，规费收入占总收入的比例在20%~22%，且呈缓慢下降趋势。州政府资产性账户所占比例为4.5%左右。地市级政府的财政收入中，税收所占比例在37%~39%（2012~2016年），经常性账户中的其他收入主要包括来自州政府的转移支付和联邦政府的专项补助补贴资金，这部分收入占地市级政府总收入的50%以上，除此之外还有比例很小的一部分地方规费收入。资产性账户收入占总收入的7%左右（见表2-11~表2-13）。

表2-11　　　　　　　　　联邦政府财政收入结构一览

年度 项目	2012 亿欧元	2013 亿欧元	增减%	2014 亿欧元	增减%	2015 亿欧元	增减%	2016 亿欧元	增减%
总收入	2 840	2 855	0.5	2 951	3.4	3 111	5.4	3 125	0.5
1. 经常性账户	2 781	2 790	0.3	2 917	4.6	3 065	5.1	3 105	1.5
1.1 税收	2 561	2 598	1.5	2 708	4.2	2 817	4.0	2 900	3.0
1.2 其他规费	220	192	-12.9	210	9.3	248	18.3	205	-18
2. 资产性账户	59	65	10.5	34	-47.2	45	33.2	20	-55

资料来源：德国联邦财政部网站。

表2-12　　　　　　　　　联邦州政府财政收入结构一览

年度 项目	2012 亿欧元	2013 亿欧元	增减%	2014 亿欧元	增减%	2015 亿欧元	增减%	2016 亿欧元	增减%
总收入	2 935	3 068	4.5	3 189	4.0	3 330	4.4	3 485	4.5
1. 经常性账户	2 799	2 932	4.8	3 050	4.0	3 207	5.2	3 345	4.0
1.1 税收	2 150	2 243	4.3	2 342	4.4	2 488	6.3	2 610	5.0
1.2 其他规费	649	689	6.2	708	2.7	719	1.5	730	1.5
2. 资产性账户	136	135	-0.7	139	2.8	123	-11.8	145	16.0

资料来源：德国联邦财政部网站。

表2-13　　　　　　　　　地市级政府财政收入结构一览

年度 项目	2012 亿欧元	2013 亿欧元	增减%	2014 亿欧元	增减%	2015 亿欧元	增减%	2016 亿欧元	增减%
总收入	1 900	1 973	3.8	2 053	4.1	2 182	6.3	2 300	5.5
1. 经常性账户	1 752	1 825	4.2	1 900	4.1	2 021	6.4	2 120	5.0
1.1 税收	743	767	3.3	794	3.5	848	6.8	855	0.5
1.2 其他收入	1 009	1 058	4.9	1 106	4.5	1 174	6.1	1 265	8.0
2. 资产性账户	149	148	-0.4	153	3.3	161	4.9	175	10.5

资料来源：德国联邦财政部网站。

近20年来，德国各级政府的财政收入结构均比较稳定，没有经过大的调整，也没有出现政府间财权分配上的不均衡矛盾,其政府间的分配体制基本建立在合理配置事权与财力的基础上,因而始终能够保持在稳定运行的状态。

(四) 三级政府税收发展趋势预测及联邦政府税收构成

表 2-14、表 2-15、表 2-16 是德国税收预测工作委员会 2016 年 5 月在埃森召开的第 148 次会议上对联邦政府税收做出的预测结果。与会委员和多位专家学者对近期的经济景气形势做了客观的分析与评价,对德国社会经济的未来发展趋势进行了深入的研究探讨,依据目前法定的税则税率以及宏观经济的发展速度,对 2016~2020 年的全国税收收入做出预测,预测结果形成了这一阶段的各级政府中期预算收入的基础数据。

从预测的结果可以看到,德国从 2016~2020 年的 GDP 增速保持在 3% 以上,在 3.2%~3.6%,经济发展处于比较平稳的状态。在此基础上,全国税收的增加幅度保持在 2.7%~4.7%,最低的是 2016 年的 2.7%,最高的是 2017 年的 4.7%,本中期预算的后 3 年均在 3.6% 以上。税收占 GDP 的比重一直保持在略高于 22% 的水平上。

在税收分配上,2016 年联邦财政税收占全国税收总额的 41.96%,各联邦州税收总计占全国税收总额的 40.18%,地市级税收总计占全国税收总额的 13.54%,欧盟税额占全国税收总额的 4.32%。从增速上看,联邦财政的税收增速在本中期预算周期内保持在 3.0%~4.6%,以 2018 年的增速最高,达到了 4.6%。各联邦州税收总计的增速在 3.2%~4.1%,同样是 2018 年的增速最高,达到 4.1%。地市级税收总计的增速在本中期预算周期内变化较大,2016 年与前一年相比增长率仅为 0.9%,2017 年的增速则达到了 8.2%,本期后 3 年的增速在 2%~3.8%。与联邦税收和州级税收的增速相仿,前两年起伏大的变化与三级政府税收结构调整有关。

联邦财政的税收由共享税和专享税两部分构成。2016 年联邦政府的税收总额在扣除欧盟税和专项转移支付之前为 3 417.6 亿欧元,其中共享税税收 2 370.9 亿欧元,约占总额的 69.4%,专享税 1 046.7 亿欧元,约占总额的 30.6%。由此可见共享税是联邦税收的主要来源。扣除欧盟税和专项转移支付资金后,2016 年联邦税收的实际收入为 2 900 亿欧元。专享税中,能源税、烟草税、保险税以及团结统一税是联邦专享的支柱型税种,2016 年这四项税收共计 835 亿欧元,约占专享税总额的 80%。共享税中,增值税(包括国内和进口)排在税收的第一位,排在第二位为个人所得税中的工资税和估定收入税,2016 年增值税和个人所得税合计达到 2 233 亿欧元,占联邦所得共享税的 94%。

表2-14　2016~2020年德国全国税收预测结果一览

项目 \ 年份	2014	2015	2016	2017	2018	2019	2020
税收全国总计（百万欧元）	643 617.2	673 261.5	691 206.0	723 879.0	752 975.0	779 730.0	808 101.0
与前一年相比（%）	3.9	4.6	2.7	4.7	4.0	3.6	3.6
国内生产总值（GDP）(10亿欧元）	2 915.7	3 025.9	31 348.0	32 382.0	33 418.0	34 487.0	35 590.0
与前一年相比（%）	3.4	3.8	3.6	3.3	3.2	3.2	3.2
税收占GDP比例（%）	22.07	22.25	22.04	22.34	22.51	22.58	22.66
税收的分配							
联邦政府	270 746.3	281 607.7	290 050.0	301 809.0	315 659.0	328 194.0	339 934.0
与前一年相比（%）	3.9	4.0	3.0	4.1	4.6	4.0	3.6
州政府总计（百万欧元）	254 275.6	267 939.4	277 726.0	287 537.0	299 219.0	308 698.0	320 457.0
与前一年相比（%）	4.1	5.4	3.7	3.5	4.1	3.2	3.8
老联邦州区域总计（百万欧元）	208 976.2	221 303.9	230 185.0	238 851.0	249 265.0	257 735.0	267 664.0
与前一年相比（%）	4.7	5.9	4.0	3.8	4.4	3.4	3.9
新联邦州区域总计（百万欧元）	45 299.4	46 635.5	47 541.0	48 687.0	49 954.0	50 963.0	52 793.0
与前一年相比（%）	1.6	2.9	1.9	2.4	2.6	2.0	3.6
地方政府税收总计（百万欧元）	87 609.4	92 776.3	93 580.0	101 232.0	103 277.0	106 958.0	111 030.0
与前一年相比（%）	3.6	5.9	0.9	8.2	2.0	3.6	3.8
老联邦州地市级政府总计（百万欧元）	79 193.9	83 931.6	84 531.0	91 572.0	93 420.0	96 755.0	100 424.0
与前一年相比（%）	3.5	6.0	0.7	8.3	2.0	3.6	3.8

续表

年份 项目	2014	2015	2016	2017	2018	2019	2020
新联邦州地市级政府税总计（百万欧元）	8 415.5	8 844.7	9 049.0	9 660.0	9 856.0	10 203.0	10 606.0
与前一年相比（%）	4.5	5.1	2.3	6.8	2.0	3.5	4.0
欧盟（百万欧元）	30 985.9	30 938.0	29 850.0	33 300.0	34 820.0	35 880.0	36 680.0
与前一年相比（%）	-0.4	-0.2	-3.5	11.6	4.6	3.0	2.2

资料来源：德国联邦财政部网站。

表2-15　联邦财政税收实际及预测结果一览（共享税及专享税总计）

年份 项目	2014（实际）	2015（实际）	2016 预算	2017 预测	2018 预测	2019 预测	2020 预测
联邦税收中的共享税（百万欧元）							
工资税部分（百万欧元）	71 392.6	76 028.5	78 561.0	83 683.0	88 379.0	93 224.0	98 281.0
估定收入税部分（百万欧元）	19 385.4	20 646.7	21 930.0	22 844.0	23 694.0	24 693.0	25 734.0
非估定收入税部分（百万欧元）	8 711.6	8 972.4	8 625.0	9 018.0	9 955.0	10 348.0	10 713.0
出售转让、利息税部分（百万欧元）	3 437.5	3 633.9	2 838.0	2 725.0	2 769.0	2 813.0	2 858.0
公司所得税部分（百万欧元）	10 022.0	9 791.5	10 310.0	12 140.0	13 470.0	13 770.0	14 200.0
营业与流转税收收入部分（百万欧元）	108 596.3	109 693.6	113 169.0	119 359.0	125 220.0	130 540.0	135 103.0
增值税（百万欧元）	82 460.4	83 093.1	85 792.0	90 467.0	94 920.0	98 938.0	102 407.0
进口增值税（百万欧元）	26 135.9	26 600.5	27 377.0	28 893.0	30 300.0	31 602.0	32 697.0

续表

年份 项目	2014 (实际)	2015 (实际)	2016 预算	2017 预测	2018 预测	2019 预测	2020 预测
营业税工商税分摊（百万欧元）	1 603.1	1 657.5	1 667.0	1 848.0	1 901.0	1 957.0	2 026.0
纯联邦税税收（联邦专享税）（百万欧元）	101 803.8	104 204.1	104 658.0	104 834.0	105 764.0	106 754.0	107 804.0
联邦税收在扣除欧盟及专有基金前的总额（百万欧元）	324 952.1	334 628.2	341 759.0	356 450.0	371 152.0	384 098.0	396 718.0
向欧盟缴纳的税额（百万欧元）	−26 434.0	−25 779.2	−24 450.0	−27 650.0	−28 920.0	−29 730.0	−30 280.0
其中							
增值税税额（百万欧元）	−4 014.6	−4 201.3	−2 400.0	−2 480.0	−2 580.0	−2 640.0	−2 710.0
欧盟 BNE 基金（百万欧元）	−22 419.4	−21 577.8	−22 050.0	−25 170.0	−26 340.0	−27 090.0	−27 570.0
向州的专项转移支付							
能源税专项资金（百万欧元）	−7 298.7	−7 408.2	−8 000.0	−8 144.0	−8 291.0	−8 440.0	−8 592.0
LFA 专项补助补贴支付（百万欧元）	−10 681.3	−10 041.3	−9 467.0	−9 055.0	−8 491.0	−7 942.0	−8 121.0
重型运输卡车税补贴支付（百万欧元）	−8 991.8	−8 991.8	−8 992.0	−8 992.0	−8 992.0	−8 992.0	−8 992.0
稳定与巩固经济发展救助支付（百万欧元）	−800.0	−800.0	−800.0	−800.0	−800.0	−800.0	−800.0
联邦税收入总计（百万欧元）	270 746.3	281 607.7	290 050.0	301 809.0	315 659.0	328 194.0	339 934.0
联邦共享税收入与前一年相比（%）							
工资税部分（%）	6.2	6.5	3.3	6.5	5.6	5.5	5.4
估定收入税部分（%）	7.9	6.5	6.2	4.2	3.7	4.2	4.2
非估定收入税部分（%）	1.0	3.0	−3.9	4.6	10.4	3.9	3.5

续表

年份 项目	2014 (实际)	2015 (实际)	2016 预算	2017 预测	2018 预测	2019 预测	2020 预测
出售转让、利息税部分(%)	-9.8	5.7	-21.9	-4.0	1.6	1.6	1.6
公司所得税部分(%)	2.7	-2.3	5.3	17.7	11.0	2.2	3.1
营业与流转税收收入部分(%)	3.3	1.0	3.2	5.5	4.9	4.2	3.5
增值税(%)	4.1	0.8	3.2	5.4	4.9	4.2	3.5
进口增值税(%)	0.9	1.8	2.9	5.5	4.9	4.3	3.5
营业税工商税分摊(%)	1.8	3.4	0.6	10.8	2.9	2.9	3.5
联邦专享税与前一年相比(%)	1.3	2.4	0.4	0.2	0.9	0.9	1.0
联邦税税收在扣除欧盟及专有基金前的总额(%)	3.3	3.0	2.1	4.3	4.1	3.5	3.3
向欧盟缴纳的税额(%)	-1.6	-2.5	-5.2	13.1	4.6	2.8	1.8
其中							
增值税税额(%)	92.7	4.7	-42.9	3.3	4.0	2.3	2.7
欧盟BNE基金(%)	-9.6	-3.8	2.2	14.1	4.6	2.8	1.8
向州的专项转移支付(%)							
能源税专项资金(%)	1.5	1.5	8.0	1.8	1.8	1.8	1.8
LFA专项补助补贴(%)	-1.0	-6.0	-5.7	-4.4	-6.2	-6.5	2.3
重型运输卡车税(变更)补贴(%)	0.0	0.0	0.0	0.0	0.0	0.0	0.0
稳定与巩固经济发展救助(%)	0.0	0.0	0.0	0.0	0.0	0.0	0.0
联邦税税收入总计(%)	3.9	4.0	3.0	4.1	4.6	4.0	3.6

资料来源：德国联邦财政部网站。

表2-16 联邦财政税收实际及预测结果一览（专享税）

年份 项目	2014 （实际）	2015 （实际）	2016 （预算）	2017 （预测）	2018 （预测）	2019 （预测）	2020 （预测）
联邦专享税	101 803.8	104 204.1	104 658.0	104 834.0	105 764.0	106 754.0	107 804.0
1.1.（百万欧元）							
能源税	39 757.8	39 593.8	40 000.0	40 000.0	40 000.0	40 000.0	40 000.0
烟草税	14 611.7	14 920.9	14 460.0	14 370.0	14 290.0	14 210.0	14 130.0
红酒（葡萄酒）税	2 059.7	2 069.9	2 055.0	2 035.0	2 015.0	1 995.0	1 975.0
烧酒及含酒精饮料税	1.3	2.2	2.0	2.0	2.0	2.0	2.0
泡沫红酒饮料税	411.6	429.1	405.0	405.0	405.0	405.0	405.0
半成品中间成品税	14.7	14.4	14.0	14.0	14.0	14.0	14.0
咖啡税	1 015.6	1 031.5	1 040.0	1 040.0	1 040.0	1 040.0	1 040.0
保险税	12 046.2	12 419.5	12 720.0	13 020.0	13 330.0	13 650.0	13 980.0
电税	6 638.2	6 592.5	6 600.0	6 600.0	6 600.0	6 600.0	6 600.0
重型运输卡车税	8 501.0	8 804.8	8 900.0	8 900.0	8 900.0	8 900.0	8 900.0
空运交通运输税	989.7	1 022.9	1 060.0	1 096.0	1 116.0	1 136.0	1 156.0
核燃料税	708.0	1 370.5	1 000.0	0.0	0.0	0.0	0.0
团结统一附加（税）	15 046.5	15 930.3	16 400.0	17 350.0	18 050.0	18 800.0	19 600.0
其他联邦税收	0.0	0.0	0.0	0.0	0.0	0.0	0.0
进口税预估	1.6	1.6	2.0	2.0	2.0	2.0	2.0

续表

年份 项目	2014（实际）	2015（实际）	2016（预算）	2017（预测）	2018（预测）	2019（预测）	2020（预测）
1.2. 与前一年相比（%）	1.3	2.4	0.4	0.2	0.9	0.9	1.0
能源税	1.0	-0.4	1.0	0.0	0.0	0.0	0.0
烟草税	5.7	2.1	-3.1	-0.6	-0.6	-0.6	-0.6
红酒（葡萄酒）税	-2.0	0.5	-0.7	-1.0	-1.0	-1.0	-1.0
烧酒及含酒精饮料税	-32.5	67.7	-10.5	0.0	0.0	0.0	0.0
泡沫红酒饮料税	-5.2	4.3	-5.6	0.0	0.0	0.0	0.0
半成品中间成品税	1.7	-1.5	-3.1	0.0	0.0	0.0	0.0
咖啡税	-0.5	1.6	0.8	0.0	0.0	0.0	0.0
保险税	4.3	3.1	2.4	2.4	2.4	2.4	2.4
电税	-5.3	-0.7	0.1	0.0	0.0	0.0	0.0
重型运输卡车税	0.1	3.6	1.1	0.0	0.0	0.0	0.0
空中交通运输税	1.2	3.3	3.6	3.4	1.8	1.8	1.8
核燃料税	93.6		-27.0				
团结统一附加（税）	4.6	5.9	2.9	5.8	4.0	4.2	4.3
其他联邦税收	-33.4	119.1					
进口税预估	0.1	-1.1	23.0	0.0	0.0	0.0	0.0
相关信息数据							

续表

年份 项目	2014 （实际）	2015 （实际）	2016 （预算）	2017 （预测）	2018 （预测）	2019 （预测）	2020 （预测）
团结统一附加来源：（百万欧元）							
工资税	10 302.3	10 941.0	11 280.0	11 895.0	12 435.0	12 990.0	13 580.0
估定收入税	2 226.0	2 373.1	2 530.0	2 635.0	2 730.0	2 845.0	2 965.0
利息及其他收入	416.4	448.0	350.0	335.0	340.0	345.0	350.0
非估定收入税	877.6	931.1	960.0	1 000.0	1 035.0	1 075.0	1 110.0
公司所得税	1 224.3	1 237.0	1 280.0	1 485.0	1 510.0	1 545.0	1 595.0
能源税来源（百万欧元）							
其他地矿核心原材料	1 209.2	1 235.7	1 236.0	1 224.0	1 212.0	1 200.0	1 188.0
地矿核心燃气原材料	3 026.5	2 354.9	2 708.0	2 708.0	2 708.0	2 708.0	2 708.0
其他	35 522.2	36 003.3	36 056.0	36 068.0	36 080.0	36 092.0	36 104.0
2. 关税（百万欧元）	4 551.9	5 158.8	5 400.0	5 650.0	5 900.0	6 150.0	6 400.0
与前一年相比（%）	7.6	13.3	4.7	4.6	4.4	4.2	4.1

资料来源：德国联邦财政部网站。

四、政府盈余/赤字

从 2012 年开始,德国联邦政府依据欧盟委员会的《稳定与增长公约》和近期提出的"债务刹车"的稳定机制原则,采取相应措施严格控制政府举债,增收减支,把实现财政收支平衡作为当前以及今后的重要行政目标。经过 3 年多的努力,联邦政府财政在 2014 年终于实现了"0"赤字,达到了收支平衡。随后的 2015 年和 2016 年,联邦财政继续保持了没有新的"净债务收入"的良好状态。

据德国财政部公布的数据显示,2016 年德国全国的财政收支状况良好,联邦政府、各州、各地方政府以及社会保险机构的财政总收入略有盈余,没有新的债务发生(见图 2-6)。

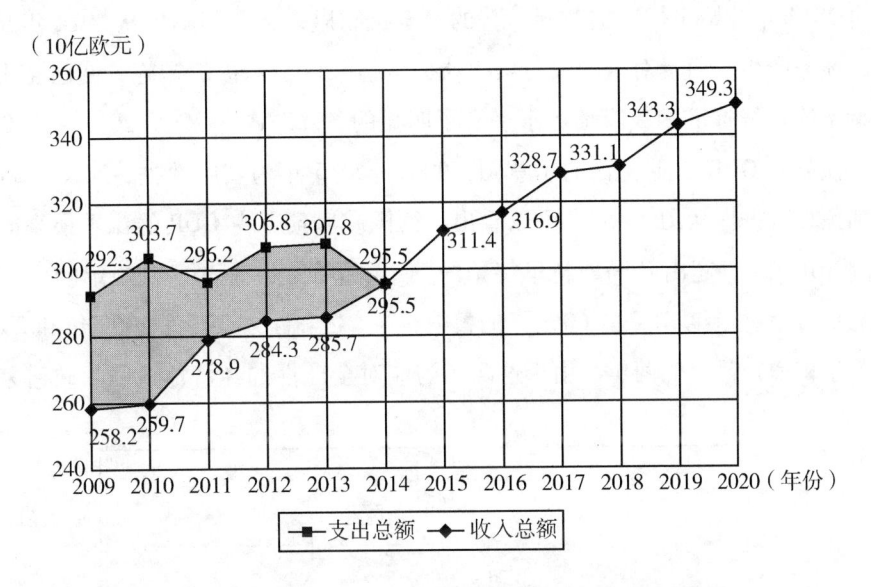

图 2-6 2009~2020 年德国联邦财政收支示意图

资料来源:德国联邦财政部网站。

德国统计局的统计报告分析,出现财政盈余的主要原因在于国内经济形势良好、就业市场稳定及适度的财政支出政策。2016 年德国联邦财政的收入同比增加了 0.5%,全国的财政收入总额增加了 3.5%。联邦财政支出同比增加了 5.9%。显然联邦财政支出的增长要高于财政收入的增长。全国的财政支出总额同比增加了 5.6%,也高于全国财政收入总额的增长。根据 2017 年联邦财政预算法案公布的数据,本年度预算赤字仍然为"0"。

2017年3月15日,德国联邦政府内阁会议通过了联邦财政2018年预算草案和2018~2021年中期预算预案,本预案与前两年发布当期预算时一样,突出强调2018年联邦预算仍坚持"0"赤字的大政方针,继续实施一系列的社会经济稳定机制,进一步扩大2015年以来已达到的财政收支总量平衡的成果,不再增加新的债务,同时按进度持续降低政府的累积债务率,使联邦财政以及各级财政达到良性循环的状态。

五、政府债务

(一) 政府债务状况

自2012年开始实行"债务刹车"的稳定机制以来,德国不仅从2014年起不再有新的债务产生,而且对减轻政府累积债务负担采取了积极的措施,使已超出马斯特里特条约上线标准的政府债务水平有了明显的下降。图2-7是2001~2020年德国政府债务占GDP比重变化的示意图,2001~2015年为实际数据,2016~2020年为中期预算数据。从图2-7中可以看出,德国政府债务占GDP的比重最高时达到81%(2010年),超出《马斯特里特条约》(以下简称"马约")规定的"政府累积债务不得超过当年GDP的60%"的警戒标准21个百分点,而2009年和2010年是债务累积增长最快的两年,由于这两年为应对全球性的经济危机联邦政府采取了

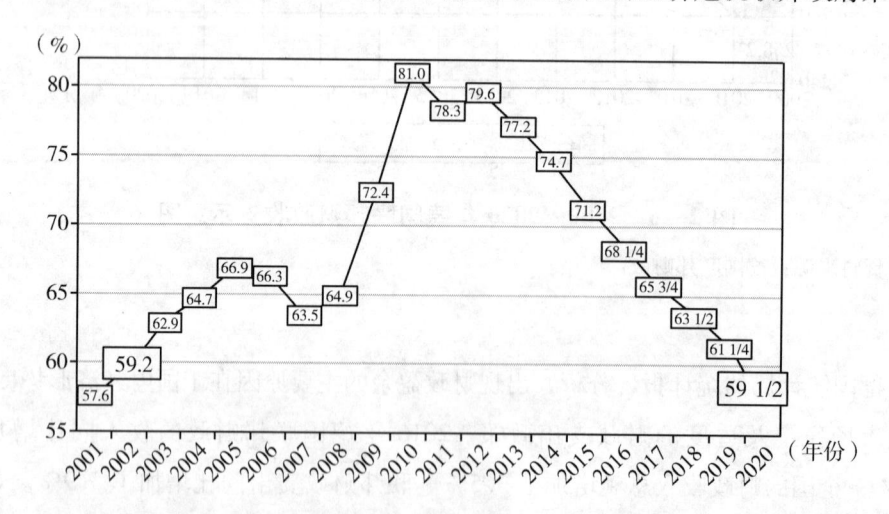

图2-7 2001~2020年德国政府债务占GDP比重发展状况示意图

资料来源:德国联邦财政部网站。

一系列扶持企业生产、扩大就业面、降低失业率、促进经济复苏的救助措施，导致财政支出超常增长，政府净债务累积直线上升，两年间政府债务占GDP的比重增加了16.1个百分点。远超出"马约"的原则规定。实行债务刹车的稳定机制后，联邦政府一方面不再举新债，另一方面努力降低累积的债务水平，从中期预算着手，逐年做出减债计划，力争在2020年达到"马约"规定的警戒线以下。近3年来联邦政府的减债计划已经取得了初步的成果，2015年累积债务占GDP的比重降到了71.2%，2016年即降到68.5%，随着债务率的逐年下降，计划在2020年达到59.5%。

（二）政府债务分布状况

表2-17列示了2011~2015年德国政府债务的在各级政府间的分布状况。在三级政府中，负债最高的是联邦政府，5年中最高时占总债务的64%，最低时占49.9%。5年中2011~2014年呈逐年上升态势，2015年呈下降趋势，减少了178亿欧元，减少了1.6%。州级政府债务累积近5年保持在5 300亿~5 500亿欧元，约占债务总额的25%左右。与联邦级债务的变化趋势相同，前4年呈逐年上升态势，2015年与2014年相比呈下降趋势。地方政府债务数额不大，约占债务总额的4%左右，在相关政策的导引下，地方债也在逐年下降。与政府相关的其他债务包括社保基金、政府特别财产、政府专项基金的债务累积，亦包括政府担保项目的借贷资金。这部分债务不属于政府直接债务，但属于政府行政范畴的间接负债，因此也在政府债务的统计范围以内。这部分债务约占总债务的20%左右。

表2-17　　　　　　2011~2015年政府债务分布一览

年份 项目	2011	2012	2013	2014	2015
1. 全国GDP（BIP）（亿欧元）	27 031	27 549	28 208	29 157	30 259
2. 联邦政府债务（直接）（亿欧元）	10 757	10 955	11 136	11 150	10 972
联邦政府债务占GDP（%）	39.8	39.8	39.5	38.2	36.3
与前一年相比较（%）	—	1.8	1.7	0.1	-1.6
3. 州政府债务（直接）（亿欧元）	5 307	5 386	5 441	5 471	5 407
州政府债务占GDP（%）	19.6	19.6	19.3	18.8	17.9
与前一年相比较（%）	—	1.5	1.0	0.6	-1.2

续表

项目 \ 年份	2011	2012	2013	2014	2015
4. 地方政府债务（直接）(亿欧元)	832	836	829	833	813
地方政府债务占 GDP（%）	3.1	3.0	2.9	2.9	2.7
与前一年相比较（%）	—	0.5	-0.8	0.5	-2.4
5. 与政府相关的其他债务（亿欧元）	4 271	4 738	4 372	4 374	4 357
与政府相关债务占 GDP（%）	15.8	17.2	15.5	15.0	14.4
与前一年相比较（%）	—	10.9	-7.7	0.05	-0.4
6. 三级政府债务总额（直接）(亿欧元)	16 896	17 177	17 406	17 454	17 192
政府总债务占 GDP（%）	62.5	62.4	61.7	59.7	56.8
与前一年相比较（%）	—	1.7	1.3	0.3	-1.5
7. 全国政府总债务（亿欧元）	21 167	21 915	21 778	21 828	21 549
全国政府总债务占 GDP（%）	78.3	79.6	77.2	74.8	71.2
与前一年相比较（%）	—	3.5	-0.6	0.2	-1.3

注：6 = 2 + 3 + 4　　7 = 2 + 3 + 4 + 5

资料来源：德国联邦财政部网站。

（三）联邦政府债务的构成

图 2 - 8 是 2000 ~ 2017 年联邦政府直接累积债务（不包括联邦特别财产）发展变化示意图。从柱图中可以看到，联邦政府的直接债务总额在 2010 年已达到当年 GDP 的 40%，2011 ~ 2013 年，联邦累积债务也在直线上涨，到 2014 年，联邦政府的直接债务增加到 10 694 亿欧元，但占当年 GDP 的比重已有所下降，降到了 36.7%。2015 年这一比重为 34.7%，2016 年进一步下降为 33.5%，这一比重逐年下降的变化，显示了联邦政府在实施稳定机制，严格控制联邦预算赤字，尽力缩减债务规模方面已经取得了明显的成果。

表 2 - 18 通过两种划分列示了 2011 ~ 2015 年联邦债务的不同类别与数额。从债务的使用方向上，区分了联邦政府预算的直接债务和联邦特别财产的相关联债务，其中 2015 年直接债务 10 509 亿欧元，占总债务额的 95.8%，两项基金（特别财产）的债务额为 462 亿欧元，占债务总额的 4.2%。由此可见联邦政府减债的主要调控方向是在联邦政府预算方面。从债务形式上划分，联邦债务主要以三种形式存在：

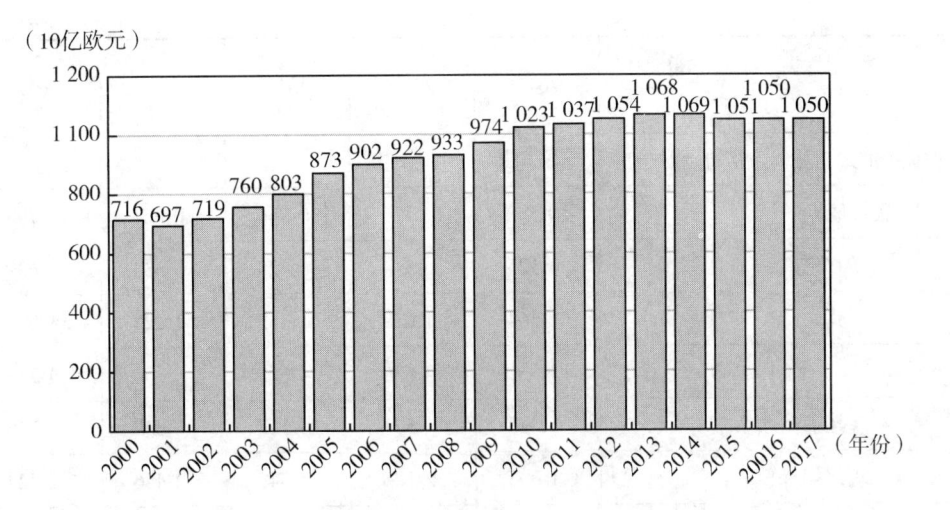

图 2-8　2000~2017 年德国联邦政府债务总额示意图

注：本图数据不包含联邦特别财产（专项基金）数据。
资料来源：德国联邦财政部网站。

一是联邦债券，二是借据贷款，三是其他贷款和账面负债，其中联邦债券又由联邦借款、通胀债券、担保债券、储蓄债券等七类项目构成。2015 年联邦债券规模为 10 798 亿欧元，占联邦政府债务总额的 98.4%，其他形式的债务仅占 1.6%。在联邦借款中，中期贷款（10 年）占 71.5%，长期贷款（30 年）占 28.5%，除中长期贷款外，联邦担保债券在债务总额中也是较大的分支，占总额的 21.2%，可见联邦担保债券也是政府举债的一个常用形式。由于没有新的债务产生，随着偿债的逐年推移，实现联邦政府制定的将债务总额占 GDP 的比重降至"马约"规定的安全警戒线以下的目标，也将指日可待。

表 2-18　　　　　2011~2015 年联邦政府债务构成一览　　　　单位：亿欧元

年份 项目	2011	2012	2013	2014	2015
联邦财政与特别财产债务总计	10 756	10 955	11 136	11 150	10 972
按债务使用方向划分：					
1. 联邦政府预算	10 370	10 537	10 679	10 694	10 509
2. 资金市场稳定基金	173	205	244	256	252
3. 投资与偿债基金	214	213	213	200	210

续表

项目 \ 年份	2011	2012	2013	2014	2015
按债务形式划分（包括特别财产）：					
1. 联邦债券	10 580	10 776	10 956	10 967	10 798
联邦借款	6 125	6 314	6 428	6 534	6 629
其中：30 年期	1 564	1 679	1 763	1 828	1 890
10 年期	4 561	4 636	4 665	4 706	4 738
联邦通胀指数债券	442	521	517	632	745
联邦担保债券	1 993	2 176	2 348	2 446	2 324
联邦储蓄债券	1 306	1 177	1 100	1 034	964
联邦无息储蓄债券	578	500	500	280	109
其他联邦债券	136	88	63	40	28
2. 借据贷款	121	120	122	120	106
3. 其他贷款与账面负债	56	59	58	63	67

注：因表中数据不保留小数点后数字，经四舍五入后，个别加总后的数据与总计数略有差异。

资料来源：德国联邦财政部网站。

六、政府间转移支付

联邦政府为德国的中央政府，各州政府在国家宪法和基本法的原则框架下实行自治管理。州政府与联邦政府并非上下从属关系，具有相对独立性，在各自管辖范围内其事权财权拥有高度的自主权。联邦政府对各州政府的事务以及财政资金的使用管理不能用行政命令的方式进行干预，出现问题与矛盾时可通过政府之间协商或通过联邦议会协调解决。联邦财政对联邦财政部与各州财政部也不存在上下级之间的垂直管理关系，各自对本级政府负责，在宪法和基本法的原则基础上编制本级政府的当年财政预算以及中长期财政滚动预算。州政府对本州内的地市级政府（统称为地方政府）有管辖权，地方政府原则上接受州政府的领导。地方政府有自己一级的财权与事权，有一定的自主管理权限，州财政部与地市财政局联系紧密，具有上下级工作机构的指导与接受指导的关系。

（一）政府间事权划分

联邦政府的事权与责任权：国家安全与防卫、外交事务与国际组织机构、基本社会保障、造币与货币发行管理、海关与边境管理、国家级科研项目开发、基础性科研项目资助、由联邦政府承担的交通运输基础设施建设与管理（包括铁路、水运、航空、邮电、高速公路、远程公路等）、跨区域综合经济协作与开发（包括资源性开发）、农业补贴及经济结构调整等政策性支出、国有企业与国有资产的经常性支出、联邦一级政府机构行政事务性支出等。

联邦州政府的事权与责任权：社会保障（部分）、高等教育、专业中等教育、治安警务与司法管理、文化体育事业、卫生防疫与环境卫生、健康医疗体系建设、住房保障、科学研究与技术开发应用、州级公路建设与维护、区域经济结构与农业结构调整及改善、河湖海岸养护与管理、州级政府机构行政事务与管理、承担法定的联邦政府委托的基础经济建设项目（如能源开发利用、交通基础设施建设等）。

地方政府的事权与责任权：本区域基础设施建设、区域内治安保护、社会救济与社会援助、幼儿园与小学教育、地市级公路建设、区域内公共交通网络建设与运营、公用事业建设与发展（包括供水、供电、供煤、能源利用、垃圾与污水处理等）、公共福利、文化设施、成人教育、社区服务、地市一级政府机构行政事务与管理、承担法定的联邦以及州政府委托的具体工作项目（如人口普查、突发事件处理等）。

（二）政府间财权划分

税收权的划分：前面"政府收入"中对三级政府间共享税与专享税的分配已做过阐述介绍，这里不再重复。

行政收费的划分：德国相关法律规定，行政事业的收费权与相对应的事权归属一致，所收资费纳入本级财政收入，并根据财务制度的相关规定进行管理。

（三）德国的转移支付制度

在联邦与州以及地方政府之间的财力平衡关系上，德国采取的是纵向转移支付与横向转移支付相结合的均衡制度。在按财权与事权相匹配的原则进行财力初次分配后，由地区差异与经济发展不平衡造成的公共服务非均等化则由转移支付制度来进行调节，尽可能地缩小地域间的贫富差距。《德意志联邦共和国基本法》对联邦和州财政分配关系的基本内容做了规定。根据相关规定，德国政府间财政分配与转移支付主要分四个层次进行：

第一层是将所有税收收入在联邦、州、地方政府这三个行政层级之间进行分配，其中包括联邦对州、州对地市财政的补助补贴资金，即纵向的转移支付制度。

第二层是州级政府应得的税收收入根据相关规定按比例在各个州之间进行横向分配。

第三层是财力较弱的州和财力较强的州之间进行的州际平衡调节，即横向转移支付制度。

第四层是财力较弱的州还会得到联邦的补充资金（联邦特别补贴拨款）。

（四）联邦财政对州级财政以及州对地市级财政的纵向转移支付

联邦补充拨款是在联邦向财力较弱州的拨款，并非每个州都同样享受，实际上是对州际财政平衡的一个补充。联邦补充拨款不设定具体的用途，以满足其一般性财政需求。在操作上分为一般性联邦补充拨款和特殊需求联邦补充拨款。通过一般性联邦补充拨款可以进一步缩小财力较弱的州在州际财政平衡后与人均平均财力水平之间仍存在的差距。一般性联邦补充拨款主要是给那些人均财力在州际财政平衡后仍低于平均水平99.5%的州。联邦将就低于限额部分的77.5%进行补充拨款（见表2-19）。

表2-19　　2011~2015年联邦财政对州级财政转移支付一览

（联邦补充拨款）

年份 项目	2011	2012	2013	2014	2015
1. 一般性转移支付（百万欧元）	2 644	2 911	3 175	3 517	3 832
与前一年相比（%）	—	10.1	9.1	10.8	9.0
2. 专项转移支付（百万欧元）	517	517	517	517	517
与前一年相比（%）	—	0.0	0.0	0.0	0.0
3. 对地区结构性失业专项补贴（百万欧元）	1 000	711	711	777	777
与前一年相比（%）	—	-29.0	0.0	9.3	0.0
4. 对新联邦州的特别补贴（百万欧元）	8 027	7 260	6 545	5 778	5 062
与前一年相比（%）	—	-9.6	-9.8	-11.7	-12.4

续表

项目＼年份	2011	2012	2013	2014	2015
联邦对州转移支付总计（百万欧元）	12 188	11 399	10 948	10 589	10 188
与前一年相比（%）	—	-6.5	-4.0	-3.3	-3.8

资料来源：德国联邦财政部网站。

地市级政府的财政资金来源分为三个方面，一是地市级政府的税收收入，二是来自州和联邦两级政府的转移支付，三是地方行政收费。其中税收收入占地方财政总收入的37%左右，收费和其他收入约占30%，其余的约33%即为转移支付资金。表2-20显示，2011~2015年联邦州对地市财政的转移支付在逐年增加，2015年比2014年增长了9%，比2011年增长了31%，而2015年地市级财政总收入比2011年增长21%，可见5年来转移支付的增长要大于总收入的增长。2015年转移支付总额中，一般性转移支付占比重为58%，专项转移支付占42%。

表2-20　　2011~2015年州财政对地市级财政转移支付一览　　单位：亿欧元

项目＼年份	2011	2012	2013	2014	2015
转移支付总计	566	600	649	681	742
其中：老联邦州	436	471	513	541	599
新联邦州	130	129	137	140	143
一般性转移支付	355	371	397	421	430
其中：老联邦州	267	286	304	326	339
新联邦州	88	85	92	95	92
专项转移支付	211	229	253	260	312
其中：老联邦州	169	186	208	215	260
新联邦州	42	43	44	45	52
地方财政总收入	1 900	1 973	2 053	2 182	2 300
州对地市转移支付占地方财政收入比例（%）	29.8	30.4	31.6	31.2	32.3

资料来源：德国联邦财政部网站。

（五）州与州之间的横向转移支付

州级之间的转移支付是指财力较弱的州会从财力较强的州那里得到均衡拨款。为了在州际财政平衡的同时增强各州的财政责任和自治能力，在州际平衡时只需使各州之间的收入差距保持在适度的比例范围内。州际财政平衡的出发点是每个州的人均财政能力。一个州的财政能力是指该州收入总和加上该州地方总收入的64%，再除以本州居民人口，即得出人均财力。州人均财力与全国人均财力（全国财政总收入除以全国居民人口）相比较，以全国人均财力为100，可得出该州人均财力水平。高于全国人均财力的为富裕州，低于全国人均财力92%以下的为贫困州。财力较弱州接受的均衡转移支付的具体数值取决于这个州人均财力与全国人均财力值之间的差距。在实践中会运用线性渐进补偿率来将差距平均缩小到适当的比例范围内。相关条例还规定，州际平衡不会改变这些州在人均财力方面的排名。

州级财政平衡可以使州与州之间的财力差距显著减小。例如，一个财力较弱的州在州际财政平衡之前的人均财力只有平均水平的70%~90%，而在州际财政平衡后会达到平均水平的91%~96%。财力较强的州在州际财政平衡前的人均财力是平均水平的110%~120%，州际财政平衡后是会降到平均水平的104%~106.5%，但其财力的排名不会改变（见表2-21）。

表2-21　州级财力横向均衡转移支付输出与输入一览　　单位：百万欧元

联邦州 \ 年度	2012	2013	2014	2015
资金输出州：（-）				
巴登—符腾堡（BW）	2 765	2 415	2 357	2 313
巴伐利亚（BY）	3 797	4 307	4 856	5 449
汉堡（直辖市）（HH）	25	—	56	113
黑森州（HE）	1 304	1 702	1 756	1 720
输出合计（-）	7 891	8 424	9 025	9 595
资金输入州：（+）				
不来梅（直辖市）（HB）	521	588	604	626
勃兰登堡（BB）	543	518	510	495
柏林（直辖市）（BE）	3 224	3 328	3 491	3 613
梅前州（MV）	453	461	463	473

续表

联邦州 年度		2012	2013	2014	2015
下萨克森	（NI）	178	107	278	418
北威州	（NW）	435	691	899	1 021
莱法州	（RP）	256	242	289	349
萨尔兰	（SL）	94	137	144	152
萨克森	（SN）	961	995	1 035	1 023
萨安州	（ST）	550	559	586	596
石勒苏益格	（SH）	134	168	173	248
图林根	（TH）	542	542	553	581
汉堡（直辖市）	（HH）	—	88	—	—
输入合计（+）		7 891	8 424	9 025	9 595

资料来源：德国联邦财政部网站。

七、施政方针与财政改革

（一）财政发展的基本方针

自2016年开始，德国政府面临英国退欧引起欧盟格局震荡和解决难民危机两大难题，这无疑对德国政府现行的财政经济政策提出了挑战。在这一背景下，德国内阁在2016年7月上旬通过了2017年财政预算草案和到2020年中期财政预算计划，并上报到联邦议会。2016年9月，这套年度预算和中期预算计划获得联邦议会正式的批准。联邦政府提出继续坚持预算平衡的基本原则，尽可能杜绝财政赤字的产生，并按计划消减累积的政府债务。这项财政预算草案公布的数据显示，2017年德国联邦政府支出为3 287亿欧元，到2020年增加到3 493亿欧元。联邦政府收入与支出平衡，2017年同为3 287亿欧元，但债务收入为零，即没有新举债务即可达到收支的平衡。

德国政府仍然坚定不移地实行"债务刹车"的稳固发展政策，同时为解决难民危机问题也采取了积极的态度来应对。预算草案中明确了政府2017年用于安置难民和解决难民危机的费用约为190亿欧元。这一数额比2016年的计划有所增加。与此相呼应，草案将国内安全预算资金在2016年基础上也增加了约2.5亿欧元。德国联邦国防预算费用提高了17亿欧元，达到366亿欧元。此外，对基础设施教育、住房和社会福利的开支也相应增加。尽管政府支出在逐年增加，特别是难民开支的不确定因素直接影响到联邦政府的财政支出的扩张，但德国政府官员仍表示未来几年将努力实现新增财政赤字"零增长"目标。到2020年，德国国债占当年国内生产总值的比例将尽力控制在不到60%的水平，低于欧盟《稳定与增长公约》规定的目标。对此，财政部长朔伊布勒表示"我们将信守诺言，在当前的艰难形势下保持我们稳健的财政政策。"在对待难民问题上，联邦财政部长认为，"我们要完成最紧急的任务，那就是增加对保障国内外安全的投入，以及（加大）我们对难民的援助"。他强调，德国政府在增加上述投入的同时，到2020年前将"不会增加新的债务"。并明确指出下一财年的政府支出重点将放在基础设施、教育和研究领域。

（二）2017年联邦财政支出保障的重点领域

2017～2020年的联邦财政中期预算草案上报联邦议会获得批准后，形成最新一轮的联邦财政中期预算计划。该计划数据显示，2017年联邦财政总支出3287亿欧元，至本期末的2020年计划总支出将增加到3493亿欧元，2020年比2017年计划增加206亿欧元，增加6.3%。2016年联邦财政投资支出计划为315亿欧元，2017年比2016年计划增加18亿欧元，达到333亿欧元。用于教育与科研的支出从2016年的211亿欧元增加到227亿欧元，计划增加16亿欧元。支出增加的主要部门和公共领域：

1. 科技研发与产业政策投资

（1）交通运输基础设施建设。

2017年联邦财政对交通运输基础设施的支出比2016年增加5亿欧元，达到128亿欧元。自本届政府执政以来，联邦财政对交通领域的投入已经提高了25%。德国政府之所以大幅度提高对交通基础设施的投入，是因为目前在德国境内可见多处摇摇欲坠的桥梁和拥堵的交通，交通设施的陈旧与滞后正在损毁德国在效率上的全球声誉。由于过去几十年的投资不足，欧洲最大经济体的基础设施正如美国一样在慢慢恶化。2006年，在世界经济论坛的全球竞争力报告中，德国交通基础设施整体质量排名全球第三，而2017年已经下滑至第11位。因此联邦政府在中期预算计划中明显加大了对这一领域的投入，以加快加紧重建国家的道路、桥梁、铁路以及水路。

（2）教育与科学研究系统。

联邦教育与科学研究部2017年的预算资金按惯例再次增长，计划增加12亿欧元,总预算额度达到176亿欧元。对于这一领域,德国政府一直非常重视,在预算十分紧张的状态下,仍然要保证教育与科研有一定比例的增长。2009年,联邦教育与科研部获得的财政预算资金为100亿欧元,在不到10年的时间里,该部的财政预算增加了76亿欧元。除教育与科研部之外,还有部分科研机构和培训机构获得的联邦财政预算资金也都有不同幅度的增加。

(3) 加强信息宽带基本设施建设。

2017~2020年,联邦财政将对信息宽带基础设施建设在原计划每年27亿欧元的基础上再次追加13亿欧元投入,并且出台相关政策,支持和引导私有企业与资金在信息宽带建设方面的投入。例如,在固定宽带方面,德国政府将着力加快光纤宽带网络建设步伐,拓展多渠道资金用于光纤网络扩张,同时协同各类基金项目重点支持制造企业和商业中心宽带连接。移动宽带方面,鼓励企业加大4G网络投资,积极推进5G关键技术研发和标准制定,实现到2018年50M以上高速宽带网络无处不在的发展目标,为工业4.0发展奠定新基础。

(4) 加大对微电子技术的资金投入。

为加强微电子技术的研发与推广应用,联邦财政的本中期预算区间内计划每年投入17亿欧元,主要用于高端产品的开发与高新技术的实际运用。并支持这一领域的科研成果与技术创新达到世界一流水平,具备超强的国际竞争力。

(5) 加速开展电气交通工具的技术研发以及市场化的推广应用。

为加速新能源交通工具的研发运用,在本轮中期预算期间内,联邦财政计划投入16亿欧元支持电气交通工具的开发,并加快新产品推广应用的市场化进程。其中由能源与气候基金承担的9亿多欧元在2016~2020年已经正式纳入实施计划,其中另外6亿欧元由工业(产业)基金承担。

2. 国家安全与保卫支出

(1) 国防。

2017年联邦财政预算中的国防支出增加了17亿欧元,总额达到366亿欧元,比2015年的实际国防支出(334亿欧元)增加32亿欧元,增加9.6%。按本轮中期预算计划,2020年联邦财政的国防预算支出将达到392亿欧元,2016~2020年,国防预算支出增加的总额度将达到102亿欧元,这也就决定了德国国防支出在未来5年内将形成逐年增长的趋势,改变了过去几年曾出现的逐年减少的状况。预算报告显示,增加的国防支出主要用于军用装备的现代化和设备的更新。虽然国防预算计划增加了,但每年国防预算总额占全德国GDP的比例只有1.2%。

（2）安保。

在国防预算增加的前提下，联邦财政对国内的安全保卫预算支出也做了调整，至2020年针对国内安保的财政资金的增加总额将超过22亿欧元，增加的资金除用于突发国内安全事件的处理、联邦警察警用装备的更新与设备现代化外，还将用于增加2 000个警察岗位，以加强社会秩序的维护与安全保卫工作。

3. 社会保障支出

（1）社会保障与社会福利支出是联邦财政支出的最大部分，也是经济发展正常状态下每年必然按一定比例增长的重要预算科目。

2017年社会保障与社会福利支出为1 710亿欧元，在联邦财政预算中依旧保持着支出第一的地位，占支出总额的52.0%，也就是说，联邦级财政每支出2欧元，其中的1欧元就流入社会保障领域，属于社会保障与社会福利性支出。

（2）难民问题是德国政府近几年遇到的最大难题之一。

几十万难民源源不断地进入德国境内，联邦政府除了要保障本国人民的利益外，还要对外籍难民进行安置，这必然占用联邦政府相当一部分的公共财政资金。2017年用于安置难民以及处理相关事务的预算支出达到190亿欧元，这一数额高于2016年，也高于以往任何一年。但难民安置仅仅意味着为难民提供基本的衣食住行，更多的支出需要投入到后续的语言课、继续教育、难民儿童日托班等。也就是说，除了联邦财政的投入外，各州政府甚至各地方政府均需要较大量资金的投入，才能达到安置难民的目的。因此，围绕难民的各项支出的摊派问题目前已成为联邦政府和各州争执的焦点。前不久各州首脑已就这一问题达成一致：希望从联邦政府额外获得80亿欧元的资金支持，以解决难民安置中的各类问题。但这一提议从一提出即被联邦财政部长否决，财政部发言人明确表示了要"实现这一提议是不可能的"，联邦政府不会为此增加财政赤字，因为这与达到财政收支平衡的大政方针是不相符的。

（3）与高达近两百亿欧元的难民问题支出相比，联邦政府用于增加社会保障其他科目的预算计划显然力度要小得多。

2017年联邦财政将分别增加8亿欧元用于保障房建设，11亿欧元用于就业市场和调整退休养老金，以及4.5亿欧元用于一系列家庭政策的支出。在社会保障支出中，退休养老金补助补贴支出占比例是最高的，并且该项支出一直是依一定比例逐年上升的，这是符合社会发展的自然规律的。在本轮中期预算期间内，养老金的支出计划从2017年的912亿欧元，逐年上升到2020年的1 007亿欧元，2020年比2017年增加了95亿欧元，4年间增加了10.4%。但尽管如此，仍难以缓解养老金入不敷出的沉重压力，因此联邦政府一直在探讨养老保险的进一步改革方案，完善具体政策措施，以建立更为合理的养老保险框架体系。

主要参考文献

［1］Finanzbericht 2015, Stand und voraussichtliche Entwicklung der Finanzwirtschaft im gesamtwirtschaftlichen Zusammenhang·Bundesministerium der Finanzen.

［2］Finanzbericht 2016, Stand und voraussichtliche Entwicklung der Finanzwirtschaft im gesamtwirtschaftlichen Zusammenhang·Bundesministerium der Finanzen.

［3］Finanzbericht 2017, Stand und voraussichtliche Entwicklung der Finanzwirtschaft im gesamtwirtschaftlichen Zusammenhang·Bundesministerium der Finanzen.

第三章
法 国

法兰西共和国（简称法国）是世界主要发达国家之一，55万平方公里（不含海外领地），是西欧面积最大的国家，行政区划分为大区、省和市镇三级。人口6 699万（含海外领地），其中本土人口6 586万，是全球第六大移民国，移民占总人口的8.9%。国内生产总值位居世界第六。其国民拥有较高的生活水平和社会保障制度。法国是联合国安全理事会五大常任理事国之一，也是欧盟创始国。2017年5月7日，年仅39岁的马克龙成为法兰西第五共和国近60年历史上最年轻的总统。马克龙作为近年来最亲欧盟的政治家，他的上台会给法国和欧盟带来新的机遇和挑战。法国作为欧洲经济的发动机和欧洲一体化的火车头，其财政运行状况对整个欧盟将产生"牵一发而动全身"的重要影响。①

一、经济概况

2015年，法国经济增长率经历了起起伏伏，第一季度增长率仅为0.6%，第二季度甚至为零增长，当然这也与季节因素有一定的关系。第三季度GDP开始反弹，增长率达到了0.4%。第四季度受恐怖袭击的影响，增长率仅为0.3%。2015年全年，法国经济增长率达到1.2%，2016年预计增长率为1.5%。在未来几年，经济增长率将逐年增加。GDP增长率的良好表现与国内实施的一系列经济政策密切相

---

① 中国外资部：《法国国家概况》，中国外交部网站，2017年6月。

关，例如在增加企业竞争力和居民购买力方面的刺激政策、适当温和的货币政策、全球原油价格降低的大经济背景、国外贸易伙伴的强劲增长等。同时，通货膨胀率也将在未来几年一路攀升。2015年，通货膨胀率为0%，2016年为0.1%，但2017年将达到1%，预计在2019年将达到1.75%。

（一）国际经济复苏带动法国经济增长

法国经济的复苏一方面得益于国际经济形势的好转以及新兴市场的需求回暖。首先，欧元区国家的经济已经开始恢复增长势头，国与国之间的不平衡也开始减弱。其次，国际原油价格开始持续下降，欧元也呈现贬值态势，欧洲中央银行制定了一系列温和而适度的货币政策，来支持欧元区的经济活动顺利开展。而且随着国际商品需求的增加，尤其是来自新兴市场的需求，法国的出口也不断上升。另外，在法国国内，居民购买力的提升增加了私人消费对GDP的贡献量，而且随着市场前景的日益看好，以及金融投资环境的改善，法国国内企业的投资也开始回暖。

（二）国外需求持续走高拉动法国出口

2016年，法国进出口将会有所下降，但预计2017年开始会有所好转。法国统计研究所预计，2015~2017年，法国进出口的净贡献量占GDP的百分比将呈现负增长，具体来说，2015年和2016年分别降低0.3个百分点，2017年降低0.1个百分点。进口方面，得益于国内需求的增加，2015年法国进口增长率为5.8%，2016年将降为5.4%，2017年预计为5.3%；出口方面，2015年呈现出5.1%的增长率，但2016年和2017年预计增长率会有所回落，分别为4.4%和4.8%。据预测，出口在未来将继续保持强劲，主要原因是全球需求的逐渐旺盛，以及国内采取了一系列降低劳动成本的措施。

（三）国内需求持续升温

2016年，在设法降低国内通货膨胀率的同时，法国国内居民的购买力将依旧保持强劲，2016年，由于企业融资状况持续改善，实际工资水平的增长将会有所放缓。法国CICE税收优惠计划、责任与稳定公约、SME雇佣刺激计划等一系列旨在拉动就业的政策将会有所成效，就业状况将大有改观。此外，企业的盈利状况也会得到改善，居民家庭收入会得到提高。法国自2014年开始实施的针对1 200万居民的总额为50亿欧元的个人所得税减免政策也会逐渐显现成效，显著提高居民的购买力。

但法国居民消费并没有与购买力水平保持一致，2015 年仅增长了 1.4%。据估计，2016 年和 2017 年法国居民消费将各增加 1.6%。储蓄率分别为 15.4% 和 15.0%。

（四）投资逐渐摆脱负增长

首先，是基础设施建设领域开始逐渐回暖。未来几年，法国的居民投资将呈现上升态势。2015 年，居民投资呈现 2.8% 的负增长，2016 年，该数额为 -1.5%。2017 年，根据法国统计研究所的预计，增长率将达到 3%。这一积极增长主要得益于 2016 年初法国实行的零利率贷款政策，刺激了法国的房地产销售，有利于法国经济的复苏。其次，是基础设施建设以外的商业投资领域，增长率也逐年提升。2015 年该领域增长率仅为 2.6%，2016 年预计会达到 4.1%，2017 年预计增长率会达到 4.8%。

（五）通货膨胀率预期先降后升

得益于持续回落的原油价格，2016 年法国的通胀率只有 0.1%，接近于 0。2017 年，受欧元贬值的影响，进口制造业商品价格持续上升，通胀率可能会有所上升，达到 1%。此外，由于 2016 年名义工资略微上升，导致国内服务商品的价格也会有所上升。

（六）2018～2019 年中期预测

根据预测，法国 2018 年经济增长率将持续增长，达到 1.75%，2019 年达到 1.9%。通胀率也随之攀升至 1.4% 和 1.75%。但这些预测都是在原油价格和欧元汇率保持稳定的基础上进行的。法国的出口表现主要取决于贸易伙伴的增长率水平：一是新兴国家的经济形势，特别是俄罗斯和巴西；二是欧元区国家的复苏程度。而法国居民和商业的表现也充满了不确定性。如果企业边际收益率的提高和较高的贬值预期能够对投资产生高于预期的效果，那么投资就会朝着更好地方向发展，但如果投资主体继续采取等看的态度，将关注点放在去杠杆和改善投资环境上，那么情况就不容乐观。此外，企业投资和居民投资可能会是一对矛盾体，因为企业可能会选择通过降低劳动力成本来增加收益，这样的话，法国的房地产市场投资将会有所影响（见表 3-1）。

表 3-1　　　　　　　　　　法国 2015~2019 年年经济概况

年份 项目	2015 （实际值）	2016 （预测值）	2017 （预测值）	2018 （预测值）	2019 （预测值）
实际 GDP 增长率（%）	1.2	1.5	1.5	1.75	1.9
名义 GDP 增长率（%）	2.3	2.4	2.4	3.1	3.6
通货膨胀率增长率（%）	0.0	0.1	1.0	1.4	1.75
赤字率（%GDP）	-3.5	-3.3	-2.7	-1.9	-1.2
失业率（%）	10.0	—	—	—	—
储蓄率（%GDP）	20.6	21.1	21.6	22.3	22.9
投资（%GDP）	22.2	22.5	22.7	23.2	23.9
出口增长率（%）	6.1	3.9	4.8	5.5	5.5
进口增长率（%）	6.7	4.8	5.1	5.6	5.8
经常账户盈余状况变化（%）	0.2	0.0	0.3	—	—

资料来源：法国 2016~2019 年经济稳定计划。

二、政府支出

（一）全国政府财政支出

2016 年，在竞争力与就业减税优惠政策（CICE）和《责任与团结公约》的框架下，法国政府致力于恢复国内的财政平衡，通过限制财政支出来弥补减税和社保缴费降低造成的收入减少。一个最主要的减支措施就是《2014~2019 年财政计划案》中确定的从 2015 年开始持续三年的总额为 500 亿欧元的部门支出削减计划。此外，在 2015 年 4 月公布的稳定计划中，还确定了其他一些辅助政策措施。

专栏 3-1

法国政府 2015~2017 年高达 500 亿欧元的支出削减计划

2014 年 12 月颁布的法国《2014~2019 年财政计划案》中提出了一项总额高达 500 亿欧元的支出削减计划。该计划将从 2015 年开始，持续三年，目的是为了在 2017 年将财政赤字重新降低到 3% 的警戒线以下。此外，从 2014 年开始，持续的低通胀率也迫使法国政府不得不采取财政紧缩政策。

具体来说，中央政府部门及其机构将削减 190 亿欧元的支出，中央向地方政府的转移支付削减 105 亿欧元。在社保和医疗保险方面，根据 2015 年和 2016 年的社保预算法案，居民社保收益和医疗支出都将有所减少，其中 2016 年和 2017 年医疗支出计划仅增长 1.75%。2015 年的退休金补充协议和失业保险协议预计削减支出 16 亿欧元。总的来说，2015~2017 年在社保和医疗保险方面将削减 205 亿欧元。

总体来看，2015 年法国全国政府财政支出增长了 0.9%，比 2014 年的 1% 降低了 0.1 个百分点，创下了近几年的最低值（见表 3-2）。从 2007~2012 年，法国全国政府财政支出的平均增长率高达 3.2%。2016 年和 2017 年，全国政府财政支出将继续保持温和增长，增长率预计各为 1.1%。同时，政府财政支出占 GDP 的百分比，也会从 2014 年开始持续下降，2015 年为 55.3%，2016 年为 54.6%，2017 年则会降到 54%。

表 3-2　　　　　2014~2017 年法国全国政府支出变化情况　　　　　单位：%

年份 项目	2014	2015	2016	2017
全国政府	1.0	0.9	1.1	1.1
中央政府机关	-0.4	-1.6	0.7	-0.6
其他中央政府部门	4.1	1.7	1.7	1.2
地方政府	0.2	-1.3	1.2	1.6
社保基金	2.3	1.5	1.3	1.2

资料来源：法国 2016~2019 年经济稳定计划。

专栏 3-2

法国 2016 年和 2017 年的财政支出削减补充方案

除了 2014 年 12 月颁布的《财政计划案》中制定的 500 亿欧元的支出削减计划，之后法国政府又陆续出台了一系列补充措施，来保障法国经济的健康发展。例如 2015 年 4 月公布的稳定计划中就对 2015 年和 2016 年的支出削减做了详细规定，并在 2015 年第二季度开始正式实施。2016 年的第四季度，还将支出削减的一些补充计划列入了 2016 年的预算法。除了上面提到的 500 亿欧元的支出削减方案，2016 年稳定计划中还制定了 38 亿欧元的额外削减计划。这些支出削减计划的实施是为了抵消低通胀率对政府削减赤字的目标所带来的负面影响。具体的削减方案包括：中央政府和中央政府机构削减支出10亿欧元；医疗和社保支出削减10亿欧元；利息支出削减18亿欧元，预计2016年底十年期利息达到1.25%。

2017年，为了应对通货膨胀率的增长将低于预期，法国政府制定了50亿欧元的财政支出削减计划。其中包括各级政府的削减计划，具体来说，中央政府20亿欧元、医疗和社保领域20亿欧元、地方政府10亿欧元。

（二）中央政府财政支出

2015年，法国中央政府的财政削减措施取得了良好的效果。2015年预算法案中计划的中央政府年度赤字额度为733亿欧元，但实际上，该年度的中央政府赤字额度仅为705亿欧元。这些良好的财政表现为2015年实施的贬值措施提供了财政保障，也在2015年1月的恐怖袭击发生后为法国人民提供了充足的财政保障。在2015年支出削减成效的基础上，以及2015～2017年总额500亿欧元的支出削减计划框架下，2016年和2017年，法国中央政府将继续实行财政缩减计划。除了三年期的财政紧缩计划外，中央政府对一些项目的支出优先性也进行了规定，例如2016年中央政府为拉动就业安排了16亿欧元的财政经费，此外还有一个4亿欧元的未来投资项目，和8亿欧元的农业支持计划。

2017年，为了进一步控制中央政府的财政赤字，中央政府又制定了一个总额为20亿欧元的补充调整方案，具体内容包括：在提高公共服务经费的同时控制政府公务人员的工资，在增强中央控制和监督的同时提高地方政府提供公共服务的能力，加大地方政府的改革，减少地方政府的数量。

（三）中央政府其他机构的财政支出

中央政府其他机构的职能通常是提供公共服务，它们由中央财政拨款，并受中央政府部门的领导和控制。以前，这些机构受中央部门的监管比较松，财政支出增长显著，未来，法国政府计划控制并压缩这些机构的财政支出，并增加对其监管力度。未来，这些机构将不允许从信用部门进行贷款。除非有特殊情况，限制其发行期限长于12个月的债券。这些机构在未来投资项目中的财政支出需要得到全国投资委员会的监管，并向总理报告。从2016年开始，法国政府开始对这些中央机构进行精简，对这些机构的运营经费和机构规模进行控制，最直接的结果就是这些机构数量、雇员数量以及财政支出的减少。

其实从 2015 年开始，法国政府就开始对这些中央机构进行整治，引导这些机构减少对财政拨款的依赖，增加其财政的自主性。因此，实际上 2015 年，这些机构的财政支出已经少于 2014 年。根据法国统计研究所的预测，2016 年电费征收补偿这一项支出被合并到了中央政府部门的预算中，合并后的支出将列在"能源输送"这一项目下。因此中央其他机构的财政支出将继续下降，可能会下降 70 亿欧元，下降幅度与 2015 年持平。2017 年，法国政府计划继续采取措施加大对中央其他机构经费的缩减力度。

（四）社保基金支出

2015 年，社保基金的支付支出增长率放缓，仅为 1.9%，比 2014 年降低了 0.3 个百分点。养老保险的财政支出增长率则从 2014 年的 2.4% 下降到 2015 年的 2%。医疗保险的财政支出增长率与养老保险变化基本相同，从 2014 年的 2.4% 下降到 2015 年的 2%。根据预计，2016 年社保支出的增长率将继续下降，预计只有 1.3%，医疗保险支出增长率将降到 1.75%。得益于失业率的降低以及法国人民工作积极性的持续提高，2016 年法国失业保险的支出也将有所降低。2017 年，由于通货膨胀率的升高，社保支出的增长率会有所上升。而为了完成上面提出的医疗保险每年 1.75% 的增长率的目标，2017 年，医疗保险的支出的增长必须继续得到限制。

具体来说，在医疗保险领域，自 2008 年以来，法国采取了一系列的医疗保险支出的治理措施，包括成立监管委员会和预警委员会等，以及对医疗系统的结构性改革，这些措施使法国医疗保险支出的增长一直得到着有效控制。

2016 年，医疗保险的支出增长率达到了 1997 年以来的新低，预计为 1.75%。具体的改革措施包括：继续发展门诊服务、提高医院开支的效率、继续降低药品价格、大力发展通用名药物、提高基础护理和医疗的水平等。

在养老保险领域，2016 年养老金支出的增长率为 1.7%，比 2015 年降低了 0.3 个百分点。除了计划到 2020 年实现 60 亿欧元的养老金支出削减，法国政府还实行了一系列改革养老保险的措施，例如：将每年养老金调整的日期定位 11 月 1 日，2016~2018 年，将养老金增长率调整到比通胀率低 1 个百分点，以实现养老金支出的长期均衡。家庭政策方面，2016 年将会缩减支出 3 亿欧元，比 2015 年的缩减力度增加 4 亿欧元。

2015 年，法国政府的失业保险的支出增加了 3.1%，失业人数的增加掩盖了失业保险支出缩减计划的成效。2016年，随着支出缩减计划的重新调整，以及就业形势的不断好转，失业保险的支出有望得到降低。

（五）地方政府的财政支出

2016年是法国地方政府选举的重要年度，因此随着法国选举的拉开序幕，地方政府的财政支出会有显著增长。但支出的增长不会没有节制，除了选举的因素，还有很多其他因素在约束着地方政府财政支出的预算计划，例如中央政府的财政支出削减计划、低通胀率、地方政府结构性改革及地方政府的支出增长目标。

2014年，中央政府给地方政府安排的支出削减计划是15亿欧元，2015～2017年，法国政府的削减计划总额为105亿欧元，这就意味着地方政府也需要做出一定的贡献。

地方政府的改革不仅包括削减支出，还包括提高支出的效率，降低行政性开支的增长幅度。精简地方行政结构、成立大型城市就是市一级政府改革的措施之一。此外，2016年1月1日开始，法国大区的数量从原来的22个精简到了13个，使得法国的行政管理更加精简。此外，通过设定市级行政规划的最低人口数量"门槛"，也可以减少市级政府的数量，根据最新规定，只有人口规模大于15 000才可以设立市级行政规划。这项规定将1 161个市合并成为340个新的市，使法国的市级政府数量首次降到了36 000个以下。新的行政规划从2016年1月1日开始生效。

在2014～2019年财政计划案中，一种新的财政治理工具以地方政府支出增长目标的形式被提出，即ODEDEL，对地方政府的支出增长起到了指导和规范作用，有利于规范中央和地方政府之间的财政关系，增加了地方政府预算的透明度和公信力，也对地方政府的预算起到了监督和控制作用。2016年的政府预算草案将地方政府的财政支出增长率定位1.9%，并将目标具体细化，层层分解至各级政府。但在最终的《2016年财政计划案》中，考虑到低通胀率带来的影响，遂将这一增长率进行了下调，仅为1.2%。

具体来看，在投资性支出方面，2014年以来支出水平逐年下降，2014年法国地方政府的投资性支出下降了8.4%，2015年这一趋势更加明显，下降了10%。支出缩减的原因主要在于受法国地方政府选举周期因素以及政权更迭的影响。2016年，这一支出项将保持相对稳定，但随着新一届政权的上台，将会呈现一路上扬的趋势。

2015年，法国地方政府的行政性支出的增长率为0.9%，比2014年2.2%的增长率降低了1.3个百分点。增长率降低的原因在于中央政府关于缩减行政性支出的总体设计以及低通胀率的影响。2016年和2017年，行政性支出的增长率预计只有1.4%。2015年公务人员的工资性支出增长率仅为2.1%，比2014年的3.7%降低了1.6个百分点。这一数值在2016年和2017年预计只有1.9%。中间消费（Intermediate Consumption）缩水1%，而这一下降率在2014年仅为0.1%。

三、政府收入

（一）全国政府财政收入

自2009年开始，法国政府开始实施一系列的财政稳固措施，因此，2009~2013年期间，法国政府的财政收入呈现稳定的增长态势。2014年，税收收入（税收收入+社保基金收入）占GDP的比例为44.8%。2015年，这一比例有所回落，仅为44.5%，2016年和2017年，受《责任与团结公约》提出的降低劳动成本和CICE税收优惠政策的影响，这一比例将继续回落，2016年为44.2%，并在2017年达到44%的水平。此外，2016年预算法案中还提出了要削减个人所得税，以增加低收入群体和中等收入阶层的个人居民的购买力。当然，除了减税政策，法国政府还计划增加在绿色环保领域的税收力度。非税收入在最近几年将保持稳定，估计在2015~2019年占GDP的比例将维持在7.6%的水平上。

《责任与团结公约》中提出了一系列措施，对财政收入的增长有负面效应，例如为了降低劳动力成本，该公约提出了取消企业的社会分摊金，并降低了企业所得税税率和个人所得税税率。由于支出方面的缩减计划作为保障，法国政府在2018年和2019年有更多的空间来实行减税方案。

法国政府的税收弹性将继续在0~1徘徊，从2015年的0.8增加到2016年的0.9，这主要是因为低的通胀率以及工资和薪水的增长滞后于GDP的增长（见表3-3）。

表3-3　2014~2019年法国全国政府的税收和社保收入情况

	2014	2015	2016	2017	2018	2019
占GDP的百分比（%）	44.8	44.5	44.2	44.0	43.8	43.5
税收弹性	0.7	0.8	0.9	1.0	1.0	1.0

资料来源：法国2016~2019年经济稳定计划。

2014年初，法国政府推出了旨在振兴经济的《责任公约》与《团结公约》，两者合在一起称为《责任与团结公约》。主要目标是通过减税和补贴的形式促进就业，提高法国企业的生产力和综合竞争力，增加个人所得税的累进性，使其更有益于中低收入阶层。目前，公约中的大部分措施在颁布后都已经开始实施并逐渐起效。

2002~2012年10年间，法国企业的竞争力一直呈现下降趋势。2014年该公约的颁布大大提高了非金融企业部门的边际利润率。据估计，到2020年，该公约将为法国带来500 000个新的工作岗位，拉动法国GDP增长1.7个百分点。其中最重要的一项，即降低企业所得税和企业社保分摊金，与其他促进中小企业投资的措施一起，有望在2016年为企业减负340亿欧元，预计2017年减负额度会达到400亿欧元。

具体的减负措施包括：取消企业为最低工资岗位缴纳的工资税，但失业保险不能取消；从2015年1月1日期，企业针对最低工资1.6倍以上的岗位缴纳的家庭津贴，其缴费率降低1.8个百分点；从2016年4月1日开始，对于工资水平在最低工资的1.6~3.5倍的岗位，企业缴纳的家庭津贴的缴费率额外再降低1.8个百分点。这将在2016年为企业带来31亿欧元的减负效果，在2017年为其继续减负40亿欧元。

同时，该公约规定，2015~2017年3年间，原来大型企业需要缴纳的企业社保团结费（C3S）暂时停征，这项政策涉及法国约300 000家企业，并为其减负共55亿欧元。此外，企业所得税的名义税率也将从2017年开始逐渐降低，预计在2020年从目前的33.3%达到28%。

在个人所得税方面，为了提高中低收入家庭的购买力水平，该公约也颁布了一系列的措施，例如：2014年在补充预算案中一次性减少15亿欧元的个人所得税，从2015年开始取消最低一档的个人所得税税率，带来15亿欧元的减税效果，2016年个人所得税预计减少20亿欧元。这些措施预计将会使1 200万居民从中获益，减少个人所得税共计约50亿欧元。

（二）中央政府的财政收入

2016年，中央政府税收和社保收入占GDP的百分比预计较2015年增加0.3个百分点。同时，减税措施也会在中央政府的层面继续得到实施，例如降低个人所得税和废除大型企业的工资税缴费项目等。

在没有新政策出台的前提下，2016年法国中央政府的税收收入将会增加2.8%，为GDP贡献0.3个百分点。随着经济的逐渐复苏，税收收入弹性也将略高于1。

2015年，法国社保基金的收入增长率为1.1%，较2014年的2.5%降低了1.4

个百分点。2016年，社保基金收入的增长率预计为1.5%。在GDP占比方面，2015年，社保基金收入占GDP的百分比为24.1%，比2014年降低了0.3个百分点，2016年预计该比例会达到23.8%，比2015年继续下降0.3个百分点。

2017年，随着经济的持续复苏，政府一系列就业刺激政策的实施，以及私人部门工资的增加（2.5%的增长率），预计社保基金收入会增加2.6%（见表3-4）。

表3-4　　　　　　　　　　社保基金收入变化情况

年份 项目	2014	2015	2016	2017
增长率（%）	2.5	1.1	1.5	2.6
占GDP百分比（%）	24.4	24.1	23.8	—

资料来源：法国2016~2019年经济稳定计划。

（三）地方政府财政收入

2015年，法国地方政府的税收收入和社保收入一起达到了1 334亿欧元，比2014年增长了4.3%，增长率较2014年高了0.9个百分点。尽管中央政府的转移支付逐年下降，2015年较2014年减少了35亿欧元，但地方政府总的财政收入仍然增长0.8%。2014年，在中央政府转移支付缩减15亿欧元的前提下，法国地方政府的总财政收入实现了1.7%的增长率。

2016年，如果法国的房地产市场能够保持稳定，那么地方政府的税收收入将增长2.6%。中央政府的转移支付也将继续压缩33亿欧元，地方政府的总财政收入增长率将达到0.9%。2017年，随着房地产市场对GDP贡献的增加，地方政府的税收收入增长率将上升到3%。同样由于转移支付收入的缩减，地方政府在2017年的总财政收入增长率将同2016年持平（见表3-5）。

表3-5　　　　2014~2017年法国地方政府财政收入变化情况

年份 项目	2014	2015	2016	2017
税收（包含社保）增长率（%）	3.4	4.3	2.6	3.0
财政收入增长率（%）	1.7	0.8	0.9	0.9
中央政府转移支付缩减额度（亿欧元）	15	35	33	—

资料来源：法国2016~2019年经济稳定计划。

四、政府盈余/赤字

2015年,法国政府财政赤字率为3.5%,比2014年降低了0.4个百分点。这也是法国政府推行的一系列支出缩减政策所取得的成果之一,例如我们上面提到过的2015年实施的历时3年的总额为500亿欧元的支出缩减计划。实际GDP增长率为1.2%,高于原来1.1%的预期。

2016年,法国政府计划将赤字率继续缩减0.3个百分点,这主要是靠继续缩减财政支出,缩减幅度达到法国GDP的0.7%,名义增长率也只有1.1%。这也进一步说明,法国500亿财政缩减计划取得了更进一步的成绩。低通胀率造成了税收弹性系数仅为0.9,无形中阻碍了税基的增加,并最终将GDP的增长率拉低了0.15个百分点。

2017年,法国政府赤字的结构性调整将达到GDP的0.5%,同时,在2016~2017年还会有一次约占GDP比例为0.1%的一次性调整,所以总的来说,2017年的全国政府赤字率将有0.6个百分点的降低。同时,由于2017年的实际GDP增长率将等于潜在增长率,因此2017年的财政赤字结构性调整降为零,与2016年持平。

2018年和2019年,法国全国政府财政赤字率的结构性调整将分别为0.5和0.3个百分点。法国GDP的实际增长率将逐渐超过潜在增长率。2018年和2019年的实际GDP增长率将为1.75%和1.9%,而潜在GDP增长率将为1.4%和1.3%。支出方面的结构性调整将为财政巩固和继续减税提供更多的可行性空间。2018年全国政府的结构性赤字为0.3%,2019年将全面实现结构性财政均衡(见表3-6)。

表3-6　　　　　　2014~2019年法国全国政府赤字率情况

年份 项目	2014	2015	2016	2017	2018	2019
全国政府赤字率(%)	3.9	3.5	3.3	2.7	1.9	1.2
周期性赤字率(%)	—	-1.9	-1.8	-1.8	-1.6	-1.3
结构性赤字率(%)	—	-1.6	-1.3	-0.8	-0.3	-0.0

资料来源:法国2016~2019年经济稳定计划。

五、政府债务

2015 年,法国全国政府债务率为 95.7%,比 2014 年高了 0.4 个百分点,比 2014 年的变化情况相对稳定,2014 年债务率比 2013 年增加了 2.9 个百分点。这主要归功于法国政府在削减赤字方面做出的努力:2015 年,法国全国政府赤字率从 2014 年的 4%降到了 3.5%,名义 GDP 的增长率也从 2014 年的 1.2%增加到 2015 年的 2.3%。根据欧盟委员会的统计,截止 2015 年底法国全国政府债务水平为 20 971 亿欧元。

2016 年,法国全国政府债务的增加量将进一步得到限制,预计只会增加 0.4 个百分点,债务率将达到 96.1%。这些成绩的取得归功于赤字率的继续缩减,从 3.5%缩减到 2016 年的 3.3%,经济复苏计划助力实际 GDP 增长率达到 1.5%,名义 GDP 增长率将达到 2.4%。这些经济表现都会帮助法国政府的债务增长得到有效控制。

2017 年,法国全国政府债务率的增长率也将控制在 0.4%,因此债务率将达到 96.5%。赤字率同时会降到 2.7%,名义 GDP 将增加 2.4%。从 2018 年开始,财政巩固政策将继续发挥积极作用,法国全国政府债务率预计会出现下降,2018 年预计会下降 1.1 个百分点,达到 95.4%,2019 年将继续下降,并且下降幅度明显加大,预计将下降 2.1 个百分点,达到 93.3%(见表 3-7)。

表 3-7　　　　　　　2014~2019 年法国全国政府债务情况

年份 项目	2014	2015	2016	2017	2018	2019
占 GDP 百分比(%)	95.3	95.7	96.1	96.5	95.4	93.3
占 GDP 百分比(不包括对欧盟成员方的救助%)	—	92.7	93.2	93.7	92.6	90.6
名义 GDP 增长率(%)	1.2	2.3	2.4	2.4	3.1	3.6

资料来源:法国 2016~2019 年经济稳定计划。

此外,在金融危机爆发后,欧元区许多成员方都不得不依靠欧盟的金融援助来渡过难关。法国作为欧元区的火车头,跟德国一样承担着救助的责任。这些金融援助也一定程度上增加了法国全国政府的债务率。2016 年预计对欧元区其他国家的金融援助将为法国增加658亿欧元的债务,占法国GDP的3%。具体项目及占比见表3-8和表3-9。

表3-8　　2015~2019年法国对欧元区其他国家提供金融援助的数额　　单位:10亿欧元

项目＼年份	2015	2016	2017	2018	2019
总额	65.8	65.8	65.8	65.8	65.8
对希腊的双边贷款	11.4	11.4	11.4	11.4	11.4
欧洲金融稳定机(EFSF)制框架下对希腊的贷款	28.6	28.6	28.6	28.6	28.6
欧洲金融稳定机(EFSF)制框架下对爱尔兰的贷款	3.8	3.8	3.8	3.8	3.8
欧洲金融稳定机(EFSF)制框架下对葡萄牙的贷款	5.7	5.7	5.7	5.7	5.7
向欧洲稳定机制(ESM)的资金援助	16.3	16.3	16.3	16.3	16.3

资料来源:法国2016~2019年经济稳定计划。

表3-9　　2015~2019年法国对欧元区其他国家提供金融援助占法国GDP的百分比　　单位:%

项目＼年份	2015	2016	2017	2018	2019
总额	3.0	3.0	2.9	2.8	2.7
对希腊的双边贷款	0.5	0.5	0.5	0.5	0.5
欧洲金融稳定机(EFSF)制框架下对希腊的贷款	1.3	1.3	1.3	1.2	1.2
欧洲金融稳定机(EFSF)制框架下对爱尔兰的贷款	0.2	0.2	0.2	0.2	0.2
欧洲金融稳定机(EFSF)制框架下对葡萄牙的贷款	0.3	0.3	0.2	0.2	0.2
向欧洲稳定机制(ESM)的资金援助	0.7	0.7	0.7	0.7	0.7

资料来源:法国2016~2019年经济稳定计划。

六、施政方针与财政改革

法国中央政府已经着手进行一项长期的改革计划,帮助法国经济顺利复苏,一方面在国内保持经济健康稳定增长;另一方面在欧元区内部也要保持其增长的火车头的地位。

2016 年,法国政府的改革措施主要集中在四点:一是恢复企业竞争力,提高劳动生产率,改善营商环境;二是确保公共财政的稳定性;三是提高劳动力市场的活力;四是促进社会包容性,实现机会平等。

(一)恢复企业竞争力,提高生产率,改善营商环境

1. 货币政策

在欧元区整个低通胀率和低增长的背景下,欧洲央行在 2016 年 3 月 10 日宣布继续采取宽松的货币政策。根据这项计划,欧洲央行在今后一年会将每个月的资产购买项目从 200 亿欧元涨到了 800 亿欧元。此外,还有一系列的长期再融资操作也逐一颁布。这些措施可以继续缓和企业的融资环境,支持企业信贷,并降低通货膨胀的预期。

2. 通过降低劳动税收楔子来刺激就业,提高商业竞争力

2012 年的高失业率和比例可观的低素质劳动群体使法国政府不得不采取措施来降低劳动力成本。因此,法国政府决定从 2013 年开始降低劳动力税收楔子,这项收入的减少主要通过相应减少财政支出来弥补。竞争力与就业减税优惠政策(CICE)是指依据企业雇用员工的薪酬支出减免企业所应缴纳的收入所得税等税额。也就是说,员工越多、薪酬开支越大,企业享受的抵扣税优惠也越大。这项优惠计划是由法国财政部长、总统候选人马克龙提出的。该项政策计划在 2017 年为企业共减少 195 亿欧元的劳动力成本。此外,法国还计划在 2017 年降低 100 亿欧元的社保缴费。

3. 简化行政审批手续,提高企业的竞争力

特别是对于一些中小型企业,要简化其审批程序,减少一些不必要的障碍。根据法国统计局的数据显示,从 2014 年 8 月~2015 年 9 月,这项措施已经为法国的中小企业节省了 11 亿欧元的行政成本。

2016年2月3日，政府一次性宣布了90项措施以拉动就业，促进创新，包括简化科研项目税收优惠的审批程序、降低小微企业在制造业的准入门槛、引进实现裁定程序等。

4. 减少企业税负来改善商业环境

法国有一项企业社保团结税（Corporate Social Solidarity Contribution）是法国企业需要交纳的一项流转税，法国国内认为这项流转税造成了经济扭曲现象，增加了制造业企业的税收负担。2015年，法国200 000家小型企业得到了豁免，不需要再缴纳企业社保团结税，一共为它们节约了10亿欧元。2016年，豁免的企业将增加80 000家，豁免额度将增加10亿欧元。豁免后，法国国内只剩下约20 000家企业需要缴纳社保团结税。

此外法国针对大型企业还有一项额外企业所得税（Exceptional Corporate Income Tax），这个税种将在2016年底彻底废除。对于需要交纳这个税种的企业来说，废除该税种相当于一次性降低企业所得税3.6个百分点，税收降低的额度接近30亿欧元。

（二）确保公共财政的稳定性

法国中央政府制定了一套中期财政调整战略，企图通过一系列的结构性改革来带动国内经济的复苏。法国政府此前决定在2016年将国内的赤字率降回到《马斯特里赫特条约》规定的3%的水平，现将该计划推迟到2017年。法国决定在2016年伊始，采取适当措施来拉动国内短期需求。具体措施包括增加对国内失业人群的培训课程，设置一些激励雇主多聘用工人的项目。

此外，法国将继续缩减财政支出。2014年，法国政府决定在2015~2017年共节约财政资金500亿欧元。通过缩减财政支出，法国2015年的赤字率降到了3.6%，是2000年以来的最低水平。这也是法国政府在2001年以来首次减税和减支同时进行。数据显示，法国税收和社保收入占GDP的比重从2014年的44.8%降低到了2015年的44.7%。

法国2016~2019年稳定规划中写道，2015年财政支出缩减了181亿欧元，2016年将继续缩减132亿欧元。具体包括缩减内阁的行政管理开支，缩减地方政府开支，制订一个新的社保支出计划。2017年，缩减开支的计划将继续进行。按照该计划，法国政府的财政赤字将在2017年降回到3%以下的水平。具体来看，2016年赤字率预计为-3.3%，2017年为-2.7%，2018年为-1.9%。最重要的是，2019年法国计划实现财政平衡，也就是说赤字率将降为 0。2017 年将法国的政府债务维持在 96.5% 的水平，并在随后几年努力降低政府债务率。

新上任总统马克龙希望能够通过提高经济增长来增加政府收入。同时，他主张降低企业所得税，从目前的 35% 降到 25%，以达到吸引外资的目的。在个人所得税申报方面，马克龙计划让夫妻共同申报的纳税人可以自由选择个人分开申报或者合并申报。

（三）提高劳动力市场的活力

法国经济目前面临的最大的挑战就是如何通过降低国内的失业率，在国内创造更多的就业岗位实现国内经济持续、稳定和包容性的增长。

通过图 3-1~图 3-2 我们可以看出，目前法国国内实施的一系列措施已经带来了一些成效，一定程度上提升了法国企业的国际竞争力，出口市场也得到加强，贸易逆差得到缓和，经常账户达到了 2004 年以来的最好水平。

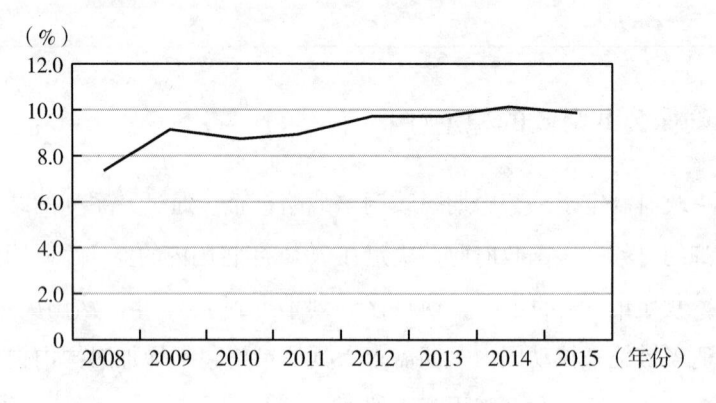

图 3-1　法国失业率发展趋势

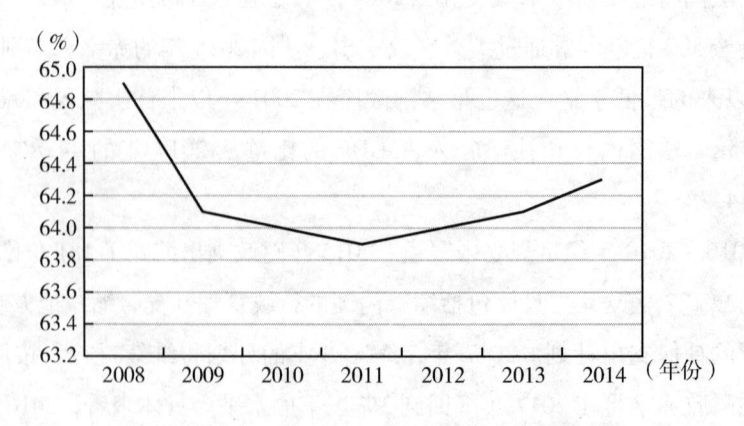

图 3-2　法国 15 岁~64 岁的人口就业率

2015年，法国国内 GDP 增长率达 1.2%，超出此前的预期，比 2014 年增加了 0.5 个百分点。2016 年预算报告中预计 2016 年度的经济增长率将达到 1.5%。此外，由于原油价格大幅度下降，法国国内的通货膨胀率也将低于预期，2016 年预计为 0。居民消费支出是法国经济增长的一大驱动力，2015 年法国居民购买力增长了 1.6%，是 2007 年以来增长最快的一年。企业投资也功不可没，2015 年增长了 2.8%。以单位劳动力成本作为计算标准，制造业企业的劳动力成本在 2012 年第四季度和 2016 年第一季度的时间内降低了 4.2%。这主要归功于劳动力税负的降低，以及工资的保持平稳。与之形成鲜明对比的是，在同时期，整个欧元区的劳动力成本增加了 0.3%。

在对外贸易方面，法国 2015 年出口增加 6.1%，贸易逆差得到缓解，经常账户趋向平衡，2015 年贸易逆差为 GDP 的 0.2%。法国与其他国家的贸易往来更加密切，进出口都得到了显著的增长。

以上这些方面都对法国国内的就业产生了积极的作用：2015 年，法国非农业部门新增就业岗位 102 000 个，单单私人部门就新增 82 000 个工作岗位，这使得法国 2015 年的失业率保持平稳，并在 2016 年开始下降。受英国脱欧和经济增长放缓的影响，法国的出口可能会受到一定的负面影响，并对投资产生一定的抑制作用。

此外，法国政府计划通过降低低收入家庭的税收负担，拉动国内的购买力和就业意愿。法国《责任与团结公约》的一项重要内容就是刺激中低收入家庭的购买力。同时，希望通过这些措施能够增加法国国内就业岗位的吸引力和劳动者就业的兴趣。这项措施在 2014 年和 2015 年都已经产生了显著的效果。2014 年法国政府在补充预算案中决定年内降低个人所得税 13 亿欧元。2015 年法国对个人所得税税制进行了改革，直接取消了最低一档个人所得税税率，通过这项措施，法国 2015 年继续减税 15 亿欧元。2016 年该税的减税计划为 20 亿欧元，1 200 万法国家庭将从中获益。

新上任总统马克龙希望让劳动力市场变得更有弹性，计划将长达 3 000 页的劳工法条文变薄。他支持 35 小时工作制，并计划开展总额为 500 亿欧元的职业培训项目，将青年人的失业率降低 25%，将总的失业率降至 7% 以下，并在全行业实行统一的退休金制度。

（四）促进社会包容性，实现机会平等

此外，消除贫困和增强社会的包容性可以弱化金融危机对于那些社会最底层的

最脆弱的群众所造成的消极影响。法国政府一直在努力寻找合适的政策措施，尤其是在中期预算的框架下来消除贫困。例如对最低福利水平的调整、促进金融普惠性的措施、居民住房的补贴、通过青年保障计划来对青年人给予支持、为老员工和长期失业人口提供相关就业培训、努力降低学校的辍学率、对于一些教育落后地区的改革等。正是得益于这些措施的实施，使得法国在金融危机中受到的冲击明显低于欧盟其他的国家。根据统计，法国2014年贫困人口的数量与2007年基本保持着一致。

主要参考文献

［1］国际货币基金组织：《世界经济展望：需求不振：表现和应对之策》（华盛顿，2016年10月）

［2］Eurostat, Government finance statistics-Summary Tables DATA 1995 – 2015, 02 2016.

［3］IMF, Government Finance Statistics 2015, Washington, 2016.

［4］G20 in China, 2016 GROWTH STRATEGY-FRANCE, September 2016.

［5］Ministry of Finance of France, National Reform Programme 2016, https://www.economie.gouv.fr/.

［6］OECD, OECD Economic Surveys：FRANCE, March 2015.

第四章
俄罗斯

俄罗斯联邦简称俄罗斯，位于欧亚大陆北部，地跨欧亚两大洲，国土面积1 709.82平方公里，总人口约1.46亿人，民族194个，其中俄罗斯族占77.7%。作为联合国安全理事会五大常任理事国之一，俄罗斯是传统的军事强国，也是世界上重要的经济体之一。[①]

一、经济概况

2014年乌克兰危机以来，受西方经济制裁和国际油价大幅下跌、卢布贬值、国内经济结构不合理以及资本外流等不利因素影响，俄罗斯经济发展压力增大，2014年国民生产总值增速为0.7%，经济下滑明显。俄罗斯政府于2015年积极采取反危机措施，但由于国际油价下跌与货币贬值的交替影响，通货膨胀率急剧攀升，资本大规模外流，经济在国内国外双重压力下继续保持下滑趋势，国民生产总值下降了2.8%，降幅仅次于2009年。2015年也是俄罗斯自2008年金融危机以来经济最困难的一年。因金融市场和原料市场波动剧烈，俄罗斯在2015年多次对预算案进行修正，2008年开始施行的中期预算的稳定性、可实现性和可持续性大大降低。鉴于俄罗斯经济近年来面临的不稳定形势，俄罗斯财长安东·希鲁安诺夫于2015年9月初提议将三年财政预算修改为年度财政预算，俄罗斯总统普京随后核准了一年一度财

---

① 中国外交部：《俄罗斯国家概况》，中国外交部网站，2017年8月。

政预算的做法。2016年是重新采取年度财政预算的第一年。

2016年，俄罗斯政府着力解决阻碍经济发展的结构性问题，加强联邦部门之间协调，更加专注于政府确定的优先事项，确保支持经济发展的各项措施发挥实效。同时创造有利条件，确保企业和民间组织的代表以及地方政府积极参与解决俄罗斯经济社会发展所面临的重要问题。这些举措刺激了国内商品需求的增长，强有力地支持了行业发展，俄罗斯经济呈现企稳迹象，多项经济指标向好。从表4-1中可以看出，俄罗斯通货膨胀率在2014年和2015年高位运行两年后，于2016年显著下降至5.4%，比经济衰退前的2012年还低1个百分点，这是俄罗斯中央银行管控通胀效果明显的真实反映。俄罗斯2016年失业率为5.5，与上一年度基本持平。2016年俄罗斯人均国民生产总值8 797美元，国民生产总值为860 436亿卢布（约合12 677亿美元），在世界主要经济体中排名第12位，按不变价格计算，与2015年相比下降0.2%，好于国际货币基金组织此前作出的0.6%的降幅预期。分析认为，因食品禁运而导致消费者对国内商品的需求增加、公共采购支出增加是俄罗斯GDP的主要增长因素，而油价下降、投资需求减少、消费需求下降（国内需求下降）、外国投资流出、由于欧洲需求减少而导致的燃料和能源资源出口减少、消费贷款增长减缓、居民收入增长缓慢以及为减少赤字而进行的财政整顿则给GDP增长带来了负面影响。鉴于2016年前9个月俄罗斯国民生产总值增幅为-0.7%，有评论认为官方发布的最终数据是采取新计算方法以及纳入新统计数据的结果，但降幅不论是0.2%还是0.6%，俄罗斯经济下滑趋势减缓、呈现出触底反弹的态势还是可以得到确认的，这一点从其他经济指标也可以得到验证。

表4-1 俄罗斯经济的主要宏观指标（2012～2016年）

年份 项目	2012	2013	2014	2015	2016
国内经济（变化率,%）					
实际GDP	3.5	1.3	0.7	-2.8	-0.2
CPI（期末值）	6.6	6.5	11.4	12.9	5.4
失业率	5.7	5.5	5.2	5.6	5.5
国民总储蓄（GDP%）	26.2	22.3	25.0	27.2	27.3
国内总投资（GDP%）	22.9	21.1	22.2	22.4	23.4
国际收支（GDP%）					
经常账户余额	3.60	1.60	2.80	5.60	1.97

续表

年份 项目	2012	2013	2014	2015	2016
国内经济（变化率,%）					
贸易余额	9.8	8.6	9.2	12.0	7.1
净 FDI	2.59	3.28	1.07	0.52	0.30
外汇储备（期末值，亿美元）	5 376.18	5 095.95	3 854.60	3 683.99	3 777.41

资料来源：俄罗斯中央银行网站、俄罗斯联邦统计局网站，http://www.cbr.ru/，http://www.gks.ru/wps/wcm/connect/rosstat_main/rosstat/ru/statistics/accounts/#。

2016年11月18日俄罗斯国家杜马审议通过的财政部提交的2017年和2018～2019年财政预算草案，其编制依据是石油价格为每桶40美元，卢布汇率2017年为1美元：67.5卢布；2018年为1美元：68.7卢布；2019年为1美元：71.1卢布。这充分表明，自2014年以来，俄罗斯经济的抗打压能力和适应能力得到了极大提高，俄罗斯已经逐渐适应了低油价和西方的制裁，俄罗斯的整个宏观经济决策都已经是在新的能源价格和国际金融背景下作出的，这些因素对俄罗斯经济的负面影响在被经济系统消化的同时，也对俄罗斯经济结构调整形成正向推动。俄罗斯第一副总理伊戈尔·舒瓦洛夫和经济发展部部长马克西姆在2017年达沃斯世界经济论坛上表示，在石油价格维持目前每桶约55美元价格的前提下，2017年俄罗斯的国内生产总值有望增长2%。

2016年末，俄罗斯工业生产指数与上年相比增长了1.1%，矿物开采同比增长2.5%，为工业生产指数增长作出了积极贡献；农业生产指数同比增长4.8%；制造业2016年12月的增幅为2.6%，全年增幅为－0.1%；建筑行业总增加值下降幅度为4.3%（2015年降幅为4.9%），批发和零售贸易下降了3.6%（2015年降幅为8.1%）；电、气和水的生产消耗量较上年增长1.5%（2015年下降1.2%）。固定资产投资方面，俄罗斯联邦统计局于2017年3月3日公布的数据显示，2016年俄罗斯固定资产投资达到14.64万亿卢布，比上一年下降了0.9%，与2015年固定资产投资8.4%的降幅相比，投资下降趋势得到极大缓解；最终消费支出总额占国内生产总值的70.7%（2015年为69，7%），其中，家庭支出占52%（2015年为51.9%），政府机构支出占18.4%（2015年为17.5%）。2016年资本形成总额占国民生产总值的比重从2015年的22.3%增加至24.2%，其中，固定资产投资从2015年的20.7%增加至21.5%。存货投资从2015年的1.6%提高到2.7%，2016年净出口（出口减进口）比重减少至5.1%，2015年该比重为8%。

俄罗斯制造业采购经理指数（PMI）在 2016 年 12 月达到 53.7%（该指标值以百分比来表示，以 50% 作为经济强弱的分界点），这是自 2011 年 3 月后 69 个月以来的最高点。俄罗斯联邦经济发展部发布的宏观经济预测报告指出，该指数已保持 5 个月连续增长，其 10 月、11 月的数值分别为 52.4% 和 53.6%。同时，俄罗斯服务行业 PMI 指数在 12 月达到 56.5%，是 2013 年第一季度后 49 个月以来的最高水平[①]（见图 4-1）。

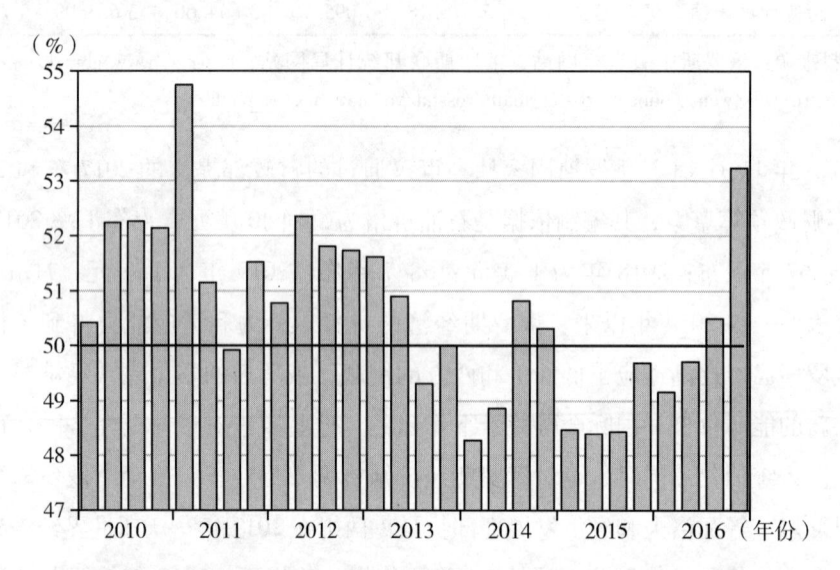

图 4-1 俄罗斯制造业采购经理指数（2010~2016 年，分季度）

资料来源：俄罗斯联邦经济发展部 http://economy.gov.ru/minec/activity/sections。

俄罗斯联邦统计局编制的消费者信心指数，主要反映该国消费者基于国家过去与未来的经济发展形势以及个人收入与财务状况的综合判断后对消费领域得出的一种看法和预期，该指数与经济形势具有较强的相关性。数据显示，2016 年消费者信心指数尽管仍然处于低位，但与上一年相比已经有所好转（见表 4-2）。

表 4-2　　　　　　　　　　消费者信心指数

年份	季度			
	I	II	III	IV
2008	0.4	-2	1	-20
2009	-35	-32	-25	-20

---

① PMI монитор, Сводный департамент макроэкономического прогнозирования, 2017.1.12

续表

年份	季度			
	I	II	III	IV
2010	-10	-7	-11	-10
2011	-13	-9	-7	-7
2012	-5	-4	-6	-8
2013	-7	-6	-7	-11
2014	-11	-6	-7	-18
2015	-32	-23	-24	-26
2016	-30	-26	-19	-18

资料来源：俄罗斯联邦统计局，http://www.gks.ru/wps/wcm/connect/rosstat_main/rosstat/ru/statistics/leading_indicators/。

国际收支方面，2016 年俄罗斯总体上出口收入为 2 792 亿美元，同比下降了 18%，非石油货物出口收入为 1 283 亿美元，下降了 10%。进口额为 1 914 亿美元，进口量同期下降了 0.8%。在进口已经基本回复至上年水平的同时，由于燃料和能源产品价格下降而导致出口收入缩减，2016 年俄罗斯石油出口收入为 737 亿美元，下降了近 18%；天然气出口收入为 309 亿美元，下降了 30%，是 12 年来的最低。2016 年俄罗斯外贸差额收缩至 900 亿美元（2015 年的外贸差额为 1 485 亿美元），对经常账户余额变化产生了决定影响。尽管经常账户中其余项目的总赤字已经减少了近 20%，但仍然无法完全弥补贸易顺差的减少。俄罗斯中央银行数据显示，2016 年底俄罗斯国际收支经常账户余额达到 250 亿美元，为 18 年来最低的一年（1998 年经常账户余额为 710 亿美元），是继 2015 年该指标达到 689 亿美元后的又一次下降。2017 年 1 月 1 日，俄罗斯联邦净国际投资头寸为 2 270 亿美元，下降了 1 081 亿美元。很大程度上归结为以非居民对俄罗斯公司资本投入形式形成的外债经重新评估后价值得以提升，以及由于该国直接投资的吸引力增加而导致的业务规模变大。俄罗斯 2016 年底外汇储备已回升至 3 777.41 亿美元，比 2015 年期末值增加近百亿美元。

俄罗斯是能源依赖型经济，石油、天然气是其主要出口收入来源。全球原油价格的预测对于俄罗斯编制联邦财政预算至关重要，俄官方往往会根据乐观、中性、悲观等基调预测多个油价价位，并据此制订出不同的经济预测和财政收支计划。俄罗斯政府以 2016 年通胀率不超过 6.4%、乌拉尔原油年均价格每桶 50 美元、1 美元兑 63.3 卢布的汇率作为测算依据，于 2015 年 10 月 23 日向国家杜马（议会下院）

提交2016年联邦预算草案，2015年12月4日，俄罗斯国家杜马审议通过《2016年俄联邦预算法》，2015年12月9日获得联邦委员会批准。俄罗斯政府2016年财政状况见表4-3。

表4-3　　　　　　　　　俄罗斯政府2016年财政状况

	汇总预算		联邦政府		地方政府	
	决算数（亿卢布）	GDP占比（%）	计划数（亿卢布）	决算数（亿卢布）	计划数（亿卢布）	决算数（亿卢布）
经常性收入	281 815	32.8	133 685	134 601	97 093	99 238
经常性支出	313 236	36.4	166 363	164 164	105 250	99 364
经常性预算赤字	31 421	3.7	32 678	29 564	8 157	126

资料来源：俄罗斯财政部网站。https://www.minfin.ru/ru/perfomance/。

2016年1~2月乌拉尔石油均价达到近年来的最低点，每桶为29.69美元。俄罗斯财政部意识到油价或将长期低于国民经济核算通过时所假定的每桶50美元后，于1月份中旬将所有政府单位的预算削减了10%。1月底，俄罗斯总理梅德韦杰夫要求其政府额外削减公共支出，并在不到一个月时间内两度启动联邦预算案修订。1月24日的预算修订案以每桶石油价格40美元为基点，确定2016年国民生产总值预计规模为82.815万亿卢布，通货膨胀率不超过5.8%，联邦收入规模为13.37万亿卢布，支出规模为16.4万亿卢布，预算赤字规模为3万亿卢布，占GDP比重为3.6%。预算草案将俄国内借款上限设定为3 000亿卢布（约合47.77亿美元），国外借款上限设定为30亿美元。到2017年1月1日，内部国债上限拟设定在9.87万亿卢布，外部国债上限拟设定在551亿美元，政府债务总额占GDP的比重为15%左右，这一比重低于世界绝大多数国家。2016年8月，乌拉尔油价回升至每桶43.09美元，直至2016年底国际石油价格一直保持稳步回升，俄罗斯财政吃紧的状况也得到好转，预算收入与支出得以实现预期目标。

二、政府支出

俄罗斯国家预算支出统称为俄联邦汇总预算支出，主要由联邦政府预算支出、国家预算外基金支出、联邦主体汇总预算支出和地区预算外基金支出四个部分构成。俄罗斯国家预算支出在2008年国际金融危机之前的年平均增长幅度超过

27%，之后支出增速逐年放缓，2010年降至9.8%。其后两年随着国家宏观经济形势好转带来的预算收入大幅提高，预算支出增幅相应提高，2012年达到15.9%，但仍低于2008年前的水平。2013年俄罗斯经济发展出现反转，经济开始进入下滑通道，预算支出增速虽然一直处于较低水平，但仍然高于预算收入增长速度。2016年国家预算支出313 237亿卢布，支出增速为5.3%，高于同期4.7%的收入增速。预算支出的国民生产总值占比为36.4%，高于2015年的35.7%，一定程度上反映出俄罗斯政府进一步加强了对宏观经济的调控能力（见表4-4）。

表4-4　　　　　　俄罗斯政府支出状况（2012~2016年）

项目＼年份	2012	2013	2014	2015	2016
预算支出总计（亿卢布）	231 747	252 909	276 117	297 415	313 237
预算支出增长率（%）	15.9	9.1	9.2	7.7	5.3
GDP（亿卢布）	669 269	710 167	791 997	832 326	860 436
财政支出占GDP比重（%）	34.6	35.6	34.9	35.7	36.4

资料来源：俄罗斯财政部、联邦统计局网站，https://www.minfin.ru/ru/perfomance/。

以功能划分，俄罗斯国家预算支出主要包含全国性问题、国防、国家安全和法律维护、国民经济、住房和公益事业、环境保护、教育、文化和电影、医疗、社会政策、体育文化和体育运动、大众传媒工具、国债还本付息及政府间一般性转移支付等方面的内容。各类别所含支出内容如表4-5所示。

表4-5　　　　　　俄罗斯预算支出详细情况

支出类别	所含支出项目内容
政府管理（全国性问题）	俄罗斯联邦总统、联邦主体和地方政府高级官员的运转保障，立法（代表）机构及地方政府代表机构运转，俄罗斯联邦政府、联邦主体高级行政机构及地方行政机关运转，司法系统运转，财政、税务和海关部门运转，选举和公决保障，国际关系和国际合作，国家物资储备，基础研究，储备基金管理，社会问题领域的应用研究，其他全国性问题
国防	俄联邦武装力量，动员准备，核武器综合体，军事技术合作领域的国际义务，国防领域应用研究，国防领域的其他问题

续表

支出类别	所含支出项目内容
国家安全和法律维护	起诉和调查机构运转，内部事务机构运转，内部部队，司法，监狱系统，安全，边境服务，麻醉药品和精神药物用量监测，自然和人为灾害的紧急情况下人民和领土的保护及民防，消防安全，移民政策，国家安全和执法领域应用研究，国家安全和执法领域的其他问题
国民经济	一般经济问题，能源，外层空间探索和利用，矿物资源基地修复，农业和渔业，水资源管理，林业，运输，道路维修（道路基金），通信与信息，国民经济领域应用研究，国民经济中的其他问题
住房和公用事业	住房服务，公用事业，住房和公共服务领域应用研究，住房和公共服务领域的其他问题
环境保护	环境监控，废物和废水的收集与处理，动植物及其栖息地保护，环保领域应用研究，环保领域的其他问题
教育	学前教育，普通教育，中等职业教育，培训、再教育和高级培训，本科和研究生专业教育，青年政策和儿童的健康，教育领域应用研究，教育领域的其他问题
文化和电影	文化，电影，文化和电影领域应用研究，文化和电影领域的其他问题
医疗	在院医疗护理，门诊，各类日间医疗护理，急性护理，康健护理，捐献血液及其成分的获取、加工、储存和安全性保障，卫生和流行病防治，公共卫生领域应用研究，医疗领域其他问题
社会政策	养老金，社会服务，人口的社会保障，家庭和儿童保护，社会政策领域应用研究，社会政策领域的其他问题
体育文化和体育运动	体育，大众体育，精英体育，体育文化和体育领域的应用研究，其他问题
大众传媒工具	电视和广播，期刊印刷出版，媒体领域应用研究，其他问题
国债还本付息	内债和地方债的还本付息，外债还本付息
政府间一般性转移支付	用于预算保障水平均等化的一般补助，其他补助，其他一般政府间转移支付

构成俄罗斯国家预算支出的四个组成部分中，联邦政府和联邦主体政府是预算支出的主体，其中，联邦政府预算支出为16.4万亿卢布，占政府支出的52.4%，联邦主体汇总预算支出为9.9万亿卢布，占政府支出的31.7%。俄罗斯政府预算支出构成具体见表4-6。

表 4-6　　　　　　　俄罗斯政府预算支出构成（2016 年）　　　　单位：亿卢布

	汇总支出	联邦政府预算支出	国家预算外基金支出	联邦主体汇总预算支出	地区预算外基金支出
支出类别	313 237	164 164	100 847	99 364	16 253
政府管理（全国性问题）	18 499	10 956	1 312	6 250	127
国防	37 776	37 753		47	
国家安全和法律维护	20 114	18 986		1 136	
国民经济	38 898	23 021		20 025	
住房和公用事业	9 926	722		9 362	
环境保护	840	631		222	
教育	31 031	5 978	2.5	25 469	
文化和电影	4 228	873		3 404	
医疗	31 244	5 063	15 896	12 812	16 103
社会政策	109 142	45 885	83 637	16 544	18
体育文化和体育运动	2 623	596		2 118	
大众传媒工具	1 199	766		433	
国债还本付息	7 718	6 213		1 537	

资料来源：http://www.roskazna.ru/dokumenty/obespechenie-deyatelnosti-federalnogo-kaznacheystva/。

从各支出类别占比来看，社会政策支出在俄罗斯政府总支出中占比最高，为 34.8%；国民经济发展的支出位于第二，占比 12.4%；国防支出占比为 12.1%，在各类支出中排在第 3 位，医疗、教育分别以 10%、9.9% 的占比排在其后。其他类别在政府支出中的比例详如图 4-2 所示。

综观表 4-7 俄罗斯 2012~2016 年政府预算支出情况，可以看到近年来俄罗斯国家预算支出规模不断扩大，国防、医疗和环保等领域的支出增速明显，国防支出的逐年上升，也是俄罗斯近年来应对乌克兰危机、与西方国家关系紧张以及在叙利亚针对"伊斯兰国"恐怖组织用兵的必然反映；此外，国民经济建设支出在 2016 年重拾升势，既在一定程度上反映出俄罗斯政府试图通过增加经济建设领域支出以缓解当前经济困局的努力，也是俄罗斯经济止跌趋稳的有利信号；虽然国家财政面临较大困难，但俄罗斯政府仍明确表示，通过社会政策支出、国家规划以及对预算外基金援助等方式向国民提供应付的所有社会义务，特别是向退休者、多子女家庭以及其他需要国家财政援助人员提供相应的社会福利，从教育、住房和公用事业、社会政策以及文化体育等领域支出呈现稳步增长趋势可以看出俄罗斯政府正在兑现这些承诺。

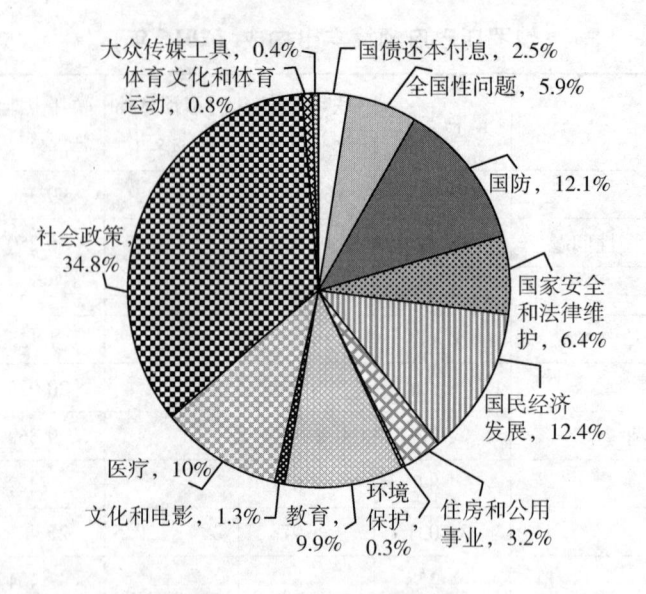

图 4-2　2016 年俄罗斯公共部门服务支出结构比例

表 4-7　俄罗斯政府支出结构：功能分类（2012~2016 年）

年份 项目	2012	2013	2014	2015	2016
支出	231 747	252 909	276 117	297 415	313 237
政府管理（全国性问题）（亿卢布）	14 379	15 259	16 404	18 482	18 499
增速（%）	6.0	6.1	7.5	12.7	0.1
国防（亿卢布）	18 141	21 055	24 807	31 827	37 776
增速（%）	19.6	16.1	17.8	28.3	18.7
国家安全和法律维护（亿卢布）	19 292	21 593	21 929	20 722	20 114
增速（%）	27.0	11.9	1.6	-5.5	-2.9
国民经济（亿卢布）	32 736	32 817	45 431	37 744	38 898
增速（%）	17.2	0.2	38.4	-16.9	3.1
住房和公用事业（亿卢布）	10 750	10 527	10 047	9 799	9 926
增速（%）	-10.0	-2.1	-4.6	-2.5	1.3
环境保护（亿卢布）	431	470	702	717	840
增速（%）	11.8	9.0	49.2	2.1	17.1
教育（亿卢布）	25 584	28 888	30 373	30 346	31 031

续表

项目 \ 年份	2012	2013	2014	2015	2016
增速（%）	14.6	12.9	5.1	-0.1	2.3
文化和电影（亿卢布）	3 402	3 770	4 100	3 956	4 228
增速（%）	9.5	10.8	8.8	-3.5	6.9
医疗（亿卢布）	22 835	23 180	25 327	28 610	31 244
增速（%）	18.1	1.5	9.3	13.0	9.2
社会政策（亿卢布）	77 309	87 572	88 033	104 797	109 142
增速（%）	18.7	13.3	0.5	19.0	4.1
体育文化和体育运动（亿卢布）	1 867	2 193	2 536	2 549	2 623
增速（%）	14.6	17.4	15.7	0.5	2.9
大众传媒工具（亿卢布）	1 157	1 178	1 174	1 257	1 199
增速（%）	21.4	1.8	-0.4	7.1	-4.6
国债还本付息（亿卢布）	3 863	4 407	5 254	6 610	7 718
增速（%）	17.4	14.1	19.2	25.8	16.8
政府间一般性转移支付（亿卢布）	5 994	6 681	8 161	6 820	6 720
增速（%）	-8.0	11.5	22.2	-16.4	-1.5

资料来源：俄联邦财政部网站，https：//www.minfin.ru/ru/perfomance/。

三、政府收入

俄罗斯联邦政府财政收入，即俄罗斯国家预算收入，主要包括联邦政府预算收入、国家预算外基金收入、联邦主体汇总预算收入和地区预算外基金收入四个部分，统称俄联邦汇总预算收入。由于石油收入在政府预算收入中占比较大，石油和天然气在俄罗斯出口总量中一度高达75%，能源资源对俄罗斯预算收入的贡献率达50%，因此政府收入与国际石油价格关联度非常高，政府预算收入增幅变化与国际石油价格走势密切相关。俄罗斯国家预算收入的GDP占比近年来比较稳定，一直保持在33%左右（见表4-8）。

表4-8　　　俄罗斯政府预算收入状况（2012~2016年）

项目＼年份	2012	2013	2014	2015	2016
预算收入总计（亿卢布）	234 351	244 427	267 661	269 220	281 815
预算收入增长率（%）	12.4	4.3	9.5	0.6	4.7
GDP（亿卢布）	669 269	710 167	791 997	832 326	860 436
预算收入占GDP比重（%）	35	34	34	32	33

资料来源：俄罗斯财政部网站，https：//www.minfin.ru/ru/perfomance/。

2016年，俄罗斯国家预算收入281 815亿卢布。俄罗斯预算收入结构上，税收收入约占到全部政府预算收入的40%左右，是俄罗斯国家预算收入的主要来源，包括关税、增值税、企业利润税、自然资源使用税和个人所得税等税种。石油天然气等能源收入在预算收入中的占比一度很高，2015年以来由于国际石油价格跌幅巨大，能源收入也相应大幅减少，2016年在预算收入中的占比仅为17.2%，与2012年相比下降10.3个百分点，这也是俄罗斯经济结构在内外压力之下得以优化的体现。预算收入中的社会保险缴费逐年增加，2016年已经占总收入的22.4%。非税收入包括使用国家和地方政府财产所得收入，自然资源使用费收入，联邦、联邦主体及地方所属预算经费用款单位提供有偿服务所得收入，因实施民法、行政及刑事责任措施而获得的收入（罚款、没收、赔偿收入，以及给各级政府造成损失的赔款收入和其他强制性罚没收入等）（见表4-9）。

表4-9　　　俄罗斯政府预算收入结构（2012~2016年）

项目＼年份	2012	2013	2014	2015	2016
预算收入（亿卢布）	234 351	244 427	267 661	269 220	281 815
预算收入增长率（%）	12.4	4.3	9.5	0.6	4.7
税收收入（亿卢布）	97 328	98 096	107 344	112 743	122 801
税收收入占比（%）	41.5	40.1	40.1	41.9	43.6
石油天然气收入（亿卢布）	64 532	65 340	74 338	58 627	48 440
石油天然气收入占比（%）	27.5	26.7	27.8	21.78	17.2
强制性社会保险缴费（亿卢布）	41 037	46 942	50 357	56 363	63 260

续表

年份 项目	2012	2013	2014	2015	2016
强制性社会保险缴费占比（%）	17.5	19.2	18.8	20.9	22.4
其他收入（亿卢布）	31 454	34 049	35 622	41 488	47 315
其他收入占比（%）	13.4	13.9	13.3	15.4	16.8

资料来源：俄罗斯联邦国库网站，http://www.roskazna.ru/ispolnenie-byudzhetov/konsolidirovannyj-byudzhet/。

俄罗斯税收收入中，增值税是第一大税种，2016年增值税税收达到45 713亿卢布，占全部税收收入的37.2%，个人所得税和企业所得税分别为30 185亿卢布和27 703亿卢布，预算收入占比分别为24.6%和22.6%，这也是自2013年起个人所得税收入连续四年超过企业所得税收入，真实反映了2013年以来在油价下跌、西方经济制裁、卢布大幅贬值以及资本外流等局面下，俄罗斯企业经营困顿、利润下降的实际情况。此外，进口税收入下降也反映出俄罗斯采取的进口替代政策效果初步显现，而消费税收入近年不断增长，在税收收入中占比也相应提高，反映出俄罗斯国内消费需求逐渐升温，近两年来卢布汇率贬值所引发的消费支出转换效应已经显现。卢布贬值在抑制进口的同时，使得居民和企业对国内产品的需求快速增长，从而推动了国内农产品生产、食品加工、纺织与服装（特别是皮革与制鞋）、木材加工、造纸、化工、塑料制品、机械与设备制造中的农业机械、制冷与冷链设备等部门产出快速增长[1]。

表4–10　　　　俄罗斯政府税收收入结构（2012～2016年）

年份 项目	2012	2013	2014	2015	2016
税收收入	97 328	98 096	107 344	112 743	122 801
增值税	35 458	35 390	39 317	42 340	45 713
消费税	8 370	10 158	10 722	10 684	13 560
企业所得税	23 557	20 719	23 753	25 990	27 703
个人所得税	22 615	24 991	27 026	28 078	30 185

---

[1] 徐坡岭：《俄罗斯2017年经济走势、新政策空间与长期增长》，载于《欧亚经济》2017年第1期。

续表

年份 项目	2012	2013	2014	2015	2016
进口税	7 328	6 838	6 525	5 652	5 639
占税收收入的比重（%）					
增值税	36.4	36.1	36.6	37.6	37.2
消费税	8.6	10.4	10.0	9.5	11.0
企业所得税	24.2	21.1	22.1	23.1	22.6
个人所得税	23.2	25.5	25.2	24.9	24.6
进口税	7.5	7.0	6.1	5.0	4.6

资料来源：俄罗斯联邦国库网站，http://www.roskazna.ru/ispolnenie-byudzhetov/konsolidirovannyj-byudzhet/。

四、政府盈余/赤字

俄罗斯在2016年之前施行的俄联邦财政预算3年期规划，对包括GDP总额、通胀率、总支出及分项支出金额、内外债规模、预算赤字、上一年度联邦预算支出的修正金额等予以明确，如财政收入出现超收或短收，需对当年预算收入和支出进行相应修改。联邦政府可以发行外债和内债作为收入以弥补财政赤字（见表4-11）。

表4-11　俄罗斯政府预算盈余/赤字情况（2012~2016年）

年份 项目	2012	2013	2014	2015	2016
预算收入（亿卢布）	234 351	244 427	267 661	269 220	281 815
预算支出（亿卢布）	231 747	252 909	276 117	297 415	313 237
盈余+/赤字-（亿卢布）	+2 604	-8 482	-8 456	-28 195	-31 421
GDP（亿卢布）	669 269	710 167	791 997	832 326	860 436
盈余/赤字占GDP比重（%）	0.4	1.2	1.1	3.4	3.7

资料来源：俄罗斯财政部网站，https://www.minfin.ru/ru/perfomance/。

2016年俄罗斯政府采取单一年度方式编制预算，在以国际石油价格为50美元为基点进行测算的预算案中，明确预算赤字规模为3万亿卢布，占GDP比重为3.6%。2016年1月，国际石油价格跌至每桶27.8美元，虽然油价在4月份开始小幅回升，但上半年预算收入远远没有达到预期，仅石油预算收入就比原计划缩水近1万亿卢布，约占联邦全年收入的7%。随着国际油价上涨到预算编制基点价格之上，俄罗斯政府预算收入在下半年得以明显改善，确保了年初设定预算任务的顺利完成。

2016年全年预算赤字为31 421亿卢布，占GDP比重为3.7%，赤字额度与占GDP比例基本与计划相符。与世界其他国家相比，俄罗斯的赤字水平并不高。俄罗斯赤字弥补主要来源于国家储备基金。俄罗斯政府储备基金由年初的3.6万亿卢布下降到2017年1月1日的9 721亿卢布，占GDP的比重由4.2%降至1.1%。

五、政府债务

俄罗斯政府债务是指俄联邦对自然人和法人、外国政府、国际组织和其他国际法主体负有的还债义务，以及俄联邦提供国家担保而产生的债务。俄罗斯政府债务以构成联邦国库的联邦所有财产作为完全、无条件担保，联邦政府应利用一切权力实现联邦预算收入，以偿还政府债务并支付债务利息。《俄罗斯联邦预算法典》明确，俄联邦政府或联邦政府授权的联邦政府机关，拥有国家对外借债以及为吸引外国贷款（借债）而签订国家担保合同的权力和以联邦的名义进行国内借债以及为其他借款人获得贷款（借款）提供国家担保的权力；联邦主体政府授权的机关可以以联邦主体的名义进行国内借债以及为其他借款人获得贷款（借款）提供政府担保；根据地方章程授权的地方自治机关可以以地方政府名义进行国内借债和为其他借款人获得贷款（借款）提供地方政府担保。

俄联邦政府内债和外债限额以及下年度联邦对外举债限额，由下一财政年度联邦预算法按债务担保形式分类批准。联邦主体和地方的债务最高限额在下一财政年度联邦主体预算法和地方预算法规中予以明确，同时注明了联邦主体和地方政府提供担保的限额。联邦主体和地方政府的债务限额不能超过其不含其他级次财政援助的预算收入额。

从表4-12中可以看到，自2012年以来，俄罗斯内债规模逐年加大，内债的GDP占比也逐年提高，2016年，俄罗斯内债规模为10.7万亿卢布，GDP占比为12.5%，略高于年初预算确定的9.87万亿卢布内债额度，是近年来的最高，这是为弥补2016年预算赤字而采取的必然举措。俄罗斯外债规模一直保持在500亿美元左右，2016年外债额为512.1亿美元，约占当年GDP的3.6%。内外债总额占GDP的比重为 16.1%，高于年初预算确定的 15% 债务 GDP 占比一个百分点。尽管如此，与世界大多数国家相比俄罗斯的政府债务水平并不高，短期内偿债压力不大，这是俄联邦财政部和中央银行从之前金融危机中吸取教训而采取的审慎财政货币政策的结果。

表 4-12 俄罗斯政府债务水平（2012~2016 年）（期末名义价值）

年份 项目	2012	2013	2014	2015	2016
政府内债（亿卢布）	65 746	77 486	96 439	99 683	107 210
其中：联邦政府	49 779	57 222	72 412	73 076	80 035
联邦主体	13 514	17 375	20 895	23 186	23 532
地方政府	2 453	2 889	3 132	3 421	3 643
内债占 GDP 比重（%）	9.8	10.9	12.2	12.0	12.5
政府外债（亿美元）	507.7	557.9	543.6	500.0	512.1

资料来源：俄联邦财政部网站，http://minfin.ru/ru/perfomance/public_debt/internal/structure/。

六、政府间转移支付

俄罗斯联邦中央政府与地方政府支出责任的划分决定了各级政府应承担的财政责任和应享有的财政权益。俄罗斯政府间事权和财政支出划分为联邦预算支出，联邦与联邦主体、市政机构预算共同拨款支出，联邦主体预算支出以及地方预算支出等四个层次。《俄罗斯联邦预算法典》和《俄罗斯联邦税法典》是联邦政府与地方预算关系的基础性法律，对各级政府的收入范围和税收权限进行了明确划分，将全部税种划分为联邦税、地区税和地方税，以保障各级政府支出责任的实现。

俄罗斯联邦预算收入包括联邦税收、非税收入以及无偿转移支付收入三部分。纳入联邦预算的税收收入包括企业利润税、增值税、消费税、矿物开采税、资源利用税、水税等，其中的企业利润税、消费税、矿物开采税等税种属于联邦与地方的共享税，是预算的主要收入来源。联邦预算非税收入包括国家财产经营所得以及由预算拨款的俄联邦国家政府机关提供的有偿服务所得、除关税外其他对外经济活动所得、俄联邦国有企业税后上缴的部分利润、俄罗斯银行上缴的利润和其他海关收费、颁发酒精烟草销售及流通许可证收费所得、对环境产生消极影响的收费所得、水资源利用收费所得等。此外，联邦收入还包括由联邦道路基金、生态基金、海关制度发展基金等形成的联邦预算专项基金收入。

俄罗斯联邦主体预算收入同样由税收收入和非税收入组成。纳入俄联邦主体预算收入的地区税收有：企业财产税、博彩税和交通税；纳入俄联邦主体预算收入的联邦税收（即联邦和地区共享税）有：企业利润税、消费税、矿物开采税、水税和资源利用税。个人所得税由联邦主体和地方政府共享。属于联邦主体的非税收入有：（1）俄联邦主体所有的财产经营所得，由俄联邦主体政府管理的预算单位提供的有偿服务所得；（2）对环境产生消极影响收费所得；（3）森林资源利用收费；（4）联邦主体政府颁发酒精、烟草销售、流通许可证收费所得。

地方自治机关预算收入是俄罗斯地方政府的财政基础，主要由自有收入和来自联邦和地区的税收收入分成构成。自有收入包括：（1）税费收入，主要有土地税、个人财产税、地方许可证收费；（2）地方所有财产经营所得、地方预算机构提供有偿服务所得；（3）义务医疗保险、预算外和专项基金收入。地方预算收入中还有地方政府履行部分国家职能得到的财政拨款、由地方政府执行联邦法律和联邦主体法律的财政拨款、因国家决定增加了地方预算支出或减少了地方预算收入产生的额外支出补贴，以及按联邦法律、联邦主体法律和地方自治法规纳入地方预算的其他税收收入和非税收入[①]。

俄罗斯主要通过政府间转移支付实现国家对地区的经济调节，用以解决地区间发展存在差异的问题。《俄罗斯联邦预算法典》（以下简称《预算法典》）规定了政府间转移支付的方式与支付方法，将转移支付上升到国家法律加以规范。《预算法典》第132条规定，俄罗斯各联邦主体预算在与联邦预算相互关系中享有平等地位，各联邦主体提供公共服务的财政耗费标准以及最低预算保障标准是联邦预算为联邦主体提供财政援助的基础。联邦预算提供给联邦主体的转移支付要在考虑各联邦主体社会经济、地理、气候等特点的基础上运用统一的方法确定。《预算法典》第133条规定了联邦预算对联邦主体预算财政援助的四种形式："提供补贴用以拉平联邦主体的最低预算保障水平；提供津贴和补助金用于某些专项支出的拨款；提供预算贷款；提供预算借款来弥补联邦主体预算执行中出现的临时性现金缺口。"表4-13列出了俄罗斯转移支付的主要类型。

---

① 童伟：《俄罗斯政府预算制度》，经济科学出版社2013年版，第80~88页。

表4-13　俄罗斯转移支付主要类型

类型	定义	调节方式
一般补助	无偿地、不需返还提供给其他级次预算，没有指定方向和限制条件，弥补经常性预算支出不足，拉平联邦主体间预算保障水平	联邦对联邦主体财政支持基金
特殊补贴	在联邦主体国家机关工作完成联邦或共同支出责任时，联邦预算对联邦主体预算的配套拨款	联邦社会支出共同拨款基金
专项补助	无偿地、不需返还提供给其他级次预算或法人，用于保障按法律规定转移给联邦主体和地方预算的联邦支出责任的完成	联邦补偿基金

每年制定的联邦预算法在俄罗斯联邦政府与地方的预算关系上起着重要的调节作用，俄罗斯每年的联邦预算均以联邦法律的形式确立。预算法制化可从根本上避免行政权力（政府）随意扩大税收或者随意加大支出。在俄罗斯每年一次的联邦预算法里不仅规定了对地方预算的转移支付规模，还规定了联邦政府与地方的税收分配比例。从表4-14中可以看到，俄罗斯联邦政府对地方政府的转移支付规模不大，2012~2016年，转移支付占联邦政府支出的比例维持在4%~5%，占地方政府收入的比重则在7%~9%。在转移支付之外，俄罗斯联邦政府还通过为地方政府提供贷款或借款的方式弥补地方政府财力缺口，这是俄罗斯联邦制政体的具体体现。俄罗斯联邦政府向地方政府转移支付比例较低，也导致了联邦财政对地方政府的宏观调控力度十分有限，加剧地方政府财政负担的同时，也使地方政府缺乏发展地方经济的积极性。

表4-14　俄罗斯政府间转移支付（2012~2016年）

项目\年份	2012	2013	2014	2015	2016
联邦政府对地方政府转移支付（亿卢布）	5 994	6 681	8 161	6 820	6 720
一般补助（亿卢布）	3 970	4 188	4 398	4 877	5 137
特殊补贴（亿卢布）	1 270	1 903	3 349	1 633	1 425
专项补助（亿卢布）	754	590	414	310	158
联邦政府支出（亿卢布）	128 950	133 429	148 316	156 203	164 164
转移支付占比（%）	4.6	5.0	5.5	4.4	4.1

续表

项目 \ 年份	2012	2013	2014	2015	2016
地方政府收入（亿卢布）	80 645	81 651	89 057	93 082	99 238
转移支付占比（%）	7.4	8.2	9.2	7.3	6.8

资料来源：俄联邦财政部网站，https://www.minfin.ru/ru/perfomance/regions/mb/。

七、储备基金和国家福利基金

国际石油市场行情自 1999 年以来步入上升通道，以石油出口作为政府预算收入主要来源的俄罗斯凭此获取了大量"石油美元"，为合理利用石油资金，俄联邦于 2004 年 1 月 1 日建立稳定基金并作为联邦预算资金的组成部分，将国际石油价格走高时的"石油美元"储备起来，以备政府在国际油价下跌时使用，确保政府预算保持稳定[1]。稳定基金由超额税收收入和财政年年初联邦预算资金的剩余以及稳定基金运营收益构成。

稳定基金建立之初，恰逢国际油价上涨势头正猛，基金规模增长迅猛。为了更加有效地发挥稳定基金作用，稳定基金在 2008 年 2 月被分拆为储备基金和国民财富基金。储备基金用于补贴财政开支不足和偿还国家外债，国民财富基金则主要用于补贴养老金。2016 年，储备基金为弥补俄罗斯预算赤字作出了很大贡献。截至 2017 年 1 月 1 日，俄罗斯的储备基金共计 9 721 亿卢布（约合 160.3 亿美元），与 2016 年年初余额相比下降了 73%，GDP 占比为 1.1%。国民财富基金共计 4.3 万亿卢布（约合 718.7 亿美元），GDP 占比为 5%。

表 4-15　　　　　　　　　俄罗斯预算稳定基金情况　　　　　　　单位：亿卢布

时间 \ 类型	稳定基金	储备基金	国民财富基金
2004 年 1 月 1 日	5 223		
2005 年 1 月 1 日	13 878		
2006 年 1 月 1 日	16 856		

---

[1] 郭晓琼：《俄罗斯联邦稳定基金的发展》，载于《俄罗斯中亚东欧市场》2008 年第 1 期。

续表

类型 时间	稳定基金	储备基金	国民财富基金
2007年1月1日	17 441		
2008年2月1日	38 411	30 578	7 833
2009年1月1日	66 121	40 276	25 845
2010年1月1日	45 995	18 305	27 690
2011年1月1日	34 707	7 752	26 955
2012年1月1日	36 059	8 115	27 994
2013年1月1日	45 763	18 857	26 906
2014年1月1日	57 603	28 597	29 006
2015年1月1日	93 335	49 455	43 880
2016年1月1日	88 677.8	36 406	52 271.8
2017年1月1日	53 312.6	9 721	43 591.6

资料来源：俄罗斯联邦财政部网站，https://www.minfin.ru/ru/perfomance/nationalwealth-fund/statistics/。

八、施政方针与财政改革

历经1998年和2008年两次经济危机洗礼的俄罗斯经济，在2014年之后又经受住了西方制裁、油价下跌、卢布贬值以及资本外流的压力测试，尽管一路走来险象环生、跌宕起伏，但抗打压能力和适应能力得到了很大提升，经济系统在适应新的内外部条件后开始发力，2016年经济下降的速度已经明显放缓。综合来看，2016年是俄罗斯经济触底企稳的一年，是逐步适应外部冲击、反危机政策多策并举、国内经济不断调整后成效初显的一年。针对本国经济在2016年面临的欧元区经济持续衰退导致石油天然气等出口商品需求减少、亚洲地区国家经济形势恶化降低其在俄投资等外部风险，以及国内消费贷款缩减可导致的零售额下降、劳动生产率的增长速度有限、在企业利润下降、贸易伙伴国家经济活跃度较低背景下的固定资产投资缩减等内部风险，俄罗斯政府力求摆脱原料经济发展模式的束缚，谋求创新发展，探索经济发展新动能，同时在经济稳定发展和结构调整之间寻找平衡。

（一）稳步落实保障经济发展规划

俄罗斯自 2014 年以来先后推出了《关于保障经济可持续发展和社会稳定的优先措施》和《俄联邦政府 2016 年保障社会经济稳定发展计划》等反危机计划，通过大力提倡进口替代（импортозамещения）、着力发展农业、开发远东地区等举措应对西方的制裁，力求进行结构性调整，实现再工业化。

为应对西方经济制裁，俄罗斯政府于 2014 年 9 月 30 日提出《进口替代行业促进计划》，确定了至 2018 年的行业发展规划，增加财政投入以调动现有内部能力来支撑经济防止其崩溃，同时刺激生产以增加国内生产的竞争力，提高其效率与附加值。此外，进口替代战略还兼具经济再工业化、促进产业创新以及创造就业机会等目标。进口替代战略在农业领域取得了明显的成果，在国内供应不受大影响的情况下，2015 年俄罗斯农产品进口下降了 33.7%。2016 年俄政府积极在工业领域推行进口替代，通过限制工业制成品的进口来促进本国工业化发展，同时进一步扩大非石油产品出口，工业生产呈现一定的增长。

俄罗斯政府农业财政目标是促进农业发展，增加国内农产品竞争力，为农业提供贷款优惠以全面提高农业增产速度，吸引、鼓励投资者到农村地区开展投资活动。俄罗斯政府在 2016 年加大对农业发展的支持，财政支农投入达到 2 230 亿卢布。俄罗斯政府大力支持农业机械化发展，2016 年农机补贴金额是 2015 年的两倍多，达 110 亿卢布。与 2015 相比，对农业企业的投资增长 10%，实现近 3 年来的首次增长。俄罗斯政府采取贷款贴息方式对农业信贷需求予以支持，农业贷款投资增加了 28%，超过 3 800 亿卢布，短期贷款增加 35%，高达 1.2 万亿卢布。俄罗斯政府还加大对农民和农业合作社的支持力度，通过实施补助计划支持小型农场，2016 年受益人达到 4.5 万人，接受补助的经济实体新增了 7 000 多个工作岗位；将支持农业合作社发展赠款额度提高一倍，2016 年新建合作社超过 300 个，2017 年计划新建 1 200 个农业合作社。在政府强力支持下，2016 年俄罗斯农业增长势头强劲，种植业收成状况良好，畜牧业生产稳定增长，农业增长 4.8%，粮食产量突破 1.2 亿吨，玉米、大豆等作物产量达到历史最高水平。农业进口替代效果愈加明显，粮食进口下降了 6%，肉类进口下降 16%，同时农业产量增长也刺激了海外市场的拓展，2016 年俄罗斯农产品出口增长了 5%，出口额达到 170 亿卢布。俄罗斯农业生产保持四年连续增长，为社会稳定、反危机措施的顺利实施提供了基本保障。

远东开发是俄罗斯一直以来推行的区域开发战略，近年来普京总统加大了推进力度，亲自出席两届东方经济论坛，希望以此为平台加大引资的力度，中、日、韩等国也对论坛予以越来越大的重视；大力推进超前发展区建设，2014年年底通过的《俄联邦社会经济超前发展区法》，设定远东地区超前发展区建立期限为70年，并且可以延长，通过税收等优惠吸引企业到特区入驻，规定超前发展区框架内应保障最大限度地简化投资项目实施手续，实行自由关税区制度，具体包括：前5年免收所得税、财产税和土地税，前10年免收进出口关税和来料加工增值税，降低保险费（从30%降至7.6%），免费获得土地和现有基础设施，简化出口商增值税返还手续，另外对企业活动的巡查次数和时间间隔也作了规定，俄罗斯远东发展部有权签发在超前发展区进行基础设施建设的许可。这些政策大大优于之前设立的经济特区（期限为49年）和开发区（期限为12年），至2016年年底，已有近20家企业入驻远东超前发展区；施行"远东1公顷"土地法，2016年5月，普京批准了《俄罗斯远东地区土地免费配发法案》，规定俄公民可在远东联邦区内一次性无偿获得不超过1公顷、期限为5年的土地使用权，公民开发后可继续承租或者转为私有财产，若未开发则将被国家收回，2016年约有5 500名俄居民提交了申请，绝大多数土地用于农业生产；加大交通基础设施建设，打造中国东北通向太平洋的国际通道，为外贸企业开设绿色通道。尽管远东开发近年来取得了一些成绩，但远东地区地广人稀、劳动力不足，项目实际落地少，融资缺口大以及对全国经济发展带动力较弱等是远东大开发面临的实际问题。

（二）2016～2018年税收政策规划将反危机作为政策指向

在保证政策连续性的同时，现阶段税收政策主要致力于以下方面：确定税收清单，明确近期不会增加税种；梳理现有税种计算方法，依据其他法规修订对税收政策中的不准确措辞予以修正；降低部分税种税率，将增值税由20%减少至18%，利润税由24%降至20%；完善税务管理系统；设立可接受的检查标准；实施免税期。

现阶段税收政策改革的目的不是另起炉灶，而是对现有法律予以完善，使税收政策的可预测性和计划性更强。俄罗斯财政部在下一年度开始之前，即在其网站上公布下一年度当年及后续两年的税收政策，也是未来3年内计划实施的措施活动清单。2015年7月27日，2016～2018年税收政策即在网上予以公布。这意味着企业和个人有近半年的时间就政府税收计划对其经营活动的影响进行评估。此外，这种可预见性也允许各级政府对其预算收入进行提前规划。

借助于税收政策，俄罗斯财政部努力实现以下主要任务：支持新的生产投资，抵御危机和利润通过离岸公司外流,刺激小企业、个体经营者和出口商,平衡不同层级预算。此外,还计划采取一系列措施加强对不法纳税人的监控,同时为守法纳税人提供更好的经营环境。

(三)改善投资环境,扶持企业发展

1. 选择优先发展地区发展新产业

2016~2018年,计划在俄罗斯所有地区予以推进新产业发展。俄罗斯将赋予联邦主体给予新产业税收优惠的权利。此外,从2016年起,以立法方式约束地方当局针对新成立工业企业提高地方税税率、增加所得税中地方所得部分等做法。同时,通过提高新产业企业设备折旧系数、可一次同时报废的设备的价值,支持企业发展。

2. 降低企业运营成本

俄罗斯国内经济学家认为,住房和公共服务税率增长过快以及未对此问题采取有效控制,是在俄罗斯开设企业或扩大生产能力时面临的主要问题之一。基于此,俄罗斯从2016年1月起推迟提高住房和公共服务的税率,以此刺激投资增长。

3. 对新办公司给予2年免于巡查期

俄罗斯相关法律规定("俄罗斯联邦国家检查中的法人和个体经营者的权利保护制度"),企业公司需要定期接受卫生、消防、劳工监察、地方当局等部门对企业的非税务或行政管理等活动进行检查,通常称为行政督察。这种制度安排对初办企业经营影响较大,造成企业负担,不利于初办企业发展。

4. 简化审批程序,营造良好商业环境

俄政府法律事务委员会建议简化企业和个体经营者登记注册手续并缩短审批时间,参照营商环境最佳国家的注册手续均不超过3天的要求,打造更好的营商环境,吸引更多外国投资。简化个体经营者的登记和保险费支付程序等特殊制度设计促进微观经济发展。

5. 支持中小微企业发展

通过完善企业采购政策、投资计划的技术与价格审计机制,提高成本控制体系的效率。中小型企业将被准许进入公共采购领域:2016年,中小企业在公共采购中的占比为20%,至2018年,这一比例将达到25%。地区将为新设小型企业提供为期两年的免税期。俄罗斯政府在2016年推出了税务及商业登记的新优惠制度,针对自营劳动者采用简化税制或专利税制,并给予两年免税期,期望这一举措可以促使

几百万从事经济活动的人从"幕后"走到"台前"。财政部在《税收政策主要方向》中明确优惠政策期限为2年，截止期为2018年12月31日。创建非银行存款信贷组织-贷款担保机构，新机构的目标是为中小型企业提供担保支持。通过建立金融工具为出口合同提供保险以支持出口商。

（四）俄罗斯宏观政策选项

随着经济系统运行在卢布汇率自由浮动、低油价等新的内外部条件下趋于稳定，财政状况稳健、金融体系风险可控、通货膨胀温和，俄罗斯国内的宏观经济政策在后危机时期具有了更多选项。为恢复投资和促进经济增长，俄联邦政府委托智囊机构就未来经济发展规划提出政策方案，目前主要提出了四种发展思路。

俄罗斯经济发展部战略研究中心提出的方案将国家管理体制改革、权力部门改革和退休金改革作为今后几年俄罗斯经济发展重点，通过减少政府干预，消除经济发展的体制障碍，提高劳动参与率和劳动生产率，同时通过退休金改革降低财政负担，进而刺激投资；财政部支持的方案强调减少财政支出、降低经济活动的税收负担和支持经济的自由竞争，营造低税收负担、低通货膨胀的投资环境以吸引投资、刺激投资，进而扩大投资；中央银行支持的方案则将货币中立和自由竞争作为其政策建议的主基调，具体举措是改善投资环境，发挥投资主体的主动性和积极性；而智囊斯托雷平俱乐部更加强调应该全面加强政府干预，采取积极财政货币政策刺激投资增长。可以看到，尽管4个方案在政策取向上有所不同，但都意识到投资仍是当前限制经济增长的关键因素，并将刺激投资增长作为政策设计的最终指向[①]。

基于当前国内国际形势，俄罗斯政府力求在宏观经济稳定与经济增长提升之间寻求一个平衡，同时还将根据所面临的社会、政治形势以及外部环境变化随时进行调整。

主要参考文献

［1］孙景宇：《俄罗斯经济增长模式的结构特征、内在缺陷与转变前景》，载于《欧亚研究》2017年第1期。

［2］童伟：《俄罗斯政府预算制度》，经济科学出版社2013年版。

［3］崔鹏、张硕：《中俄转移支付制度差异比较》，载于《时代金融》2012年第6期。

［4］欧阳向英：《俄罗斯经济社会形势分析》，载于《俄罗斯学刊》2017年第2期。

---

① 徐坡岭：《俄罗斯2017年经济走势、新政策空间与长期增长》，载于《欧亚经济》2017年第1期。

［5］韩璐：《俄罗斯经济发展前景及面临的挑战》，载于《国际研究参考》2015 年第 4 期。

［6］徐坡岭：《俄罗斯 2017 年经济走势、新政策空间与长期增长》，载于《欧亚经济》2017 年第 1 期。

［7］А. Н. 什维佐夫、徐向梅译：《俄罗斯经济复苏的新工具是否有效?》，载于《欧亚经济》2017 年第 1 期。

［8］李福川：《俄罗斯联邦中央与地方的经济关系》，载于《欧亚经济》2016 年第 6 期。

［9］Основные направления бюджетной политики на 2016 год и на плановый период 2017 и 2018 годов.

［10］Мониторинг инвестиционной активности в регионах России.

［11］НАЦИОНАЛЬНЫЕ СЧЕТА РОССИИ в 2007 – 2014 годах, ФЕДЕРАЛЬНАЯ СЛУЖБА ГОСУДАРСТВЕННОЙ СТАТИСТИКИ（Росстат）.

［12］О федеральном бюджете на 2016 год（с изменениями на 22 ноября 2016 года）.

［13］ФЕДЕРАЛЬНЫЙ ЗАКОН О ФЕДЕРАЛЬНОМ БЮДЖЕТЕ НА 2017 ГОД И НА ПЛАНОВЫЙ ПЕРИОД 2018 И 2019 ГОДОВ.

［14］PMI монитор：Сводный департамент макроэкономического прогнозирования

［15］Банк России,《Платежный баланс, международная инвестиционная позиция и внешний долг Российской Федерации в январе-сентябре 2016 года》.

［16］Минэкономразвития России, ОБ ИТОГАХ СОЦИАЛЬНО-ЭКОНОМ ИЧЕСКОГО РАЗВИТИЯ РОССИЙСКОЙ ФЕДЕРАЦИИ В 2015 ГОДУ.

加拿大　美国

第二篇
北美洲

第五章 美国

美国是世界上经济、政治、文化高度发达的国家，国土面积937万平方公里，人口3.26亿人，政府体系由联邦、州及地方三级构成。[①] 其财政运行的模式与特点不同于世界上任何一个国家，包括所有联邦制国家在内。政府没有上下级领导或上下级管理关系，而是平行的竞争与合作的关系，是在保护产权的基础上各司其职，各自提供公共服务，向人民负责，这也是美国财政联邦主义的核心。

一、经济概况

2009年第三季度开始，美国在大规模的经济刺激政策下，逐渐走出2008年危机引发的经济衰退。从表5-1中数据来看，以2009年不变价计算，2012~2016年经济增长率分别为2.2%、1.7%、2.4%、2.6%和1.6%，经济显示稳步复苏迹象。

---

① 中国外交部：《美国国家概况》，中国外交部网站，2017年8月。

表 5-1　　　　　　　　　　2012~2016 年主要宏观经济指标

项目 \ 年份	2012	2013	2014	2015	2016
GDP（不剔除物价）（10 亿美元）	16 155.3	16 691.5	17 393.1	18 036.6	18 569.1
GDP（2009 年不变价）（10 亿美元）	15 354.6	15 612.2	15 982.3	16 397.2	16 662.1
增长率（2009 年不变价）（%）	2.2	1.7	2.4	2.6	1.6
失业率（%）	7.7	6.7	5.5	5.0	4.6
国内需求（10 亿美元）	16 720.9	17 183.6	17 902.0	18 558.6	19 070.3
CPI，期末值（%）	1.7	1.2	0.8	0.5	1.7
国民总储蓄（GDP%）	11.0	4.7	5.7	6.2	5.1
国内总投资（GDP%）	10.6	6.1	4.5	5.0	-1.6
经常账户余额（10 亿美元）	(428.9)	(320.7)	(450.6)	(417.3)	(477.3)
贸易余额（10 亿美元）	(536.8)	(461.9)	(490.2)	(500.4)	(500.6)
进口（10 亿美元）	2 755.8	2 755.3	2 866.8	2 761.5	2 712.6
商品（10 亿美元）	2 303.7	2 294.2	2 385.5	2 272.9	2 209.6
服务（10 亿美元）	452.0	461.1	481.3	488.7	503.0
出口（10 亿美元）	2 219.0	2 293.5	2 376.6	2 261.2	2 212.1
商品（10 亿美元）	1 562.6	1 592.0	1 633.3	1 510.3	1 459.7
服务（10 亿美元）	656.4	701.5	743.3	750.9	752.4
净 FDI（10 亿美元）	(119.2)	(102.0)	(120.7)	45.2	
FDI（10 亿美元）	199.0	201.4	171.6	348.4	
USDIA（10 亿美元）	318.2	303.4	292.3	303.2	

资料来源：美国经济分析局（BEA）。

一大亮点是，失业率的逐年快速下降和就业状况的大幅改善。4 年间，失业率由 7.7% 降至 5%，并在 2016 年继续下降至 4.6%（见图 5-1）。美国 2015 年 12 月份的首次申请失业救济金人数降到 27 万人以下，接近 1973 年以来的历史低点。2014 年新增就业岗位 310 万，2015 年新增就业岗位 270 万，是 20 世纪 90 年代以来新增就业岗位最多的两年。

通货膨胀方面，通货膨胀率在 2% 附近波动，2012~2015 年呈现下降趋势，在 2016 年后呈现上升的趋势（见图 5-2）。消费者物价指数（CPI）则由 2012 年的 1.7% 降至 2015 年最低水平 0.5%，后于 2016 年回升至 1.7%（见表 5-1）。

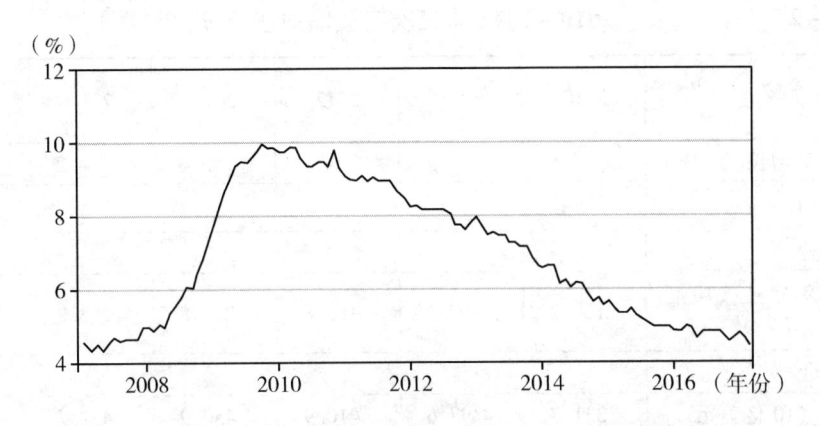

图 5-1 2008~2016 年失业率变动趋势

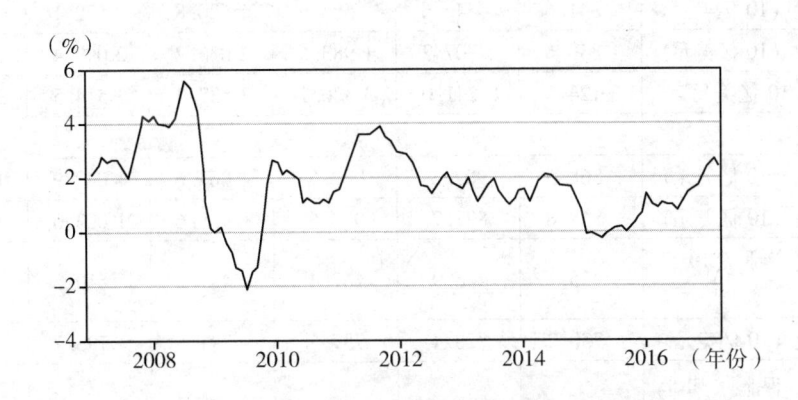

图 5-2 2008~2016 年通货膨胀走势

其他经济指标显示，2012~2016 年美国国内需求稳速增长。国际贸易方面，2016 年进口商品水平较 2012 年下降了 4.1%，出口商品下降 6.6%，进口劳务增加 11.3%，出口劳务增加 14.6%，贸易逆差缩小 362 亿美元。2012~2015 年外商赴美直接投资总量有显著提升，美国赴境外投资则保持在较稳定的水平。

2010~2015 年美国经济的名义增长率分别为：3.8%、3.7%、4.1%、3.3%、4.2% 和 3.7%。2015 年，产业增加值的增长率最高的行业是建筑业，较 2014 年增长了 8.9%；产业增加值的绝对值增幅前三甲依次是金融保险房地产和租赁业、专业和商业服务业、教育和健康服务业，都属于第三产业，2015 年的产业增加值较 2014 年分别有 1 604 亿美元、1 424 亿美元和 829 亿美元的增长（见表 5-2）。

表 5-2　　　　　　　　2010~2015 年三次产业增加值情况

项目＼年份	2010	2011	2012	2013	2014	2015
GDP 名义增长率（%）	3.8	3.7	4.1	3.3	4.2	3.7
私人部门						
第一产业						
农林渔猎业（10 亿美元）	160.2	197.2	185.8	221.8	203.2	175.2
第二产业						
矿业（10 亿美元）	331.7	398.6	410.9	450.9	482.7	327.8
能源业（10 亿美元）	267.0	272.0	262.9	269.2	283.1	284.3
建筑业（10 亿美元）	541.6	546.6	583.6	620.8	672.1	732.1
制造业（10 亿美元）	1 830.6	1 907.3	1 983.6	2 035.2	2 099.4	2 170.3
加总（10 亿美元）	3 124.5	3 241.0	3 376.1	3 537.3	3 514.5	3 124.5
第三产业						
批发业（10 亿美元）	868.5	907.3	962.5	1 001.6	1 047.9	1 093.2
零售业（10 亿美元）	868.8	891.7	932.6	968.6	1 003.6	1 056.8
运输仓储业（10 亿美元）	425.1	446.9	467.4	487.2	510.2	542.5
信息业（10 亿美元）	730.2	728.4	737.5	791.5	793.2	839.9
金融、保险、房地产和租赁业（10 亿美元）	2 951.6	3 052.4	3 229.0	3 293.8	3 496.0	3 656.4
专业和商业服务业（10 亿美元）	1 729.7	1 812.6	1 912.6	1 965.3	2 064.9	2 207.3
教育和健康服务业（10 亿美元）	1 248.5	1 287.0	1 336.8	1 372.4	1 418.3	1 501.2
文化、娱乐、艺术、休闲和食品服务业（10 亿美元）	540.7	561.4	596.9	626.8	660.1	710.0
加总（10 亿美元）	10 026.6	10 530.7	10 870.7	11 375.4	12 009.0	10 026.6
政府部门						
联邦政府（10 亿美元）	701.1	716.3	718.6	708.5	719.8	729.4
州及地方政府（10 亿美元）	1 436.7	1 453.2	1 479.1	1 514.6	1 557.4	1 608.6
加总（10 亿美元）	2 137.9	2 169.5	2 197.7	2 223.1	2 277.3	2 338.0

资料来源：美国经济分析局（BEA）。

如图 5-3 所示，2015 年私人部门中第一产业占比 1.0%，较 2014 年下降了 0.2%；第二产业占比 19.5%，较 2014 年下降了 0.8%；第三产业占比 64.4%，较 2014 年上升了 1.2%。在 2015 年，政府部门活动占 GDP 比重为 13.0%，较 2014 年下降 0.1%；其中，联邦政府的支出和政府下属企业的产值占 GDP 的 4.0%，州政府的支出和政府下属企业的产值占 GDP 的 8.9%。

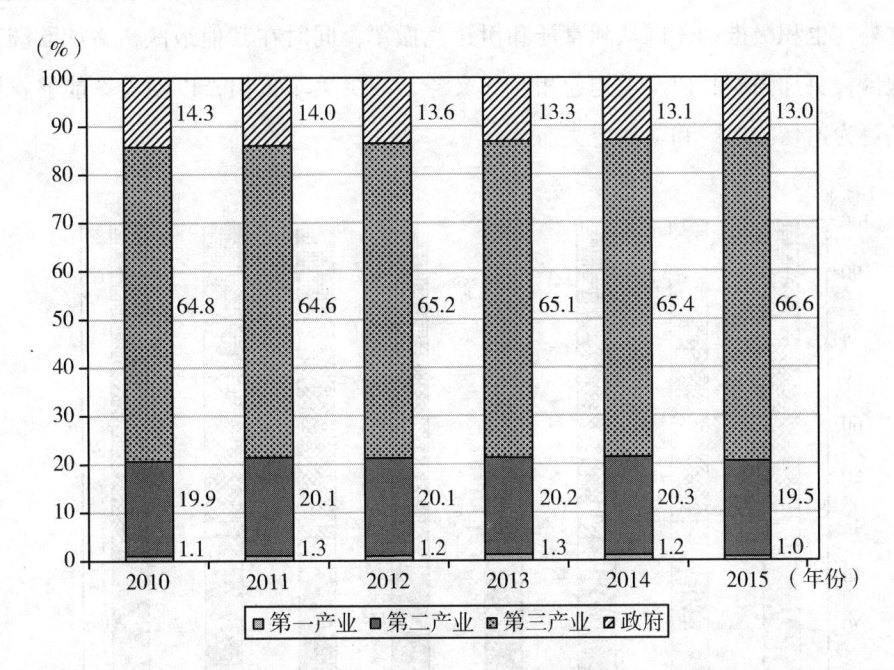

图 5-3　2010~2015 年三次产业增加值占国内生产总值的比重

资料来源：美国经济分析局（BEA）。

二、政府支出

图 5-4、图 5-5 反映的是 2007~2014 年的 5 年间美国联邦政府与州政府财政支出情况。联邦政府的支出责任主要集中在社会安全、卫生文化与宗教领域，二者占财政支出的比重超过了 50%，且在逐年的增长。2014 年以后，二者的比例已超过 60%，这主要与联邦政府在公共财政中所扮演的角色是分不开的。2008 年奥巴马上台之后，积极推动经济体制改革改善社会福利保障，例如奥巴马于 2011 年推出的《患者保护与平价医疗法》（PPACA），法案主要内容是要求所有美国公民都必须购买医疗保险。法案还对私人医保行业与公共医保项目进行了改革，将 3 000 万美元没有医保的美国公民纳入了医保的覆盖范围，该法案的施行增加了政府医疗开支。

在联邦政府支出结构中还有一个领域值得关注——国防，2009 年在联邦政府支出中所占比例出现下降，绝对额也自 2010 年达到历史最高水平后出现下降趋势。自 2001 年阿富汗战争以来，以及其后的伊拉克战争，美国军费猛涨，大量的军费被用在了阿富汗和伊拉克的军事行动上，美国国内也对大量的军费挤占了老百姓的社会福利资金感到不满。奥巴马上台之后，除了努力推动国内的经济改革和社会福利保障之外，也积极推动美国从阿富汗和伊拉克撤军，同时在其他地区，诸如欧洲和亚太地区，更加强调其盟友承担起相应的义务，减少美军负担，以便美军能够将资金用到更为迫切的地区和项目上去。

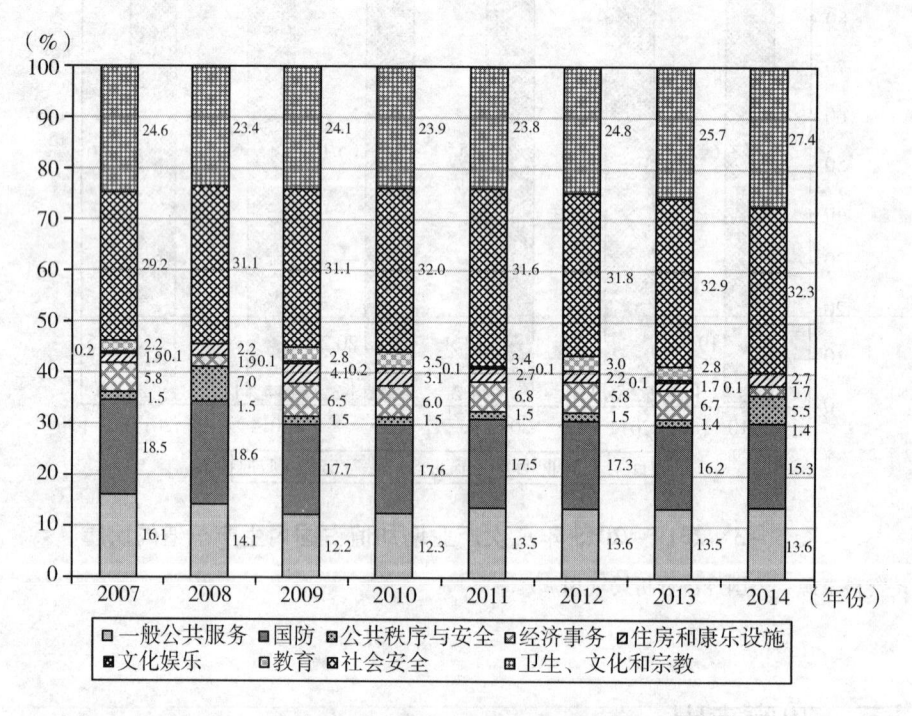

图 5-4 2007~2014 年联邦政府支出结构

资料来源：OECD database。

相比较联邦政府支出结构而言，州政府更偏重于本区域内公共物品的提供，值得注意的是，在美国的教育体制下，联邦财政主要向中小学的特殊学生提供部分资金，如特困生和残疾学生等。至于高中等教育，联邦政府不是直接提供教育经费，而是着重资助科学研究项目。从图 5-6 中我们还必须注意到的是，州政府在经济事务中的支出较少，常年维持在 15% 左右。这是因为美国州与地方政府没有中国地方政府那样的投资建设的冲动，而是将财政收入主要用于教育、治安、消防、排污、公共保健和医院、公园和娱乐等方面，完全体现了公共财政的"公共思想"。

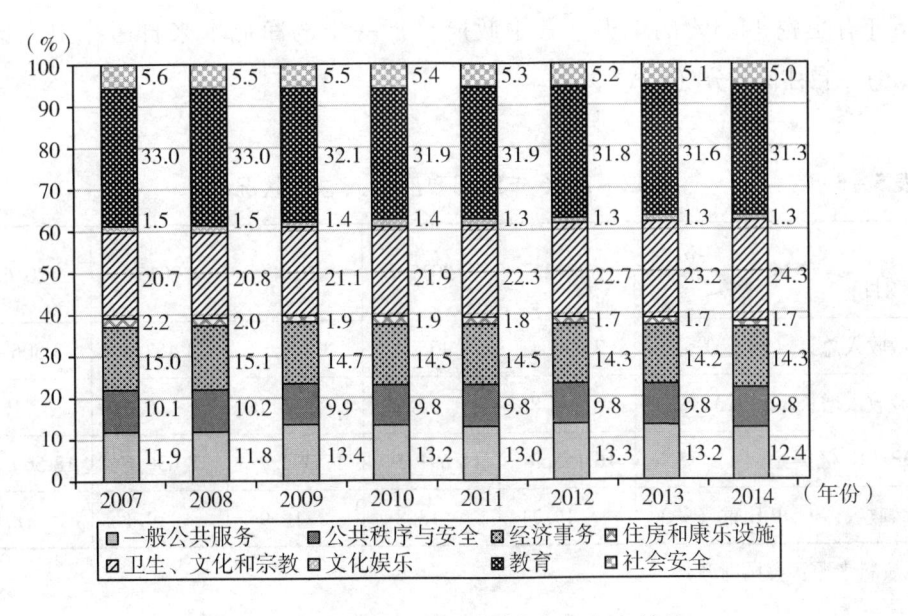

图 5-5　2007~2014 年州政府支出结构

资料来源：OECD database。

自 2008 年金融危机爆发以来，由于州级财政遭受严重打击以及公共事务在联邦政府与州及地方政府之间的分工趋于模糊，特别是奥巴马执政以来联邦与州及地方政府之间事权分工呈现进一步交织的趋势，使美国政府间事权与支出责任的界限遭到破坏。比如在奥巴马医保法案中，即《病人保护和经济适用医疗法案》，本应由联邦政府承担的责任和财政负担部分转嫁给州及地方政府，联邦政府对州及地方政府的财政支持和补助达到历史最高，美国 7 870 亿美元的紧急救助中，有 2 460 亿美元时直接或间接补助州及地方政府，这导致更加难以评估联邦政府与州及地方政府之间的责任，并对联邦政府与州及地方政府之间权力制衡产生不利影响。

三、政府收入

美国联邦政府收入的总体概况如表 5-3 及表 5-4 所示。2016 财年美国政府的净营运成本（净运营余额）达到 1 万亿美元，比上年增长了 5 332 亿美元，增幅高达 103.7%，继 2012 年之后，再次突破了 1 万亿美元。净运营成本的计算方式为由总成本（净运营总支出）减去获得的项目收入，再扣除政府的税收收入以及其他项目收入（如罚没收入）等得到的净余额。数据能反映出政府对各国家项目的支出结构，以及其经营能力。可以看出，美国的净营运支出近 5 年保持相对稳定的状态，

2016年有小幅14.3%的上升,其中政府将近一半的净成本来自医疗卫生部分（HHS）,和社保部分（SSA）。

表5-3　　　　　　　　2012~2016年联邦政府收入总体状况

年份 项目	2012	2013	2014	2015	2016
财政收入总计（10亿美元）	2 699.1	3 138.4	3 288.4	3 453.3	3 506.1
财政收入增长率（%）	4.86	16.28	4.78	5.01	1.53
GDP（10亿美元）	16 155.3	16 691.5	17 393.1	18 036.6	18 569.1
财政收入占GDP比重（%）	16.71	18.8	18.9	19.1	18.9

资料来源：美国财政部。

表5-4　　　　　　2012~2016年政府收入与净营运支出　　　　单位：10亿美元

年份 项目	2012	2013	2014	2015	2016
个人所得税以及代缴所得税	1 925.1	2 196.4	2 353.0	2 545.2	2 603.2
企业所得税	237.5	270.4	317.8	339.8	294.3
特种消费行为税	81.1	85.6	94.9	101.7	100.4
失业税	66.5	54.0	52.6	49.1	46.9
关税	28.6	30.6	32.9	33.6	33.3
遗产及赠与税	13.9	18.8	19.3	19.1	21.0
其他税	145.8	175.5	176.6	202.9	228.0
罚没收入	19.7	11.2	19.0	42.6	18.2
政府内利息收入	-128.4	-119.6	-113.8	-108.4	-102.8
营运总收入	2 518.2	2 842.5	3 066.1	3 334.0	3 345.3
净营运支出	3 814.3	3 656.6	3 837.0	3 853.3	4 404.4
政府间转移支付	-20.2	9.0	-20.4	5.1	11.7
净营运余额	-1 316.3	-805.1	-791.3	-514.2	-1 047.4

资料来源：美国财政部。

美国各级政府之间事权的划分决定着税收权力的分配。税种上划分联邦税、州税和地方税,自成体系,各级政府都有"当家"税种,主要税种同源分享,税率分享是美国分税制的一个显著特点。由三级政府同时开征的税种有个人所得税、公司所得税等;由联邦和州政府共同开征的税种有所得税、遗产和赠与税;由州政府和地方政府共同开征的税种有销售税和财产税。联邦政府的主要收入来源是直接税,以个人所得税、公司所得税和社会保险税为主体,辅之以关税及遗产和赠与税(见图 5-6)。州政府以销售税为主,辅之以个人所得税、公司所得税、遗产税和其他税种。州政府主要收入来源是间接税,占到政府总税收的近 60%。县市镇地方政府以财产税为主体,辅之以销售税、个人所得税和其他税种,以及其他收费。财产税在市县镇地方政府收入中的比重达到 75% 左右,主要因为财产税具有不可转移、易于被当地政府使用的特点,因此成为地方政府的主体税种。

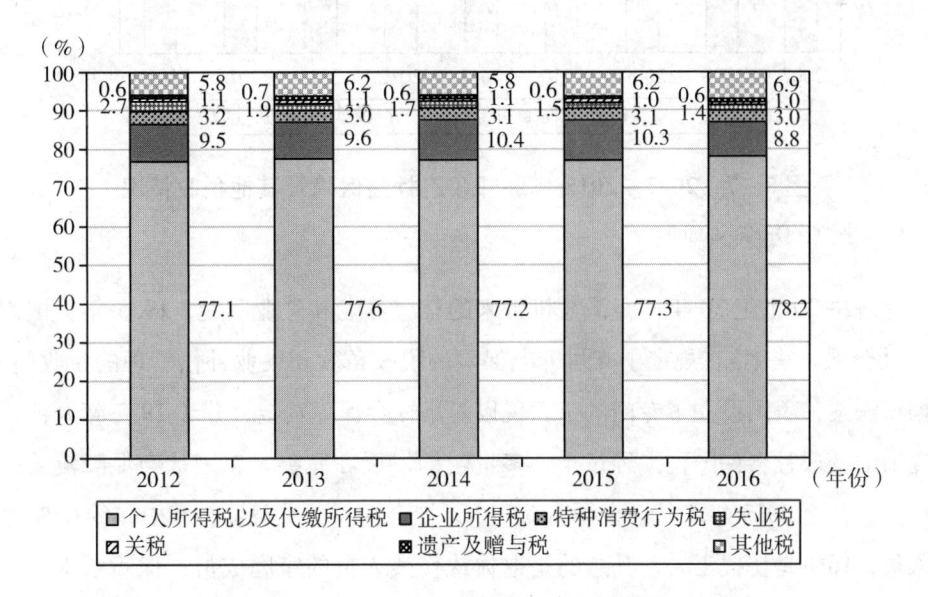

图 5-6 2012~2016 年联邦政府税收收入结构

资料来源:OECD database。

值得注意的是,在美国联邦收入来源中有很大一部分来自于社会保障税,在多数年份占联邦收入高达 35%,甚至个别年份高达 40% 以上(2009)(见图 5-7)。社会保障税由国内收入局(IRS)负责征收,筹集的资金纳入政府预算,上缴至财政部特定的信托账户,形成社会保障信托基金,具有专款专用的性质,不能挪作他用。社会保障支出属于"权益性支出"(Entitlement Expenditure),必须遵守"收支平衡原则"(PAYG)。它是联邦政府的"法定支出"项,每年需要用多少直接从信托基金中支出,不需经国会讨论,但国会需要监督是否按时足额拨付。

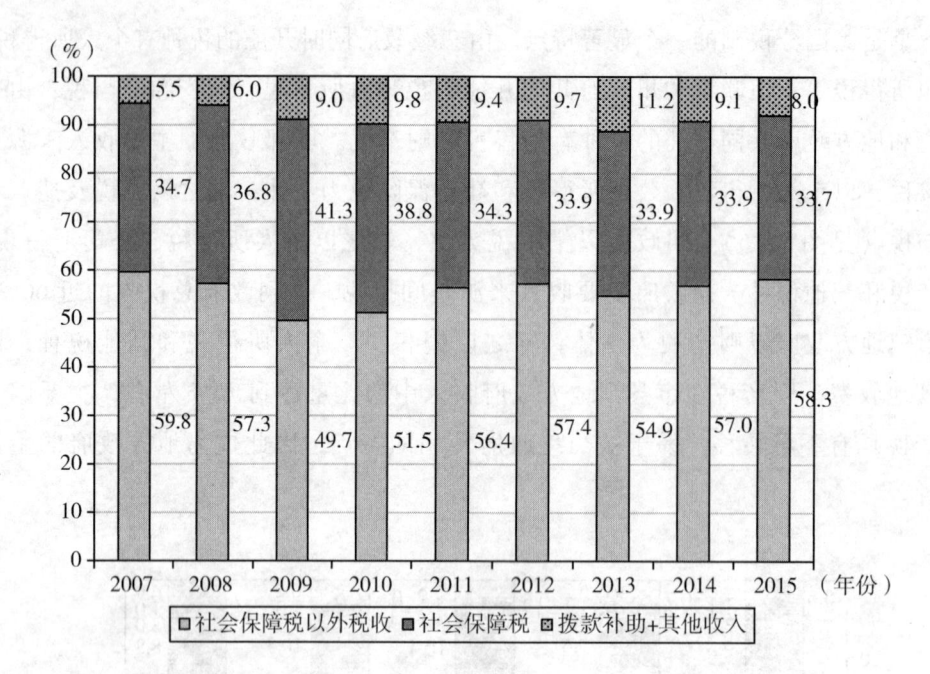

图 5-7 2007~2015 年联邦政府社会保障及其他税收情况

资料来源：OECD database。

为解决 20 世纪 30 年代经济危机带来的社会养老和失业问题，1935 年美国制定了《社会保障法案》，规定了支付养老保险的税收条款和失业补偿管理的税收问题。根据该法案，美国设立了专门的工薪税以筹集社会保障资金，并于 1937 年开征，后来逐渐演变成社会保障税。经过半个多世纪的发展和完善，美国社会保障覆盖面逐步扩大。截至 2013 年 4 月，全国有 5 730 万社会保障的受益者，其中，约 65% 是退休人员，16% 是伤残工人，其余的是退休或伤残人员的家庭成员；保障水平也不断提高，社会保障支出为 65 岁以上老人提供了其退休后收入的 50% 以上。这些资金大部分是通过工薪税筹集的，工薪税的规模也逐步扩大。目前，社会保障税已经成为美国仅次于个人所得税的第二大税种（见图 5-8）。

四、政府盈余/赤字

根据美国财政部数据，2016 财年美国赤字大幅增加，从 2015 财年的 4 390 亿美元增加至 2016 财年的 5 874 亿美元，财政赤字占 GDP 的比重达到 3.16%，已经超过了 3% 的警戒线（见表 5-5）。

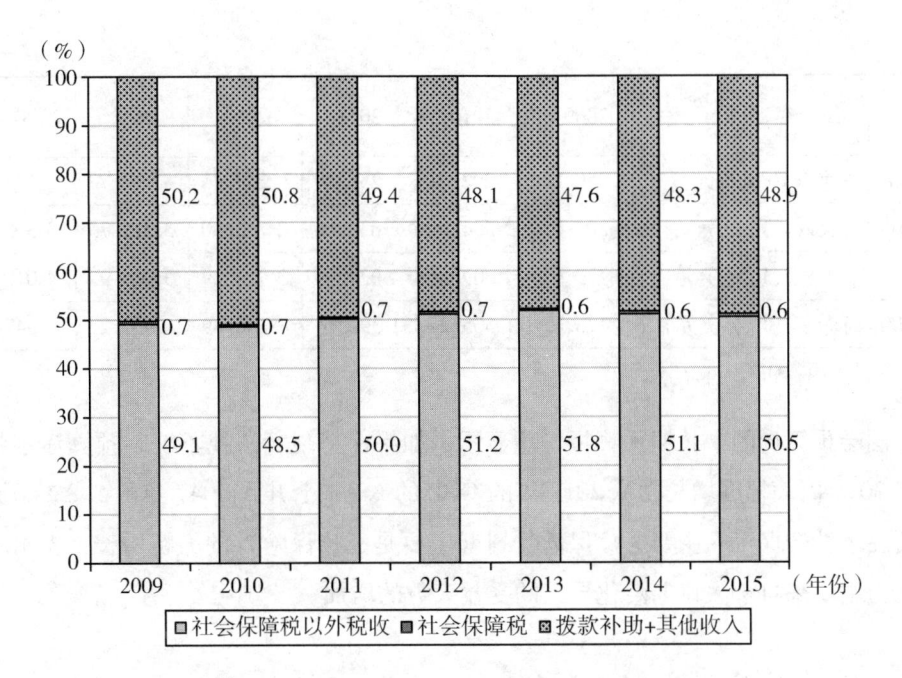

图 5-8 2007~2015 年美国州政府收入结构

资料来源：OECD database。

表 5-5　　　　　　　　2012~2016 年美国赤字余额

项目 \ 年份	2012	2013	2014	2015	2016
预算赤字（10 亿美元）	1 089	680	483	439	5 874
赤字率（%）	6.74	4.07	2.78	2.43	3.16

资料来源：美国财政部。

通过查找 OECD 数据库，分别来看，2012~2014 年，联邦政府层级的财政赤字是逐渐下降的，2012 年的赤字金额达到最高；2012~2014 年，州政府层级的财政赤字也是逐渐下降的，2012 年达到顶峰。联邦政府和州政府的财政赤字与美国的预算赤字的变化趋势是相符的（见表 5-6）。

表 5-6　　　　　　2009~2014 年联邦政府和州政府财政赤字

项目 \ 年份	2009	2010	2011	2012	2013	2014
州政府收入（10 亿美元）	2 589.99	2 700.34	2 747.34	2 779.25	2 872.56	2 983.20
州政府支出（10 亿美元）	2 940.79	2 992.75	3 003.74	3 023.50	3 067.28	3 154.94

续表

年份 项目	2009	2010	2011	2012	2013	2014
州政府赤字（10亿美元）	350.80	292.41	256.40	244.25	194.72	171.74
联邦政府收入（10亿美元）	2 301.05	2 504.59	2 639.66	2 766.60	3 215.75	3 363.53
联邦政府支出（10亿美元）	3 777.67	4 009.86	4 029.90	3 953.09	3 906.97	4 010.59
联邦政府赤字（10亿美元）	1 476.62	1 505.27	1 390.24	1 186.49	691.22	647.06

资料来源：OECD database。

国会预算局的中长期预算报告还显示，如果保持现行法律不变，预算赤字将在未来30年内大幅度增长，从2017年的GDP的2.9%上升到2047年的9.8%，原因主要在于社会保障、主要医疗保健计划（主要是医疗保险）的大幅增长，支出增长的压力主要来自于人口老龄化导致的受益人数的增加。

五、政府债务

2008年金融危机爆发，之前新自由主义所倡导的宽松监管以及自由放任发展政策受到了打击，危机之后，美国政府采取了一系列的救助措施，对市场进行了有选择的干预。在财政政策上，主要包括一系列的增支，减税，大规模的金融救助以及三大改革措施等刺激美国经济复苏。例如奥巴马执政前期政府投入近500亿美元进行基础设施投资建设，为刺激消费而实行的200多亿美元的减税措施，实行总额高达5亿美元的综合金融援助计划等计划来刺激经济增长。此外，政府着力推动医保覆盖面扩大的医疗改革，以及调整传统能源应对气候变化的新政策使得政府不得不在面对税收减少的同时，也面临着政府支出的大幅增加，政府债务总额不断攀升。2011年标普对美国主权信用评级的下调，美国政府债务问题引起了全球范围的关注。在世界主要的126个国家中，美国债务绝对水平位居世界第一。表5-7为2012~2016年美国政府债务数额具体情况。

表5-7　　　　　　2012~2016年联邦政府债务数额

年份 项目	2012	2013	2014	2015	2016
联邦政府债务总额（10亿美元）	16 090.6	16 763.3	17 847.9	18 174.7	19 597.8
同比增长率（%）	8.79	4.18	6.47	1.83	7.83

续表

项目 \ 年份	2012	2013	2014	2015	2016
联邦政府债务总额/GDP（%）	99.60	100.43	102.62	100.77	105.54
政府账户持有（10亿美元）	4 791.9	4 757.2	5 039.3	5 026.9	5 395.7
政府账户持有所占比例（%）	29.78	28.38	28.23	27.66	27.53
政府账户/GDP（%）	29.66	28.50	28.97	27.87	29.06
公众持有（10亿美元）	11 298.8	12 006.1	12 808.7	13 147.9	14 202.1
公众持有所占比例（%）	70.22	71.62	71.77	72.34	72.47
公众持有/GDP（%）	69.94	71.93	73.64	72.90	76.48

资料来源：美国财政部。

就美国政府债务总额来看，2012~2016财年，联邦政府债务总额呈明显的上升趋势，除2015年同比1.83%增长率相比其他年份有所下降之外，整体保持增长率持续上涨的态势，并在2016年达到同比7.83%的增长率。就债务数额占GDP比例来看，2012年联邦政府负债占GDP的99.6%，除了2015年有所回落之外，此后基本保持稳步增长的趋势，截至2016年底，美国政府债务高达19.598万亿美元，占GDP比重105.54%，其中联邦政府账户持有债务5.396万亿美元，占GDP中比重29.06%；公众持有14.202万亿美元，占GDP76.48%；此外，就债务结构来看，美国政府债务总额中，公众持有债务（Public Debt）所占比例要明显高于政府账户持有债务，平均约占总额的71.68%，是美国联邦政府的绝对重要举债方式。近5年数据来看，这个比例总体仍然处于攀升状态，其中对美国来说，私人投资者是美国政府债务的主要持有者。事实上金融危机之后，风险较低的国债成为众多投资者为规避风险的首选。相较而言，美联储所持有的公共债务份额有所下滑。除此之外，债务结构也呈现出其他比较明显的特点，表5-8展示了2012~2016年美国联邦政府债务以债券种类为基准分类的债务数额。

表5-8　　　　　　2012~2016年联邦政府债务分类及规模

项目 \ 年份	2012	2013	2014	2015	2016
短期债券和票据（百万美元）	10 730 170	11 577 400	12 271 552	12 831 867	13 638 303
短期债券和票据所占比例（%）	95	97	96	98	96

续表

年份 项目	2012	2013	2014	2015	2016
长期债券（百万美元）	539 415	398 879	513 419	291 980	535 120
长期债券所占比例（％）	5	3	4	2	4
总额（百万美元）	16 090.6	16 763.3	17 847.9	18 174.7	19 597.8

资料来源：美国财政部。

其中短期债券和票据（Marketable Securities）以平均约96%的绝对贡献率是公众持有人购买政府债券的主要标的；而长期债券（Non-Marketable Securities）只占债务总额的3.6%（持有人多为政府基金账户）。其中，就短期债券和票据而言，近5年来到期日反映出目前债务期限短期化的特点。

考虑到国债成为目前众多投资者规避风险的投资选择，而由于通常情况下，债务期限越长，融资成本会越高，所以不难理解债务人倾向于选择短期融资。由表5-9可知，目前到期日一年之内以及1~5年内的债券（或票据）占绝大比率。就平均账龄来看，近5年美国联邦政府的债务平均账龄基本维持在一个较短的（5年左右）的水平。第二大类即以联邦政府账户持有的债务在政府债务总额中占比相对较小（约28.3%），且多持有的是长期债券（Non-Marketable Securities）。表5-11，表5-12为2012~2016每年联邦政府基金账户持有的长期债券（Non-Marketable Securities）数额最高的前5个政府账户。

总体来看，老年和存活者保险基金（Federal Old-Age and Survivors Insurance Trust Fund）债务数额所占比例最高，和联邦雇员退休基金，联邦医疗保险信托基金尽管有小幅度的波动，但仍然是债务规模最高的前三基金账户（见表5-10及表5-11）。

表5-9　2012~2016年私人投资者持有的公共债务到期日和账龄　　　单位：百万美元

	2012年	2013年	2014年	2015年	2016年
短期债券和票据总额	9 039 954	9 518 102	9 828 787	10 379 413	11 184 046
1年之内	2 896 780	2 939 037	2 931 581	2 922 734	3 321 283
1~5年	3 851 873	4 134 968	4 216 746	4 356 051	4 478 458

续表

	2012 年	2013 年	2014 年	2015 年	2016 年
5~10 年	1 487 726	1 647 954	1 813 563	2 084 293	2 219 048
10~20 年	270 921	230 758	223 276	184 306	167 666
20 年以上	532 654	565 384	643 620	832 030	997 590
平均账龄（月）	55	55	56	61	63

资料来源：美国财政部。

表 5-10 联邦政府基金账户持有债务数额（长期债券）最高前五（2012~2013 年）

	2012 年			2013 年	
排名	项目	比重（%）	排名	项目	比重（%）
1	老年和存活者保险基金	52.4	1	老年和存活者保险基金	55.3
2	联邦雇员退休基金	16.9	2	联邦雇员退休基金	15.2
3	联邦医疗保险信托基金	4.6	3	联邦医疗保险信托基金	4.3
4	联邦残障保险信托基金	2.7	4	联邦残障保险信托基金	2.1
5	联邦补充医疗保险信托基金	1.4	5	联邦补充医疗保险信托基金	1.4

资料来源：美国财政部。

表 5-11 联邦政府基金账户持有债务数额（长期债券）最高前五（2014~2016 年）

	2014 年			2015 年			2016 年	
排名	项目	比重（%）	排名	项目	比重（%）	排名	项目	比重（%）
1	老年和存活者保险基金	52.0	1	老年和存活者保险基金	55.2	1	老年和存活者保险基金	49.9
2	联邦雇员退休基金	16.5	2	联邦雇员退休基金	14.7	2	联邦雇员退休基金	15.6
3	联邦医疗保险信托基金	3.9	3	联邦医疗保险信托基金	3.9	3	联邦医疗保险信托基金	3.4
4	联邦残障保险信托基金	1.3	4	联邦补充医疗保险信托基金	1.3	4	存款保险基金	1.3
5	联邦补充医疗保险信托基金	1.3	5	存款保险基金	1.2	5	高速公路信托基金	1.2

资料来源：美国财政部。

债务扩张最直接的原因在于财政赤字的不断增加。美国经济结束扩张期后逐渐出现了衰退迹象，2008年金融危机之后，经济形势进一步下滑，为了刺激经济增长，政府采取了多次减税措施，加大投入各大基础设施建设，实施大规模的金融救助，以及扩大应对气候变化而对新能源项目的投入，为医疗改革而增加投入等。这些项目以及政策导致美国财政收入大幅度缩水，以及支出规模的扩大，从而财政赤字不断增加。而政府为了弥补赤字只能不断举债，所以政府债务规模不断攀升，持续扩张。此外，财政赤字虽然直接导致了政府债务规模的变化，但是更深层的原因是美国经济形势下滑，2012~2016年经济增长率分别为2.2%、1.7%、2.4%、2.6%和1.6%，较之金融危机后的时间段，确有复苏迹象，而就整体历史数据来看，仍然处于低位。经济增速放缓一方面导致财政收入的减少，另一方面政府为刺激经济又增加支出，双重作用下，债务规模攀升无可避免。在债务结构方面，公共债务规模远高于政府基金账户负债（以长期票据为主），而公共债务又严重依赖于短期债务。目前虽然美国政府的债务规模很高，而需支付的利息比例却没有过快上涨，因为美国政府依赖发行超低利息的短期债务来维持低融资成本。随着大量短期债务的到期，美国财政部又继续发行大量短期债券运营，所以尽管美国债务期限呈现短期化，但总规模并没有随着到期日缩短而缩水，反而降息带来的财政压力的减轻变相促进政府进一步发债。另外，美元的国际货币低位保证了美国国债不愁销路，如今美元占国际外汇的比重超过60%，美元的稳固地位使得美国政府可以依靠不断发新债去偿还旧债这种方式来维系其财政赤字规模。随着人口老龄化加剧，社会保障、医疗等基金账户将面临越来越大的支出压力，也会加剧未来政府债务规模的攀升。

六、政府间转移支付

美国联邦政府对州政府和地方政府提供转移支付，州政府也会向地方政府提供转移支付。本章主要介绍联邦对州和地方政府的转移支付。

在某些情况下，联邦政策制定者倾向于用政府间转移支付来鼓励州和地方政府优先采用联邦政策，大多数情况下则是委托州和地方政府履行本属于联邦政府的职能。对州和地方的转移支付有助于提高效率，因为州和地方政府更了解服务对象的情况和需求，这能更有效地实施计划，更符合成本效益原则。政府间转移支付也有助于鼓励州和地方政府实验创新，达到自下而上的改革，而这在单一制特别是财政集权的国家很难做到。联邦转移支出可以引导州和地方政府在人力资本（如教育）和实物资本（建筑物和其他基础设施）领域的投入，但如果州和地方政府不做出相应的决策跟进和调整，或者不能做出调整时，会部分抵消联邦转移支付的效果。

图 5-9 展示了 1980～2011 年政府间拨款占联邦政府支出以及 GDP 比重的变动情况。20 世纪 80 年代拨款的数额有所下降，但 90 年代以后在联邦支出和 GDP 中都有所增长。总体上说，联邦对州和地方政府的转移支付增长最多的部分是针对个人的转移支付，包括医疗补助、儿童健康保险计划（CHIP）、住房援助和贫困家庭临时救助（TANF）。这些计划是通过州和地方政府直接向这些受益人支付或通过向服务提供者支付的方式。

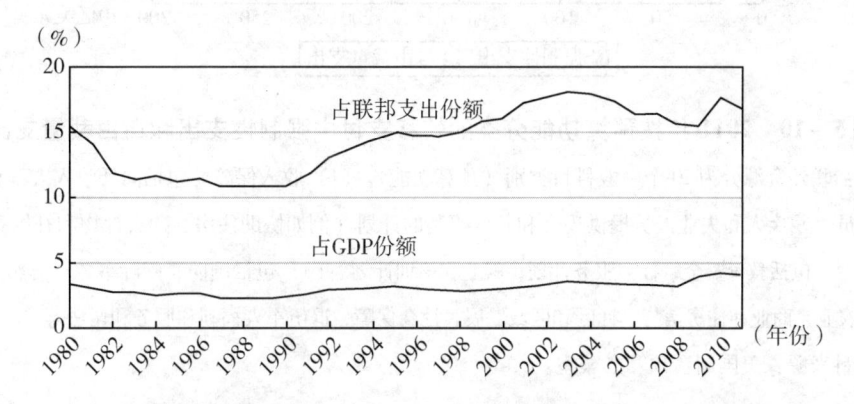

图 5-9　1980～2011 年联邦对州和地方转移支付占联邦支出份额以及 GDP 份额

注：上面这条线是联邦对州和地方转移支付占联邦全部支出的份额；下面这条线是联邦对州和地方转移支付占 GDP 的份额。

资料来源：美国国会预算办公室。

2009～2011 年，转移支付占 GDP 份额的增长归因于根据《2009 年美国复苏和再投资法案》（ARRA）及该法案的延伸规定向州和地方政府提供的拨款，用于支持和扩大教育、卫生、交通基础设施等方面的支出。截至 2013 年 1 月 18 日，2 640 亿美元的 ARRA 基金拨向了州和地方政府。

2011 财年，联邦政府向州和地方政府共提供了 6 060 亿美元的拨款，占联邦支出的 16.8%，占 GDP 的 4.1%。在全部转移支付资金中，2 930 亿美元用于健康计划，大约占 48%，其他 3 140 亿美元主要用于收入安全、教育和交通，约占 52%。自由裁量支出转移支付 2 350 亿美元，强制性支出转移支付 3 710 亿美元。健康计划转移支付基本属于强制性支出，即所谓的权益性支出或法定支出（见图 5-10）。强制性拨款支出大多数是开放式的，也就是说，有关机构根据授权立法规定的条件无限制地支付资金,医疗补助金属于该类别。有些强制性转移支付款项,例如贫困家庭临时援助(TANF),可能会受限于授权法规定的数额。自由裁量拨款资金的使用灵活性更加受到限制,需要在年度预算中经国会审批。

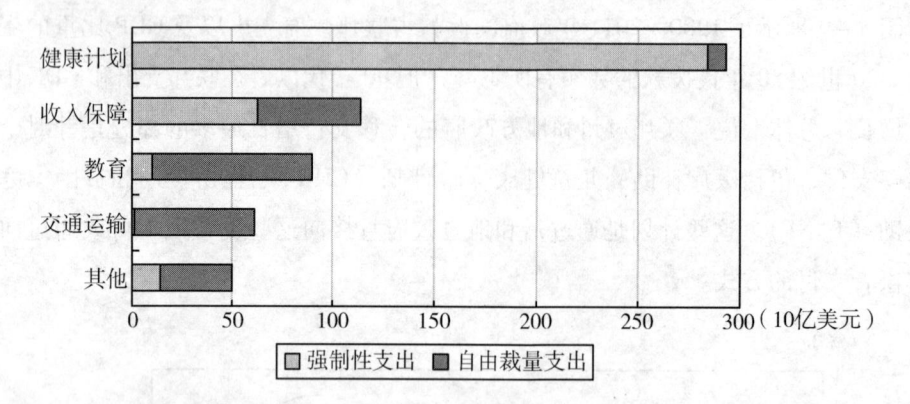

图 5-10　2011 年按预算功能分类的转移支付中强制性支出和自由裁量支出

注:联邦资源分为 20 个一般科目类别(预算功能)。(1)收入保障。包括向低收入人群和某些退休人员,残疾人和失业人员提供现金和其他福利的计划(例如协助住房,购买食物和补给费用)。(2)教育。包括教育资金,社会服务计划,就业和培训计划。(3)包括国防、国际事务、自然资源与环境、农业、商业和住房信贷、社区和区域发展、社会保障、退伍军人福利和服务和司法等。

资料来源:美国国会预算办公室。

七、施政方针与财政改革

财政政策是宏观经济政策的重要组成部分,它既是应对短期经济波动和调整经济周期的重要手段,在经济发展某些阶段也是提高经济长期增长率的重要方式美国的财政政策独立于货币政策,但历届政府在多年的实践当中创造了二者协调配合的模式。美国宏观调控的主要做法是根据世界经济的发展变化和本国的经济形势,综合运用财政和货币政策对经济进行调节,把财政政策作为长期调控手段,货币政策作为短期调控手段,并注重两种手段的灵活运用和综合协调。

自 2010 年以来,美国明显进入了战略收缩期。美联储从宽松政策转向紧缩政策,2013 年 12 月 18 日,美联储宣布将开始每月缩减资产购买,这是美联储开始从过去 10 年的货币宽松周期转向紧缩周期的标志性事件。财政政策也从绝对扩张转向到相对收缩。2016 年,奥巴马政府决心让"中产阶级经济学"继续发挥作用,其总统预算支持的领域集中在教育、产业增长与就业和社会福利三个部分。

（一）教育

根据研究表明对幼儿园阶段孩子的帮助所获得的收益远超投入的成本。预算将所有适龄儿童都纳入高品质的学前教育计划，成立一个联邦伙伴关系来为所有中低收入家庭的四岁孩子提供高质量的学前教育，联邦政府也为中产阶级家庭的孩子提供部分资助。预算金额为 75 000 万美元，比 2015 年高出 5 亿美元；为身患残疾的孩子提供 90 700 万美元来提供他们的学前教育，比 2015 年高出 11 500 万美元。此外还有 15 000 万美元，主要通过公私合营方式来运行，用于对自闭症患儿的早期诊断，并对他们可能出现的学习和发展障碍提供帮助。

预算投入 12 500 万美元对美国的高中进行重新设计，目标是建立一个注重科学、技术、工程和数学的高中，把深度教学和以学生为本结合起来。对学校的拨款比 2015 年增加了 5 000 万美元，达到了 55 600 万美元。48 个州和哥伦比亚特区提高了学习标准，未来的目标是增加家长、教师和社会的协作，共同帮助教育质量较差的学校。各个学区也在使用高速宽带网络方面取得了进展。

高等教育的进步主要体现在两个举措，即佩尔奖学金（Pell Grants）和两年社区大学免费。前者主要针对工薪和中产阶级家庭，最高奖励额度比上年增长了 1 000 多美元；后者主要是通过联邦政府对州政府提供专项补助（需要州政府资金匹配）弥补州政府放弃社区大学收费的损失。

（二）经济增长与就业

为了促进美国高端制造业的投资和就业，2016 年实现对 15 个制造技术研究所新投入 2.25 亿美元，研究所由先进企业、高校和非营利机构联合投资。为 R&D 提供了 146 亿美元，比 2015 年增加了 5.5%，主要用于能源部的基础研究和国家科学基金会、美国国立卫生研究院（NIH）生物医学研究、精密医学、农业、自然资源和环境。2015~2016 年，国家卫生研究基金对阿尔茨海默等疾病研究、抗生素耐药性、癌症和精准医疗计划的支出增长了 7%。培育风能、太阳能等清洁能源产业，减少经济活动对气候变化的影响。通过能源部的能源效率和再生能源办公室与企业、高校、国家实验室进行合作，对清洁能源项目的投入比上年增加了 8%。

（三）社会福利

通过支持工薪家庭，为梦想达到中产阶级的人创造机会，即"如果你辛勤工作,守规则,你就有机会成功"。主要包括:一是支持工薪家庭。在未来 10 年,将投资 820 亿美元为所有中低收入工薪家庭提供儿童保育(三岁及以下)。此外,2.66 亿美元将用于落实 2014 年通过的《儿童保育与发展固定拨款法》(*Child Care and Development Block Grant Act of* 2014)提供 20 亿美元鼓励州政府实施带薪休假措施(Paid Leave Partnership Initiative)。其他支持措施还包括支持各州提高最低工资标准和放松对房贷的限制等措施。二是加强退休保障。美国有 7 800 万在职雇员没有建立退休储蓄计划,大约占劳动力市场的一半。为此,预算致力于拓宽退休保障的途径。为了更好地支持州在退休储蓄方面的努力,劳动部(DOL)单独出资 6 500 万美元,允许州补充个人退休储蓄。三是提供机会公平与促进阶层流动。比如对州和社区提供专项财政补助,主要用于改善教育,以及改善社区环境和服务能力。除了以上几个部分的政策支持,奥巴马政府还在以下方面作出了尝试:将石油公司缴纳的费用用于支持自动驾驶、高速铁路技术的研究;改革商业税体系,鼓励创新和创造岗位;保护环境,减少气候变化带来的自然灾害对居民的伤害;提供新的工作岗位,新的行业,对世界的新的认知。

(四) 特朗普政府主要财政政策及其影响

特朗普当选后将实行前所未有的减税政策、加码基建投资、贸易保护、开放国内资源限制等一系列政策。特朗普的主要政策主张包括:

税收方面:国内全面减税,将联邦个人收入所得税率由目前的七档简化为三档,并提议废除遗产税。并对进口产品征收边境税。

就业方面:承诺把流向海外的制造业就业机会重新带回美国,主张将最高联邦企业所得税率从目前的 35% 降低至 15%,主张逐步废除现存的损害就业的监管规定,承诺重振美国煤炭行业,大力发展石油和天然气等传统能源。

贸易方面:承诺将就北美自贸协定重新进行谈判,反对 TPP,将加强贸易执法,对进行"不公平倾销和补贴"的国家征收惩罚性关税。

移民方面:承诺美国境内非法移民不会获得合法公民身份,还承诺将废除奥巴马 2014 年颁布的有关移民改革的行政令。

对外政策:特朗普将自己的外交政策核心思想归纳为"美国第一",即将美国人民和美国安全的利益放置首位。特朗普新政对中国乃至世界的货币政策和财政政策、经济与金融都有不可忽视的影响。

1. 可能对全球经济的影响

首先,主要发达国家货币政策背离加大,货币市场波动加大。美国货币政策收紧，强势美元，美联储在今年继续加息，与此同时，日本央行、欧洲央行仍然在零利率和负利率，主要发达国家货币政策的背离在加大，货币市场美元走强，几乎所有其他货币走弱。其次，特朗普货币政策倾向和市场对美联储基础利率预期差距的调整，会引起全球资产再配置。过去几年里，市场一直不认同美联储的利率公告，认为利率水平会维持在低位。确实，美联储的利率变化总是落在市场的后面。特朗普当选改变了市场预期，市场预期开始向美联储的利率公告靠拢，由此改变了金融市场的风险溢价，全球金融资产都会重新配置，金融市场的波动不可避免。最后，美国经济增长可能波动，从而影响全球经济。特朗普提出的经济政策对全球经济金融最大的影响是不确定性。他提出的目标和政策，至今为止世界仍然不知道他如何实施其政策，包括运用的工具和渠道。在技术层面上，政策协调利率、汇率、出口、进口、财政和债务一致性不是容易的事，美元和美国经济增长都会波动。由此特朗普的经济政策的不确定性是对世界经济金融的最大影响，2017年全球经济和金融市场的波动也必然会加大。

2. 可能对中国经济的影响

首先是经济增长趋势放缓。中国经济短期企稳，但仍要应对宏观经济可能出现的下行压力。特朗普在贸易、汇率、产业政策、政治和军事等方面给予中国的压力可能是全方位的，而且特朗普政策的可预测性太差，这也可能影响到中国宏观政策的选择。其次在出口方面，特朗普主张退出TPP虽然带来了中国出口的新机遇，但特朗普同时主张的贸易壁垒、通过税收政策使企业流回美国等也预示着全球贸易保护抬头，这对中国的出口无疑是巨大的打击。在进口方面，随着中国经济企稳，供给侧改革、去产能的加速推进，中国对商品材料的进口依赖性加大，进口需求有所增加。在从人民币汇率来看，受特朗普大规模的财政刺激、扩大基建、放开国内能源限制等政策的影响，预计美联储加息节奏将有所加快。2017年人民币对美元汇率贬值是大概率事件，但在欧央行缩减货币政策、党的十九大召开相关改革出台带动下，人民币有望出现一定规模的反弹。

主要参考文献

[1] Treasury, U.S. Financial Report of the United States Government (2012–2016).

[2] Alan Cole. Details and Analysis of the Donald Trump Tax ReformPlan [J/OL]. https://files.taxfoundation.org/legacy/docs/TaxFoundation_FF528_FINAL3.pdf, 2016, 09.

[3] Treasury, U.S. Interactive Database, Bureau of Economic Analysis/ https://www.bea.gov/itable/index.cfm.

[4] Congressional Budget Office, U.S. The Budget and Economic Outlook/https：//www.cbo.gov/.

[5] Organization for Economic Co-operation and Development Database/ the United States/https：//data.oecd.org/.

[6] 2016 Tax Policies of Major President Candidates [J], Wolters Kluwer Special Briefing, August 12, 2016.

[7] 陶冶：《特朗普税改方案落地在即》，载于《金融时报》2017年1月5日。

[8] 莫开伟：《中国对特朗普经济组合拳应未雨绸缪》，载于《证券时报》2017年1月10日。

[9] 李皓宇：《特朗普将美国经济引向何方》，载于《中国金融家》2016年第11期。

[10] 刘尚希：《减税和减税的逻辑》，载于《中国财经报》2016第6期。

第六章
加拿大

加拿大国土面积998万平方公里，居世界第二位。截至2017年1月，加拿大人口3 650万人，英语和法语同为官方语言。加拿大是西方七大工业国之一，制造业、高科技产业、服务业发达，资源工业、初级制造业和农业是国民经济的主要支柱。加拿大以贸易立国，经济上受美国影响较深，对外贸依赖严重。主要出口汽车及零配件、其他工业制品、林产品、金属、能源产品等；主要进口机械设备、汽车及零配件、工业材料、食品等。主要贸易对象是美国、中国、日本、欧盟国家。①

一、经济概况

据国际货币基金组织数据，② 2016年加拿大国内生产总值（GDP）为17 955亿加元，人均国内生产总值为49 270加元，GDP增长率为1.4%，失业率为7.0%。截至2017年1月，加拿大外汇储备为823.24亿美元，加拿大政府自2016年3月起不再储备黄金。联邦债务总额约6 358.97亿加元。2016年对外商品贸易额为10 686.5亿加元，出口额降低0.7%，进口额基本持平。2016年对美出口额占加拿大出口总额的75.2%，对中国出口额占加拿大出口总额的4.2%；自美国进口额占加拿大进口总额的

---

① 中国外交部：《加拿大国家概况》，中国外交部网站，2017年8月。
② Canada：2017 Article IV Consultation-Press Release and ataff Report，July 13，2017 Country Report No·17/210，http：//www.imf.org/en/publicatims/CR/Issues/2017/07/13/Canada - 2017 - Article-IV-Consultation-Press-Release-and-Staff-Report -45074。

65.7%，自中国进口额占加进口总额的6.8%。截至2015年底，加拿大直接海外投资总额为10 052亿加元，外国在加拿大直接投资7 684亿加元。加拿大2016年军费支出为186亿加元，约占当年国内生产总值1%。作为原油生产国和净出口国，持续疲软的全球需求和整个2015年及2016年年初的低油价对加拿大经济造成负面影响。2015年油气部门削减了30%~40%的资本支出，以巩固利润率，还进行了重大人员削减。2015年非能源部门经济活动比2014年稍慢，但增长仍相当有力。加拿大实际GDP增长从2014年的2.5%下降至2015年的1.1%，是2008年经济危机以来最慢的。

加拿大2016年预算中估计的一些经济前景风险已成为现实，如美国持续的令人失望的增长，连带造成对加拿大出口的负面影响；再如与低油价相关调整的持续挑战，对国内商业投资的抑制作用；其他的还有与英国脱欧相关的风险。1994年以来，加拿大以私营部门的平均预测用作财政计划的基础。在《2016年秋季经济报告》中私营部门预测者再次下调了加拿大平均实际GDP增长前景，并预计低且变动的GDP增长会成为新常态，经济前景的下调导致了政府财政前景的相应下调。加拿大《2016年秋季经济报告》中对经济主要参数的预测如表6-1所示。

表6-1 《2016年秋季经济报告》经济预测

项目 \ 年份	2016	2017	2018	2019	2020	2021	2016~2020平均
实际GDP增长（%）							
2016年预算	1.4	2.2	2.2	2.0	1.9	—	1.9
2016年秋季经济报告	1.2	2.0	1.8	1.8	1.8	1.9	1.7
GDP通胀（%）							
2016年预算	0.9	2.4	2.1	2.1	2.1	—	1.9
2016年秋季经济报告	0.6	2.2	1.8	2.1	2.0	2.1	1.8
名义GDP增长（%）							
2016年预算	2.3	4.6	4.3	4.2	4.1	—	3.9
2016年秋季经济报告	1.8	4.3	3.7	4.0	3.9	4.0	3.5
名义GDP水平（10亿加元）（%）							
2016年预算	2 029	2 122	2 213	2 305	2 399	—	
2016年秋季经济报告	2 019	2 106	2 183	2 271	2 359	2 454	
2016年预算和2016年秋季经济报告的差额	-10	-16	-30	-35	-40		-26
3个月国库券利率（%）							
2016年预算	0.5	0.7	1.6	2.4	2.7		1.6

续表

项目 \ 年份	2016	2017	2018	2019	2020	2021	2016~2020平均
2016年秋季经济报告	0.5	0.6	1.0	1.6	1.9	2.4	1.1
10年期政府债券利率（%）							
2016年预算	1.6	2.3	3.0	3.4	3.6	—	2.8
2016年秋季经济报告	1.2	1.6	2.1	2.5	2.8	3.3	2.0
汇率（美分/1加元）（%）							
2016年预算	72.1	75.9	79.1	81.5	83.1	—	78.3
2016年秋季经济报告	75.8	77.6	79.5	80.2	81.7	83.2	79.0
失业率（%）							
2016年预算	7.1	6.9	6.5	6.4	6.3	—	6.6
2016年秋季经济报告	7.0	6.9	6.8	6.7	6.5	6.2	6.8
消费物价指数通胀（%）							
2016年预算	1.6	2.0	2.0	2.0	2.0	—	1.9
2016年秋季经济报告	1.6	2.1	1.9	2.0	1.9	2.0	1.9
美国实际GDP增长（%）							
2016年预算	2.3	2.4	2.4	2.2	2.1	—	2.3
2016年秋季经济报告	1.6	2.2	2.0	2.0	2.0	2.1	1.9
WTI（西得克萨斯中质）（%）原油价格（美元/每桶）							
2016年预算	40	52	59	63	63	—	56
2016年秋季经济报告	44	54	57	59	60	65	55

资料来源：加拿大财政部2016年2月和9月对私营部门经济学家的调查、加拿大统计局。

从《2015~2016财年加拿大联邦政府年度财务报告》中提供的实际收支数字来看，加拿大近期财政状况较好。2014~2015财年为预算盈余19亿加元，占GDP比例为0.1%；2015~2016财年为预算赤字10亿加元，占GDP比例为0.0%。截至2016年3月31日，联邦债务（总资产与总负债的差额）为6 160亿加元，联邦债务与GDP比率为31.1%，比上年稍有上升。国际货币基金组织（IMF）报告称加拿大全国政府净债务（包括联邦、省/领地和市级政府的净债务，以及加拿大养老金计划和魁北克养老金计划持有的净资产）与GDP比率，2015年为26.7%。在G7国家中是最低的，IMF预计2015年G7国家平均净债务与GDP比率为创纪录的83.0%。

二、政府支出

(一) 联邦政府 2015~2016 财年支出

加拿大联邦政府支出包括项目支出和公共债务支出。2015~2016 财年，联邦政府支出达 2 964 亿加元，比 2014~2015 财年增加了 160 亿加元，增长了 5.7%。对个人的主要转移支付（老龄、就业保险和儿童福利）和对政府其他层级的主要转移支付（加拿大医疗转移支付、加拿大社会转移支付、财政安排、燃油税基金转移支付和其他转移支付）是 2015~2016 财年最大的两项支出，分别占总支出的 28.0% 和 22.2%。项目支出的其他元素（其他转付、皇冠公司[①]支出、部门和机构的运营支出）构成政府直接项目支出。2015~2016 财年，除国防外的政府部门和机构运营支出，占总支出的 17.0%。运营支出包括诸如工资和福利等科目，设施设备摊销，以及供应。国防的运营支出占支出的 9.6%。2015~2016 财年的其他转移支付，包括给土著居民、援助农场主、学生和企业、支持研究和开发，以及援外和国际援助的转移支付，占总支出的 11.8%。皇冠公司支出占总支出的 2.8%。2015~2016 财年的公共债务支出占总支出的 8.6%。这相较 20 世纪 90 年代中期的峰值，下降了近 30%，当时公共债务支出是支出的最大部分（见表 6-2）。

表 6-2　　　　加拿大 2015~2016 财年支出结构

序号	支出类别	占总支出比例（%）
1	对个人的主要转移支付	28.0
2	对政府其他层级的主要转移支付	22.2
3	部门和机构的运营支出（不包括国防）	17.0
4	其他转移支付	11.8
5	国防	9.6
6	公共债务支出	8.6
7	皇冠公司（国有企业）	2.8

资料来源：加拿大公共账户。

---

① 加拿大的国有企业称为皇冠公司，分为企业皇冠公司和综合皇冠公司两种。企业皇冠公司是政府商业企业的一种，被定义为不依赖议会拨款，其主要活动和收入来源是向第三方销售商品和服务。综合皇冠公司是主要收入来源依赖政府资金，并被政府控制的国有企业，如一些博物馆等。

2015~2016 财年项目支出达 2 708 亿加元，较 2014~2015 财年增加了 170 亿加元，增长了 6.7%。其中对个人主要转移支付增加了 64 亿加元，增长了 8.4%。老龄福利包括老年保障金、保证收入补助、津贴支付。2015~2016 财年全部老龄福利增加了 14 亿加元，增长率 3.1%，反映了老龄人口的增长以及与福利完全挂钩的消费价格的变化。就业保险福利包括日常福利，特别福利（疾病、产妇、父母、领养和捕鱼）和轮岗制合约。2015~2016 财年全部就业保险福利比上年增加了 14 亿加元，增长率 7.6%，反映了由劳动力市场状况恶化造成的更高的平均日常福利。儿童福利包括加拿大儿童税收福利和一般儿童保健福利，增加了 37 亿加元，增长率 26.0%，主要由于 2015 年一般儿童保健福利的扩展和增强。

对其他层级政府的主要转移支付包括加拿大医疗转移支付（CHT）、加拿大社会转移支付（CST）、财政安排（均等化转移支付、对领地的转移支付、一些较小的转移支付项目和魁北克减税）、燃油税基金转移支付和其他转移支付。2015~2016 财年这些转移支付增加了 27 亿加元，比上一财年增长了 4.3%。加拿大医疗转移支付和加拿大社会转移支付，是大块头的转移支付，支持医疗保健、中学后教育、社会援助和社会服务，包括早教开发。这些项目以给省和领地现金及税款转让的方式提供支持。2015~2016 财年支持医疗和其他社会项目的转移支付增加了 23 亿加元，反映了法定的增长。2015~2016 财年财政安排下的总授权增加了 6 亿加元，主要由于均等化转移支付和领地公式化财务支付的法定增长。燃油税基金转移支付与上年持平，为 20 亿加元。其他转移支付减少 2 亿加元，反映了 2014~2015 财年对省和领地有关合作资本市场监管体系设立的支付。

直接项目支出是不包括在对个人主要转移支付和对其他层级政府主要转移支付之中的对个人和其他组织的转移支付。而其他直接支出，由国防、其他部门和机构运营支出和皇冠公司支出组成。2015~2016 财年直接项目支出增加了 78 亿加元，增长了 6.8%。其中其他转付减少了 3 亿加元，下降了 0.7%；其他直接项目支出增加了 81 亿加元，较上年增长 10.2%。其他直接项目支出中，皇冠公司支出增加了 8 亿加元，较上年增长 10.1%，主要由于加拿大商业公司商业交易的增长。国防支出增加了 49 亿加元，较上年增长 20.5%，主要反映了 2015~2016 财年对《退伍军人未来福利计划》做出的修正案的权责发生影响。所有其他部门和机构支出增加了 25 亿加元，较上年增长 5.1%，反映了基于政府最新精算估值的养老金和其他未来福利费用的增长，以及 2015~2016 财年有关应收税款划减的创纪录一次性支出。

公共债务支出减少 10 亿加元，下降了 3.8%，2015~2016 财年为 256 亿加元，反映了附息债务存量的平均实际利率的降低。公共债务支出占收入的百分比近年来下降,从 1990~1991 财年的峰值 37.6% 降至 2015~2016 财年的 8.7%。这意味着,2015~2016 财年,政府花费大约 1 加元收入中的 9 分用于公共债务利息(见表 6-3)。

表 6-3　加拿大联邦政府 2015/2016 财年实际支出

	2014/2015 财年	2015/2016 财年	净变动	增长率(%)
1. 对个人主要转移支付(百万加元)				
老龄福利	44 103	45 461	1 358	3.1
就业保险福利	18 052	19 419	1 367	7.6
儿童福利	14 303	18 025	3 722	26.0
合计	76 458	82 905	6 447	8.4
2. 对其他层级政府主要转移支付(百万加元)				
支持医疗和其他社会项目	44 696	46 984	2 288	5.1
财政安排	16 271	16 893	622	3.8
燃油税基金	1 973	1 973	0	0.0
其他转移支付	169	0	-169	n/a①
合计	63 109	65 850	2 741	4.3
3. 直接项目支出(百万加元)				
其他转付②	35 126	34 874	-252	-0.7
其他直接项目支出				
皇冠公司	7 590	8 358	768	10.1
国防	23 669	28 519	4 850	20.5
所有其他部门和机构	47 889	50 339	2 450	5.1
其他直接项目支出合计	79 148	87 216	8 068	10.2
合计	114 274	122 090	7 816	6.8
项目支出合计	253 841	270 845	17 004	6.7
公共债务支出	26 594	25 595	-999	-3.8
总计支出	280 435	296 440	16 005	5.7

资料来源:《2015~2016 财年加拿大联邦政府财务报告》。

① n/a 是英语"不适用"(Not applicable),表示对本栏目不适用。
② 其他转付为各部门和机构管理的转移支付。

(二)《2016 年秋季经济报告》中对联邦政府支出的展望

2016/2017 财年个人的主要转移支付预测比 2016 预算的降低，因为 2015/2016 财年结果好于预期。预测期剩余年份的预测升高，因经济展望较弱导致就业保险和养老保险福利以及加拿大儿童福利（CCB）升高。此外，2020 年开始将加拿大儿童福利与通胀挂钩的政策，相对于 2020/2021 财年开始的预算预测的福利会升高。对其他政府层级的主要转移支付近期内基本不变，但预测期的最后一年低于 2016 年预算的预测，是由于与加拿大医疗转移支付和均衡转移支付挂钩的名义 GDP 增长展望较弱。

与 2016 年预算相比，直接项目支出预计 2016/2017 财年将基本保持不变，但预测期剩余年份预计会升高，主要由于与员工未来福利相关的预计费用升高。公共债务支出预期比 2016 年预算预测降低，主要是由于预测利率降低。表 6-4 提供了主要部分项目支出的预测总览，项目支出由对个人的主要转移支付、对其他政府层级的主要转移支付、直接项目支出组成。

表 6-4　加拿大《2016 年秋季经济报告》支出展望　　单位：10 亿加元

	实际	预测					
	2015/2016 财年	2016/2017 财年	2017/2018 财年	2018/2019 财年	2019/2020 财年	2020/2021 财年	2021/2022 财年
对个人主要转移支付							
老龄福利	45.5	48.4	51.2	54.1	57.1	60.3	63.9
就业保险福利	19.4	21.0	21.8	21.8	22.2	22.6	22.9
儿童福利	18.0	21.8	22.9	22.6	22.4	22.6	23.1
合计	82.9	91.2	95.9	98.5	101.7	105.6	109.8
对政府其他层级主要转移支付							
加拿大医疗转移支付	34.0	36.1	37.1	38.4	39.9	41.4	43.1
加拿大社会转移支付	13.0	13.3	13.7	14.2	14.6	15.0	15.5
均等化转移支付	17.3	17.9	18.3	18.9	19.6	20.4	21.2

续表

	实际	预测					
	2015/2016 财年	2016/2017 财年	2017/2018 财年	2018/2019 财年	2019/2020 财年	2020/2021 财年	2021/2022 财年
领地公式化财务支付	3.6	3.6	3.7	3.8	3.9	4.0	4.1
燃油税基金	2.0	2.1	2.1	2.2	2.2	2.2	2.2
其他财政安排	-4.0	-4.5	-4.8	-5.0	-5.3	-5.5	-5.8
合计	65.9	68.5	70.2	72.4	74.9	77.4	80.2
直接项目支出							
转付（部门管理）	34.9	41.7	45.7	46.8	45.0	46.5	48.9
资本摊销	4.7	5.4	5.8	6.1	6.3	6.5	6.7
运营支出	82.5	84.6	88.9	89.5	89.4	90.0	90.9
合计	122.1	131.6	140.4	142.3	140.6	143.0	146.5
项目支出合计	270.8	291.3	306.5	313.2	317.2	326.0	336.5
占GDP百分比							
对个人主要转移支付	4.2	4.5	4.6	4.5	4.5	4.5	4.5
对政府其他层级主要转移支付	3.3	3.4	3.3	3.3	3.3	3.3	3.3
直接项目支出	6.2	6.5	6.7	6.5	6.2	6.1	6.0
项目支出合计	13.7	14.4	14.6	14.3	14.0	13.8	13.7

注：（1）就业保险福利包括常规就业保险福利，疾病、产假、育儿、家人照顾，渔业和轮岗制福利，以及雇员福利和支持措施。这些占就业保险项目支出的90%。剩余的就业保险费用主要和管理有关，是运营支出的一部分。（2）燃油税基金是社区改善基金的组成部分。（3）其他财政安排包括青年津贴恢复；常设项目的替代支付，代表在魁北克恢复税点转让、法定补贴；2005海外协议下的支付；为可偿还贷款规定条件；与常设证券监管机构相关的付款；关于2015/2016财年给艾尔伯塔省和纽芬兰和拉布拉多省推进财政稳定付款。

对个人的主要转移支付预测从2016/2017财年的912亿加元，到2021/2022财年增至1 098亿加元。老龄福利，包括老年保障金（给65岁以上老人定期发放的）、保证收入补助，以及对符合条件老年人发放的津贴，预测从2016/2017财年的484亿加元增长至2021/2022财年的639亿加元，或大约每年增长5.7%。老龄福利预期的增长是基于挂钩的消费者物价指数、老年人口增长等因素。2016/2017财年就业保险福利预计增长8.2%，达到210亿加元。预测期的剩余年份就业保险福利预测温和增长，年均增长1.7%。儿童福利预测从2016/2017财年的218亿加元升至

2021/2022 财年的 231 亿加元，反映了 2016 年 7 月生效的新加拿大儿童福利，其替代了加拿大儿童税收福利和普遍托儿补贴。预测期最后两年的强劲增长是由于该福利从 2020/2021 财年开始指数化（挂钩）。

对其他政府层级的主要转移支付，预测从 2016/2017 财年的 685 亿加元升至 2021/2022 财年的 802 亿加元。加拿大医疗转移支付预测从 2016/2017 财年的 361 亿加元增至 2021/2022 财年的 431 亿加元。从 2017/2018 财年开始，加拿大医疗转移支付将按照名义 GDP 增长的 3 年移动平均数增长，资金担保每年至少增长 3.0%。加拿大社会转移支付立法规定每年增长 3.0%。燃油税基金支付的指数为每年 2.0%，按 1 亿加元的增量增加。直接项目支出预测 2016/2017 财年增至 1 316 亿加元，到 2021/2022 财年进一步增至 1 465 亿加元。直接项目支出包括运营支出、由部门管理的转移支付以及资本摊销。直接项目支出的预测增长是由各部门管理的转移支付的增长驱动的，包括给省级、市级和原住民政府，以及高等教育机构的基础设施投资，还有教育经费。部门管理的转付预测从 2016/2017 财年的 417 亿加元增至 2021/2022 财年的 489 亿加元。运营支出反映了超过 100 个政府部门和机构开展业务的费用，运营支出预测从 2016/2017 财年的 846 亿加元增至 2021/2022 财年的 909 亿加元。资本摊销预期从 2016/2017 财年的 54 亿加元增至 2021/2022 财年的 67 亿加元。

三、政府收入

（一）联邦政府 2015/2016 财年收入

2015/2016 财年的收入总计为 2 955 亿加元，比 2014/2015 财年增加 131 亿加元，增长率为 4.6%，反映了除其他收入外的所有收入流的增长。联邦收入的最大来源是个人所得税，2015/2016 财年占总收入的 49.0%。第二大来源是企业所得税，占 14.0%。商品和服务税（GST）占 11.2%，其他税费占 5.7%。就业保险（EI）保费收入贡献了收入的 7.8%，非居民所得税收入占 2.2%。其他收入，包括企业皇冠公司的净利润、综合皇冠公司收入、商品和服务销售收入、投资回报、净外汇收入及杂项收入，为 2015/2016 财年收入贡献了 10.1%（见表 6-5）。

表6-5　　　　　　　　　　2015/2016 财年收入结构

序号	收入类别	占总收入比例（%）
1	个人所得税	49.0
2	企业所得税	14.0
3	商品和服务税（GST）	11.2
4	其他收入	10.1
5	就业保险保费收入	7.8
6	其他税费（除GST外）	5.7
7	非居民所得税	2.2

资料来源：加拿大公共账户。

个人所得税收入增加了9 154百万加元，增长率6.7%，反映了高收入个人赶在2016年新33%税率生效前，在2015税收年度确认收入的税收筹划。企业所得税收入增加了1 997百万加元，增长率5.1%，资源部门的疲弱大大抵消了其他经济部门企业所得的增长。非居民所得税收入增加了289百万加元，增长4.6%。其他税费增加2 623百万加元，增长了5.6%。2015/2016财年商品和服务税收入增长了1 603百万加元，增长率5.1%。能源税增加了3 700百万加元，增长率0.7%。进口关税增加了791百万加元，增长率17.3%，反映了强劲进口增长以及2015年1月1日生效的加拿大一般优惠关税制度下，某些国家优惠的取消。其他消费税费增加了192百万加元，增长率3.4%。就业保险保费收入增加了506百万加元，增长率2.2%。2015/2016财年其他收入下降了15亿加元，下降幅度4.7%，主要由于皇冠公司收入降低，包括加拿大按揭及房屋公司（CMHC）、加拿大出口发展公司、加拿大农业信贷公司净收入下降。2015/2016财年收入占GDP比率为14.9%，2014/2015财年为14.3%（见表6-6）。

表6-6　　　　　　加拿大联邦政府2015/2016 财年实际收入

	2014/2015 财年	2015/2016 财年	净变动	增长率（%）
税收收入（百万加元）				
所得税（百万加元）				
个人	135 743	144 897	9 154	6.7
企业	39 447	41 444	1 997	5.1

续表

	2014/2015 财年	2015/2016 财年	净变动	增长率（%）
非居民	6 216	6 505	289	4.6
合计	181 406	192 846	11 440	6.3
其他税费（百万加元）				
商品和服务税	31 349	32 952	1 603	5.1
能源税	5 528	5 565	37	0.7
海关进口关税	4 581	5 372	791	17.3
其他消费税费	5 724	5 916	192	3.4
合计	47 182	49 805	2 623	5.6
总税收收入	228 588	242 651	14 063	6.2
就业保险保费收入	22 564	23 070	506	2.2
其他收入（百万加元）				
皇冠公司	13 480	12 460	1 020	7.6
其他项目	16 359	14 950	1 409	8.6
净外汇	1 355	2 322	967	71.4
合计	31 194	29 732	1 462	4.7
总收入	282 346	295 453	13 107	4.6

资料来源：《2015/2016 财年加拿大联邦政府财务报告》。

（二）《2016 年秋季经济报告》中对联邦政府收入的展望

预算收入预计 2016/2017 财年下降 1.5%，反映了个人所得税收入和其他收入的降低，包括皇冠公司。预测期的剩余年份，收入预计平均年增长率为 4.1%，大体上跟预测的名义 GDP 增长一致。

个人所得税收入，预测 2016/2017 财年下降 12 亿加元，比上年下降 0.8%，降至 1 437 亿加元。2016/2017 财年的下降主要是反映了高收入者的纳税筹划的影响，即在 2016 年 33% 的新税率生效前，在 2015 纳税年度确认收入。这种行为使 2015/2016 财年收入增加，但 2016/2017 财年收入下降。预测期的剩余年份，个人所得税收入增长预测快于名义 GDP 的增长，年均 4.7%，结合预测的实际所得收益，反映了所得税体系的累进性质。企业所得税收入因企业利润较弱，预测 2016/2017 财年保持不变，为 414 亿加元。预测期的剩余年份，企业所得税收入预测年均增长率为

3.2%，低于名义 GDP 增长率。

非居民所得税收入是非居民就加拿大来源的收入缴纳的所得税，特别是股息和利息。2016/2017 财年，非居民所得税收入预测下降 2 亿加元，下降幅度 3.1%。预测期的剩余年份，预测年均增长率为 3.9%。2016/2017 财年的商品和服务税（GST）收入预测增长 1.7%。预测期的剩余年份，GST 收入预测年均增长 3.9%。2016/2017 财年海关进口关税预测下降 4.4%，2017/2018 财年下降 11.3%，反映了计划推出《加拿大—欧盟综合经贸协定》，以及可能推出跨太平洋伙伴关系（TPP）的影响。预测期的剩余年份，海关进口关税年均增长预测为 2.2%。2016/2017 财年其他消费税费预测增长 0.8%，预测期的剩余年份，年均增长率为 0.5%。

2016/2017 财年就业保险保费收入预测下降 3.1%，2017/2018 财年下降 5.0%，这是由于 2017 年推出 7 年保本机制。基于新的就业保险利率制定程序，2017 年就业保险保费率被定为可保收入的 1.63%，比 2016 年的 1.88% 有重大下降。2018 年的 7 年盈亏平衡率估算为可保收入的 1.66%。为财政规划的目的，将 1.66% 的就业保险保费率应用于预测期的剩余年份，就业保险运营账户到 2024 年能够实现累计平衡。就业保险保费收入有望在 2018/2019 财年恢复上升趋势。

其他收入包括 3 部分，综合皇冠公司收入、企业皇冠公司净所得、其他项目收入。皇冠公司收入趋于不稳定，是由于来自企业皇冠公司的净损益，以及皇冠借款偿还的影响。例如，2015/2016 财年，通过加拿大发展投资公司销售政府持有的剩余通用汽车普通股，实现了 21 亿加元的一次性财政收益。2016/2017 财年，皇冠公司收入预测下降 18.6%，在很大程度上源于该收益。在预测期的剩余年份，皇冠公司收入预测年均增长率为 5.6%。其他项目收入受利率变动、汇率变动的影响，2016/2017 财年预测增加 3 亿加元，或 2.2%。预测期的剩余年份，其他项目收入预测年均增长率为 5.0%，主要是预测利息上调的结果。外汇净收入，主要由外汇基金账户持有的投资回报组成，不太稳定并对外汇汇率和国外利率的波动敏感。2016/2017 财年外汇收入预期下降，主要由于 2015/2016 财年出售外汇基金账户投资，未预期的显著一次性收益。预测期的剩余年份，净外汇收入预测年均增长 13.6%，反映了私营部门预测利率上升和加元升值（见表 6-7）。

表6-7　　　　　加拿大《2016年秋季经济报告》收入展望　　　单位：10亿加元

	实际	预测					
	2015/2016财年	2016/2017财年	2017/2018财年	2018/2019财年	2019/2020财年	2020/2021财年	2021/2022财年
所得税							
个人所得税	144.9	143.7	153.2	158.7	165.8	173.4	180.9
企业所得税	41.4	41.4	41.7	42.3	44.1	46.1	48.6
非居民所得税	6.5	6.3	6.6	6.8	7.0	7.3	7.6
所得税合计	192.8	191.4	201.4	207.7	216.9	226.7	237.1
消费税/费							
商品和服务税	33.0	33.5	35.1	36.1	37.4	38.9	40.5
海关进口关税	5.4	5.1	4.6	4.6	4.7	4.8	5.0
其他消费税/费	11.5	11.6	11.7	11.8	11.8	11.9	11.9
消费税/费合计	49.8	50.2	51.4	52.5	54.0	55.6	57.4
总税收收入	242.7	241.6	252.8	260.3	270.9	282.3	294.5
就业保险保费收入	23.1	22.3	21.2	22.1	22.8	23.7	24.6
其他收入							
皇冠公司	12.5	10.1	11.4	11.8	12.3	12.4	13.3
其他项目	15.0	15.3	16.1	17.0	17.7	18.4	19.5
净外汇收入	2.3	1.7	1.8	2.0	2.3	2.7	3.2
其他收入总额	29.7	27.1	29.2	30.8	32.4	33.4	35.9
预算收入总额	295.5	291.1	303.3	313.2	326.2	339.5	355.0
占GDP百分比							
个人所得税	7.3	7.1	7.3	7.3	7.3	7.3	7.4
企业所得税	2.1	2.1	2.0	1.9	1.9	2.0	2.0
商品和服务税	1.7	1.7	1.7	1.7	1.6	1.6	1.7
总税收收入	12.2	12.0	12.0	11.9	11.9	12.0	12.0
就业保险保费收入	1.2	1.1	1.0	1.0	1.0	1.0	1.0
其他收入	1.5	1.3	1.4	1.4	1.4	1.4	1.5
预算收入总额	14.9	14.4	14.4	14.3	14.4	14.4	14.5

四、政府盈余/赤字

(一) 联邦政府 2015/2016 财年政府盈余/赤字

加拿大联邦政府 2015/2016 财年的收入比 2014/2015 财年增和 132 亿加元,增长了 4.6%。项目支出增加 170 亿加元,增长了 6.7%。公共债务支出减少了 10 亿加元,下降了 3.8%。截至 2016 年 3 月 31 日联邦债务(总负债与总资产的差额)达 6 160 亿加元,联邦债务占 GDP 比率为 31.1%,比前一年略微上升(见表 6-8)。

表 6-8 加拿大联邦政府 2015/2016 财年财政摘要(实际数)

财 年	2014/2015	2015/2016
预算往来(10 亿加元)		
收入	282.3	295.5
支出(10 亿加元)		
项目支出	253.8	270.8
公共债务支出	26.6	25.6
总支出	280.4	296.4
预算余额(10 亿加元)	1.9	-1.0
非预算往来	-4.6	-18.5
融资来源/需求	-2.7	-19.5
融资活动的净变化	6.2	23.0
现金余额净变动	3.6	3.6
期末的现金余额	35.0	38.6
财务状况(10 亿加元)		
负债总额	1 023.6	1 059.6
金融资产总额	336.7	365.8
净债务	687.0	693.8
非金融资产	74.6	77.8
联邦债务(累计赤字)	612.3	616.0
财务结算(占 GDP 百分比)(%)		
收入	14.3	14.9

续表

财　　年	2014/2015	2015/2016
项目支出	12.9	13.7
公共债务支出	1.3	1.3
预算余额	0.1	0.0
联邦债务（累计赤字）	31.0	31.1

资料来源：《2015/2016 财年加拿大联邦政府财务报告》。

政府公布的 2015/2016 财年预算赤字为 10 亿加元，而 2014/2015 财年为预算盈余 19 亿加元。为了提高不同时间以及国家之间财政结果的可比较性，预算余额及其组成部分通常以占 GDP 的百分比列示。2015/2016 财年，预算赤字占 GDP 的 0.0%，上一年是预算盈余占 GDP 的 0.1%。2016 年 3 月的预算估计 2015/2016 财年的政府赤字为 54 亿加元，而 2015/2016 财年的最后预算结果，赤字为 10 亿加元。收入比预测高 42 亿加元（1.5%），主要反映了好于预期的个人和企业所得税收入。整体项目支出和公共债务支出均低于预测 1 亿加元。

（二）《2016 年秋季经济报告》中对联邦政府盈余/赤字的展望

基于私营部门对经济预测的平均数，预算余额预计 2016/2017 财年为赤字 251 亿加元，2017/2018 财年为赤字 278 亿加元。预测期的剩余年份，赤字预计显著下降，从 2018/2019 财年的 259 亿加元降至 2021/2022 财年的 146 亿加元。联邦债务占 GDP 比率预计在 2018/2019 财年之后逐渐下降，2021/2022 财年降至 30.4%。这一展望包括自 2016 年预算以来的采取的新政策行动，以及本《秋季经济报告》中宣布的新措施（见表 6-9）。

表 6-9　　　　　　　　　　　财政往来汇总展望

	实际	预测					
	2015/2016 财年	2016/2017 财年	2017/2018 财年	2018/2019 财年	2019/2020 财年	2020/2021 财年	2021/2022 财年
预算收入（10 亿加元）	295.5	291.1	303.3	313.2	326.2	339.5	355.0
项目支出（10 亿加元）	270.8	291.3	306.5	313.2	317.2	326.0	336.5
公共债务支出（10 亿加元）	25.6	24.9	24.6	25.9	28.2	30.3	33.1

续表

	实际	预测					
	2015/2016 财年	2016/2017 财年	2017/2018 财年	2018/2019 财年	2019/2020 财年	2020/2021 财年	2021/2022 财年
总支出（10 亿加元）	296.4	316.1	331.0	339.1	345.4	356.3	369.6
最终预算余额（10 亿加元）	-1.0	-25.1	-27.8	-25.9	-19.3	-16.8	-14.6
联邦债务（10 亿加元）	616.0	642.0	669.8	695.7	715.0	731.8	746.4
占 GDP 百分比（%）							
预算收入（%）	14.9	14.4	14.4	14.3	14.4	14.4	14.5
项目支出（%）	13.7	14.4	14.6	14.3	14.0	13.8	13.7
公共债务支出（%）	1.3	1.2	1.2	1.2	1.2	1.3	1.3
预算余额（%）	0.0	-1.2	-1.3	-1.2	-0.8	-0.7	-0.6
联邦债务（%）	31.1	31.8	31.8	31.9	31.5	31.0	30.4

资料来源：《2016 年秋季经济报告》。

五、政府债务

（一）联邦政府 2015/2016 财年政府债务

联邦债务（累计赤字）是政府总负债和总资产的差额，2015/2016 财年末，联邦债务达 6 160 亿加元（见表 6-10）。

表 6-10　　　　　　　联邦债务（累计赤字）　　　　　单位：百万加元

	2014/2015 财年	2015/2016 财年	净变
年初联邦债务	611 881	612 330	449
年度（盈余）或赤字	(1 911)	9 872	898
其他综合亏损	2 360	2 669	309
年末联邦债务	612 330	615 986	3 656

资料来源：《2015/2016 财年加拿大联邦政府财务报告》。

2015/2016 财年联邦债务增加了 37 亿加元，反映了 2015/2016 财年的 10 亿加元的预算赤字以及 27 亿加元的其他综合亏损。27 亿加元的其他综合亏损，主要是由于本年度对政府在 2015 年 4 月销售通用汽车普通股的剩余持股进行了重新分类。2015/2016 财年的联邦债务达 GDP 的 31.1%，比 2014/2015 财年的 31.0% 略微上升。

加拿大政府综合财务报告是以权责发生制提交的。在此基础上，政府债务有几个公认的定义。净债务代表政府总负债减去其财政资产。财政资产包括现金和现金等价物、应收账款、外汇账户、贷款、投资及垫款，以及公共部门养老金资产。

累计赤字等于总负债减去总资产（有金融的和非金融的）。非金融资产包括有形资产，如土地和建筑、库存、待摊费用及其他。累计赤字每年的变化等于预算余额加上其他综合收益或亏损。其他综合收益或亏损指某些金融工具未实现的收益或亏损，以及企业皇冠公司和其他国有企业报告的，某些与养老金和员工未来利益相关的保险统计损益。按照加拿大公共部门会计准则，其他综合收益或亏损不包括进政府年度预算余额，而是直接计入累计赤字。在预算文件和《加拿大政府年度财务报告》中提及的联邦债务，是指累计赤字，是联邦政府债务的主要衡量标准，下表列示了 2016 年 3 月 31 日的净债务和联邦债务（见表 6-11）。

表 6-11　　　　　　　2016 年 3 月 31 日的净债务和联邦债务

	（10 亿加元）	（占 GDP%）
总负债	1 059.6	53.4
减：金融资产	365.8	18.4
净债务	693.8	35.0
减：非金融资产	77.8	3.9
联邦债务（累计赤字）	616.0	31.1

资料来源：《2015/2016 财年加拿大联邦政府财务报告》。

融资来源/需求衡量政府现金流入和流出之间的差数。它和预算余额不同，预算余额在收入获得或支出发生时衡量，而不是当相关现金收支或支付时。2015/2016 财年的融资需求为 195 亿加元，2014/2015 财年为 27 亿加元。

（二）联邦债务详情

1. 负债

政府的负债包括附息债务以及应付账款和应计负债。附息债务包括未到期债务，养老金及其他员工未来福利的负债，以及其他负债。2016 年 3 月 31 日，附息债务额达 9 317 亿加元，比上年增加 317 亿加元。附息债务中，未到期债务增加了 230 亿加元；而养老金和其他员工未来福利的负债增加了 91 亿加元；其他负债，包括存款和信托账户及其他指定用途账户，下降了 4 亿加元。未到期债务的增加主要反映了有价债券和国库券的增加。

2016 年 3 月 31 日应付账款及应计负债为金额为 1 279 亿加元，比 2014/2015 财年增加 42 亿加元。主要反映了其他应付账款和应计负债的增长，部分地被应付纳税人款项的减少所抵消。2015/2016 财年其他应付账款和应计负债增加了 52 亿加元。在此部分中，应计未付工资和福利增加了 9 亿加元。由于前几年纳税评估结算和时间性差异，2015/2016 财年省、领地和原住民税收协议下的负债增加了 28 亿加元。综合皇冠公司的应付账款增加了 15 亿加元，主要反映了加拿大商业公司收到的国外客户的进度付款的增长。2015/2016 财年对纳税人的应付账款减少了 25 亿加元，从 2015 年 3 月 31 日的 562 亿加元降至 2016 年 3 月 31 日的 537 亿加元。

2. 资产

政府的资产包括金融资产（现金和其他应收账款，应收税款，外汇账户，贷款、投资和垫款，以及公共部门养老金资产）和非金融资产（有形资本资产，库存资产，预付费用和其他）。2016 年 3 月 31 日的金融资产总计 3 658 亿加元，自 2015 年 3 月 31 日以来增加了 292 亿加元。现金和其他应收账款增加了 106 亿加元，主要反映了 2015/2016 在新掉期及衍生协议下政府公布的抵押品。应收税款增加了 73 亿加元，2015/2016 财年达到 1 058 亿加元。外汇账户增加了 85 亿加元，主要由于外汇基金账户持有的外汇储备的增长，主要反映了 26 亿加元的外汇收益，以及年内对该账户的 46 亿加元的净额外垫款。在政府的审慎流动性计划之下，流动外汇储备将继续充分上升，维持在占 GDP 的 3% 以上的水平。政府的贷款、投资和垫款包括对企业皇冠公司及其他国有企业的投资和贷款，以及其他贷款、投资和垫款。

3. 联邦债务（累计赤字）

1.1 万亿加元的总负债之中，金融资产为 3 658 亿加元，非金融资产为 778 亿加元，2016 年 3 月 31 日联邦债务（累计赤字）达 6 160 亿加元，自 2015 年 3 月 31 日以来增加 37 亿加元。2016 年 3 月 31 日联邦债务占 GDP 的 31.1%，比上年的 31.0% 略微上升。下表列示了联邦债务的详细结构，对联邦债务的预测详见表 6 - 12。

表 6-12　　　　　　　　　　　年终未偿债务　　　　　　　　单位：10 亿加元

	2014/2015 财年	2015/2016 财年
负债		
应付账款及应计负债	123.6	127.9
附息债务		
未到期债务	665.2	688.2
养老金和其他员工未来福利	228.8	237.9
其他负债	6.0	5.6
附息债务合计	900.0	931.7
负债合计	1 023.6	1 059.6
金融资产		
现金及其他应收账款	38.2	48.8
应收税款	98.5	105.8
外汇账户	85.0	93.5
贷款、投资及垫款	113.7	116.0
公共部门养老金资产	1.3	1.6
金融资产合计	336.7	365.8
净债务	687.0	693.8
非金融资产		
有形资本资产	63.3	65.8
库存资产	7.3	7.2
预付费用及其他	4.0	4.7
非金融资产合计	74.6	77.8
联邦债务（累计赤字）	612.3	616.0

资料来源：《2015/2016 财年加拿大联邦政府财务报告》。

六、政府间转移支付

（一）对政府其他层级的转移支付

主要转移支付，包括给政府其他层级和给个人的重大转移支付，占政府总支出框架的相当大比例。如表 6-13 所示，2016/2017 财年对政府其他层级的主要法定转移支付预测总额为 681 亿加元，比上一年的主体估算增加了 28 亿加元（见表 6-13）。

表 6-13　　　　　　　　　加拿大转移支付结构　　　　　　　　　单位：%

财　　年	2014/2015 实际支出	2015/2016 到文件发布为止的预测	2016/2017 4月1日的预测
老龄福利	31.7	30.9	31.3
加拿大医疗转移支付	23.1	22.9	23.3
就业保险	13.0	13.0	12.7
其他	32.3	33.3	32.6

资料来源：《加拿大 2016/2017 财年估算》。

加拿大医疗转移支付（CHT）是联邦提供给省和领地用于支持医疗保健的转移支付。2014/2015 财年，按等额人均现金基准分配。2015/2016 财年 CHT 总额为 361 亿加元，2016/2017 财年将增加 20 亿加元，增长率为 6%。从 2017/2018 财年开始，CHT 的增长将基于名义 GDP 的 3 年移动平均，提供的资金保障每年至少增加 3%。CHT 支持受制于《加拿大卫生法》的 5 个条件：通用性、综合性、可移转性、可获得性和公共管理，以及禁止额外账单和用户费用。

财政均等化转移支付是指无条件转移支付（一般转移支付），使不繁荣的省能够为其居民提供与其他省具可比性的，与其税收水平具可比性的公共服务。2016/2017 财年该支付将为 179 亿加元，比 2015/2016 财年增加了 5 亿加元，比 2014/2015 财年的实际支出增加了 12 亿加元。

加拿大社会转移支付（CST）是联邦对省和领地的，用于支持社会援助和社会服务、中学后教育和儿童项目的转移支付，因法定的 3% 增长率，2016/2017 财年增加了 3.888 亿加元，总额达 133 亿加元。

领地公式化财务支付（TFF）项目，提供无条件的联邦转移支付以使领地政府为其居民提供公共服务。该转移支付是基于一个公式，以填补领地代理的支出要求和领地收入增长能力之间的差额。2016/2017 财年该转移支付将为 35 亿加元，比 2015/2016 的降低 2 470 万加元。

燃油税基金为加拿大市级政府提供了可预计的、长期的、稳定的资金，以帮助其建设和恢复地方公共基础设施，同时创造就业和长期繁荣。从 2014/2015 财年开始，燃油税基金成为法定支付。2014/2015 财年之前，是通过拨款法案（表决支出）批准的（见表 6-14）。

表6-14 加拿大转移支付总览表 单位：10亿加元

	2014/2015 支出	2015/2016 4月1日的预测	2015/2016 截至文件发布的预测	2016/2017 4月1日的预测
对政府其他层级的主要转移支付				
加拿大医疗转移支付	32.11	34.03	34.03	36.07
财政均等化转移支付	16.67	17.34	17.34	17.88
加拿大社会转移支付	12.58	12.96	12.96	13.35
领地财务支付	3.47	3.56	3.56	3.54
燃油税基金	2.00	2.00	2.00	2.10
对诺瓦斯科舍州的额外财政均等化抵消支付	0.06	0.04	0.04	0.03
对诺瓦斯科舍州的额外财政均等化转移支付	0.13	0.08	0.09	0.02
青年津贴回收	(0.77)	(0.85)	(0.84)	(0.89)
固定项目的替代支付	(3.47)	(3.87)	(3.82)	(4.04)
对政府其他层级转移支付总额	62.80	65.28	65.35	68.05
对个人的转移支付				
老龄福利	44.13	46.07	46.01	48.41
就业保险	18.05	18.20	19.30	19.70
其他儿童福利	11.56	15.45	10.56	10.70
普及儿童护理福利	2.74	2.85	7.64	7.70
对个人转移支付总额	76.49	82.57	83.51	86.50
主要转移支付总额	139.28	147.85	148.86	154.55

资料来源：《加拿大2016/2017财年估算》。

（二）对个人的转移支付

老龄福利包括老年保障金、保证收入补充和津贴支付。2016/2017财年老龄福利支付预计为484亿加元，比2015/2016财年主体估算增加了23亿加元，比2014/2015财年实际支出多出了43亿加元。

普及儿童护理福利是一种应纳税的儿童福利，按月向家庭支付。"其他儿童福利"包括加拿大儿童税收福利,是免税支付给符合条件家庭的,以帮助他们养育 18 岁以下孩子的费用。2015 年 6 月 1 日普及儿童护理福利从每个 6 岁以下儿童每月 100 加元提高到每月 160 加元,并对 6~17 岁儿童创建了每月 60 加元的新福利,从 2015 年 1 月 1 日起开始计算。2016/2017 财年两个项目的支付预测总额为 184 亿加元,比 2015/2016 财年主体估算增加了 2 亿加元,比 2014/2015 财年实际支出多出了 41 亿加元。

就业保险为那些不是因自己过错而失业的加拿大人,在其找工作或提升技能的同时,为其提供临时经济援助。就业保险通过就业保险运营账户报告,独立于任何列入主体估算中的被拨款组织机构之外。

(三) 对省和领地转移支付数据表

2017/2018 财年,省和领地将通过主要转移支付收到 728 亿加元(见表 6-15 及表 6-16)。

表 6-15   加拿大 2013/2014 财年到 2017/2018 财年对省和领地的联邦支持   单位:百万加元

财年 项目	2013/2014	2014/2015	2015/2016	2016/2017	2017/2018
主要转移支付					
加拿大医疗转移支付	30 283	32 113	34 026	36 068	37 150
加拿大社会转移支付	12 215	12 582	12 959	13 348	13 748
均等化转移支付	16 105	16 669	17 341	17 880	18 254
海上协议抵消支付	350	196	125	44	-8
领地公式财务支付	3 288	3 469	3 561	3 603	3 682
总的转移支付保护		56			
追加支付额					
联邦支持总额	62 297	65 029	68 013	70 943	72 826
人均拨款(加元)	1 774	1 832	1 899	1 958	1 986

资料来源:加拿大财政部网站。

表 6-16　加拿大 2013/2014 财年到 2017/2018 财年各省（地区）转移支付总额和人均额

序号		2013/2014 财年	2014/2015 财年	2015/2016 财年	2016/2017 财年	2017/2018 财年
	总额			百万加元		
1	纽芬兰和拉布拉多	670	677	694	723	738
2	爱德华王子岛	519	544	553	583	599
3	诺瓦斯科舍	2 975	3 001	3 052	3 060	3 096
4	新不伦瑞克	2 497	2 616	2 658	2 740	2 813
5	魁北克	17 911	19 614	20 348	21 371	22 714
6	安大略	19 915	19 184	20 445	21 344	21 058
7	曼尼托巴	3 363	3 359	3 436	3 530	3 677
8	萨斯喀彻温	1 354	1 411	1 484	1 567	1 620
9	阿尔伯塔	3 878	5 175	5 475	5 790	5 996
10	不列颠哥伦比亚	5 790	5 832	6 152	6 471	6 666
11	育空地区	861	898	923	946	972
12	西北地区	1 169	1 264	1 291	1 281	1 295
13	努纳武特地区	1 396	1 456	1 502	1 539	1 582
	人均			加元		
1	纽芬兰和拉布拉多	1 270	1 282	1 312	1 364	1 388
2	爱德华王子岛	3 578	3 729	3 776	3 924	3 981
3	诺瓦斯科舍	3 153	3 182	3 236	3 225	3 243
4	新不伦瑞克	3 304	3 465	3 525	3 623	3 709
5	魁北克	2 198	2 390	2 466	2 570	2 710
6	安大略	1 471	1 403	1 483	1 529	1 489
7	曼尼托巴	2 660	2 626	2 655	2 683	2 749
8	萨斯喀彻温	973	1 262	1 312	1 364	1 388
9	阿尔伯塔	1 227	1 260	1 312	1 364	1 388
10	不列颠哥伦比亚	1 263	1 257	1 312	1 364	1 388
11	育空地区	23 813	24 445	24 723	25 258	25 884
12	西北地区	26 736	28 838	29 232	28 777	28 867
13	努纳武特地区	39 581	40 435	41 192	41 554	42 055

资料来源：加拿大财政部网站。

七、施政方针与财政改革

(一) 加拿大在世界经济转型中的定位

加拿大经济和整个世界经济都发生着戏剧性的转变,每一个都有可能破坏经济增长;而合在一起,则对加拿大经济即是挑战也是机遇。挑战之一是人口统计的变化,2016 年加拿大历史上头一次,65 岁以上的老年人口超过了年龄低于 15 岁的儿童。这意味着加拿大工作人口会随着时间推移变少,以致不足以支撑总体人口的需求。这一事实,结合令人失望的生产力收益,将使强劲、包容性增长的达成愈加困难。管理人口统计上的转变要求加拿大对下一代、对中学后教育、对培训和创新做更多的投资。所有加拿大人的生活水平依赖于此,并不仅仅是加拿大老年人的。

贸易和新兴经济体的不确定前景和全球变动提出了另一个挑战。例如,过去 15 年,亚洲占全球经济的份额急剧上升,短期内这一趋势有望延续。对加拿大来说,这一变动强调加强与亚洲经济联系的重要性,但也暗示着与过去相比,该地区的任何经济冲击将对加拿大经济造成更大的影响。

科技的转变,转向更清洁经济和更多数字化连接的经济,也不能忽视。加拿大可以选择利用这些机会或者被落在后面。例如,过去 10 年,全球对清洁能源的新投资已增加了 5 倍,从 2004 年的大约 600 亿美元增加到 2015 年的将近 3 300 亿美元。加拿大政府有责任对科技投资以定位未来增长,这就意味着更多投资于基础设施,以利于人口和商品的流动;以及投资于技能和技术,使加拿大更具竞争力。这还意味着继续建设加拿大的劳动力,加拿大需要成为一个欢迎移民的国家。2016 年,加拿大打算欢迎超过 30 万新永久居民。而且这还意味着采取步骤确保加拿大人口增长最快的土著民族,能够繁荣和成功。

(二) 长期增长计划

加拿大经济面临的挑战并无快速解决方法。好消息是加拿大从 2016 年起开始了较强的财政状况,在七国集团国家中,政府净债务总额占 GDP 比重最低。低负债率给政府做出战略投资的空间,以使未来经济增长更好。投资于诸如更好的道路和公共交通将帮助加拿大人在漫长的一天结束时,更快回家,也将帮助人口和产品流动以利于经济增长。无论是扩张公共交通还是基础设施,都将有利于减缓气候变化的影响，或者建设更强大的感觉像家一样的社区。加拿大人的下一代也将受益于这些投资，尤其是目前利率处于历史低点，有利于开展投资。

涉及全球竞争，加拿大也有很好的定位。加拿大工人受过很好的教育，企业所得税率在七国集团中最低。加拿大面临的挑战无法用短期方案解决，而靠聪明持续的投资才能实现。通过投资于加拿大经济长期繁荣之所需，找寻了更强经济增长的舞台，在未来岁月里将使更多加拿大人受益。

（三）走向更包容性的增长

无论经济状况如何，加拿大人压倒性地相信公平，并且认为所有努力工作的人都应获得来自强大并增长经济的益处。政府也赞同这一点，政府承诺加强中产阶级，通过给需要帮助的人更多帮助，给不需要帮助的少一些帮助，设置了更公平、更具包容性增长的前进方向。加拿大人的优先事项就是政府的优先事项，这些优先事项包括：

1. 帮助中产阶级，强大的经济从强大的中产阶级开始

推出了新的、更公平的、免税的加拿大儿童福利，废除了针对性差的税收减免，并促进学生资助投入。这些措施，结合对中产阶级的新税收削减，以及对每年应税所得超过20万的个人新税级，将给予加拿大中产阶级成长和繁荣所需的帮助。

2. 中产阶级的成长

为加强中产阶级并为更多加拿大人提供更包容性的增长，对基础设施和创新做出了历史性的投资。这些投资将为加拿大中产阶级提供直接的帮助，并帮助那些努力工作的人扩大机会。

3. 土著人民的更好未来

是时候基于信任、尊重与真正的合作精神，重建和土著人民的关系了。对教育、基础设施、培训及其他项目的投资，将有助于保证土著人民更好的生活质量，以及建设更强大、更统一、更繁荣的加拿大。

4. 经济的清洁增长，清洁的环境和强大的经济齐头并进

对清洁技术进行战略投资，并采取具体措施应对气候变化的前因后果。

5. 包容和公平的加拿大

当所有加拿大人都有真实和公平的成功机会时，就是加拿大最好最繁荣的时期。投资将帮助更多的加拿大人扩展机会，并将帮助建设更健康、更具创造力、更慷慨、

更公正的加拿大。

主要参考文献

[1] 外交部网站,加拿大国家概况(最近更新时间:2017 年 4 月)。

[2] 加拿大 2016 年预算英文版,Budget 2016(Growing The Middle Class),下载自加拿大财政部网站:http://www.fin.gc.ca/pub/annual-annuelle/2016-eng.asp。

[3] 加拿大秋季经济报告 2016,Fall Economic Statement 2016(A Plan for Middle Class Progress),下载自加拿大财政部网站:http://www.fin.gc.ca/pub/annual-annuelle/2016-eng.asp。

[4] 2015~2016 财年加拿大政府年度财务报告,Annual Financial Report of the Government of Canada Fiscal Year 2015-2016,下载自加拿大财政部网站:http://www.fin.gc.ca/pub/annual-annuelle/2016-eng.asp。

[5] 加拿大 2016~2017 财年估算,2016-2017 Estimates,Parts I and II,The Government Expenditure Plan and Main Estimates,下载自加拿大国库委员会秘书处网站:https://www.tbs-sct.gc.ca/hgw-cgf/finances/pgs-pdg/gepme-pdgbpd/20162017/me-bpd-eng.pdf。

巴西

第三篇
南美洲

第七章 巴 西

巴西联邦共和国（以下简称"巴西"）位于南美洲东部，下辖26个州和巴西利亚联邦区，州下设市，全国共有5 564个市，总面积851.49万平方公里，总人口2.028亿人。巴西经济实力居拉丁美洲首位，居世界第九位。农牧业相对发达，是多种农产品的主要生产国家和出口国。工业基础雄厚，其中民用支线飞机制造业和生物燃料产业在世界上居于领先水平。服务业产值约占国内总产值的六成。近年来，巴西经济下行、本币贬值、财政、通货膨胀等压力持续加大，经济出现负增长。特梅尔政府实施一系列经济调整措施，重点回复财政平衡，积极吸引私人和外国资本，加大贸易开拓力度，扩大对外开放等。有关措施初见成效，预计2017经济增长率为0.47%。[1]

一、经济概况

在世界经济和政治形势复杂多变的背景下，巴西深受外部需求减少、内部结构性问题等宏观因素的影响，2015年和2016年经济衰退幅度分别为3.8%和4.7%。自1901年巴西地理统计局首次发布GDP统计数据以来，连续两年下滑的情况仅在1930年和1931年出现过，分别为下降2.1%和下降3.3%，这是自1930年以来巴西经济最严重的衰退。[2] 2016年，巴西经济整体下滑，各类经济指标均在下降，其中

---

[1] 中国外交部：《巴西国家概况》，中国外交部网站，2017年7月。
[2] 巴西能走出经济困境吗？：http://www.cfen.com.cn/dzb/dzb/page_6/201704/t20170405_2574815.html。

农牧业下跌 1.0%,工业下跌 6.9%,服务业下跌 3.2%,出口增加 8.3%,进口降低 18.3%,人均国内生产总值也从 2011 年的 13 244.99 美元峰值下降为 8 730.80 美元(按当年价格核算)。① 各类经济问题爆发的同时,失业率上升、生活水平下降等情况也接踵而至。据巴西地理统计局统计数据显示,2016 年巴西私人消费萎缩 5.2%,政府部门需求下降 1.3%,固定资产投资下降 15.9%,全年倒闭企业数达到 5 500 多家,这对巴西经济造成毁灭性的打击。受此影响,巴西通货膨胀问题一时难以解决。2016 年巴西央行采取了一系列抑制通胀的政策措施,年末官方通胀指数(IPCA)为 6.29%,比目标值高 2.04%,比上年同期下降了 4.38%(见表 7-1)。

表 7-1 巴西经济的主要宏观指标

	2012 年	2013 年	2014 年	2015 年	2016 年	2017 年 Q1
国内经济(变化率,%)						
实际 GDP	1.9	3.0	0.1	-3.8	-3.6	0.47
人均 GDP(期末值,美元)	12 364.42	12 278.37	12 105.78	8 791.52	8 730.80	
国内需求	1.1	0.10	0.14	0.08	0.06	
私人部门需求	3.2	3.50	1.30	-4.00	-5.20	
政府部门需求	3.3	1.50	1.20	-1.00	-1.30	
CPI,期末值	5.10	3.88	5.20	11.07	6.54	3.72
	2012 年	2013 年	2014 年	2015 年	2016 年	2017 年 Q1
实际通胀率(IPCA,%)	5.84	5.91	6.41	10.67	6.29	4.3
失业率	6.9	6.2	6.5	9.0	12.0	12.6
国民总储蓄	0.12	0.17	0.09	0.13	0.08	0.15
国内总投资	-4.0	5.8	-4.5	-14.1	-15.9	
国际收支(GDP%)						
经常账户余额	-3.01	-3.03	-4.24	-3.31	-1.31	-1.10
贸易余额	-0.35	-0.88	-2.77	-5.86	1.43	0.17
贸易条件(变化率,%)	1.38	1.02	0.19	-0.65	-1.76	
资本账户(变化率,%)	-0.19	0.55	-0.28	0.99	-0.41	
净 FDI	3.52	2.80	3.95	4.16	4.39	4.62
储备(期末值,10 亿美元)	369.57	356.21	360.96	354.17	362.50	367.41

资料来源:巴西中央银行和巴西统计局数据整理所得。

① Mensagem Presidencial: Projeto de lel Orçamentãria Aniual 2017, p12.

在经历经济严重衰退之后，巴西仍在挣扎着恢复元气。截至2017年第一季度，经济增长形势略有所改善，国内生产总值季度平均增长率上升为0.47%，其中工业生产连续增长了4个月，各项经济指标开始扭转（见表7-2）。国际货币基金组织（以下简称"IMF"）经济学家汉密尔顿宣称，IPCA预测维持在4.8%，财政部则将巴西国内生产总值2017年增长率从1.2%调整至1.6%。

表7-2　　巴西国内生产总值产业构成及其变动分析　　单位:%

产业	2016年	2017年（预测值）	产业	2016年	2017年（预测值）
畜牧业	-6.6	6.4	其他服务业	-3.1	-0.1
工业	-3.8	-0.1	不动产及租赁	0.2	0.3
采矿业	-2.9	0.5	公共管理、卫生及教育业	-0.1	0.1
制造业	-5.2	0.6	基础价格附加值	-3.1	0.4
建筑业	-5.2	-2.7	产品税	-6.4	0.6
公共设施	4.7	2.0	GDP（按市场价格核算）	-3.6	0.5
服务业	-2.7	0.1	私人部门消费	-4.2	0.5
商业	-6.3	0.7	政府部门消费	-0.6	0.2
运输、仓储和邮政	-7.1	-1.4	固定资产投资	-10.2	-0.3
通讯业	-3.0	-1.4	出口	1.9	2.4
金融服务业	-2.8	0.5	进口	-10.3	3.5

资料来源：巴西中央银行。

二、政府支出

（一）政府总支出情况

1. 巴西政府组织体系及财政情况

根据国际货币基金组织成员国年度报告，巴西共有7 231个公共部门，其中中央预算单位459个，包括立法机构、司法机构、中央垂直管理单位、非商业企业和基金管理单位等。中央预算外单位，包括5个法定基金、9个政府主导的非营利组织、23 个职业协会、3 个政府服务供给企业等。地方政府，包括 27 个州（包括联邦区）和 5 570 个市政府。非金融公共公司，包括 59 个联邦级公司、394 个州级公司、664 个市级公司；此外，还有 12 个金融公司，包括巴西银行、巴西国家开发银行、巴西联邦储蓄银行和 3 个其他联邦公共银行，6 个州级区域开发银行和巴西中央银行。从公共预算角度看，巴西是一个去中心化的联邦制国家，2014 年政府总预算支出约占公共部门总支出的 70.3%，其中中央政府支出不足政府总支出的一半，州政府支出约占政府总支出的 1/3，市政府支出约占政府总支出的 20%。根据预算资金来源不同，中央政府支出又划分为预算内和预算外，分别占 GDP 的 18.3% 和 2.3%（见表 7-3）。

表 7-3　　　　　　　　巴西公共部门组织体系及预算情况（2014 年）

单位：占 GDP 比重,%

	机构个数	预算收入	预算支出	预算平衡	政府间转移支出	净支出	净支出占比
公共部门	7 231						
总政府	6 099	40.1	45.5	-5.4	4.6	40.9	70.3
中央政府	502	27.8	32.5	-4.6	11.9	20.6	35.3
预算内单位	459	25.2	30.4	-5.2	12.1	18.3	31.4
预算外单位和基金	43	2.8	2.3	0.5	0	2.3	3.9
州政府	27	12	12.9	-0.9	0.9	12	20.6
地方政府	5 570	8.7	8.5	0.1	0.2	8.3	14.3
中央银行	1	3.5	3.4	0.1	1.3	2	3.5
非金融类公共企业	1 119	11.2	12.5	-1.3	2.2	10.3	17.7
其他金融类公共企业	12	7	6.2	0.8	1.3	4.9	8.5

资料来源：国际货币基金组织。

2. 巴西中央政府支出总规模

2016 年巴西中央政府总支出达 14 692.08 亿雷亚尔，占 GDP 的 23.4%。从中央政府支出总规模来看，总支出绝对值呈现逐年递增趋势，年均增长率为 10.37%。在整体经济持续萎靡的大背景下，巴西中央政府财政支出大幅增加，总支出占 GDP 比重呈现快速上升趋势，每年平均增加 1.7 个百分点，政府财政支出超出 20% 的适度规模，政府支出愈发不合理。从支出增速来看，巴西中央政府支出年度增速有所放缓,年度增长率从 2014 年的 12.41% 下降为 2016 年的 7.74%。据预测,2017 年巴西中央政府总支出规模为 15 178.1 亿雷亚尔,约占 GDP 的 24.1%。在中央政府总支出中,联邦财政支出波动幅度较大,联邦政府支出从 2015 年的 11 587.0 亿雷亚尔增加到 2016 年的 12 423.7 亿雷亚尔(见表 7-4)。

表 7-4　　巴西中央政府总支出及构成（2011~2017 财年）

财政年度	支出（十亿雷亚尔）			占 GDP 比重（%）		
	中央政府总支出	联邦政府支出	附：联邦转移支付	中央政府总支出	联邦政府支出	附：联邦转移支付
2011	897.5	731.7	163.0	14.0	11.4	2.5
2012	984.4	812.6	171.4	15.1	12.5	2.6
2013	1 101.9	918.6	183.4	16.4	13.7	2.7
2014	1 238.7	1 038.7	200.0	18.3	15.4	3.0
2015	1 363.6	1 158.7	204.7	21.0	17.8	3.1
2016	1 469.2	1 242.4	52.7	23.4	4.7	0.8
2017	1 517.8	1 175.1	59.0	24.1	4.7	0.9

注：2017 年数据为 3 月份报告数。
资料来源：巴西联邦政府秘书处。

（二）联邦政府支出规模

1. 联邦政府支出的总体情况

巴西联邦政府支出[①]在 2016 年之前平稳上升,占 GDP 比重也呈现逐步上升趋势,但是 2016 年后期受经济危机和政治危机影响,尤其是一再恶化的政治危机,使得巴西经济大幅度滑坡,之后联邦政府不断压减政府财政支出,支出规模增速放缓。2016 年年末联邦政府支出为 12 423.7 亿雷亚尔,年度增幅达 7.22%,比上年同期增速下降了 4.16%。预计今后几年联邦政府支出规模仍将继续缩减,联邦支出占 GDP 的比重也会随之大幅下降,预计从 2016 年的 19.8% 下降到 2017 年的 18.6%。

---

① 注：根据巴西公共财政指南,巴西中央政府支出包括联邦政府支出、巴西中央银行支出。

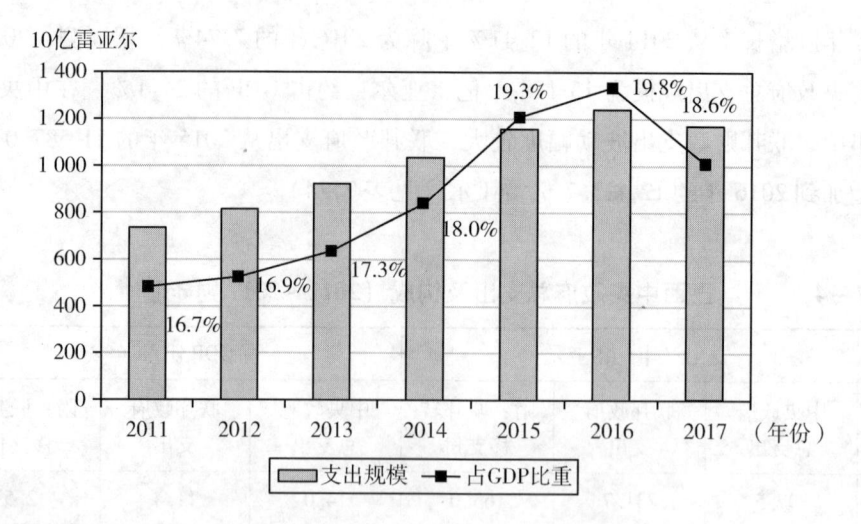

图 7-1 巴西联邦政府支出趋势图

资料来源：巴西中央银行，http://www.bcb.gov.br/?INDICATORS。

2. 联邦政府支出在中央政府总支出中的比重

巴西联邦政府支出在中央政府总支出中的比重也明显降低，由原来的80%以上急速下降到78%左右。2016年，联邦政府支出占中央政府总支出的78%；但若扣除向州和地方等的转移支付，联邦政府支出占中央政府总支出的比重为16.45%（见图7-2）。

图 7-2 巴西中央政府总支出结构图

资料来源：巴西中央银行，http://www.bcb.gov.br/?INDICATORS。

（三）联邦政府支出结构

1. 按支出功能分类

按预算支出功能分类，巴西联邦政府在特别费、社会保障、医疗卫生、教育、社会救助、劳动就业、农村发展、住房、城市建设、食品安全等社会领域的公共支出比重较高，尤其是社会福利、社会救助、教育和住房等方面的开支保持快速增长的态势。2011~2016年，特别费、社会保障、医疗、教育及劳动5项支出占联邦总支出的比重平均为达90%以上。具体来看，巴西联邦政府最大的一笔开支用于社会保障体系。2016年巴西社会保障体系的预算赤字拨款为289.8亿雷亚尔，预计2017年预算赤字将进一步扩大到400.1亿雷亚尔，年度增幅为38.06%。巴西每年用于教育和医疗方面的支出约占GDP的5.1%，尽管宪法规定教育和医疗主要由州、市两级政府承担，但联邦政府用于教育的开支也从2011年的584.54亿雷亚尔提升到2016年的1 000多亿雷亚尔。值得注意的是，巴西联邦政府特别费单项支出约占联邦政府总支出的55%左右，主要用于特定经济增长促进计划等（见表7-5）。

2. 按经济性质分类

按照支出的经济性质分类，巴西联邦支出又分为社保支出、工资和社会性收费、失业津贴、补助金和拨款、其他法定支出、巴西经济增长促进计划（PAC）和其他可支配支出等项目。2011~2017年，巴西联邦预算支出中，社保、工资等预算支出占联邦总支出的比重平均为80%以上，分别占比为51.17%和29.05%。2015年巴西经济增长计划支出开始缩减，2016年缩减为42.0%，未来还将进一步下降（见表7-6）。

3. 按支出可支配性分类

从财政支出可控性来看，巴西政府财政支出严格受宪法及其执行条例约束，法定支出刚性强，联邦政府财政总支出中可支配支出平均约为23.03%，联邦政府政策调控空间十分有限。2016年后，巴西联邦政府总支出规模为12 423.7亿雷亚尔，其中可支配支出规模为958.7亿雷亚尔，占财政支出比重达77.16%。根据预算数据，2017年巴西财政可支配支出仍保持下行态势，可支配支出规模为283.7亿雷亚尔，占联邦财政总支出的比例持续下降为17.28%。法定国库支出由向地方转移支付、燃油税、特许经营权、教育津贴等组成，其中教育津贴2016预算支出金额为2 101.65亿雷亚尔，比上年同期增长了10.62%（见图7-3）。

表7-5　巴西联邦政府支出预算执行情况—按支出功能分类（2011~2016年）

单位：亿雷亚尔

		2011年	2012年	2013年	2014年	2015年	2016年 PLOA	2016年 LOA	2016年 DOT. ATUAL	2016年 EMP
1	议会	60.46	60.54	65.80	66.80	71.04	74.62	72.14	72.20	68.39
2	司法	225.20	243.81	257.41	285.32	309.47	333.06	311.97	317.37	277.31
3	基本正义	58.10	40.20	46.48	55.63	64.53	65.01	63.88	65.08	51.34
4	管理	191.55	221.49	219.66	212.35	217.96	254.31	254.62	258.60	171.93
5	国防	323.27	369.77	377.97	402.50	414.24	601.45	595.03	601.91	412.67
6	公共安全	76.90	86.47	91.09	89.45	90.36	80.83	79.41	100.69	73.87
7	外交关系	19.24	23.14	22.58	24.37	31.54	31.48	28.37	35.90	19.03
8	社会救助	455.71	566.34	646.47	704.34	732.31	778.07	772.65	773.81	711.00
9	社会保障	3 600.40	4 000.75	4 461.35	4 953.06	5 412.16	5 727.27	5 717.99	5 736.89	4 622.79
10	医疗	722.41	799.17	853.04	940.65	1 020.94	1 003.50	1 098.68	1 102.07	932.54
11	劳工	364.49	425.02	661.50	716.40	673.28	743.39	724.96	722.56	690.59
12	教育	584.54	725.76	822.52	938.97	1 037.80	1 030.07	1 035.21	1 049.64	863.86
13	文化	14.14	19.05	24.09	18.36	18.67	21.79	21.01	21.88	16.89
14	公民权利	14.08	13.30	15.33	14.85	13.19	13.40	13.99	14.15	8.15
15	城市化	42.76	47.22	48.32	41.43	43.71	24.81	45.31	46.22	23.76
16	保障房	5.08	5.65	2.07	0.48	0.69	0.12	0.28	0.28	0.00
17	公共卫生	16.53	26.54	29.53	16.91	10.94	8.37	6.36	6.32	3.92
18	环境保护	37.51	55.30	65.95	67.92	48.41	61.61	56.95	64.10	32.96

续表

		2011年	2012年	2013年	2014年	2015年	2016年			
							PLOA	LOA	DOT. ATUAL	EMP
19	科学与技术	70.00	78.10	107.40	83.37	85.21	82.81	75.86	76.55	57.73
20	农业	158.51	164.74	204.92	188.52	216.29	300.84	294.90	283.57	178.57
21	农业组织	42.39	58.36	75.59	42.92	30.91	39.59	37.34	40.79	21.12
22	产业发展	18.63	21.75	22.41	22.89	22.23	22.64	24.36	24.63	15.96
23	贸易与服务	37.07	39.61	49.95	47.48	41.80	49.11	53.51	54.24	22.12
24	通讯	8.46	10.96	14.34	15.17	14.46	15.42	14.83	14.97	10.66
25	能源	6.26	7.96	10.27	11.60	18.86	19.59	12.33	12.36	10.22
26	交通运输	191.70	224.14	209.03	211.24	168.07	181.69	174.41	174.59	93.83
27	娱乐休闲设施	11.53	12.57	23.17	24.17	20.45	15.11	16.85	16.82	9.71
28	特别费	9 411.39	10 050.23	9 875.82	12 886.21	12 990.90	16 890.63	16 940.82	16 998.70	14 443.51
	合计	1 416 371.4	16 768.31	18 397.95	19 304.03	23 083.35	23 820.43	28 470.56	28 544.02	28 686.88

注：PLOA：年度预算草案；LOA：年度预算法案；DOT. ATUAL：基准预算；EMP：阈值。

资料来源：Secretaria de Orçamento Federal-SOF, Brasil; https://translate.google.com/#auto/zh-CN/CExecu%C3%A7%C3%A3o% 200r% C3% A7ament% C3% A1ria% 20dos% 20Or% C3% A7amentos% 20Fiscal% 20e% 20da% 20Seguridade% 20Social% 20da% 20Uni% C3% A3o% 20 – % 20Fun% C3% A7% A7% C3% A3o。

表7-6 巴西联邦政府财政支出—按经济性质分类（2011～2017 财年）

单位：百万美元

财年	合计	法定支出						可支配支出		
		社保支出	工资和社会性收费	失业津贴	LOAS 和 RMV	补助金和拨款	其他法定支出	合计	加速增长计划（PAC）	其他可支配支出	合计
2011	552.7	281.4	181.4	34.2	25.2	6.7	23.7	179.0	28.0	151.0	731.7
2012	607.6	316.6	188.4	38.9	29.5	7.6	26.6	205.1	39.3	165.7	812.6
2013	690.8	357.0	205.2	44.2	33.9	5.9	44.5	227.8	44.7	183.1	918.6
2014	770.7	394.2	222.4	53.9	38.6	4.3	57.3	268.1	57.7	210.4	1 038.7
2015	905.4	436.1	238.5	47.5	42.5	53.5	87.3	253.3	47.3	206.0	1 158.7
2016	958.7	507.9	257.9	56.0	49.0	23.3	64.6	283.7	42.0	241.7	1 242.4
2017	972.0	497.3	269.7	72.4	52.5	36.5	43.7	203.1	13.9	189.2	1 175.1

注：LOAS 和 RMV 是巴西法定支出；PAC 为巴西经济增长计划。

资料来源：巴西中央银行：http://www.bcb.gov.br/?INDICATORS。

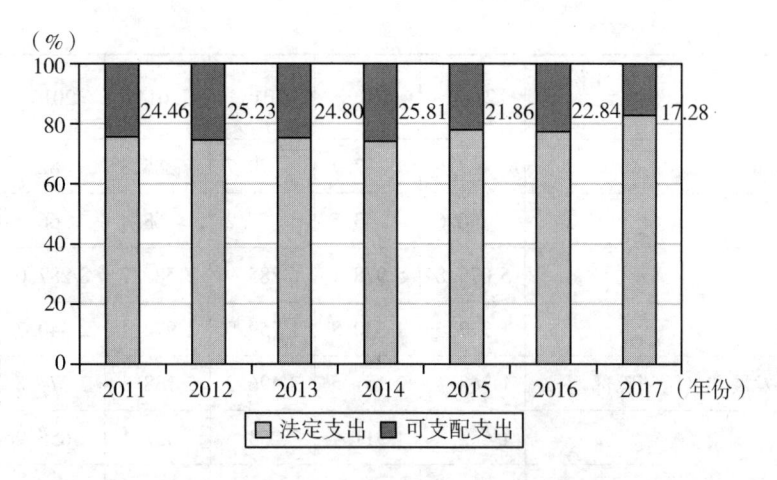

图 7-3　巴西联邦政府财政法定支出和可支配性支出占比

资料来源：Brazil's National Treasury Secretariat：http：//www.tesouro.fazenda.gov.br/。

4. 按支出领域及部门分类

按照支出领域划分，巴西联邦预算支出主要分为基础设施、社会政策、国家治理和生产制造四个领域，其中社会政策预算支出是联邦政府第一大支出，主要由卫生部、社会发展部、教育部、社会保障部、劳动和就业部、体育部和文化部等联邦部门承担，具体详见表 7-7。截至 2016 年 9 月，巴西基础设施建设支出 542.19 亿雷亚尔、社会政策支出 44 605.83 亿雷亚尔、国家治理支出 75.68 亿雷亚尔、生产制造支出 271.71 亿雷亚尔，比上年同期分别增加了 79.54%、-2.04%、168.99%、20.67%。

表 7-7　　巴西联邦预算支出——按支出领域/部门分类　　单位：10 亿雷亚尔

项目＼年份	2011	2012	2013	2014	2015	2016Q3
基础设施	3 193.9	3 494.5	4 193.9	4 208.1	3 628.0	54.2
交通部	1 306.7	1 301.6	1 426.4	1 310.3	932.4	14.7
科技部	345.7	389.8	491.3	500.8	436.3	1.9
城镇发展部	1 207.7	1 301.2	1 551.5	1 749.1	1 716.7	18.6
国家一体化部	166.0	322.1	497.9	425.3	324.9	18.5
矿产和能源部	59.5	63.6	90.0	68.9	69.0	0.3

续表

项目 \ 年份	2011	2012	2013	2014	2015	2016Q3
环保部	67.6	72.7	79.7	85.3	82.1	0.1
交通部	40.6	43.5	57.2	68.4	66.6	
社会政策	5 075.8	5 978.1	6 885.9	7 585.7	8 287.0	4 460.6
卫生部	1 317.5	1 540.8	1 759.0	1 972.4	2 440.7	4 053.0
社会发展和贫困消除部	1 763.4	2 151.5	2 496.2	2 738.5	2 774.8	99.3
教育部	1 652.8	1 911.7	2 253.6	2 452.1	2 655.9	303.4
社会保障部	197.0	223.7	204.4	215.8	219.0	0.4
劳动和就业部	52.7	51.3	55.6	55.2	59.7	1.4
体育部	30.4	37.4	55.8	78.2	70.4	2.1
文化部	62.0	61.8	61.3	73.5	66.6	1.0
国家治理	2 453.4	3 274.2	3 332.0	3 428.8	3 267.0	7.6
国防部	1 416.7	1 784.6	1 760.0	1 924.0	1 766.5	
财政部	367.0	411.4	421.9	396.5	377.8	
司法部	261.4	287.2	307.5	302.7	264.6	1.1
共和国总统	208.9	329.7	453.1	487.9	456.6	6.5
教育部规划、预算和执行	69.6	167.9	144.9	118.8	73.5	
外交部	95.9	129.6	117.6	124.4	163.1	
联盟财政支出/信贷操作/向州、市转移支付	33.8	163.8	127.1	74.6	164.8	
生产制造	436.9	634.7	892.6	560.6	442.1	27.2
农业、畜牧业部	140.3	158.3	180.8	184.9	178.1	
产业发展和外贸部	50.7	61.9	56.6	59.4	54.7	6.5
农业发展部	202.1	371.7	609.4	281.0	178.6	19.2
旅游部	31.6	28.6	30.3	21.6	20.3	0.6
渔业和水产养殖部	12.3	14.1	15.5	13.6	10.4	0.8
合计	11 160.0	13 381.4	15 304.5	15 783.2	15 624.1	4 549.5

资料来源：巴西财政部官网，http：//www.orcamentofederal.gov.br/clientes/portalsof/portalsof/informacoes-orcamentarias。

三、政府收入

(一) 近年来巴西中央政府收入

1. 中央政府收入的总体情况

过去 5 年内，巴西经济陆续经历了繁荣、减速和停滞，而后陷入衰退，未来还面临着堕入萧条的风险。巴西政治经济结构的内在缺陷导致巴西政府收入波动较大，总收入年度增长率从 2013 年的峰值 11.24% 下降到 2016 年的 4.32%。从绝对额来看，2011~2017 财年巴西中央政府收入总规模逐年增加，从 2011 年的 9 882.7 亿雷亚尔增加到 2017 年的 13 377.4 亿雷亚尔，占 GDP 比重也从 15.44% 增加到 21.24%，年均增幅 1%。扣除联邦政府转移支付后，巴西中央政府净收入绝对额在增加，但年均增长率缺乏明显规律性（见表 7-8）。

表 7-8　　巴西中央政府收入状况（2011~2017 年）　　单位：10 亿雷亚尔

年份	合计	社会保障收入	国库和中央银行收入	对其他部门的转移支付	净收入	净收入年均增长率,%	总收入占GDP比重,%
2011	988.3	245.9	742.4	163.0	825.2	7.68	15.44
2012	1 059.9	275.8	784.1	171.4	888.5	7.67	16.24
2013	1 179.0	307.1	871.8	183.4	995.6	12.05	17.54
2014	1 221.5	337.5	884.0	200.0	1 021.5	2.60	18.08
2015	1 247.8	350.3	897.5	204.7	1 043.1	2.11	19.20
2016	1 315.0	358.1	956.8	226.8	1 088.1	4.32	20.98
2017	1 337.7	337.2	1 000.5	235.9	1 101.9	1.26	21.24

资料来源：巴西中央银行，http://www.bcb.gov.br/?INDICATORS。

2. 中央政府收入结构—按经济性质划分

根据巴西财政部统计报告，巴西政府经常性收入包括税收收入、社保收入和其他收入三大类，其中税收收入是中央政府的主要收入来源，年平均占总收入的 61.8% 左右。从 GDP 增长贡献率来看，巴西税收收入贡献率年平均为 11.0%，社保收入为 4.8%，其他收入为 2.1%。2016 年，巴西中央政府经常收入 1 315.0 税收收入总规模为 8 195.5 亿雷亚尔，社保收入为 3 581.4 亿雷亚尔，其他收入为 1 372.3 亿雷亚尔，占 GDP 比重分别为 21.0%、13.1%、5.7% 和 2.2%（见表 7-9）。

表 7-9　　　　巴西中央政府经常收入结构—按经济性质划分（2011/2017 财年）

财年	收入（10 亿雷亚尔）				占 GDP 比重（%）			
	总收入	税收收入	社保缴费收入	其他收入	总收入	税收收入	社保缴费收入	其他收入
2011	991.0	628.6	245.9	116.5	15.5	9.8	3.8	1.8
2012	1 060.2	647.4	275.8	137.1	16.2	9.9	4.2	2.1
2013	1 179.0	719.2	307.1	152.6	17.5	10.7	4.6	2.3
2014	1 221.5	739.2	337.5	144.8	18.1	10.9	5.0	2.1
2015	1 248.7	765.1	350.3	133.2	19.2	11.8	5.4	2.0
2016	1 315.0	819.8	358.1	137.2	21.0	13.1	5.7	2.2

资料来源：巴西财政部，http://www.orcamentofederal.gov.br/clientes/portalsof/portalsof/informacoes-orcamentarias。

3. 中央政府收入结构—按政府层级划分

按政府层级划分，巴西政府收入分为联邦政府收入[1]、州政府收入和市政府收入三级，其中联邦政府收入和州政府收入一般占总收入 95% 左右，仅联邦一级收入平均占总收入的 68% 左右。2015 年政府总收入为 19 281.8 亿雷亚尔，其中联邦政府收入为 13 161.9 亿雷亚尔、州政府收入为 4 891.0 亿雷亚尔、市政府收入为 1 228.9 亿雷亚尔，分别比上年增加了 4.57%、4.38%、4.44% 和 7.27%（见图 7-4）。

（二）联邦政府税收收入

1. 联邦税收收入的总体情况

税收收入是巴西联邦政府的最大资金来源之一。2011/2016 财年，巴西联邦税

---

[1] 根据巴西公共财政指南，巴西中央政府收入来源于联邦收入办、非联邦收入办、财政激励和净社会保障收入，其中联邦政府收入是中央政府收入的主要组成部分。

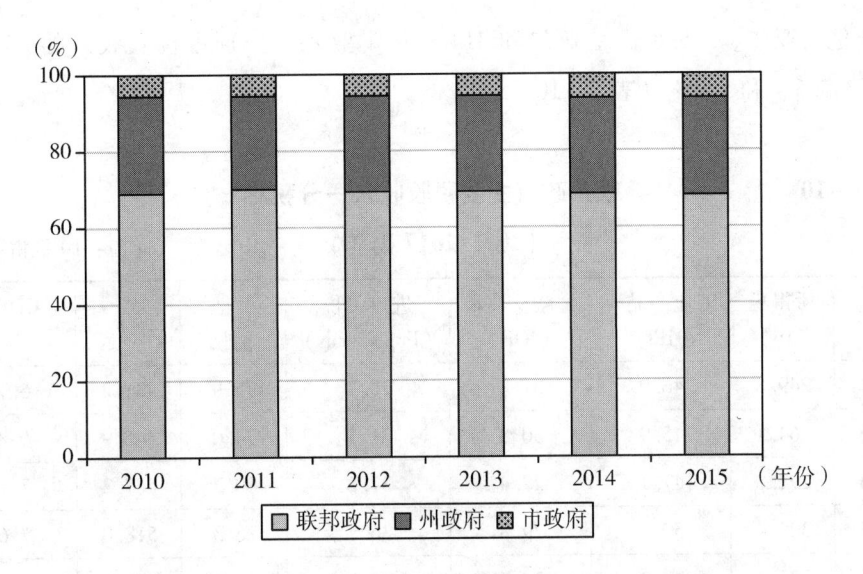

图 7-4　巴西政府预算收入构成（2011/2015 财年）

资料来源：Federal Revenue Secretariat of Brazil（RFB），http：//idg. receita. fazenda. gov. br/。

收收入绝对值逐年增加，其占 GDP 比重也呈递增趋势。2016 年，巴西联邦税收总额为 5 753.5 亿雷亚尔，比上年同期增长了 7.14%。据预测，2017 年联邦总税收为 5 764.5 亿雷亚尔，占 GDP 比重为 9.15%，年度增幅仅为 0.19%（见图 7-5）。

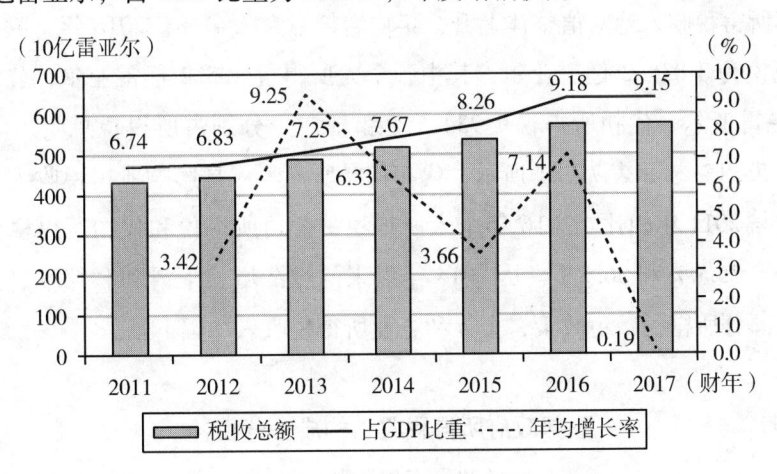

图 7-5　巴西联邦政府税收收入情况

资料来源：Federal Revenue Secretariat of Brazil，http：//idg. receita. fazenda. gov. br/dados。

2. 巴西联邦税收收入构成

巴西联邦政府的税收收入主要包括所得税、工业产品税（类似增值税）、金融交易税和进口税。所得税对联邦政府国库收入贡献最大，约占到 GDP 的 8.5%。2016 财年，所得税、工业产品税、金融交易税和进口关税分别为 3 644.5 亿雷亚尔、

449.5 亿雷亚尔、336.8 亿雷亚尔和 314.7 亿雷亚尔,分别占税收收入的 63.3%、7.8%、5.5% 和 5.9%(表 7-10)。

表 7-10　　　　联邦政府主要税收收入—分税种
（2011/2017 财年）　　　　　　　单位：10 亿雷亚尔

财年	所得税 （IR）	工业产品税 （IPI）	金融交易税 （IOF）	进口关税 （Impoort tax）	其他税收	合计	占 GDP 比重（%）
2011	249.8	46.9	31.8	26.7	75.9	431.2	6.74
2012	264.1	45.9	30.8	31.1	74.0	445.9	6.83
2013	292.8	47.1	29.4	37.2	80.7	487.2	7.25
2014	304.4	50.7	29.8	36.8	96.3	518.0	7.67
2015	322.1	49.3	34.7	39.0	91.9	537.0	8.26
2016	364.4	45.0	33.7	31.5	100.8	575.4	9.18
2017	383.6	43.3	32.7	29.8	87.0	576.5	9.15

资料来源：Federal Revenue Secretariat of Brazil, http://idg.receita.fazenda.gov.br/dados。

巴西联邦所得税由个人所得税、公司所得税和代扣所得税构成。2011/2017 财年,联邦所得税收入绝对值整体上升,年均增长率为 7.41%。2016 年,联邦所得税收入总规模为 3 836.2 亿雷亚尔,其中,个人所得税 305.2 亿雷亚尔、公司所得税 1 404.8 亿雷亚尔、代扣所得税 1 934.5 亿雷亚尔,分别占所得税总收入的 8.4%、38.5% 和 53.1%。如表 7-11 所示,代扣代缴所得收入是影响所得税收入规模的主要因素,与 2011 年相比,2016 年个人所得税、公司所得税和代扣所得税分别增长了 38.9%、35.0% 和 56.3%。因 2014 年以来的经济增长下滑和联邦政府扩大内需而实施的部分所得税减免政策,个人和企业所得税收入增幅下降。

表 7-11　　　　联邦政府所得税收入构成—分税种
（2011/2017 财年）　　　　　　　单位：10 亿雷亚尔

财年	个人所得税	公司所得税			代扣代缴所得税					合计
^	^	金融公司	其他公司	小计	劳动收益	资本利得	海外汇款	其他所得	小计	^
2011	22.0	15.1	89.0	104.1	68.8	34.3	13.4	7.3	123.8	249.8
2012	24.3	20.1	88.7	108.8	75.1	33.0	14.7	8.2	131.0	264.1
2013	26.5	21.9	104.3	126.1	79.0	34.3	17.0	9.9	140.2	292.8

续表

财年	个人所得税	公司所得税			代扣代缴所得税					合计
		金融公司	其他公司	小计	劳动收益	资本利得	海外汇款	其他所得	小计	
2014	27.8	19.2	102.0	121.2	87.0	39.8	18.7	10.0	155.5	304.4
2015	28.4	17.7	95.7	113.4	93.2	52.5	24.2	10.4	180.3	322.1
2016	30.5	24.0	116.5	140.5	99.7	59.1	24.4	10.1	193.5	364.4
2017	19.1	40.5	120.3	160.8	116.3	49.5	27.5	10.4	203.7	383.6

资料来源：巴西中央银行，http://www.bcb.gov.br/? INDICATORS。

工业产品税是联邦政府税收收入的第二大来源，占总税收的9.2%。2016年，工业产品税收入449.5亿雷亚尔，比上年同期下降了8.8%。从工业产品税的行业来源看，产品进口对工业产品税收入贡献较大，2016年工业产品税收入贡献率为30%，其次是烟草行业、汽车行业和酒水行业，分别贡献了12.7%、6.4%和5.9%。2011/2017财年，巴西国内外产品需求下降，工业企业产品税收收入增长乏力，加上汽车、家电等行业减税政策持续推行，工业产品税收入年度波动较大（见表7-12）。

表7-12 联邦政府工业产品税收入构成
（2011/2017财年） 单位：10亿雷亚尔

财年	烟草行业税	酒水行业税	汽车行业税	其他行业税	进口产品税	合计
2011	3.7	2.8	7.0	19.6	13.7	46.9
2012	4.1	3.1	4.1	18.6	16.0	45.9
2013	5.1	3.4	3.5	19.9	15.2	47.1
2014	5.7	3.3	4.6	22.0	15.2	50.7
2015	5.7	2.5	4.0	20.2	16.8	49.3
2016	5.7	2.6	2.9	20.3	13.5	45.0
2017	4.5	3.1	3.6	19.9	12.2	43.3

资料来源：巴西中央银行，http://www.bcb.gov.br/? INDICATORS。

（三）联邦政府社会缴费收入

巴西联邦政府社会缴费项目[①]众多，主要包括社保缴费收入、社会福利机构自

[①] "社会缴费"（Social Contribution）国内有学者译为"社会特别税"。巴西中央银行把一些"社会缴费"（Social Contribution）收入纳入税收收入口径，而巴西财政部把"社会缴费"收入进行单列，与税收收入相区别。本文统一将其译成为"社会缴费"。

有收入和社会福利机构其他收入三大类,其中社保缴费收入是第一大收入来源,占社会缴费收入总额的98.4%。具体来看,社保缴费收入又划分为养老金收入计划、社会保障融资缴费、公司净利润社会特别费、社会整合计划和公共服务资产形成缴费等,这类收入主要用于社会保障、医疗、教育、社会救助、教育和社会公益事业等。2016年,社会缴费总收入额为5 942.0亿雷亚尔,占联邦政府预算收入比重为45.2%,其中养老金缴费收入和社保保障融资缴费收入贡献率依次为57.1%和23.9%(见表7-13)。

表7-13 联邦政府社会缴费收入来源构成(2011/2016财年)

单位:10亿雷亚尔

财年 / 项目	2011	2012	2013	2014	2015	2016
社会缴费收入	473.3	522.4	576.5	607.9	627.2	594.2
社保缴费收入	465.2	516.3	569.7	600.4	618.0	584.5
养老金收入(RGPS)	246.0	275.8	307.1	337.5	350.3	339.3
法人盈利捐税(CSLL)	46.1	46.0	50.2	50.6	47.8	49.7
社会保障融资缴费(COFINS)	127.7	145.2	159.5	156.7	160.8	141.8
社会整合计划和公共服务资产形成缴费(PIS/PASEP)	20.0	23.4	25.1	25.0	25.6	22.6
金融活动暂行特别费(CPMF)	0.0	-0.1	-0.2	0.0	0.0	0.0
公务员社会保障缴费(CPSS)	22.6	23.0	24.6	26.9	29.5	27.6
军人退休金	1.6	1.6	1.7	1.9	2.1	2.0
其他社保缴费	1.3	1.4	1.5	1.8	2.0	1.5
社会福利机构自有收入	4.9	5.0	0.6	0.6	1.8	0.2
医疗收入	0.8	3.3	0.2	0.1	0.1	0.1
预备费	0.1	0.4	0.4	0.4	0.5	0.0
其他援助	107.2	0.0	0.0	0.1	1.1	0.0
其他安全保障	-103.2	1.2	0.0	0.0	0.0	0.0
社会保障机构其他收入	3.2	1.2	6.3	6.8	7.4	9.6

注:燃油费等(CIDE)主要政府对经济领域干预性税收。
资料来源:巴西中央银行。

四、政府赤字和债务

(一) 赤字水平及变化情况

1. 联邦政府赤字规模

自2000年起,巴西加强了财政纪律立法,严格控制财政赤字,相对法律规定联邦政府必须实现基本财政盈余,而且基本财政盈余占GDP的目标为3%。2015年预算指导法案进一步规定综合公共部门基本预算盈余306亿雷亚尔的政策目标(占GDP的0.5%)。中央政府基本赤字盈余由联邦赤字盈余和央行赤字盈余构成。2011~2017年巴西中央政府基本财政盈余逐年下降,尤其是2011年之后联邦政府基本财政盈余下降明显,2014年巴西财政严重恶化,联邦政府基本财政盈余首次出现赤字,赤字额为172.43亿雷亚尔,占GDP比重为2.69%。截至2016年底,联邦政府基本预算赤字高达1542.6亿雷亚尔,两年内政府财政状况恶化了796.3倍。根据巴西中央银行预测数据,2017年4月巴西基本预算盈余为1290亿雷亚尔,其中中央政府预算盈余为1150亿雷亚尔,地方政府预算盈余为8.67亿雷亚尔,国企预算盈余为5.9亿雷亚尔,赤字率比2016年的2.29%下降了0.05%。

表7-14　　　　　　　巴西联邦政府财政运行状况

(2011/2017财年)　　　　　　单位:10亿雷亚尔

	联邦政府基本预算盈余			央行盈余	基本财政盈余
	国库盈余	社保盈余	合计		
2011	129.6	-35.5	94.1	-0.6	93.5
2012	129.8	-40.8	89.0	-0.8	88.3
2013	128.2	-49.9	78.3	-1.3	77.0
2014	39.6	-56.7	-17.1	-0.1	-17.2
2015	-28.2	-85.8	-114.0	-0.7	-114.7
2016	-3.5	-149.7	-153.3	-1.0	-154.3
2017	87.0	-160.0	-73.1	-0.1	-73.2

注:"+"表示财政盈余,"-"表示财政赤字。

资料来源:Treasury Secretariat (MOF),STN.

2. 预算赤字占 GDP 比重变动情况

近年来，巴西各级政府整体处于赤字运营状态。2016 年，政府基本预算盈余水平为 1 542.6 亿雷亚尔，占 GDP 比重为 0.56%，比上年同期财政赤字上涨了 2.27 个百分点。其中，联邦政府预算赤字率为 0.63%，比上年同期增长了 1.64%（见表 7 – 15）。

表 7 – 15　巴西政府基本预算赤字占 GDP 比重（2011/2017 财年）　　单位:%

年份	2011	2012	2013	2014	2015	2016	2017
总融资需求	– 1.94	– 2.62	– 2.94	– 2.18	– 1.71	0.56	1.85
中央政府需求	– 1.27	– 2.03	– 2.13	– 1.79	– 1.41	0.35	1.94
联邦政府需求	– 2.58	– 3.14	– 2.95	– 2.65	– 2.37	– 0.63	0.50
中央银行需求	0.02	0.01	0.01	0.02	0.02	0.00	0.01
主权基金需求	1.29	1.10	0.81	0.85	0.94	0.98	1.43
地方政府需求	– 0.63	– 0.53	– 0.75	– 0.45	– 0.31	0.13	– 0.16
州政府需求	– 0.54	– 0.44	– 0.68	– 0.39	– 0.24	0.23	– 0.15
市政府需求	– 0.09	– 0.09	– 0.08	– 0.06	– 0.06	– 0.09	– 0.01
国企需求	– 0.04	– 0.06	– 0.06	0.05	0.01	0.07	0.07
联邦级国企	0.05	0.02	– 0.01	0.02	0.01	0.03	0.03
州级国企	– 0.08	– 0.07	– 0.04	0.04	0.00	0.04	0.05
市级国企	– 0.01	– 0.01	– 0.01	– 0.01	– 0.01	– 0.00	– 0.00

资料来源：巴西中央银行，http：//www.bcb.gov.br/? INDICATORS。
Central Government Primary Balance，http：//www.tesouro.fazenda.gov.br/en/central-government-primary-balance。

（二）政府债务情况

1. 政府债务的总规模

根据国际货币基金组织统计数据，巴西政府债务总规模呈现逐年递增趋势，自 2014 年以后，债务总规模从 2014 年的 1 157.85 亿美元迅速上涨为 2016 年的 1 578.15 亿美元，占 GDP 比重也从 62.31% 增加到了 78.32%，年均增幅达 12.11%（见图 7 – 6）。[①]

[①] 巴西年度债务报告（2016），http：//www.tesouro.fazenda.gov.br/documents/10180/269444/RAD_Relat%C3%B3rio_Anual_2016_ingles.pdf/c3ae2138 – 7077 – 4c29 – a383 – 3f3940f67311。

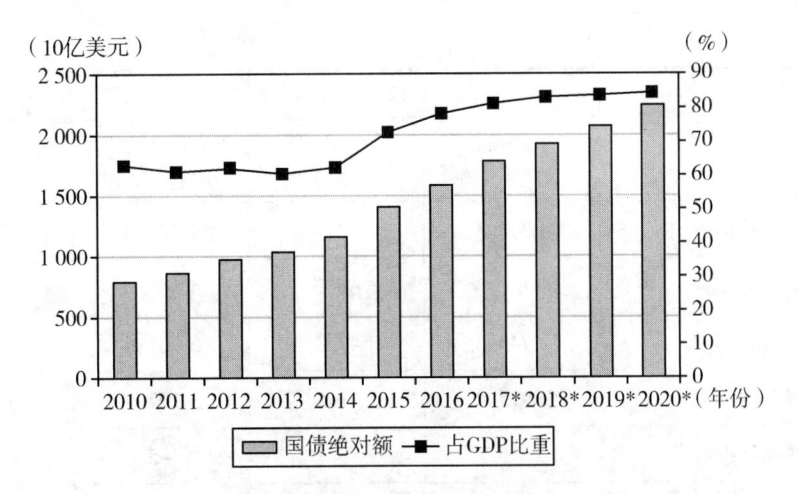

图 7-6　巴西政府债务总规模及占 GDP 比重变动情况图

注：＊表示当年数据为预测值。
资料来源：国际货币基金组织，https：//www.statista.com/statistics/531375/national-debt-of-brazil/。

2. 政府债务的构成

巴西政府债务由内债和外债两部分组成，内债约占债务总额的95%左右。截至2016年末，巴西公共部门净债务（扣除公共部门债务）为28 929.1亿雷亚尔，占GDP比重为46.2%。具体来看，一般政府债务总额43 784.9亿雷亚尔，内债额为41 503.5亿雷亚尔、外债额为2 281.4亿雷亚尔，占GDP比重分别为69.9%、66.2%和3.6%。据巴西中央银行预测，面对停滞不前的经济形势及日益减少的税收，2017年巴西的财政状况持续恶化，一般政府债务总额将进一步扩大，截至2017年4月一般政府债务总额为45 477亿雷亚尔，其中内债为43 286.4亿雷亚尔、外债为2 190.7亿雷亚尔，占GDP比重分别为71.7%、68.1%和3.5%，除外债水平略有下降外其他债务水平均有不同程度的增长（见表7-16）。[1]

表7-16　　　　　　　巴西联邦政府融资需求及占GDP比重

	2016年12月		2017年3月	
	绝对额（10亿雷亚尔）	占GDP比重（%）	绝对额（10亿雷亚尔）	占GDP比重（%）
公共部门净债务	2 892.9	46.2	3 020.6	47.8
一般政府净债务	2 995.0	47.8	3 138.4	49.6

---

[1] Política Fiscal, https：//www.bcb.gov.br/htms/notecon3-p.asp.

续表

	2016年12月		2017年3月	
	绝对额（10亿雷亚尔）	占GDP比重（%）	绝对额（10亿雷亚尔）	占GDP比重（%）
一般政府总债务	4 378.5	69.9	4 527.0	71.6
内债	4 150.3	66.2	4 308.6	68.1
债券市场	2 943.6	47.0	3 065.6	48.5
国债	2 975.8	47.5	3 102.9	49.1
联邦抵押债券	-5.7	-0.1	-5.6	-0.1
债务证券化	10.6	0.2	10.9	0.2
公共部门债券投资	-37.1	-0.6	-42.7	-0.7
地方政府债券投资	0.0	0	0.0	0
央行回购操作	1 047.5	16.7	1 087.5	17.2
联邦政府银行债	16.6	0.3	12.0	0.2
回购协议	0.0	0	0.0	0
州政府银行债	119.0	1.9	119.6	1.9
市政府银行债	23.7	0.4	24.0	0.4
外债	228.1	3.6	218.4	3.5
联邦政府债	119.8	1.9	113.3	1.8
州政府债	97.6	1.6	94.7	1.5
市政府债	10.7	0.2	10.4	0.2

注：基本财政收支融资需求不包括央行和INSS。
资料来源：巴西财政部，Central Government Fiscal Balance。

3. 政府债务负担率变动

根据国际货币基金组织预测数据，巴西未来预算财政赤字占GDP比重还将有所下降，2015年财政赤字率达到最高值10.26%，2016~2020年赤字率有所回落。但是，鉴于巴西经济预期增长趋势的不确定性，财政赤字变动幅度还有待进一步商榷（见图7-7）。

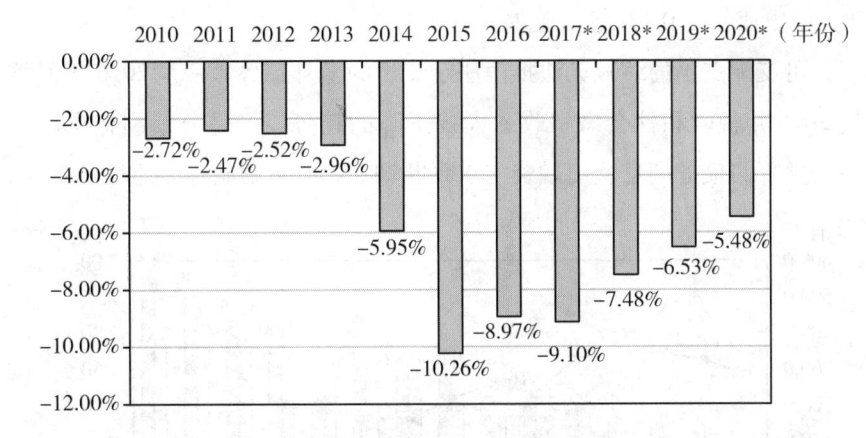

图 7-7 2010~2020 年巴西政府预算赤字占 GDP 比重变动

注：*表示当年数据为预测值。

资料来源：IMF，http://www.statista.com/statistics/270877/brazils-budget-balance-in-relation-to-gdp/。

（三）赤字形成的主导因素

根据研究可知，巴西政府财政预算恶化是诸多因素共同作用的结果，分析梳理得出，预算赤字形成的主要因素如下。

第一，经济增长短期内不容乐观。近年来，巴西受到外部环境不利和内部改革停滞双重压力的影响，短期内难以有实质性的改善。2016 年，巴西经济继续维持"双赤字"运行，财政赤字和经常账户赤字占 GDP 比重分别为 9.7% 和 1.1%。与此同时，近两年私人消费和固定资产投资同时下降，导致经济增长的传统动力失速。为刺激经济复苏，巴西央行自 2016 年 10 月开启降息周期，但是美国 2017 年加息预期，会吸引短期资本回流美国，从而加剧巴西融资短缺问题，雷亚尔进一步贬值风险预期加大。

第二，减税政策抑制了财政收入增长。通过结构性减税政策，增加海外企业竞争力和降低个人负担的同时，也相应导致巴西地方财政收入大幅缩水。2016 年，巴西联邦政府推出了两项税收调整政策：一是 2016 年 3 月 1 日起下调海外汇款税税率，税率从 26% 下调为 6%，有效期至 2019 年 12 月 31 日。2016/2019 财年，相关税收预计缩减财政收入分别为 6.27 亿雷亚尔、7.47 亿雷亚尔、7.72 亿雷亚尔和 8.38 亿雷亚尔。二是 2016 年 3 月 8 日，修订所得税抵扣办法，允许员工产假期间工资所得税前抵扣。2016/2019 财年，该项政策预计财政收入缩减额分别为 0.65 亿雷亚尔、0.7亿雷亚尔和0.76亿雷亚尔。

第三，可支配支出的缩减无法抵消法定支出的上升趋势。一是2016年经济衰退无法扭转2015年税收和社会缴费收入大幅下降的趋势。二是公债利息支出不断累积，使得公共部门债务利息支出融资需求不断增加，导致财政赤字难以削减。

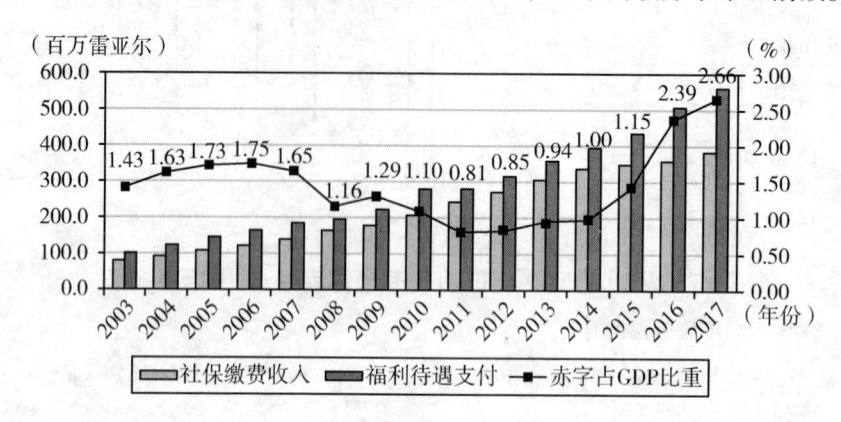

图7-8　巴西一般社会保障预算收支盈余状况

资料来源：Secretaria do Tesouro Nacional doMinistério da Fazenda（STN/MF），Orçamento Cidadão：Projeto de Lei OrçamentáriaAnual-PLOA 2017.

第四，社会保障预算赤字稳步上升。在过去的半个世纪，巴西近乎停滞的生育率和不断提高的预期寿命，促使巴西人口结构大幅变动，65周岁以上人口占总人7.5%，比20世纪增加了2个百分点。预计到2050年，巴西人年人口赡养率将达37%，到2100年将超过绝大多数发达经济体。[①] 在此基础上，不断恶化人口老龄化问题将进一步加大巴西财政压力。然而，巴西经济低迷，失业率和通货膨胀率高涨，社会保障缴费收入难以维系，进而社会保障预算赤字急速上涨。在养老金制度维持现状的情况下，到2050年老年人口将是现在的3倍，福利支出需求金额占GDP比重上升为21%。根据2017年巴西年度预算数据，巴西一般社会保障预算赤字规模稳定增长，社会保障预算赤字率从2011年的0.81%波动上升到2016年的2.39%，未来还有进一步上升的趋势。

（四）控制赤字的措施

为了缩减财政赤字，恢复财政收支健康且可持续发展，巴西政府采取了一系列调控措施。

---

① Alfredo Cuevas, LzabelaKarpowicz, Carlos Mulas Granados, Mauricio Soto：Fiscal Challenges of Population Aging in Brazil, IMF Working Paper, wp17/99.

第一，调整财政支出结构，削减教育、医疗等领域支出。在未来20年内，巴西联邦政府预计将教育、医疗领域的公共支出消减为最低支出水平。与此同时，调整政府财政支出结构，自1990年以来首次下调中央政府基本预算支出占GDP比重。

第二，加速社会保障制度改革，调整未来福利待遇支付水平，以适应人口结构变动，确保社会保障制度长期可持续发展。

第三，扩大财政性贷款，把财政赤字压力由联邦政府转向国有银行系统。为加大对基础设施领域投资，巴西政府采用公私伙伴关系的PPP融资模式支持国家的大型投资计划，充分发挥联邦政府的资金融通的导向职能，以较小的资金投入撬动大额的社会资本投入。另外，PPP模式扩大了国有银行的政策性信贷，这有可能会形成政府隐性债务。

第四，为抑制通胀，加强财政政策和货币政策协调。为抑制通胀，巴西央行不断调整银行基础利率，降息和高利率协调配合。当调高基准利率调整时，考虑对公共债务利息支出的影响。巴西央行下调基准利率时，以基准利率为指数化的债务利息支出下降，由此可降低债务融资需求。

第五，加强联邦公共债务管理，优化债务的期限结构，合理配置中长期债务和短期债务的比重，实现以最小的融资成本满足最大的融资需求，确保债券市场的平稳运行。具体如下：将流动利率债替换为固定利率和通胀相关联的债券；调整债券发行期限结构，延长债券平均到期率；提高联邦政府债券在二级市场上的流动率；通过发行基准债、回购协议和债券结构化操作等措施，延伸联邦公共债的内涵和外延。

五、政府间转移支付

（一）转移支付的基本情况

巴西作为一个联邦制国家，各州之间的政治、经济发展很不平衡。早在1988年，巴西宪法就明确了各级政府之间的收入分享制度，即上级政府对下级政府的直接转移支付和间接转移支付，以此达到促进区域间财政收支平衡的目的。其中，直接转移支付来自税款上缴下拨，间接转移支付以社会发展基金的形式存在（见表7-17、图7-9）。

表 7-17　　　　　　　　　巴西参与基金的分配比例　　　　　　　　单位:%

地区	联邦和州参与基金	州参与基金
北部	25.37	8.53
东北部	52.46	35.27
东南部	8.48	31.18
南部	6.52	17.55
中西部	7.17	7.47

资料来源：巴西财政部网站。

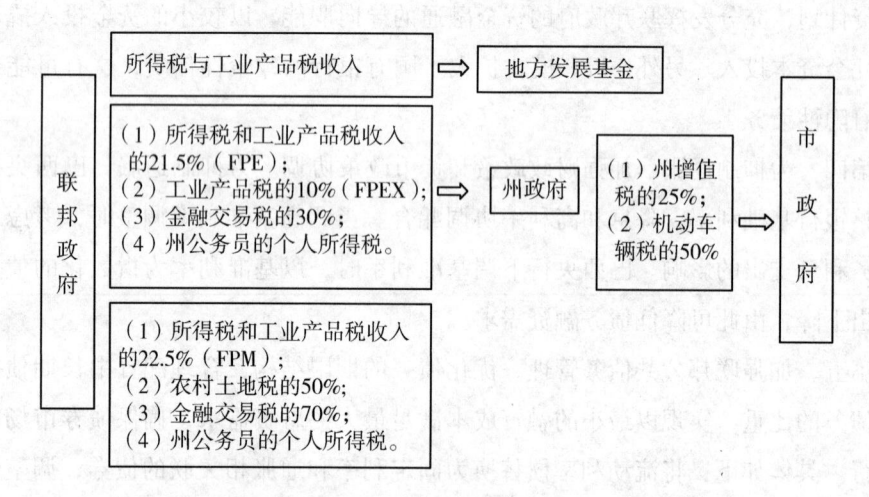

图 7-9　巴西宪法规定的政府间转移支付形式和分配比例

资料来源：巴西财政部网站。

（二）转移支付的规模

1. 按支出部门划分的转移支付

按支出部门分类，巴西中央财政资金主要流向了州、市政府，家庭户、私营部门、政府消费、金融投资机构和其他部门。从表 7-18 可以看出，2011~2016 年巴西中央政府基本预算转移支付支出规模逐年增加，其中向家庭户现金转移支出，向州、市政府转移支付支出和政府消费支出所占比重较高，年平均占比分别为 24.13%、47.88% 和 18.33%。2016 年末，巴西联邦政府基本预算中，向地方政府转移支付支出 2 854.1 亿雷亚尔，向家庭户现金转移支付 7 303.3 亿雷亚尔，政府消费支出 2 053.1 亿雷亚尔，合计占中央政府转移支付总支出的 93.9%。

表 7–18　　　　　巴西联邦政府基本预算转移支付支出　　　　单位：10 亿雷亚尔

项目＼年份	2011	2012	2013	2014	2015	2016
向州、市政府转移	240.2	259.0	281.9	302.6	302.1	285.4
向家庭户现金转移	435.3	469.3	525.7	585.0	631.3	730.3
向私营部门转移	13.8	14.3	16.5	17.2	38.4	25.1
向公共部门转移	163.8	190.8	215.7	245.3	265.3	205.3
向金融投资机构转移	51.3	78.1	82.8	75.1	48.2	17.6
其他转移支付	11.0	12.9	20.5	28.8	54.4	36.2
合　计	915.5	1 024.5	1 143.0	1 254.1	1 339.7	1 300.0

资料来源：巴西财政部官网，http：//www.orcamentofederal.gov.br/informacoes-orcamentarias/pasta-estatisticas-fiscais/08.-despesas-primarias-do-governo-central-pela-otica-do-uso。

2. 对州和地方政府的转移支付支出规模

2016 年巴西中央政府联邦政府对州和地方政府的转移支付为 2854.1 亿雷亚尔，比 2011 年减少了近 172.3 亿雷亚尔，占联邦支出的比重也从 2011 年的 3.75% 增加到 2016 年的 4.65%。总体上看，巴西联邦政府每年会拿出预算总支出的 32%～42% 用于对州和地方政府的转移支付（见图 7–10）。

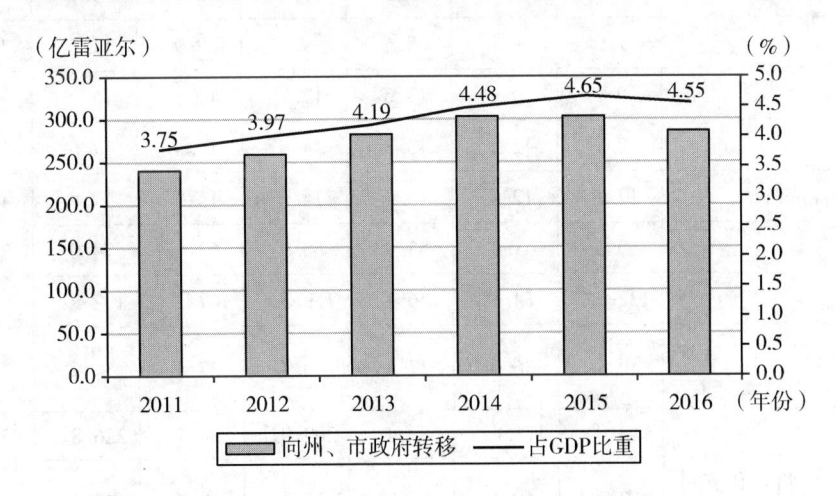

图 7–10　巴西中央政府转移支付支出情况

资料来源：巴西财政部官网，http：//www.orcamentofederal.gov.br/informacoes-orcamentarias/pasta-estatisticas-fiscais/08.-despesas-primarias-do-governo-central-pela-otica-do-uso。

(三)转移支付的结构

巴西部分经济落后区域主要财政来源于联邦政府财政转移支付。2011~2017年,联邦政府向州政府的转移支付金额稳定增长。2016年,联邦政府向帕拉伊巴、帕拉、马拉尼昂等10个州的转移金额共计2 268.4亿雷亚尔,占全国总转移支出的79.5%,比上年增加了7.7%。此外,联邦政府向地方政府提供的特别使用费、基金和教育费等财政资金也相对稳定,2016年共提供了346.8亿雷亚尔,上年同期下降了2.8%(见表7-19)。

表7-19　　巴西联邦政府向主要州政府的转移支付　　单位:10亿雷亚尔

项目＼年份	2011	2012	2013	2014	2015	2016	2017
帕拉伊巴	5.0	5.2	5.6	6.1	6.4	7.4	7.3
帕拉	6.3	6.6	7.1	7.6	8.0	9.1	9.1
巴拉那	6.7	6.8	7.3	8.0	8.4	9.6	9.5
马拉尼昂	7.2	7.3	7.9	8.7	9.1	10.5	10.5
伯南布哥	7.5	7.7	8.3	9.0	9.5	10.8	10.9
南里奥格朗德	6.5	6.5	7.0	7.7	8.1	9.2	9.0
塞阿拉	7.9	8.1	8.6	9.4	9.9	11.3	11.4
圣保罗	10.7	10.6	11.6	12.7	13.3	15.2	14.7
巴伊亚	12.1	12.2	13.3	14.5	15.4	17.6	17.5
米纳斯吉拉斯	12.1	12.4	13.4	14.6	15.3	17.5	17.1
其他	50.5	51.4	55.9	60.9	63.8	74.0	73.3
州合计	132.7	134.8	146.1	159.3	167.2	192.2	190.3
特许权使用费、基金和教育费	30.4	36.6	37.3	40.7	37.5	34.7	45.6
合计	163.0	171.4	183.4	200.0	204.7	226.8	235.9
上述10个州转移支付占全国比重,%	67.9	66.2	65.0	66.1	67.8	79.5	68.7

注:上述转移支付包括"联邦区和州参与基金""出口补偿基金"、金融交易税和农村土地税等。

资料来源:巴西中央银行,http://www.bcb.gov.br/? INDICATORS。

六、施政方针与财政改革

(一) 预算优先投资项目

面对经济衰退、财政恶化和失业增长的严峻考验,巴西当前急需展开一场"经济改革"。为了创造巴西经济周期的新环境,2017年预算优先投资项目如下。

第一,调整支出结构,削减医疗、教育以及其他社会政策的支出水平,实现财政资金使用效率的最大化。

第二,强化基础设施投资,激发经济发展的新增长点。

第三,通过创新和提高投资回报率,持续推进特许权项目。

第四,加大双边或多边贸易合作力度,促进产品和服务贸易平衡。

第五,调整公共部门政策,扩大能源领域投资力度,提高能源产品供给质量。

(二) 主要政策措施

战略性公共投资一直是各国促进经济增长的重要政策工具之一。根据2017财年预算(PLOA2017),联邦政府预计投资3 580亿雷亚尔用于城市社区、物流、能源、国防等领域基础设施的建设问题。[1]

第一,加强城市社区基础设施建设力度,提高城市基础设施覆盖面积,除要改善居民的物质生活水平,还要提高居民文化、精神方面的生活水平。自2009年推出以来,2017年"我的家,我的生活"计划预算投资157亿雷亚尔,主要用于幼儿中心、保健所、住房、卫生、供水预防风险区和历史名镇保护等,联邦、州、市三级政府共同承担出资责任,州或市级企业和私营企业承担管理责任。本项投资计划超过292万个家庭从中受益,超过436套房屋获得了房屋装修基金。

第二,加强公共交通建设,提高公共交通运载能力和运行速度,降低居民在城市与地区之间的出行时间。公共交通基础设施建设计划预计投资130亿雷亚尔,除专用通道外,要加快地铁、轻轨(LRT)、快速公交(BRT)和快速公交等公交系统和配套城市交通体系建设等。

第三,推动污水处理、水源保护、河道污染等综合卫生行动,保护区域生态环

---

[1] "线下"由BCB提供,充分考虑了债务水平和基本赤字。"线上"是由国家财政部(STN/MF)和联邦预算、规划、开发和管理办公室(SOF/MP),项目控制结果是中央预算和财务规划的编制。

境和地区经济发展。加强卫生干预,提供更多有益于身心健康的保健所。2017 年本项计划预算资金 13 亿雷亚尔,建成的污水处理系统有利于 5 万居民,有利于疾病防治和有效控制。圣弗朗西斯科河(PISF)水利基础设施建设,有利于弥补东北北部缺水问题,促进河流可持续发展,振兴水供应盆地和荒漠化区域的恢复制度。优先采取措施,加强城市排水、斜坡遏制和洪水抑制等风险防御设施建设。

第四,重点加强教育、卫生、文化、体育、休闲和社会包容性区域规划,改善居民生活质量,计划投资 14 亿雷亚尔。主要用于开发:急诊监护病房(UPA)、社区保健所(BHU)、幼儿园和学前班和体育中心(CIE)。根据巴西卫生部统计,新增社区保健所和急救监护病房共需投资 4 500 亿雷亚尔,瑞银作为首选单位,有利于国家卫生系统(SUS)的统一。

第五,扩大偏远地区互联网接入,增加安全数据通信,提高与其他国家的网络互通。预计 2017 年末,落实巴西和欧洲之间海底通信光缆的投资,降低互联成本,扩大信息传输容量和数据安全性。与此同时,加强城市古迹和文化名城的文化遗产保护问题。

第六,加大物流基础设施的建设投资,提高运输服务质量,增强巴西产品的竞争力,加强产品链整合,促进全国范围内人员和货物的流动。2017 年预计投资 130 亿雷亚尔,除了有利于促进生产发展,还会直接或间接地增加就业岗位,为巴西经济增长提供引擎之一。改善港口、码头、航道等水路基础设施建设,降低国内产品运营成本,促进国际贸易均衡。2017 年,此项投资预算支出 10 亿雷亚尔。

第七,扩大能源基础设施建设力度,预算投资 6 614 亿雷亚尔,主要用于能源安全研究、石油勘探和核电等领域。

第八,加强国防部门投资。2017 年,国防部门预计投资 59 亿雷亚尔,主要用于武装部队和新型国防技术,比如中型直升机、巴西海军和计划等战略性项目等。

主要参考文献

[1] 巴西能走出经济困境吗?:http://www.cfen.com.cn/dzb/dzb/page_6/201704/t20170405_2574815.html。

[2] 巴西中央银行,http://www.bcb.gov.br/? INDICATORS。

[3] 巴西财政部官网,http://www.orcamentofederal.gov.br/clientes/portalsof/portalsof/informacoes-orcamentarias。

[4] 巴西年度债务报告(2016),http://www.tesouro.fazenda.gov.br/documents/10180/269444/RAD_Relat%C3%B3rio_Anual_2016_ingles.pdf/c3ae2138-7077-4c29-a383-3f3940f67311。

[5] 国际货币基金组织巴西数据，https：//www.statista.com/statistics/531375/national-debt-of-brazil/。

[6] 国际货币基金组织巴西预算数据，http：//www.statista.com/statistics/270877/brazils-budget-balance-in-relation-to-gdp/。

[7] Alfredo Cuevas, LzabelaKarpowicz, Carlos Mulas Granados, Mauricio Soto：Fiscal Challenges of Population Aging in Brazil, IMF Working Paper, wp17/99.

[8] Brazil's National Treasury Secretariat：http：//www.tesouro.fazenda.gov.br/.

[9] Central Government Primary Balance，http：//www.tesouro.fazenda.gov.br/en/central-government-primary-balance.

[10] Federal Revenue Secretariat of Brazil (RFB)，http：//idg.receita.fazenda.gov.br/.

[11] Mensagem Presidencial：Projeto de lel Orçamentãria Aniual 2017, p12.

[12] Secretaria de Orçamento Federal-SOF, Brasil；https：//translate.google.com/#auto/zh-CN/CExecu%C3%A7%C3%A3o%20Or%C3%A7ament%C3%A1ria%20dos%20Or%C3%A7amentos%20Fiscal%20e%20da%20Seguridade%20Social%20da%20Uni%C3%A3o%20-%20Fun%C3%A7%C3%A3o.

[13] Secretaria do Tesouro Nacional doMinistério da Fazenda (STN/MF)，OrçamentoCidadão：Projeto de Lei OrçamentáriaAnual-PLOA 2017.

第四篇
大洋洲

澳大利亚

第八章
澳大利亚

澳大利亚位于南太平洋和印度洋之间,全国划分为6个州和2个地区,面积769.2万平方公里,人口2 462万人(2017年8月),是南半球经济最发达的国家和全球第12大经济体,同时还是全球第四大农产品出口国。作为一个奉行多元文化的移民国家,又有着丰富的矿产和自然资源,商品出口和旅游业一直以来在澳大利亚的经济中扮演着重要角色,其经济运行状况很大程度上受到邻国和其他世界大国的影响。2017年,世界经济和政治形势充满了变数,美国新总统的上任、欧洲局势的变动,国内外恐怖袭击的频繁发生,都将对澳大利亚的经济和社会发展产生着各种影响。[①]

一、经济概况

2015/2016财年,澳大利亚实现了其连续第26个年头的经济增长。尽管国际上存在很多不确定性因素,但其增长势头仍然强劲。短期来看,居民消费、房地产投资和出口仍然是拉动澳大利亚经济增长的主要驱动力,而矿业投资则日渐削弱,对经济增长的贡献率继续下降。

自2015年以来,全球经济增长预期保持平稳,全球经济增长率预计会在2016年达到2.25%,在2017年达到3.5%,但下行风险依旧较大。从国内来看,向广泛基础增长(Broader-Based Growth)的转型仍然在继续,同时伴随的还有创历史新低

---

① 中国外交部:《澳大利亚国家概况》,中国外交部网站,2017年8月。

的利率和汇率。2015/2016 财年和 2016/2017 财年，澳大利亚的实际 GDP 增长预计都将为 2.5%，并在 2017/2018 财年达到 3%，从目前来看，与预计数值的偏差不大。一方面，低的利率给居民和企业带来了比较低的借贷成本，拉动了国内经济的增长；另一方面，较低的汇率使国内经济增长会向服务业拉动进行倾斜，温和的工资增长带来了国内就业率的强劲增长。这个势头可能会得到持续，2017 年的上半年，澳大利亚的失业率预计会降到 5.5%。

得益于就业率的增加，石油价格的走低，以及低利率带来的居民储蓄率的降低，澳大利亚的居民消费预计会出现持续的增长，房地产投资也会保持增长，但增长的势头会有所放缓。此外，工资的温和增长有助于控制国内的通货膨胀率，石油价格的降低和零售业竞争压力的增加也会使通货膨胀率保持稳定。

澳大利亚的采矿业投资将继续萎缩，预计 2015/2016 财年投资率会下降 27.5%，2016/2017 财年会下降 25.5%。由于采矿业投资的不断萎缩，商业投资预计会继续占据投资的主导地位。经济增长向广泛基础增长的转变，也使非采矿业逐渐占据主导地位，这一点在劳动力市场的行业分布上也可以看出。

随着澳大利亚铁矿石和液化天然气产量的增加，澳大利亚的非农业产品出口增长率预计在 2016/2017 财年达到 7%，在 2017/2018 财年达到 7.5%。2015 年以来的低汇率以及亚洲内部需求的不断上升，也带来了服务业出口的增长，例如旅游业和教育行业。2015 年，澳大利亚的旅游人数增加了 56 万人，比 2014 年增长了 8%。

2016 年初，受中国 GDP 增长目标的影响，一些主要商品出口价格又开始出现显著上涨，例如铁矿石价格。但是同时，需要引起注意的是商品价格的持续上涨可能会对对外贸易状况产生负面影响，并最终导致这种价格上涨的不可持续性。

截至目前，澳大利亚仍然是一个石油产品的净进口国。因此，石油价格下降降低了澳大利亚居民和企业的成本。但是，石油产品的一味下降也会给液化天然气的价格带来负面影响，因为这两者的价格是相互联系的。

受工资水平稳定预期的影响，澳大利亚的名义 GDP 增长率也有一定程度的收缩，2015/2016 财年预计为 2.5%，2016/2017 财年预计为 4.25%，并最终有望在 2017/2018 财年达到 5%。较为稳定的通货膨胀率也是名义 GDP 预测的依据之一。2015/2016 财年以来，澳大利亚政府对本国未来 4 年（至 2018/2019 财年）的名义 GDP 增长预测缩减了 275 亿澳元，由此带来了税收收入预测的下调，如果政策不发生变动，那么未来 4 年（至 2018/2019 财年）澳大利亚的税收收入预测将下调 135 亿澳元（见表 8-1）。

表 8-1　　　　　　　　　　澳大利亚经济发展变化情况

	2014/2015 财年	2015/2016 财年	2016/2017 财年	2017/2018 财年
实际 GDP 增长率	2.2	2.5	2.5	3
居民消费变化率	2.7	3	3	3
房地产投资变化率	7.9	8	2	1
商业投资变化率	-6.2	-11	-5	0
采矿业投资	-17.3	-27.5	-25.5	-14
非采矿业投资	1.2	-2	3.5	4.5
私人需求	1.0	0.5	1.5	2.5
公共需求	0	2.25	2.25	2
商品和服务出口变化率	6.5	6	5	5.5
商品和服务进口变化率	0	0	2.5	3
净出口变化率	1.4	1.25	0.75	0.75
名义 GDP 变化率	1.6	2.5	4.25	5
CPI 变化率	1.5	1.25	2	2.25
工资价格指数变化率	2.3	2.25	2.5	2.75
就业率变化率	1.6	2	1.75	1.75
失业率变化率	6.1	5.75	5.5	5.5
贸易状况变化率	-10.3	-8.75	-1.25	0
经常账户平衡变化率	-3.7	-4.75	-4	-3.5

注：2014/2015 财年是实际值，2015/2016 财年、2016/2017 财年、2017/2018 财年都是预测值。

资料来源：澳大利亚 2016/2017 财年预算报告。

二、政府支出

（一）澳大利亚一般政府财政支出状况

澳大利亚一般政府财政支出预计在 2016/2017 财年将增加 2.5%，2018/2019 财年，由于国家残疾人保障项目的实施，政府财政支出增长率将达到 2.9%。财政支出占 GDP 的增长率将从 2016/2017 财年的 26.2% 降到 2019/2020 财年的 25.7%。在过去 6 年，从 2007/2008 财年至 2013/2014 财年，澳大利亚一般政府财政支出占 GDP 的百分比从 23.8% 增加到了 26.1%。

受政策变化的影响，澳大利亚 2016/2017 财年年度预算报告中将未来四年（2015/2016 至 2018/2019 财年）的财政支出预算与 2015/2016 财年《年中经济与财政展望》相比减少了 45 亿澳元。

表 8-2　　　　　　　　　澳大利亚一般政府财政支出预测

	《年中经济与财政展望》	修正	估计		预测	
	2015/2016 财年	2015/2016 财年	2016/2017 财年	2017/2018 财年	2018/2019 财年	2019/2020 财年
总支出（10 亿澳元）	432.2	431.5	450.6	464.8	489.3	511.6
增长率（%）	1.5	1.8	2.5	0.9	2.9	2.0
占 GDP 百分比（%）	26.2	26.1	26.2	25.7	25.8	25.7

资料来源：澳大利亚 2016/2017 财年年度预算报告。

（二）按功能分类的澳大利亚一般政府财政支出状况

1. 一般公共服务支出

一般公共服务领域的财政支出在 2015/2016 财年至 2016/2017 财年发生了下降，这主要是由于养老金的支出使用了不同的贴现率。总的来看，未来 3 年，从 2016/2017 财年至 2019/2020 财年，澳大利亚一般公共服务的支出将保持相对稳定。

2. 国防支出

澳大利亚联邦政府在 2016 年发布了《2016 国防白皮书》，要求增加澳大利亚的军费开支，根据该计划，澳大利亚政府的国防支出将发生显著增加，从 2016/2017 财年的 271.55 亿澳元增加到 2019/2020 财年的 315.25 亿澳元，名义增长率达到了 16.1%，即使去除通货膨胀率的因素，其实际增长率也达到了 8.3%。

3. 教育支出

教育领域的支出预计从 2016/2017 财年开始的未来 3 年内将保持相对稳定，2019/2020 财年将比 2016/2017 财年略微增长 21.35 亿澳元。

4. 医疗支出

医疗领域的支出在未来 3 年增长比较显著，从 2016/2017 财年至 2019/2020 财年的增长率达到了 11%，这意味着澳大利亚居民对医疗资源和医疗服务的需求逐渐增大。此外人口老龄化程度的加剧，也使得澳大利亚国内的医疗成本不断上涨。

5. 社会保障支出

2016年，澳大利亚联邦政府推出了《国家残疾人保障计划》，这个计划的目的是为严重和长期残疾人口、生活不能自理的老年人口提供居家照顾和医疗服务。这项计划的推出使得政府的社保支出大大增加，从2016/2017财年的1 586.12亿澳元增加到了2019/2020财年的1 918.28亿澳元，3年总的增长率达到了20.9%。但同时，其他福利政策的调整可以适当减少一些社保支出的压力，例如取消家庭税收优惠和带薪产假。

6. 住房和社会维护支出

此前，根据《国内伙伴协议》(National Partnership Agreements)的要求，澳大利亚联邦政府需要向各个州和领地提供住房拨款，随着该协议的到期，这部分经费支出也被取消。同时，联邦政府还减少了对军人住房的补助，这些措施导致了澳大利亚住房支出在未来3年会从52.82亿澳元减少到44.12亿澳元，降幅达到16.47%。

7. 交通和通信支出

交通和通信行业的支出在未来3年波动比较大，最高时的2016/2017财年达到了111.31亿澳元，最低时的2019/2020财年只有54亿澳元，这主要是由于每年的基础设施建设项目不同，投资额也不同引起的。

8. 其他目的支出

其他目的的支出主要包括税收优惠补贴支出、公共债务利息支出以及应急储备金支出。这一部分的支出在未来3年也增长比较显著，从2016/2017财年的891.29亿澳元增长到了2019/2020财年的1 094.83亿澳元，增长率达到了22.84%（见表8-3）。

表8-3　　　　　2015/2016至2019/2020财年按功能分类
澳大利亚一般政府财政支出状况　　　　单位：百万澳元

财年 项目	2015/2016	2016/2017	2017/2018	2018/2019	2019/2020
一般公共服务	23 967	22 659	21 790	22 345	23 537
国防	25 986	27 155	27 937	29 384	31 525
公共秩序和安全	4 958	4 915	4 766	4 719	4 675

续表

财年 项目	2015/2016	2016/2017	2017/2018	2018/2019	2019/2020
教育	32 515	33 669	33 815	34 494	35 804
医疗	69 172	71 413	73 425	76 239	79 260
社会保障	152 838	158 612	166 518	184 260	191 828
住房和社区维护	4 865	5 282	5 051	4 455	4 412
文化创新	3 512	3 401	3 337	3 249	3 301
能源	6 528	6 687	6 782	7 028	7 301
农林畜牧业	2 768	3 122	3 084	2 626	2 269
采矿和制造业	3 650	3 545	3 792	3 999	4 277
交通和通信	8 647	11 131	10 606	6 599	5 400
其他经济事务	9 626	9 832	8 620	8 600	8 531
其他目的	82 437	89 129	95 291	101 326	109 483
总财政支出	431 470	450 553	464 812	489 324	511 604

资料来源：澳大利亚 2016/2017 财年年度预算报告。

总的来看，澳大利亚一般政府的财政支出未来越来越向社保福利、医疗卫生和教育领域倾斜，2016/2017 财年这些功能加起来占到了政府支出的 58.5%。具体来看，社保支出占比最多，大约占全部政府总财政支出的 35.2%；医疗卫生支出次之，大约占总财政支出的 15.9%。澳大利亚政府在教育领域的投入也比较大，大约占总财政支出的 7.5%，其他支出主要分布在国防和一般公共服务领域（见图 8-1）。

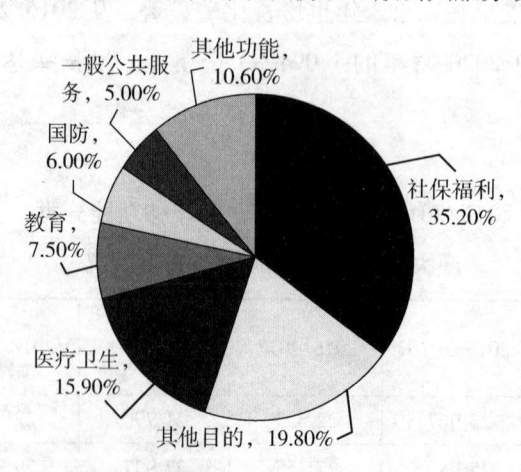

图 8-1 2016/2017 财年澳大利亚一般政府按功能分类的财政支出

资料来源：2016/2017 财年澳大利亚联邦政府预算报告。

三、政府收入

在 2015/2016 财年的《年中经济与财政展望》中，澳大利亚政府对收入的预测进行了下调，其中在考虑政策变动前提下，对 2016/2017 财年的财政收入预期下调了 64 亿澳元，对未来 4 年（至 2018/2019 财年）的财政收入下调了 147 亿澳元。如果不算货物劳务税，那么 2016/2017 财年的财政收入预期下调 63 亿澳元，未来 4 年（至 2018/2019 财年）的财政收入下调为 157 亿澳元。由于货物劳务税是州政府的收入，因此除去货物劳务税以后的税收收入代表的是澳大利亚联邦政府的税收收入。

调整后，预计 2015/2016 财年澳大利亚一般政府税收收入增长率为 3.1%，2016/2017 财年为 5%。税收收入占 GDP 的百分比预计在 2016/2017 财年达到 22.2%，在 2019/2020 财年增加到 23.5%，增加 1.3 个百分点。如果不包括货物劳务税，税收占 GDP 百分比预计在 2019/2020 财年会比 2016/2017 财年增加 1.3 个百分点（见表 8-4）。

表 8-4 澳大利亚一般政府财政收入

	实际值	实际值	估计值	预测值	预测值	预测值
	2014/2015 财年	2015/2016 财年	2016/2017 财年	2017/2018 财年	2018/2019 财年	2019/2020 财年
总税收收入（10 亿澳元）	353.5	364.5	382.8	410.2	438.8	468.3
增长率（%）	4.0	3.1	5.0	7.2	7.0	6.7
占 GDP 百分比（%）	22.0	22.1	22.2	22.7	23.1	23.5
税收收入（不包括货劳税）（10 亿澳元）	299.2	307.1	322.1	346.2	371.5	397.9
增长率（%）	3.6	2.6	4.9	7.5	7.3	7.1
占 GDP 百分比（%）	18.6	18.6	18.7	19.2	19.6	20.0
非税收入（10 亿澳元）	24.8	23.5	28.5	27.2	31.1	32.5
增长率（%）	21.8	-5.2	21.2	-4.5	14.3	4.4
占 GDP 百分比（%）	1.5	1.4	1.7	1.5	1.6	1.6
总财政收入（10 亿澳元）	378.3	388.0	411.3	437.4	469.9	500.7
增长率（%）	5.0	2.6	6.0	6.3	7.4	6.6
占 GDP 百分比（%）	23.5	23.5	23.9	24.2	24.8	25.1

资料来源：澳大利亚 2016/2017 财年预算报告。

（一）税收收入

1. 总体情况

根据澳大利亚 2015/2016 财年的《年中经济与财政展望》（MYEFO），如果考虑政策变动的影响，2015/2016 财年澳大利亚的税收收入比原来下调了 37 亿澳元，2016/2017 财年下调 64 亿澳元，未来 4 年（至 2018/2019 财年）一共下调 147 亿澳元。而不考虑政策变动影响的前提下，2016/2017 财年下调 46 亿澳元，未来 4 年（至 2018/2019 财年）一共下调 135 亿澳元，即 0.8 个百分点的下调幅度。

其中所得税收入的调整最大，这主要是受工资增长低于预期的影响。工资增长在未来几年的增长幅度将低于 2015/2016 财年《年中经济与财政展望》中的数值。2015 年以来，一些主要商品的出口价格的增长开始高于预期，尤其是铁矿石的价格，使得采矿业的利润增长好于 2015/2016 财年《年中经济与财政展望》中的预计数值。但是这种好的发展势头被国内非采矿业商品价格的疲软所抵消。总工资水平的下降导致了个人所得税的下调，预计到 2018/2019 财年的 4 年间，个人所得税收入将累计减少 120 亿澳元。此外，养老基金税预计到 2018/2019 财年的 4 年间将累计减少收入 55 亿澳元。但同时，澳大利亚的间接税收入将有所上涨，这将部分抵消直接税减少带来的影响。预计未来四年，至 2018/2019 财年，澳大利亚的间接税收入将增加 41 亿澳元。

2016/2017 财年的预算报告中，澳大利亚政府推出了十年企业减税计划，该计划希望能够鼓励企业投资，提高工资水平，以使更多的澳大利亚人受益。十年企业减税计划预计在未来十年内减少 92 亿澳元的财政收入。同时，作为税收改革计划的内容之一，澳大利亚政府还计划扩大税基，这将在未来 10 年增加 24 亿澳元的税收收入。

2. 分税种情况

（1）个人所得税和其他扣缴税收。

2015/2016 财年，澳大利亚个人扣缴税收总收入预计增长 4.7%，2016/2017 财年预计增长 4.4%。而在 2015/2016 财年的《年中经济与财政展望》中，则对该收入进行了下调，预计 2015/2016 财年减少 10 亿澳元的收入，未来 4 年至 2018/2019 财年，将减少 79 亿澳元的收入。做出调整的原因主要归结于预期工资水平的下调以及个人所得税收入预期的下调。

(2) 企业所得税。

2015/2016 财年，受经济景气情况影响，澳大利亚的企业所得税收入预计会下降 2.2 个百分点。但 2016/2017 财年，随着企业利润的上升，企业所得税的收入预计会增加 6.6 个百分点。在 2015/2016 财年的《年中经济与财政展望》中，企业所得税收入在 2015/2016 财年被下调了 24 亿澳元，在未来 4 年，截至 2018/2019 财年底，企业所得税收入预计下调 21 亿澳元。

如果不考虑新政策的影响，2015/2016 财年的企业所得税收入将被下调 24 亿澳元，在未来 4 年，至 2018/2019 财年，反而上调了 10 亿澳元。2015/2016 财年的《年中经济与财政展望》中对 2015/2016 财年的企业所得税的征收状况呈悲观态度，这主要取决于对采矿业的悲观预测。这会在 2016/2017 财年继续影响企业所得税收入。而采矿业利润的回升只有到了 2017/2018 财年和 2018/2019 财年才会对企业所得税的收入有所影响。

此外，一些重要的税收政策将会对企业所得税产生大的影响，例如从小微企业开始着手实施的企业所得税税率的下调，将会使澳大利亚的企业所得税制度更具有竞争力，从而能够鼓励企业投资，增加企业的生产力，一段时间内可以增加实际工资，并提高国民的生活水平。此外，澳大利亚政府还通过扩大税基来避免跨国企业通过利润转移来避税。

(3) 养老基金税。

在 2015/2016 财年预算报告中，预计澳大利亚的养老基金税在 2015/2016 财年增长 12.9%，在 2016/2017 财年增长 11.3%。在 2015/2016 财年《年中经济与财政展望》中，这一税种在 2015/2016 财年的收入被下调了 11 亿澳元，未来 4 年（至 2018/2019 财年）的收入被下调了 42 亿澳元。之所以对收入进行下调，主要是国内的外汇损失高于预期，工资增长的净贡献率却又低于预期，此外资本利得税的收入也低于预期。事实上，2015/2016 财年的预算中制定了一条低收入养老基金税补偿政策，根据该政策，低收入者可以减免一定的养老基金税，以此来增加居民的收入，应对国内的经济不景气。

(4) 货物劳务税。

2015/2016 财年，澳大利亚的货物劳务税收入预计会增长 6%，2016/2017 财年增长 5.4%。在 2015/2016 财年的中期预算中，2015/2016 财年的货劳税收入被上调了 1.9 亿澳元，未来 4 年，至 2018/2019 财年的货劳税收入被上调了 11 亿澳元。之所以上调货劳税收入预期，是因为澳大利亚政府决定对进口的低附加值商品也要征收货劳税，也就是说，日后这些商品与国内商品面临着同样的税收标准。

（二）非税收入

2015/2016 财年年度预算中，澳大利亚的非税收入预计下降 5.2%，2016/2017 财年预计增加 21.2%，增长的原因在于出售天然气许可证收入增加的预期。在 2015/2016 财年《年中经济与财政展望》中，澳大利亚政府把 2015/2016 财年的非税收入预期下调了 31 亿澳元，原因在于澳大利亚政府与维多利亚州政府签订的总额为 15 亿澳元的再投资协议。而 2016/2017 财年，受澳大利亚储备银行资本收益增加的预期影响，其非税收入的预期被上调了 23 亿澳元（见表 8-5）。

表 8-5　2015/2016 财年澳大利亚一般政府财政收入状况

	《年中经济与财政展望》预计（百万澳元）	年度预算预计（百万澳元）	《年中经济与财政展望》变化数（百万澳元）	《年中经济与财政展望》变化率（%）
所得税	269 660	265 030	-4 630	-1.7
货劳税	57 614	57 808	194	0.3
红酒税	840	860	20	2.4
高档汽车税	520	580	60	11.5
消费税和关税	34 240	34 790	550	1.6
农业税	475	514	39	8.2
其他税	4 881	4 925	44	0.9
间接税总额	98 570	99 477	907	0.9
税收收入	368 230	364 507	-3 723	-1.0
货物劳务销售	7 870	7 686	-184	-2.3
利息收入	3 874	2 842	-1 032	-26.6
股息红利	4 516	5 332	816	18.1
其他非税收入	10 401	7 660	-2 741	-26.4
非税收入	26 661	23 520	-3 141	-11.8
总财政收入	394 891	388 027	-6 863	-1.7

资料来源：澳大利亚 2016/2017 财年年度预算报告。

四、政府赤字和债务

(一) 联邦政府财政赤字

澳大利亚政府一直严格遵守财政纪律,并希望能够重新回到财政平衡,实现财政盈余。2016/2017 财年的联邦政府预算继续朝着预算盈余发展,联邦政府财政赤字预计会从 2016/2017 财年的 371 亿澳元连续降低,至 2019/2020 财年将达到 60 亿澳元,财政赤字占 GDP 的百分比也将从 2016/2017 财年的 2.2% 降到 2019/2020 财年的 0.3%。最终,澳大利亚政府希望能够在 2020/2021 财年实现联邦政府的财政盈余,并在以后将财政盈余维持在 1% 的水平。

根据最新发布的澳大利亚联邦政府 2017/2018 财年预算报告,对 2016/2017 财年的《年中经济与财政展望》进行了修正,修正后的数据显示,2015/2016 财年澳大利亚联邦政府的财政赤字为 304 亿澳元,2016/2017 财年小幅跌至 288 亿澳元,2017/2018 财年为 220 亿澳元,2018/2019 财年为 160 亿澳元,2019/2020 财年为 19 亿澳元;在 2020/2021 财年有望回到略有盈余的状态,实现 54 亿澳元的财政盈余(见图 8-2)。

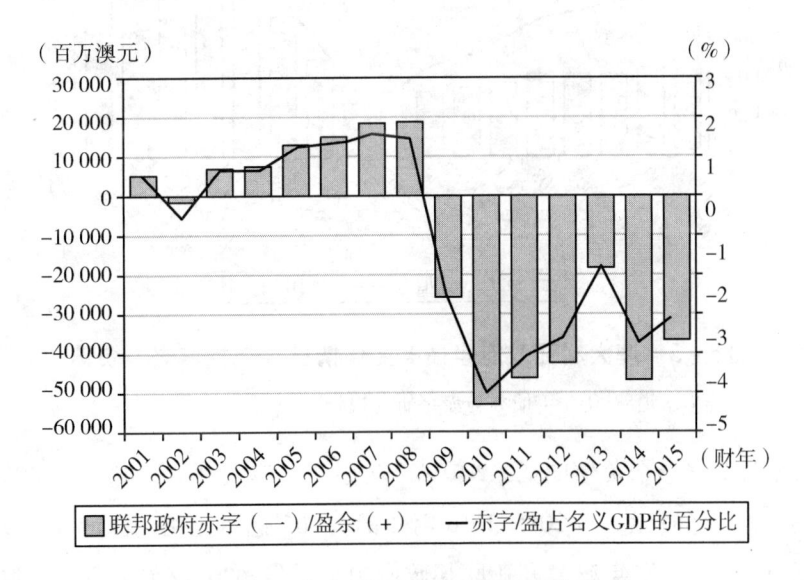

图 8-2 澳大利亚政府赤字/盈余情况

资料来源:普华永道《2016 年债务与赤字研究报告》。

(二) 政府债务

澳大利亚政府的债务与其他国家相比处于较低水平,以联邦政府债务净额占GDP的百分比来计算,2015/2016 财年该数值只有 15%。但是,这个数值仅仅反映的是联邦政府的债务水平,如果算上州政府和地方各级政府的政府债务,那么总的政府净债务额为 3 800 亿澳元,占 GDP 的百分比为 23.6%。然而,这个数值也不能真实反映澳大利亚的政府债务实况,因为这里面还没有包括养老金和政府公务员的退休金负债。IMF 最新的《公共部门债务统计报告》指出,财政拨款人员的退休金也应当算作政府债务的一部分。统计数据显示,2015/2016 财年末,澳大利亚的养老金负债达到了 4 700 亿澳元,其中 60% 是联邦政府债务,40% 是州政府债务。如果将这些债务计算在内,那么澳大利亚政府的净债务额占 GDP 的百分比将一跃达到 49.5%,人均额度为 33 500 澳元(见图 8-3)。

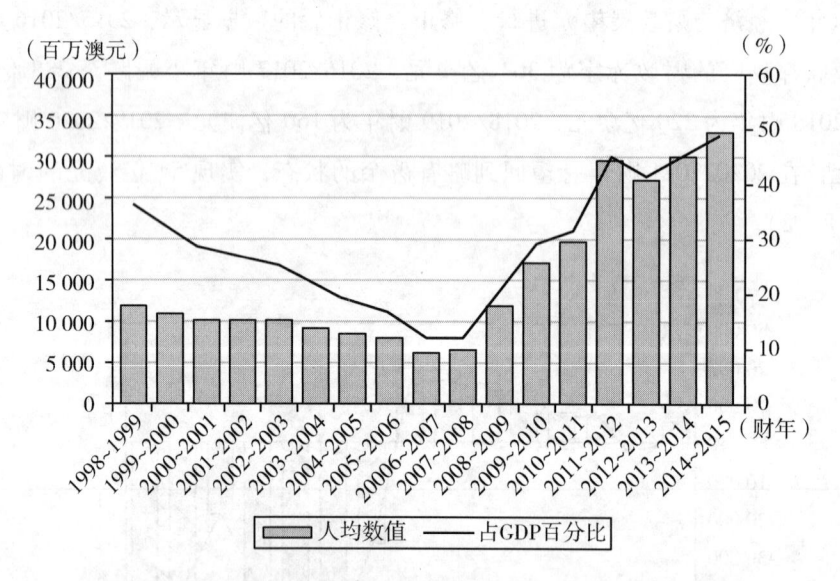

图 8-3 澳大利亚政府净债务变化情况(包括养老金负债)

资料来源:普华永道《2016 年债务与赤字研究报告》。

如果不计算养老金负债的话,2016/2017 财年,澳大利亚联邦政府的净债务预计将达到 3 260 亿澳元,与 2015/2016 财年的 3 165 亿澳元相比,增加了 950 亿澳元。根据 2016/2017 财年澳大利亚联邦政府预算报告,2017/2018 财年,联邦政府的净债务占 GDP 的百分比预计将达到最高点,为 19.2%。这比之前 2015/2016 财年《年中经济与财政展望》中预计的 18.5% 高出了 0.7 个百分点。中长期来看,联邦政府净债务将在高点后慢慢回落,在 2026/2027 财年将降到 2 640 亿澳元,占 GDP

的百分比将为 9.1%（见表 8-6）。

表 8-6　　　　　澳大利亚联邦政府净债务额变化情况　　　　单位：百万澳元

	2015/2016 财年	2016/2017 财年	2017/2018 财年	2018/2019 财年	2019/2020 财年
净债务额度	285 684	325 962	346 842	356 373	355 066

资料来源：2016/2017 财年澳大利亚联邦政府预算报告。

债务的额度对于评价一个国家的经济十分重要，但更重要的是明确这些债务的用途。简单来说，债务分为"好的"债务和"坏的"债务，通常情况下，如果债务被用来拉动经济增长或者带动国内的基础设施建设，那么这种债务就是"好的"债务，相反如果这种债务是被用来作为一次性支出填补政府支出的缺口并并不为国家带来收益，那么这种债务就被成为"坏的"债务。因此，尽量减少"坏的"债务，适度增加"好的"债务比例，对一国政府来说也是至关重要的。

同时，一国政府的债务率和信用情况也会影响该国国民的福祉。一国政府债务水平越高，政府需要为债务支付的利息就越多，而这些利息支出本来可以用在为公民提供公共服务方面，例如医疗、公共交通、教育等。因此，政府债务应当尽量用在与促进经济和提供服务息息相关的领域，而不能滥用，例如可以用在跨代际的基础设施建设或者用作应对危机的财政刺激手段，而其他用途的债务则要慎重考虑。

评价一个国家政府债务最直接的标准就是信用评级。根据穆迪发布的各国中央政府债务评级标准，2014 年澳大利亚中央政府的债务评级为 Aaa/AAA，属于信用度最高的级别。2016 年，穆迪延续了其对澳大利亚的 Aaa/AAA 评级，穆迪认为，澳大利亚相比其他许多顶级国家更有弹性的经济，非常稳健的制度框架和更强的财政基础，因此予以其 AAA 最高评级外加"稳定"前瞻，这个结果事实上是水到渠成。但标普却表示，新回归的澳大利亚总理特恩布尔（Malcolm Turnbull）有必要对预算进行修复，否则澳大利亚存在丧失 AAA 评级的风险。此外，由于资本价格的上涨，投资者信心的下降，以及经济效益的降低，澳大利亚的 Aaa/AAA 评级面临着很大的威胁，很有可能降到 Aa/AA。

五、政府间转移支付

（一）总体情况

澳大利亚是一个联邦制国家，其联邦政府和地方政府在收支安排方面存在严重的纵向不平衡。因此,自20世纪30年代以来,澳大利亚开始实行转移支付制度。推行转移支付制度是根据联邦与州两级政府的事权来考虑的。最初澳大利亚宪法规定联邦政府只有有限的立法权限,并将大部分政府职能都划给了州政府。但后来,澳大利亚最高法院认为联邦政府的权限过少,并逐渐赋予联邦政府越来越多的立法权限,联邦政府在州政府职能领域的支出越来越大,这主要是通过转移支付的形式来实现的,尤其是专项转移支付。财政转移支付的目标主要是推动统一、有序的国内市场的形成,促进经济、文化、社会等各项事业的协调发展。

2016/2017财年,澳大利亚联邦将为州政府提供总额为1165亿澳元的转移支付,其中包括553亿澳元的特殊目的转移支付和613亿澳元的均衡性转移支付。转移支付的支出大约占到了澳大利亚联邦政府2016/2017财年财政支出总额的25.9%,并占到了州政府总财政支出金额的47%。

具体来看,联邦政府将会继续增加在公立医院和学校方面的投入,并在2020年之前预计共投入41亿澳元。在2016年4月1日举行的澳大利亚政府委员会(COAG)大会上,澳大利亚联邦政府和州政府签署了一项关于对公立医院开展长期拨款安排的框架协议,在未来3年内,联邦政府将为公立医院额外提供29亿澳元的资金拨款,每年拨款数额采取累进的形式,年增长率为6.5%。这笔资金主要用来提高医疗服务的质量,并降低不必要的就医率。

在教育领域,2008~2020年,联邦政府将拨款12亿澳元,不仅针对公办学校,私立学校也可以从中获益。这笔拨款也是采取每年递增的方式进行拨付,每年增长率为3.56%。

此外,联邦政府还在其他一些领域给予州政府转移支付,例如建立总额为17亿澳元的儿童及成人牙科计划,为成人和儿童办理牙科就诊的优惠卡;增加对州政府在残疾人照顾领域的拨款,增加对澳大利亚残疾人照料基金的资金支持。在基础设施建设方面,自2013/2014财年至2019/2020财年,联邦政府共投入500亿澳元,用于主要道路和铁路建设。此外,联邦政府还投入了15亿澳元用于改进维多利亚州的交通设施。

(二)联邦政府向州政府的转移支付情况

澳大利亚联邦政府向州政府提供的特殊目的转移支付主要集中在医疗、教育、社区服务和基础设施建设领域,目标是为了提高州政府在这些领域的公共服务质量，促进改革的顺利进行。除了特殊目的转移支付，联邦政府还提供一些不规定具体用途，允许州政府按照自己的预算安排进行使用的均衡性转移支付。

2016/2017 财年，澳大利亚州政府一共收到来自联邦政府的约 1 165 亿澳元的转移支付，较上个年度增加了约 84 亿澳元。转移支付的金额占到了澳大利亚联邦政府财政支出的 25.9%，占澳大利亚该年 GDP 的 6.8%，其中特殊目的转移支付的额度占 GDP 的比重为 3.2%，一般性转移支付占 GDP 比重为 3.6%。从 2015/2016 财年《年中经济与财政展望》上可以看出，从 2015/2016 财年至 2018/2019 财年，澳大利亚的联邦转移支付增加了约 106 亿澳元（见表 8-7 至表 8-9 及专栏 8-1）。

表 8-7　　澳大利亚联邦转移支付占州政府总支出的比重

项目＼财年	2014/2015	2015/2016	2016/2017
联邦转移支付总额（百万澳元）	103 423	108 195	116 545
占州政府支出的比重（%）	45.2	45.7	47.4

资料来源：2016/2017 财年澳大利亚联邦政府预算报告。

专栏 8-1

澳大利亚联邦政府对州政府财政支出的影响

澳大利亚的宪法明确规定，州政府在一些公共服务领域具有支出责任的优先权，例如教育、医疗、道路和公共交通等。

州政府所有支出责任中的 47% 是联邦政府通过转移支付的形式给予支持的。此外，州政府也有其自身的收入来源，来为其支出筹措资金。2016/2017 财年，在联邦政府向州政府提供的 1 165 亿澳元的转移支付中，一般性转移支付占 53%，特殊目的转移支付占 47%。

2016/2017 财年，澳大利亚联邦政府向州政府提供的转移支付达到了历史新高。平均来看，2015/2016 财年，澳大利亚州政府的财政盈余占 GDP 的 0.2%，这一数值预计在 2018/2019 财年将达到 0.3%。

表 8-8 澳大利亚联邦政府向州政府转移支付占 GDP 的百分比情况

项目 财年	国家特殊目的拨款（SPPs）（百万澳元）	国家医疗改革拨款（百万澳元）	学生优先拨款（百万澳元）	国家合作项目拨款（百万澳元）	货物劳务税分享（百万澳元）	其他一般性转移支付（百万澳元）	总计（百万澳元）	与前一年相比（%）	占 GDP 百分比（%）
2015/2016	4 220	17 196	15 636	12 908	57 450	786	108 195	—	6.6
2016/2017	4 306	17 912	16 996	16 068	60 660	605	116 545	7.7	6.8
2017/2018	4 377	18 923	17 997	14 727	63 940	589	120 554	3.4	6.7
2018/2019	3 855	19 987	18 833	12 616	67 350	544	123 185	2.2	6.5
2019/2020	3 138	21 106	19 777	8 959	70 370	552	123 903	0.6	6.2

资料来源：2016/2017 财年澳大利亚联邦预算报告。

表8-9 按功能分类澳大利亚联邦政府向州政府转移支付的情况

2014/2015 财年	联邦政府特殊目的转移支付（百万澳元）	一般性转移支付（百万澳元）	州政府总支出（百万澳元）	转移支付在州政府总支出中的占比（%）
教育	17 244	10 838	52 604	53.4
医疗	16 803	14 343	63 597	49.0
社保和福利	2 155	4 624	17 240	39.3
住房和社区维护	2 161	2 763	11 175	44.1
农业、林业和畜牧业	480	602	2 444	44.3
交通和通讯业	4 851	6 301	25 407	43.9
其他职能	4 304	15 954	56 355	35.9
总计	47 997	55 425	228 822	45.2

资料来源：2014/2015 财年澳大利亚联邦决算报告。

（三）特殊目的转移支付

2016/2017 财年，澳大利亚联邦政府向州政府提供的特殊目的转移支付为553亿澳元，与上一年度相比增长了53亿澳元。特殊目的转移支付占联邦政府总支出的比例为12.3%。其中国家特殊目的补贴（SPP）项目和国家医疗改革和学生优先项目拨款预计一共为392亿澳元，比2015/2016 财年增加22亿澳元。

（四）一般性转移支付

澳大利亚的一般性转移支付通常是通过对货物劳务税（GST）进行分享的方式，为州政府的运行和公共产品的提供给予资金支持。2016/2017 财年，州政府预计收到的一般性转移支付总额为613亿澳元，其中607亿澳元是通过货物劳务税的分享机制，6.05亿是通过其他方式。这一数字较2015/2016 财年的582亿澳元增加了30亿澳元。2016/2017 财年，一般性转移支付占澳大利亚联邦政府总支出的比重预计为13.6%。

六、施政方针与财政改革

生产率一直以来都是促进澳大利亚经济发展和生活水平改善的一个重要驱动力。

但最近几年，对外贸易逐渐成为澳大利亚经济发展的驱动力之一，尤其是在2011年，达到了顶峰。

2011年以后，随着对外贸易状况开始恶化，国内劳动力就业压力增加，而且国内老龄化程度也不断加深，因此为了保持澳大利亚人在过去30年享受的高品质的生活，澳大利益政府必须想办法提高其国内的生产率。

这一目标的实现要求将国内劳动生产率的增长率从目前的1.6%增加到2.4%。这对于澳大利亚来说是很大的提高，甚至比20世纪80年代和90年代实行的经济改革时期的增长力度还要大。通过引进国际先进技术或者鼓励创新，可以提高企业的劳动生产率。澳大利亚是一个完全的技术进口国，因此国际上创新的速度和澳大利亚引进吸收国际先进技术的能力对于未来生产率的提高至关重要。

澳大利亚政府出台的《国家创新和科技计划》有助于对国内的科研提供支持，促进创新领域的投资，并加快产学研之间的结合和成果转化。此外，还有一系列的致力于提高企业竞争力的改革措施也有助于国内企业从低附加值行业向高附加值行业的转移，引领澳大利亚未来能够提供更多的高技术含量的工作岗位。

为了促进经济增长和拉动就业，澳大利亚政府出台了以下几项措施。

（一）为期十年的企业减税计划

2016年，澳大利亚政府制定了一项总额高达92亿澳元的减税计划，主要针对的是小微企业的企业所得税和间接税。具体内容包括以下几点。

一是通过为企业减税来拉动投资，增强澳大利亚企业的竞争力，使澳大利亚企业能够长期保持1%的增长，从而带来更多的就业机会，提高国内的工资水平。

二是为了保证小微企业能够享受到这一税收优惠，2016/2017财年，所有营业额在200万以下企业的企业所得税率都从28.5%降到27.5%。到2023/2024财年，所有企业都将逐步享受到这一税率。之后，企业所得税率仍将继续下降，直到所有企业的所得税率在2026/2027财年能够达到25%。

三是扩大小微企业的范围，将小微企业的判定标准从年营业额低于200万澳元提高到1 000万澳元，降低了小微企业的判定门槛，以扩大享受优惠企业的范围。改革后，9万多家企业将步入小微企业的范围。

（二）促进税收一体化

澳大利亚政府希望能够通过税收系统一体化来打击跨国合作中出现的偷税漏税

和避税的现象。

一是针对在澳大利亚产生的利润，如果要将其转移至国外，需要缴纳一笔"转移利润税"。

二是更新澳大利亚的利润转移规则，以与国际指导原则相接轨。

三是建立一个新的反避税特派机构来加强对澳大利亚税务局的审计，特别是针对企业和高收入人群。

（三）建立持续、灵活、统一的养老金支付体系

鉴于老龄化人口的加剧，澳大利亚政府最近几年一直致力于为国内的养老金提供足够的资金，以保证国内96%以上的国民能够有充足的养老金。

一是要求养老金交纳账户中至少要有160万澳元能够直接转移到退休金支付账户中。

二是要求年收入高于25万澳元的澳大利亚人支付15%的税作为养老金贡献，并逐级累进，至于年收入达到30万澳元的个人，则需要交纳30%的税。

三是鉴于2017年6月30日，低收入养老金缴纳政策就会过期，过期后将采取一系列低收入养老金税收优惠政策作为其替代性政策，目的同样是有效降低零收入或者低收入群体的养老金缴纳。

四是允许65~74岁的国民继续缴纳养老金，鼓励国民将其养老金储蓄达到更高的档位。

（四）年轻人就业鼓励项目

尽最大的可能发挥年轻人的潜能，为他们提供充足的就业机会，对于发挥经济的多样性、促进经济面向未来的发展至关重要。同时，就业的人增多，他们对政府福利救济的依赖就会减少，政府的福利支出成本也会大大降低。这个项目旨在通过一系列的政策包，为超过10万的年轻人找到合适的工作。这些政策包的主要目的是提高年轻人的职业素质和工作能力，增加他们的实际工作经验，使他们的劳动技能满足雇主的需求，并鼓励他们依托失业救济，重新就业。

其中的措施之一是为25岁以下的求职者提供一项总额为7.52亿澳元的年轻人就业项目。这个项目的实施主要分三步：一是为青年人进行就业培训，培训中会有大量的雇主参与，以便做到学以致用；二是为培训过的年轻人寻找实习和工作岗位，允许他们进行尝试，以便找到适合自己的工作，参与的就业者和用人单位都会从政

府得到相应的补贴；三是如果雇主雇用了一个实习的青年人，那么就可以得到最高达到一万澳元的工资补贴，并连续支付六个月。此外，政府还简化了领取工资补贴的手续，降低了雇主获得该补贴的难度。

除了上述项目，政府还为年轻人创业提供了8 900万澳元的资金支持。该资金不仅支持青年人自己开企业，还鼓励他们进行创新，并将自己的创新点子用在企业管理上。

对于需要照顾家庭的就业者，政府还提供了总额为400亿澳元的照顾孩子支持项目，为期4年。为了该项目资金的到位，澳大利亚政府改革了家庭税收优惠规定，以便更加精准的为目标家庭减负。

（五）国家基础设施建设规划

2013/2014财年至2019/2020财年，澳大利亚政府计划投入500亿澳元到基础设施建设项目中。截至目前，澳大利亚共有将近100个大型项目正在施工中，另外还有80多个项目已经进入了施工前的设计规划、环境测评和技术评估阶段。主要的基建项目支出包括：为墨尔本至布里斯班的内陆铁路项目提供5.94亿澳元；为西悉尼机场提供1.15亿澳元；为弗雷斯特菲尔德机场提供4.9亿澳元。

此外，联邦政府还为维多利亚州提供了15亿澳元的基建资金，包括了很多基建项目，例如5亿澳元用来升级改造莫纳什高速公路，3.5亿澳元用来改造M80环路，3.45亿澳元用来改造城镇道路等。这些资金都是以专项转移支付的形式发放给维多利亚州的，而且是有条件的转移支付，需要维多利亚政府的配套资金。

澳大利亚政府希望能够通过这些精挑细选的基础设施建设项目来提高国内的经济生产率，最终提高澳大利亚国民的生活水平和福祉。挑选正确的项目对于保障资金投入的收益至关重要。澳大利亚政府把这个职能赋予了澳大利亚基础设施局，基础设施局负责为澳大利亚政府提供独立的、合理的基础设施建设规划建议。

（六）国防工业

为了保障国土的安全，澳大利亚政府致力于支持本国国防工业能力的提高。澳大利亚2016年国防白皮书中规定，到2025/2026财年结束前，澳大利亚政府将为国防事业额外提供299亿澳元的拨款。这笔拨款将带动总额为1 950亿澳元的国防能力建设项目，包括12艘新的短期梭子鱼级潜艇，9艘护卫舰和12艘近海巡逻舰。

这些项目一方面提高了澳大利亚应对全球安全的能力以及国防制造的能力，另一方面，在未来 10 年内，也为国内增加了客观的高科技就业岗位。这笔预算中还包括维持全球秩序稳定的总额为 6.86 亿澳元的军事经费，用于阿富汗、伊拉克和中东地区的和平稳定。

同时，国防支出的另外一个重要用途是提高打击恐怖主义，尤其是区域性恐怖主义的能力。自 2014 年 9 月以来，澳大利亚的恐怖主义威胁等级一直是"可能"级别。但随着国际紧张局势的加剧，以及恐怖事件的持续爆发，澳大利亚一直在讨论是否需要提高恐怖主义威胁等级。特别是英国伦敦和曼彻斯特在 2017 年以来接连发生恐怖袭击事件，澳大利亚政府不得不更加提高警惕。未来 5 年，澳大利亚政府计划投资 1.54 亿澳元用于加强对国内居民和执法机构设施的保护。澳大利亚的安保越来越趋向于多维度空间网络发展。为了配合政府的安保网络战略，未来 4 年，澳大利亚政府将在预算中安排 1.95 亿澳元，包括加强政府和私人部门之间的合作，也包括帮助澳大利亚的企业发展他们自己的全球安保网络。

（七）加大对医院和学校的支持力度

澳大利亚政府将继续向州政府提供数额庞大的基金援助，以用于支持医疗和教育事业的发展。在 2016 年 4 月的澳大利亚政府委员会会议上，联邦政府和州政府签署了一项为期 3 年的关于公立医院中长期规划的协议。这项协议弥补了现存制度中的短视现象，也避免了以项目为依据进行拨款。

未来 3 年，联邦政府将在医疗领域拨款 29 亿澳元，目的是使国内的公立医院的服务水平能够每年提升 6.5%，包括提高病人的安全指数，提高医院的服务质量，减少不必要的就医等。

在教育领域，2018~2020 年，联邦政府将投资 12 亿澳元，受益对象既包括公立学校也包括私立学校。每年的资金援助额度将逐步上调 3.56 个百分点。州政府在接受联邦拨款的同时，也要允许联邦政府在招生和其他方面进行改革。

医疗和教育领域的改革措施有利于提高澳大利亚在这些领域的中长期规划能力，也提高了公共服务提供的质量和经济发展的可持续性。

主要参考文献

[1] Budget Strategy and Outlook Budget Paper No. 1 2016 – 17, Treasury of the Commonwealth of Australia, 03 May 2016.

[2] Budget Measures Budget Paper No. 2 2016 – 17, Treasury of the Commonwealth of Australia,

03 May 2016.

［3］ Federal Financial Relations Budget Paper No. 3 2016 – 17, Treasury of the Commonwealth of Australia, 03 May 2016.

［4］ Debt and Deficit, KMPG Research Report, July 2016.

［5］ J. B. Hockey MP, 2015 Intergenerational Report, Australia in 2055, Treasury of the Commonwealth of Australia, March 2015.

［6］ Tax Expenditures Statement 2016, Treasury of the Commonwealth of Australia, 2017. 01.

南非

第五篇
非洲

第九章 南非

南非共和国面积约122万平方公里，人口5 496万人，分黑人、有色人、白人和亚裔四大种族，分别占总人口的79.6%、9%、8.9%和2.5%。南非属于中等收入的发展中国家，也是非洲经济最发达的国家。自然资源十分丰富，金融、法律体系比较完善，通讯、交通、能源等基础设施良好。矿业、制造业、农业和服务业均较发达，是经济四大支柱，深井采矿等技术居于世界领先地位。但国民经济各部门、地区发展不平衡，城乡、黑白二元经济特征明显。2014年5月，祖马连任总统。南非实行多党制，国民议会现有13个政党。南非宪法规定实行行政、立法、司法三权分立制度，中央、省级和地方政府相互依存，各行其权。宪法中的人权法案（Bill of Right）被称为南非民主的基石，明确保障公民各项权利。南非议会实行两院制，分为国民议会和全国省级事务委员会（简称省务院），任期均为5年。政府分为中央、省和地方三级。全国共划为9个省，设有278个地方政府，包括8个大都市、44个地区委员会和226个地方委员会。[①]

一、经济概况

（一）宏观形势

2010年以来，祖马政府相继推出"新增长路线"和《2030年国家发展规划》，围

---

① 中国外交部：《南非国家概况》，中国外交部网站，2017年8月。

绕解决贫困、失业和贫富悬殊等社会问题，以强化政府宏观调控为主要手段，加快推进经济社会转型。2014年、2015年、2016年增长率分别为1.5%，1.3%，0.5%（预估值）。目前，南政府正在重点实施"工业政策行动计划"和"基础设施发展计划"，旨在促进南非高附加值和劳动密集型制造业发展，改变经济增长过度依赖原材料和初级产品出口的现状，加快铁路、公路、水电、物流等基础设施建设。当前，受全球经济增长缓慢尤其是欧债危机拖累，南非经济总体低迷，增长乏力。2012年8月爆发的马利卡纳铂金矿大罢工演变成严重流血冲突，并引发新一轮罢工潮，重创了南非的矿业和交通运输业等支柱产业，加上国际评级机构先后调降南非长期主权信用评级展望和政府债券评级，使南非经济再度面临严峻形势，兰特兑美元汇率大幅下跌。2013年以来，由于美国退出量化宽松政策等因素影响，南非出现大幅资本外流。2016年南非国内生产总值约3 125亿美元，人均国内生产总值约5 730美元，国内生产总值年增长率0.5%，2017年2月汇率，1美元约等于13兰特。南非储备银行是南非的中央银行，南非2016年官方外汇储备438亿美元，外债总额1 385亿美元。

南非实行自由贸易制度，是世界贸易组织（WTO）的创始会员国。欧盟与美国等是南非传统的贸易伙伴，但近年与亚洲、中东等地区的贸易也在不断增长。2016年南非货物进出口额为1 608亿美元，其中，出口812亿美元，进口828亿美元。出口产品有黄金，金属及金属制品，钻石，食品、饮料及烟草，机械及交通运输设备等制成品。主要进口机械设备，交通运输设备，化工产品，石油等。南非的外国资本主要来自欧美，尤以欧洲为主。对南非累计投资额欧洲占近70%，美洲占近20%。英国是累计对南非直接投资最多的国家，占2/5左右。外资以证券资本为主，直接投资（FDI）较少。在南非拥有资产的外国公司投资大多集中于采矿、制造、金融、石油加工和销售等部门。2013年南非吸收外国直接投资83亿美元，2014年为58亿美元，2015年锐减为16亿美元。

南非属中等收入国家，但贫富悬殊。2/3的国民收入集中在占总人口20%的富人手中。1994年以来南非政府先后推出多项社会、经济发展计划，通过建造住房、水、电等设施和提供基础医疗保健服务改善贫困黑人生活条件。1997年制定"社会保障白皮书"，把扶贫和对老、残、幼的扶助列为社会福利重点。2015年，南非平均预期寿命为62岁。艾滋病问题是目前南非面临的严重社会问题之一，艾滋病感染率为10.5%。

（二）2016年经济运行

南非《2016中期预算政策报告》（MTBPS）假设经济周期已触底，2016年GDP

增长预测下调为 0.5%。南非正经历艰难的经济转型，长期 GDP 平均增长率从十年前的 4% 跌落至目前的 2%，反映了全球贸易长期放缓、大宗商品低和外部波动的高风险，同时也是南非国内经济持续性结构性约束和投资者信心低的结果。但积极指标正在显现，限制 GDP 增长的一些因素正在退去，为新增长周期创造了机会。额外的电力供应来源正在与电网相连，农业可望随着旱情结束而恢复，出口和旅游收入再次增长，汇率的实际持续贬值为出口增长创造了机会，通货膨胀趋缓，罢工损失的工作日已经减少，经济复苏的绿色萌芽正反映在新投资计划之中。这些积极的事态发展在税收收入中还不明显，并且财政上限已经被触及。经济更快的发展需要更高水平的私人投资，南非政府仍旧承诺与私营部门、员工和民间社会一起促进包容性增长和经济转型。该日程表以国家发展计划（NDP）为指导，而短期内以 2015 年 2 月发布的《九点计划》为指导，旨在建立更加公正的社会并确保转型的福利被广泛分享（见图 9-1）。

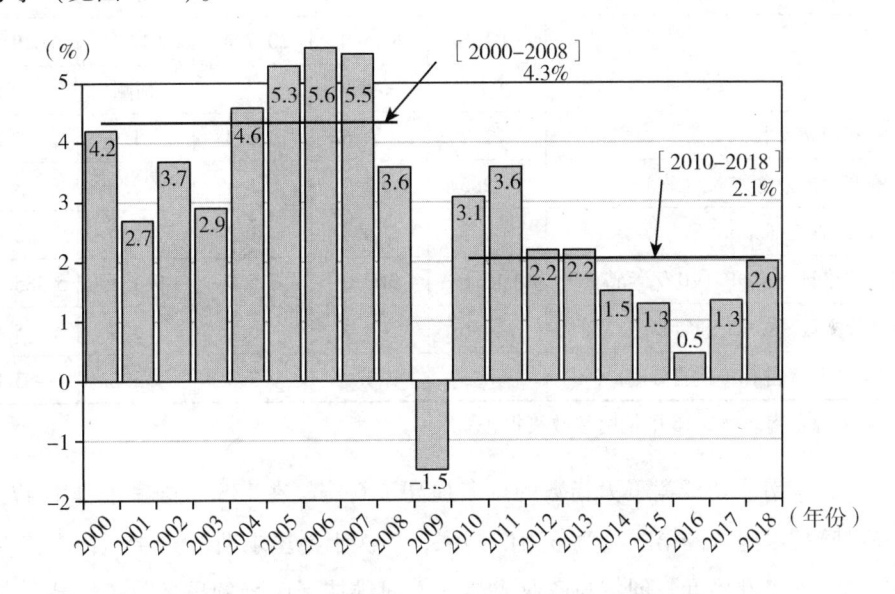

图 9-1　南非 2000~2018 年经济增长趋势

注：左侧灰色平行线为 2000~2008 年经济平均增长 4.3%，右侧灰色平行线为 2010~2018 年经济平均增长 2.1%。

资料来源：南非《2016 中期财政政策报告》。

南非 2016 年的经济增长预测从 0.9% 下调至 0.5%，南非财政部预测未来 3 年温和复苏，因供给侧约束有所松绑，2019 年 GDP 增长达到 2.2%。2016 年通货膨胀预测下调为 6.4%，随着电价上涨的压力，中期通货膨胀预计每年保持在接近 6%。家庭消费支出增长预测 2019 年达到 2.3%。一般政府投资预计中期平均增长 4.8%，公共企业投资增长2019年达到2.3%。财政和货币政策支撑经济活动可持续复苏，国家发展计划改革的快速进展能够增强信心并促进投资。南非的经济表现继续反映了企业和消费者信心的低水平。公共投资保持相对活跃，但私人投资在所有部门都下降了，2016年的资本形成自2010年以来第一次预计收缩。不过一些新兴因素支持经济复苏，自2010以来，实际汇率贬值了20.9%，为南非出口增长创造了机会。中期来看，大宗商品价格有望温和复苏，较低的通胀，实际工资增长以及家庭资产状况的改善，预计将刺激消费支出。借贷成本低、产能利用率高，使固定资产投资回升。旱情缓和以及新发电能力也应有助于更快的增长。未来3年里，公共部门基础设施开支预测为9 874亿兰特，将对能源、交通、住房、饮水和卫生设施进行巨额投资（见表9-1）。

表9-1　　　　　　　　南非2015~2019年宏观经济预测

	2015年	2016年	2017年	2018年	2019年
	实际	估算	预测		
最终家庭消费增长（%）	1.7	0.6	1.3	1.9	2.3
固定资产形成总额增长（%）	2.5	-2.9	1.1	2.6	3.1
实际GDP增长（%）	1.3	0.5	1.3	2.0	2.2
按当年价格计算GDP（10亿兰特）	4 013.6	4 300.0	4 616.9	4 981.1	5 385.3
消费物价指数（CPI）通货膨胀（%）	4.6	6.4	6.1	5.9	5.8
经常账户差额（占GDP的百分比）（%）	-4.3	-3.9	-3.9	-3.8	-3.8

资料来源：南非《2016中期财政政策报告》。

过去3年南非全球竞争力指数的排名提高了6位，在138个国家中排第47位。南非是撒哈拉以南非洲第二具竞争力的国家，仅次于毛里求斯（第45名）。南非在金融市场、技术准确度、创新与商业成熟度方面维持了区域领导地位，支持了其竞争力排名。南非在贷款易获得度、增强本地竞争、以生产力工资利用人才方面的排名显著好转。其他一些排名显著下降，包括公众对政治家的信任（下降11位至109）、政府官员的决策偏好（下降10位至115）、警察服务的可靠性（下降13位至115）。此外，南非在劳资关系（138）、雇用和解雇做法（135）、工资确定的灵活性（135）几项得分很低。由于铂族金属的表现的支持，与2015年同期相比，2016年第二季度出口增长3%，但对非洲出口下降了。与2015年同期相比，2016年上半年进口下降了3.1%，进口量下降反映出国内需求疲软。但蔬菜制品、油脂进口增长在43%~60%，反映了干旱的影响。中期来看，改善的国内需求会支持进口增长，但是弱势货币将限制量的扩张。2016年进口预计收缩，2017年预计增长2.7%。未来3年，经常项目逆差预计收窄至平均为3.9%，比2013~2015年的平均5.2%有所下降。

（三）中长期前景展望

2009年经济衰退以来，南非的财政和货币政策一直支持经济复苏。中期来看，财政政策旨在稳定债务，以便维持较高的支出水平。但经济进一步恶化可能导致南非陷入低增长陷阱。在这种情境下，疲弱的GDP增长使税收收入减少。积极的财政整顿，即控制赤字和稳定债务，可能增强信心，但也可能破坏经济。不采取行动可能导致评级下调、资本外逃、快速的汇率贬值以及利率尖峰。这些态势将对私人和公共投资计划带来更大挑战，并可能导致更低的增长结果。

为避免低增长陷阱，南非将降低支出上限并推出筹集额外收入的税收措施。政府建议均衡的整顿，包括税收政策措施组合，未来两年将筹集额外的430亿兰特，并将支出上限降低了260亿兰特。这些步骤遵循了2015年和2016年预算中宣布的整顿措施。如果这些必要的权衡伴随着较高水平的经济增长，并给私人投资注入新的动力，将在中期为财政目标创造更大的灵活性空间。相反，影响经济主要因素的持续不确定性将收窄财政回旋的余地。

南非宪法要求政府在其可用资源之内追求公共服务的渐进扩张。为达成这些愿望，南非需要加速经济增长的步伐。南非财政部的模型表明如果经济增长率的趋势仍在相当长的一段时间里低于2%，政府可能不能维持目前的政策承诺，需要做出选择维持哪些计划。同时，财政资源与长期政策愿望不匹配。大幅扩大医疗、教育、国防、社会发展和基础设施支出承诺的提案已提交，与每项提案相关都有明确的福利。然而如果同时执行，成本将与财政可持续性不相容。增税可用的空间有限不能容纳所有这些目标。即使是在最乐观的增长场景中，基于明确优先选择的分阶段实施方案，因长期政策愿望远超过可用资源，也要求十分艰难的权衡取舍。

二、政府支出

南非2016年的支出压力上升，包括上升的医疗保健薪金，以及扩建和维护省级公路的资金。整个公共财政的支出压力不断增长，2015年公共部门工资率协议书继续限制关键公共服务的资金可用性，医疗领域更高的工资、服务使用率上升以及更高的进口药品价格使预算受到巨大压力。用于资助贫困人口免费基本电力和自来水的市级一般转移支付，因公共事业价格上涨超过通货膨胀而倍感压力。国家公路网日益拥堵以及许多省级道路状况恶化，但扩建维护的资金模式不确定。基本社会基础设施进一步扩展到农村地区的成本上升，汇率贬值使南非国际使团费用更昂贵。为应对支出压力，南非2016年采取了以下支出策略。

（一）降低支出上限，维持核心支出

鉴于低于预测的经济增长和收入，南非政府提出降低2017/2018财年的支出上限约100亿兰特，2018/2019财年降低约160亿兰特，中期核心社会和经济优先事项的支出将被维持。政府会在2017年预算中提出额外的约176亿兰特用于成人教育和培训，中期给这些机构的全部拨款每年增长11%。整个政府的就业水平都将被要求进一步放缓，因为薪酬挤出预算中重要科目的支出。政府过去四年连续成功地维持了支出上限，中央部门的员工人数放缓将通过自然减员实现。目前的公共部门工资协议将于2018年3月到期。如果政府和公共部门员工能够就工资和生产力达成平衡的协议，薪酬压力可能从2018年4月开始缓解，允许各部门的额外人员计划并使新政策优先事项有资金可用（见表9-2）。

表9-2　　2013/2014至2019/2020财年主体预算支出上限　　单位：百万兰特

财年	2013/2014	2014/2015	2015/2016	2016/2017	2017/2018	2018/2019	2019/2020
2014年预算	935 071	1 014 222	1 091 253	1 168 284			
2015年预算		1 006 905	1 081 214	1 152 833	1 250 086		
2015 MTBPS		1 001 789	1 077 527	1 152 833	1 250 086	1 354 422	
2016预算		1 001 874	1 076 705	1 152 833	1 240 086	1 339 422	
2016 MTBPS			1 074 992	1 144 353	1 229 742	1 323 465	1 435 314

资料来源：南非《2016中期财政政策报告》。

2017年预算将维持核心优先事项的支出并将现存资源转换至迫切需求。中期支出框架（MTEF）期间，非利息支出将年均实际增长1.2%，从2017/2018财年的约1.25万亿兰特上升至2019/2020财年的约1.45万亿兰特。支出增长的重点是诸如社会服务和基础设施的核心项目，大部分的支出增长将直接面向诸如社会服务和基础设施的核心项目，以促进经济增长。给成人教育和培训的拨款将是预算中增长最快的要素。高校补贴将年均增长 10.9%，全国学生资助计划（NSFAS）的拨款年均增长 18.5%，为资金不足的大学学生提供帮助。直接贡献于就业的公共工程项目将继续快速增长，支持 HIV/AIDS 患者和家人的补贴将年均增长 13.6%，会更加强调改进支出质量并实施成本遏制措施。

（二）在预算内寻找资源

调低应急储备金有助于调动资源，为关键需求提供资金并保持在降低的支出上限之内，政府将不得不从现有预算中 2017/2018 财年抽出 167 亿兰特，2018/2019 财年 232 亿兰特。调低应急储备金将有助于这些需求，之前预算的一些临时分配将被取消。支持大学生的资金将在成人培训体系之内寻找。

未来 3 年降低基准，将有 187 亿兰特可用。政府提出将所有中央部门的运营预算降低 1.1%；预算拨付给公共实体的每年超过 3 亿兰特的转移支付将被削减，中期贡献 56 亿兰特；还提出削减给省和地方政府的大额专项转移支付。

（三）改进支出质量

在经济增长慢和资源有限的情况下，政府承诺减少浪费，以使支出产生想要的结果。未来 3 年，将加强法律和监管框架，以改进支出和成果之间的关系。这些步骤建立在近年来采取的措施之上，将包括新的立法以及说明。

1. 政府采购改革

首席采购官办公室（OCPO）致力于提高支出效率，消除腐败机会。《公共政府采购法》草案 2017 年 3 月完成，随后提交内阁审查，该法的目的是合并供应链管理的法律和政策框架。将建立顶级采购局作为宪法第 217 节的监护人，该节要求公共政府采购公平、公正、透明、竞争和成本效益。该法还将授权首席采购官进行生活方式的审计，以及审查整个公共部门的交易。《优先采购条例》草案正在修订，以确保至少 30% 的公共政府采购用于指定的组，包括中小企业、合作社、农村和乡镇企业。这是临时措施，而新政府采购法，也有类似的条款。2017 年，公共政府采购体系将现代化，更加强调数字化。许多手动过程将自动化，有助于简化和加速供应链管理。

未来 3 年政府将扩大横向承包合同范围，允许国家的各种组织以有竞争力的预先商定价格购买商品和服务，降低成本和管理要求。目前有 50 个此类合同覆盖了 2.3 万个物品，估值 370 亿兰特。正在谈判的合同将覆盖诸如不动产和租赁、健康科技、医疗器械和药品、银行服务、信息和通信技术，以及车辆。集中式电信服务采购预计每年可节省 4 亿兰特。

2. 现代化的公共资源管理综合系统

未来 3 年将在整个中央和省级部门铺开集成化财务管理系统（IFMS）及其相关技术，代替老化和碎片化的财务、供应链和人力资源管理系统。该系统将使政府运作更加高效，并使公共资源管理现代化。最重要的是，由首席采购官办公室着手进行的政府采购改革将融入新系统。中期将额外拨款铺开新系统。

3. 监督和控制成本

2013 年 12 月政府推出成本遏制措施，财政部发出指令指导咨询、差旅、餐饮、娱乐、场地租用支出。这些措施与政府采购改革和预算削减相关联并同期推出，已成功削减非必要商品和服务开支。扣除物价因素，以上科目的支出回落了 7.7%。自 2012/2013 财年以来顾问支出下降 12.6%。相反，重要商品和服务的预算，包括药品、燃料、电脑、实验室服务，实际增长了差不多 2%。基础设施维护承包商支出和定点医疗服务也增加了。新的成本控制指令允许学校建设成本的校正，该指令规定最终成本超过预算控制的情况下，项目经理必须向省财政部门报告，该报告提供项目成本超支、跟踪趋势、对成本模型做必要修改的情况，以及适当的情况下，如何采取纠正行动（见表 9-3 及表 9-4）。

表 9-3　　　　2015/2016 至 2019/2020 财年按功能分类的综合支出

	2015/2016 财年	2016/2017 财年	2017/2018 财年	2018/2019 财年	2019/2020 财年	2016/2017 - 2019/2020 财年年均增长（%）
	实际（10亿兰特）	修订（10亿兰特）	中期估算（10亿兰特）			
基础教育	212.5	228.4	244.8	261.9	280.6	7.1
基础教育	203.0	218.3	233.8	250.7	268.8	7.2
艺术、体育、娱乐和文化	9.5	10.1	11.0	11.2	11.9	5.5
医疗	159.8	169.3	184.4	198.9	214.2	8.2
国防、公共秩序和安全	179.1	189.5	197.9	210.7	224.6	5.8
国防和国家安全	49.4	52.2	53.7	56.0	59.8	4.7

续表

	2015/2016 财年	2016/2017 财年	2017/2018 财年	2018/2019 财年	2019/2020 财年	2016/2017－2019/2020 财年年均增长（%）
	实际（10亿兰特）	修订（10亿兰特）	中期估算（10亿兰特）			
警察服务	83.2	87.0	93.2	99.3	106.0	6.8
法庭和监狱	39.2	41.5	43.8	46.6	49.8	6.2
内政	7.4	8.8	7.3	8.8	9.1	1.0
成人教育和培训	64.5	68.6	76.6	81.1	89.3	9.2
经济事务	187.2	207.6	216.4	225.8	239.6	4.9
工业发展和贸易	28.8	27.9	29.9	32.1	34.4	7.3
就业、劳工和社会保障基金	62.5	73.7	76.2	78.0	79.0	2.3
经济基础设施和网络监管	76.0	86.8	90.4	94.7	103.1	5.9
科学技术创新和环境	19.8	19.2	19.9	20.9	23.1	6.2
人居和城市基础设施	174.5	181.1	197.6	212.1	228.3	8.0
农业、农村发展和土地改革	25.2	26.3	26.9	28.4	30.3	4.8
一般公共服务	88.5	67.8	69.8	73.0	76.4	4.1
行政和立法机构	12.7	13.0	13.6	14.5	15.3	5.7
一般公共管理和财政事务	65.8	43.2	43.7	45.9	47.9	3.5
外部事务和对外援助	10.1	11.6	12.4	12.7	13.2	4.3
社会保护	153.0	165.1	180.0	193.3	208.9	8.2
按功能的拨款	1 244.3	1 303.8	1 394.3	1 485.2	1 592.2	6.9
债务服务费	128.8	147.7	163.6	180.8	197.2	10.1
应急储备金	—	—	6.0	10.0	20.0	—
综合支出	1 373.1	1 451.5	1 564.0	1 676.0	1 809.4	7.6

资料来源：南非《2016中期财政政策报告》。

表 9-4　2015/2016 至 2019/2020 财年按经济分类的综合支出

	2015/2016 财年	2016/2017 财年	2017/2018 财年	2018/2019 财年	2019/2020 财年	2016/2017 至 2019/2020 财年年均增长（%）
	实际（10亿兰特）	修订（10亿兰特）	中期估算（10亿兰特）			
经常性开支	798.9	874.1	939.9	1 010.1	1 085.3	7.5
员工薪酬	472.8	515.0	549.4	587.0	629.7	6.9
商品和服务	190.9	204.5	219.7	234.6	249.9	6.9
利息和土地租金	135.3	154.5	170.7	188.5	205.6	10.0
其中：债务服务费	128.8	147.7	163.6	180.8	197.2	10.1
转移支付和补贴	441.4	470.1	508.6	541.7	580.9	7.3
省级和市级	108.2	113.1	120.3	129.5	142.9	8.1
部门机构和账户	26.1	24.9	26.9	28.6	29.9	6.4
高等教育机构	27.5	30.5	37.5	39.7	45.0	13.8
外国政府和国际组织	2.1	2.2	2.0	2.1	2.7	7.1
公共企业和民营企业	30.7	30.8	34.3	36.9	35.0	4.4
非营利机构	28.2	30.1	31.3	32.7	34.5	4.6
家庭	218.7	238.6	256.3	272.3	290.9	6.8
资本资产付款	102.6	101.1	104.4	109.2	117.9	5.2
建筑和其他资本资产	81.0	78.7	79.9	83.9	89.2	4.3
机器和设备	21.6	22.5	24.5	25.4	28.7	8.5
金融资产付款	30.3	6.2	5.2	5.1	5.3	—
合计	1 373.1	1 451.5	1 558.0	1 666.0	1 789.4	7.2
应急储备金	—	—	6.0	10.0	20.0	
综合支出	1 373.1	1 451.5	1 564.0	1 676.0	1 809.4	7.6

资料来源：南非《2016 中期财政政策报告》。
注：包含中央、省级、社会保障基金和公共实体。

三、政府收入

南非 2016 年预算提议将税收占 GDP 比率从 2015/2016 财年的 26.3% 提高到 2018/

2019 财年的 27.8%。其他主要税收提议还包括：限制对个人的财政拉动减免，主要是中低收入者，可增加收入 55 亿兰特；提高一般燃油费 30 分/升；提高酒精饮及烟草制品的消费税；提高 1 000 万兰特以上不动产销售的转让税；提高针对个人的有效资本利得税率（从 13.7% 提高至 16.4%），对公司是从 18.6% 提高至 22.4%；加强环境税，并在 2017 年对加糖饮料征税。这些提议预计在 2016/2017 财年期间增加 181 亿兰特的收入。

南非财政部的 GDP 增长预测已下调了多次，财政整顿所依赖的外围年份预测被证明过于乐观。2016 年的预测也被证明是乐观的，但是增长的下调并未转化为显著的收入不足，因为税收浮动率保持高位，2016 年的税收浮动率已下降。税收浮动率显示了税收征收和经济增长之间的关系。过去 5 年尽管 GDP 增长率低，税收浮动率平均约为 1.2。换句话说，名义 GDP 每增长 1%，税收增长 1.2%。如此高的浮动率水平通常与强劲的经济增长周期相关，税收的相对强劲增长可部分地通过经济因素解释：高工资安排（尤其是在公共部门）、强大的家庭消费、资产价格上涨、汇率贬值以及进口需求弹性。还有重大的税收政策变化：减少了对通货膨胀影响（财政拉动）的慷慨救济，提高个人所得税税率，消费税和燃油税的强劲增长。

2016/2017 财年总税收收入预测比 2016 年预算的预测少 230 亿兰特，2017/2018 财年约少 360 亿兰特，2018/2019 财年约少 520 亿兰特。主要是由于 2016/2017 财年收入同比增长大幅下降。2016 年上半年，与最初预测的 10.1% 相比，收入只增长了 7.4%。而名义 GDP 相对较小的修改掩盖了其构成的重大变化。根据这些变化，最新预测显示了主要税基的显著降低，包括工资、家庭消费和进口。2017/2018 财年提出的额外税收措施将约减少亏空 230 亿兰特，2018/2019 财年约减少 380 亿兰特。与过去 5 年相比，中期收入约展望假设较低的收入浮动率，政府的外币投资管理的变化将产生收入，中期约减少预算赤字 360 亿兰特（见表 9-5）。

表 9-5　　　　　2015/2016 至 2017/2018 财年总税收
收入和综合预算收入　　　　单位：10 亿兰特

	2015/2016 财年 实际	2016/2017 财年 修订	2017/2018 财年 估算
个人所得税	388.1	428.5	471.7
企业所得税	191.2	200.8	211.9
增值税	281.1	293.3	315.2
股息预提税	24.2	26.1	27.5

续表

	2015/2016 财年	2016/2017 财年	2017/2018 财年
	实际	修订	估算
特别消费税	35.1	36.7	38.9
燃油税	55.6	64.2	68.0
关税	46.3	51.9	57.2
其他	48.5	50.5	54.7
2017年预算措施	—	—	28.0
总税收收入	1 070.0	1 152.0	1 273.3
非税收入	56.3	31.1	31.7
其中：			
矿产使用许可费	3.7	4.8	5.2
金融交易收入	14.4	14.7	14.6
南部非洲关税同盟支付估算	-51.0	-39.4	-56.0
省级、社会保障基金和选定公共实体	145.7	157.3	167.8
综合预算收入	1 220.9	1 301.0	1 416.9

资料来源：南非《2016中期财政政策报告》。

南非的总税收收入预测是利用税收浮动率以及名义 GDP 的预测增长来计算的。税收浮动率是收入流增长与其基本税基增长的比率，包括已宣布的税收政策措施的影响。例如，2016/2017 财年总税收收入的税收浮动率是 1.07，是指名义 GDP 每增长 1%，全部总税收收入将增长 1.07%。总税收收入的整体税收浮动率预计 2017/2018 财年增至 1.43，2019/2020 财年放慢至 1.10。

个人所得税的税基是工资支出的增长，中期平均下调了超过 1 个百分点。采用最新的工资支出预测，考虑了 2016/2017 财年有限制的财政拉动减免，并假设浮动率大约 1.45，2016/2017 财年个人所得税的征收缺口可能达 125 亿兰特。2016 年第一季度的经济萎缩导致较低的个人所得税收入，而 2015/2016 财年个人所得税收入比 2016 年预算估算值低了 39 亿兰特。此外，2016/2017 财年前两季度个人所得税的同比增长，比实现 2016 年预算目标所要求的低。

截至 2016 年 10 月底，企业所得税表现有力，主要是由采矿业和采石业较高的暂缴税驱动。尽管对企业所得税的税基——营业盈余净额（NOS）进行了重大下调，中小型公司预计继续支撑 2016/2017 财年企业所得税的强劲表现。企业所得税相对于营业盈余净额的浮动率保持相对未变，2016~2017 假设为 1.03，中期平均为 1.0。

紧接着 2015/2016 财年末低于预期的增值税退税，2016/2017 财年前两个季度的增值税退税反弹，抵消了总增值税收入。国内和进口增值税收入均表现低迷，中期家庭消费（增值税的税基）下调反映消费者信心下降，高通胀和高利率，放慢的信贷增长，以及疲弱就业前景。增值税相对于最终家庭消费的浮动率 2016/2017 财年预计为 0.71，2017/2018 至 2019/2020 财年将努力保持在大约 1.10，下表列示了 2016/2017 至 2019/2020 财年支持收入预测的假设（见表 9-6）。

表 9-6　　2013/2014 至 2019/2020 财年税收结果，预测和假设

单位：10 亿兰特

	2013/2014 财年	2014/2015 财年	2015/2016 财年	2016/2017 财年	2017/2018 财年	2018/2019 财年	2019/2020 财年
	实际数			估算	预测		
个人所得税	310	353	388	429	472	522	577
工资支出	1 654	1 786	1 931	2 070	2 230	2 411	2 616
浮动率	1.23	1.74	1.23	1.45	1.30	1.30	1.25
企业所得税	177	185	191	201	212	225	243
营业盈余净额	1 053	1 072	1 067	1 119	1 181	1 255	1 354
浮动率	1.83	2.35	-6.89	1.03	1.00	1.00	1.00
增值税	238	261	281	293	315	340	367
最终家庭支出	2 179	2 313	2 457	2 608	2 785	2 980	3 197
浮动率	1.36	1.62	1.22	0.71	1.10	1.10	1.10
总税收收入	900	986	1 070	1 152	1 273	1 397	1 522
名义 GDP	3 624	3 863	4 087	4 381	4 702	5 078	5 490
浮动率	1.17	1.46	1.47	1.07	1.43	1.22	1.10

注：工资支出包括私营和公共非农业部门的劳动报酬。
资料来源：南非《2016 中期财政政策报告》。

四、政府盈余/赤字

南非的综合赤字考虑了社会保障基金、公共实体和省级的预算余额，预测中

期收窄至 GDP 的 2.5%。2016 年较低的收入将部分地被高于预期的金融交易收入所抵消，反映了通胀挂钩债务和政府债券转换计划的溢价。2016/2017 财年社会保障基金和公共实体有合并现金盈余，抵消了中央预算赤字。与 2016 年预算估算相比，2016/2017 财年及其后两年的社会保障基金的合并盈余被下调，这主要反映了失业保险基金投资的较低利息收入。尽管如此，社会保障基金继续产生大量现金盈余，从 2016/2017 财年的 193 亿兰特升至 2019/2020 财年的 265 亿兰特。公共实体从 2016/2017 财年的合并赤字变动到 2019/2020 财年的现金盈余，2016/2017 财年公共实体有合并赤字 32 亿兰特，2017/2018 财年 61 亿兰特。主要是由于南非客运铁路运输局长途客运服务运营赤字，以及南非国家公路管理局（SANRAL）降低收费收入。2019/2020 财年公共实体变为现金盈余 39 亿兰特，主要来源于供水服务贸易实体产生的高收入。减少应急储备金容纳了上升的高校补贴，并收窄赤字。预测的 2017 和 2018 年的 100 亿和 150 亿兰特的储备，被分别削减至 60 亿兰特和 100 亿兰特。2019/2020 财年应急储备达到 200 亿兰特（见表 9 - 7）。

2016/2017 财年的综合预算赤字预测占 GDP 的 3.4%，稍高于 2016 年预算估计的 3.2%。下降的 GDP 增长率和较低的税收浮动率结合起来，使年内税收估算减少了 230 亿兰特。缺口被应急储备下调、宣布的储蓄和少支出所抵消。政府提出额外措施遏制预算赤字，减少债务累积，外围年份的综合预算赤字预计从 GDP 的 3.4% 收窄至 2.5%。中期收窄赤字，同时允许实际支出增长。支出占 GDP 的份额不变，同时税收收入增长 1.8 个百分点。整顿将稳定工资支出占政府支出的比例。当前余额，即当前收入和用于薪酬、商品和服务、利息及转移支付的开支的差额，中期进一步变动为盈余。同期，资本融资要求将大致维持不变，约占 GDP 的 3.7%，部分资金来自当期盈余。

主体预算赤字，相当于政府的借款需求，未来 3 年设置为稳定在 GDP 的 3.2%。除利息支付之外的赤字，被称为财政基本收支余额，会继续收窄。2017 年基本收支将实现盈余，确保政府不必进行额外借款，就能完成其非利息支出承诺。实际主体预算支出增长将从 2016 年的低增长 0.1% 上升至 2019/2020 财年的 2.6%。图 9 - 1 为南非政府账户结构示意图。

表9—7　2013/2014至2019/2020财年综合财政框架

单位：10亿兰特/占GDP百分比

	2013/2014财年	2014/2015财年	2015/2016财年	2016/2017财年		2017/2018财年	2018/2019财年	2019/2020财年
	实际	实际	实际	预算	修订		中期估算	
主体预算								
收入	887.4	965.5	1 075.2	1 162.0	1 143.7	1 249.1	1 359.9	1 482.4
支出	1 047.8	1 131.9	1 244.6	1 318.3	1 308.7	1 410.0	1 522.2	1 651.9
其中								
非利息拨款	946.6	1 017.1	1 115.8	1 164.6	1 161.0	1 240.4	1 331.4	1 434.8
债务服务费用	101.2	114.8	128.8	147.7	147.7	163.6	180.8	197.2
应急储备金	—	—	—	6.0	—	6.0	10.0	20.0
主体预算余额	-160.4	-166.4	-169.4	-156.3	-165.0	-161.0	-162.3	-169.6
	-4.4%	-4.3%	-4.1%	-3.6%	-3.8%	-3.4%	-3.2%	-3.1%
财政基本收支余额	-59.2	-51.6	-40.6	-8.6	-17.3	2.7	18.5	27.6
	-1.6%	-1.3%	-1.0%	-0.2%	-0.4%	0.1%	0.4%	0.5%
社会保障基金、公共实体和省级的预算余额	24.7	28.9	17.2	17.4	14.5	13.9	24.1	30.6
综合预算余额	-135.7	-137.5	-152.2	-139.0	-150.5	-147.1	-138.2	-139.0
	-3.7%	-3.6%	-3.7%	-3.2%	-3.4%	-3.1%	-2.7%	-2.5%

资料来源：南非《2016中期财政政策报告》

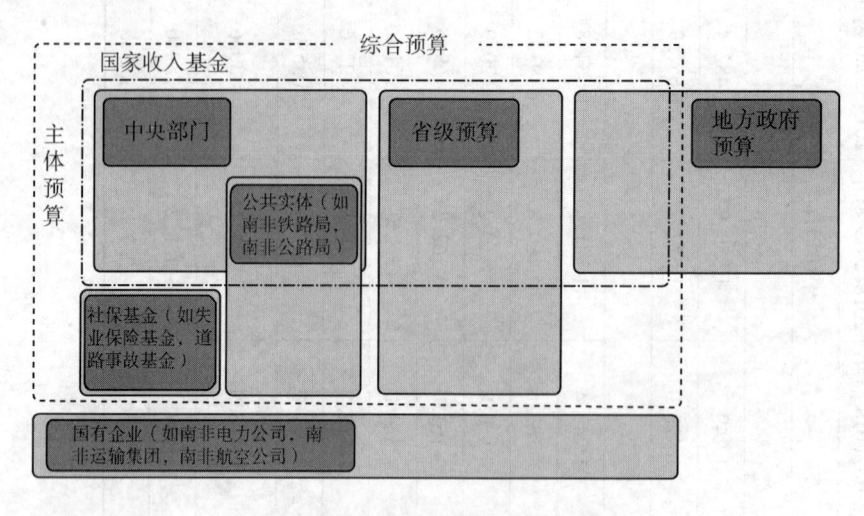

图 9-2　南非政府账户示意图

注：中间----小框为主体预算即国家收入基金，外围虚线大框为综合预算。
资料来源：南非 2017 年预算。

五、政府债务

在世界经济低增长的趋势下，减少全球债务积压是主要挑战。2016 年 10 月的 IMF 的《财政监测》指出全球政府、家庭和非金融公司债务位于历史最高水平。在许多发达经济体中，银行是高杠杆率，而上升的公共债务限制了财政刺激的空间。

企业负债率低，而现金结余高，南非政府一直借款以维持核心经济和社会计划，并回应新支出压力。国有企业借款为资本投资提供资金。企业债务相对低，而现金余额按历史标准是高的。财政挑战是稳定政府债务与 GDP 比率，并创造鼓励私营投资的环境。因为政府债务是经济其他部门的参考价格，较低的政府债券收益率将降低经济领域中的借贷成本。

经济增长缓慢使稳定债务与 GDP 比率变得困难，南非的现状使低增长陷阱的可能性上升。在这种情境下，政府面临稳定国家债务的需求，推出整顿措施最终证明自我挫败。更严格的财政状况降低 GDP 增长，导致更低的收入和更高的赤字，这创造了两难选择。激进的财政整顿可以支撑投资者和企业信心，但是将可能增加经济面临的困难。然而不采取补救措施，会导致评级下降，更高的利率和资本外流，可能导致经济衰退。不管在哪种情境下，经济放缓都使稳定债务与 GDP 比率变得困难。

财政政策提议有望将净贷款债务，即总债务与政府现金余额的差额，2019/2020稳定在占 GDP 的 47.9%。2016 年预算预测净债务 2017/2018 财年将稳定在 GDP 的46.2%。债务与 GDP 比率的上调反映了较低的名义 GDP、较高的借款和货币贬值（见表 9-8 及表 9-9）。

表 9-8　2015/2016 至 2019/2020 财年总中央政府债务　单位：10 亿兰特

截至 2016 年 3 月 31 日	2015/2016 财年 实际	2016/2017 财年 预算	修订	2017/2018 财年	2018/2019 财年	2019/2020 财年
				中期估算		
内债						
总贷款债务	1 819.3	2 003.7	2 008.1	2 194.8	2 386.8	2 580.3
现金余额	-112.2	-112.2	-112.2	-112.2	-114.2	-112.2
净贷款债务	1 707.1	1 891.5	1 895.9	2 082.6	2 272.6	2 468.1
外债						
总贷款债务	199.6	229.9	238.3	271.7	303.0	290.2
现金余额	-102.1	-118.0	-129.8	-145.1	-158.5	-125.9
净贷款债务	97.5	111.9	108.5	126.6	144.5	164.3
贷款债务总额	2 018.9	2 233.6	2 246.4	2 466.5	2 689.8	2 870.5
贷款债务净额	1 804.6	2 003.4	2 004.4	2 209.2	2 417.1	2 632.4
占 GDP 百分比：						
贷款债务总额	49.4	50.9	51.3	52.5	53.0	52.3
贷款债务净额	44.2	45.7	45.8	47.0	47.6	48.0
外债占贷款债务总额百分比	9.9	10.3	10.6	11.0	11.3	10.1

资料来源：南非《2016 中期财政政策报告》。

表 9-9　南非债务组合风险控制基准及 2016 年表现

基准说明	范围或限制		
	基准	2016 年 3 月	2016 年 9 月
12 个月内到期的短期债务（国库券）占国内债务总额的比例（%）	15.0	11.8	11.2
5 年内到期的长期债务占固定利率和通胀挂钩债券的比例（%）	25.0	18.6	14.9

续表

基准说明	范围或限制		
	基准	2016年3月	2016年9月
通胀挂钩债券占国内债务总额的比例（%）	20~25	23.0	23.8
外债占政府债务总额的比例（%）	15.0	10.1	9.3
固定利率债券加国库券的加权平均到期期限（年）	10~14	12.6	13.2
通胀挂钩债券的加权平均到期期限（年）	14~17	14.9	14.8
政府债务总额的加权平均到期期限（年）	—	14.2	14.6

资料来源：南非《2016中期财政政策报告》。

六、政府间转移支付

未来3年支出期内，给省级和市级政府优先一线服务的拨款强劲增长，可用非利息支出中的47.5%拨付给各中央部委，省级拨款占43.4%，市级政府拨款占9.1%。这些拨款相当于中央部委支出增长5.3%（不包括间接补贴），省级7.5%，市级8%。对省级和市级政府拨款的强劲增长反映了优先事项置于一线服务，诸如医疗、教育和基本服务，以及由于更高的工资、人口增长和因大容量电力和自来水成本而增高的服务成本（见表9-10）。

表9-10　2016/2017至2019/2020财年政府间收入分配

	2016/2017 财年	2017/2018 财年	2018/2019 财年	2019/2020 财年	2016/2017财年至2019/2020财年年均增长（%）
中央拨款（10亿兰特）	559.8	589.7	631.3	681.5	6.8
省级拨款（10亿兰特）	500.5	538.1	578.6	621.0	7.5
地方政府拨款（10亿兰特）	104.9	112.5	121.5	132.3	8.0
拨款总额（10亿兰特）	1 165.2	1 240.4	1 331.4	1 434.8	7.2
占总额百分比					
中央部门（%）	48.0	47.5	47.4	47.5	
省级（%）	43.0	43.4	43.5	43.3	
地方政府拨款（%）	9.0	9.1	9.1	9.2	

资料来源：南非《2016中期财政政策报告》。

省级面临一般转移支付减少的资金挑战。中期支出框架期间省级继续面临资金挑战,主要是由于2015年公共部门工资结算,该结算使薪酬费用的增长高于预算额度。此外,财政整顿和重新调整优先次序影响了所有政府层级。因此,提出了减少省级一般转移支付,以及省级和市级专项转移支付减少一个小数目。不过,中期支出框架的外围年份通过省级和地方政府一般转移支付增加薪酬资金,以应对劳务成本上升。

2018年将完成省级一般转移支付公式的重审,南非财政部与省级财政部门、南非统计局、金融和财政委员及国家有关部门合作,开始深度评估省级一般转移支付公式。这个过程的第一阶段已完成,整个评估预计2018年完成。

高效的市政开支支持基本服务,新当选的市议会负责制定综合发展计划,以指导其未来5年的投资。鉴于预算约束,所有市政当局需要聚焦于更高效的支出和物有所值,以改进基本服务交付。严格的财务管理,包括透明的采购行为、有效的计费与收费,以及及时支付债权人,是提高城市绩效的前提。支持市政当局的措施,以及适当情况下的强迫遵从,将被加强。

基础设施交付中的协调行动对促进增长很关键,中央政府还会与市政当局合作以促进经济增长的方式规划其基础设施投资,并推翻种族隔离的空间规划模式。这就需要在基础设施、住宅、交通服务交付中采取协调一致的行动,以创造更密集、更具包容性和创造性的居民点;将推出加速充分享受补贴的可负担住房投资的举措,以及加速非正规居民点的综合现场升级。将推出改进城市公共交通系统协调的措施,以补充轨道交通和快速公交系统正在进行的投资。政府还将在发展与私营部门和开发金融机构伙伴关系的前提下,与财务良好的城市合作,以其自有财力扩大其投资项目。

表9-11   2016/2017至2019/2020财年省级一般转移支付   单位:百万兰特

财年 省份	2016/2017	2017/2018	2018/2019	2019/2020
东开普省	58 060	61 848	66 167	70 961
自由州省	22 995	24 522	26 285	28 165
豪登省	79 600	86 643	93 030	100 227
夸祖鲁纳塔尔省	87 898	93 757	99 741	106 841
林波波省	48 709	51 960	55 386	59 371
姆普马兰加省	33 450	36 082	38 489	41 214
北开普省	10 863	11 720	12 501	13 418

续表

财年 省份	2016/2017	2017/2018	2018/2019	2019/2020
西北省	28 062	30 330	32 473	34 857
西开普省	41 062	44 470	47 452	51 049
合计	410 699	441 331	471 522	506 104

七、施政方针与财政改革

南非在未来几年里，将面临异常艰难的全球和国内经济条件。南非面前的所有选择都是不愉快的，有一些更加明显。有赖于南非的弹性，有必要做出艰难的决策。南非政府将使公共财政回归可持续路径，着手增加税收和减少开支，以收窄财政赤字和稳定公共债务增长，同时保护核心社会和经济计划。仅靠财政措施并不够，为了以可持续方式扩大社会工资，创造就业和减贫，南非需要更快速的包容性经济增长，同时强调公共部门和私营部门对发展的贡献。

2015年10月以来，全球经济危机加深，暴露了限制南非增长潜力的外部脆弱点和内部"瓶颈"的严重性。考虑到日益恶化的全球环境和疲弱的国内经济前景，政府提议修订中期支出框架（MTEF），加快财政整顿的脚步，比2015年10月提议的更快收窄财政赤字。同时，政府与私营部门、工会、民间社会更紧密合作，以坚定的步伐恢复经济信心，应对经济增长的结构性约束，实现《国家发展计划》的愿景，进行经济转型所需的改革。

（一）财政整顿和包容性增长

为应对日益恶化的经济前景和外部冲击风险加大，南非政府设置了更快的财政整顿过程，比预测更快地收窄预算赤字，并稳定公共债务的增长。这些步骤将使公共财政恢复至可持续路径，南非人民将需要分担这些措施的负担，加税的大部分将落到境况较好的南非人身上。对政府薪酬预算的限制将要求提高公务员效率，扶贫支出和基础设施公共投资将被维持。

同时，政府意识到税收和支出调整的局限性。为达成雄心勃勃的国家发展目标，南非需要更具包容性的，创造就业的经济增长。提高私营部门的信心和投资，是经济增长的引擎，是扭转国家经济命运之所需。为此，政府未来三年里将加紧与企业、员工和民间社会的积极接洽，合作将显著增加。

（二）采取果断的财政行动

2016年南非公共债务将提高超过2万亿兰特。债务服务费用是支出科目中增长最快的，占国家收入的12%。为维持社会薪资和避免公共开支的急剧逆转，政府提议调整税收政策以促进收入，适度开支和重新调整预算的优先次序。政府致力于达成其中期财政目标，并将在条件允许的情况下采取额外步骤。

1. 税收和支出调整

加速财政整顿的措施包括：（1）税收政策提议将在2016/2017财年增加181亿兰特的收入，接下来的两个财年将采取措施，计划筹集额外的各150亿兰特。这些提议的详情将经过咨询和评审后，在未来预算中列出。（2）2017/2018财年的支出上限调低了100亿兰特，2018/2019财年的调低了150亿兰特。这些降低的大部分将应用于薪酬预算。（3）2016年4月1日起生效，非关键职位的空缺，在等待修正的人力资源计划提交期间，被政府工资制度封锁。这些部门计划将减少行政和管理岗人员编制，废除不必要的岗位，并建立授权、提供资金岗位的可持续标准。教师、护士、医生、警务人员和其他关键岗位将被排除在封锁之外，封锁主要针对行政管理人员。（4）根据总统发表的国情咨文，中央部门预算的非必需商品和服务，中期削减50亿兰特。更强的成本控制指令即将发布。

现代化的招标过程将降低成本并减少腐败机会。以上这些措施将辅以由首席政府采购官办公室主导的政府招标系统现代化，以减少腐败的成本和机会。从2016年4月1日起，所有希望与政府做生意的公司必须在中央供应商数据库注册。这对通过准备就绪的集中谈判达成合同，进行采购日常商品和服务，是强制性的。

2. 重新调整优先次序和保护社会工资

2016年预算在调低的支出上限之内，响应新的支出要求。318亿兰特的金额在未来3年里被重新调整次序至新开支需求，其中分配给高等教育的短期资金挑战163亿兰特，已任命了一个总统委员会来考量为高等教育提供资金的方案。政府还将资金分配至抗旱救灾以及新开发银行的南非会员费。中期11亿兰特被重新调整至一些诸如钻孔、分发动物饲料、迁移牛群以及输送饮用水至受灾严重地区等的干预措施。除了这些确定的干预措施，还有支持额外干预措施的资源可用。省级和市级救灾补助的变化也将被提出。长期来看，南非需要考虑经济和家庭如何能够适应国家水资源紧张的挑战。2016/2017财年预算将为社会薪资提供8 800亿兰特。分配给医疗卫生、教育、社会保障、社区基础设施和贫困人口住房补贴的资源占开支的 60%，且这些预算在未来 3 年平均增长率比通货膨胀快。社会补助被保护免受通货膨胀影响。政府在其有限的资源之内，将新资金分配给一些中期核心计划：（1）115 亿兰特提供给予通胀挂钩的社会补助额调整以及受益人数的增长；（2）9.84 亿兰特用于扩大 HIV/AIDS 治疗和预防的覆盖面，7.4 亿兰特用于治疗肺结核；（3）8.13 亿兰特用于新的"早教开发专项补助"；（4）4.75 亿兰特用于小企业发展部，支持小企业和合作社。

（三）转型和增长

公共开支的资金来自于经济，经济增长增加税收收入，使政府有能力为越来越大范围的公共服务提供资金。反之，高税率会延缓经济增长，特别是如果设计不良或者是对经济活动施加过多的费用。过去 10 年，社会薪资支出实质上翻倍。政府还致力于实施《国家发展计划》，为未来岁月里设想了许多干预措施，包括国家健康保险，高等教育和职业教育的扩展系统，加大早教开发和综合社会保障的投资力度。鉴于财政约束，政府将分阶段履行这些承诺。但是疲弱的经济增长限制了实现新政策举措的步伐。最终，改善所有南非人的生活质量，以及增加公共资源的投入，为社会和经济优先事项提供资金，有赖于人均收入的持续改善。

提高长期增长有赖于进行《国家发展计划》中设想的改革。经济增长预测会逐步改善，但政府致力于提高中长期增长率。为成功实现《国家发展计划》的目标，将有赖于加强与企业、员工和民间社会的合作。干预措施的关键领域包括：（1）维持公共基础设施投资。未来 3 年，政府和国有企业承诺 8654 亿兰特，用于投资住房、道路、公共交通、水、电力和社区基础设施；（2）扩大共同投资于经济基础设施、公共设施、创新和技能开发的伙伴关系；（3）通过动员私营部门共同投资于保证快速见效的技术，来增加电力供应并提高可靠性；（4）促进稳定和合作的劳动关系环境；（5）鼓励节能、创造就业机会行业的发展，如旅游、农业和农产品加工，这些行业能从弱势兰特中受益并促进出口；（6）降低营商成本，消除监管约束，诸如放宽繁琐的签证限制，以及迅速采取行动消除政策不确定性；（7）刺激经济活动。具有较强资产负债表的公共机构，包括开发金融机构和社会保障基金，将更多地利用其资源支持经济刺激和创造就业；（8）鼓励小企业成长。南非财政部和南非小企业发展部联合私营部门探索建立小企业创新基金；（9）城市景观改造。政府加紧支持大城市和私人投资者之间的伙伴关系，紧邻运输网络和就业，开发混合使用、混合收入区。

改革以使经济置于更高增长轨迹。经济变革还需要财力雄厚、管理良好和治理得当的国有企业的积极参与。中期更快的经济增长还要求从垄断控制向管理良好的竞争市场转换,从而使国有企业发挥战略作用。政府正实施推出对国有企业的总统审查委员会,该委员会提出了合理化的实体数量,并从私营部门动员股权和技术专长来强化国有企业财务和管理能力。

(四) 建立优势

自 2008 年全球金融危机之初,尽管条件不利,南非经济继续表现出韧性。宏观经济政策有效而坚定,保持了管理国家资源的审慎态度。深度且流动性好的金融市场为经常账户提供资金。大部分国家债务以兰特计价,并且汇率高度灵活。实现宪法的愿景有赖于所有南非人的积极参与,以及有能力的国家和有责任心的民主制度。南非有积极参与公民,公众精力充沛而坚定地参与社会和发展的挑战。国家制度框架,如法院、总审计院和储备银行是有效和独立的。言论自由有助于保持私营和公共机构可问责,公共资源的筹集和分配都是以透明和法治的方式。总之,有会计官员继续坚持国会拨款的限制,使预算的财务执行是优秀的。会计官员出现的地方,腐败和弊端就会暴露出来。提高侦查起诉率是加强防伪之所需。南非将依靠这些优势在未来将公共财政恢复至可持续路径,贡献于南非经济的韧性,重振经济增长势头。

(五) 能源计划

政府正加紧实施中期能够缓解电力供应约束的举措。与私营部门共同投资已经为电网增加了 2 045 兆瓦的可再生能源,而已授权合同项目中期将增加另外的 6 377 兆瓦。政府正准备独立发电公司(IPP)的主要扩张举措,为基底负载能量出力。2016 年晚些时候,能源部长将宣布 1 000 兆瓦煤电项目的优先竞购方,大约 450 亿兰特的私人投资参与进来,并且第二轮煤电项目预计为电网增加 1 500 兆瓦。燃气动力独立发电商项目也在准备之中,通过投资于理查德湾、库哈和萨尔达尼亚湾港口的液化天然气设施和发电站贡献 3 126 兆瓦的发电量,这将利用国有企业和私营部门的投资,也会为上游投资创造机会。长期来说,政府已确定在南非整体能源结构之内,扩大核能生产的必要性,核能涉及大量前期成本,政府将经过彻底透明的招标过程,仅以可负担的规模和速度扩大这种能力。

主要参考文献

[1] 外交部网站,南非国家概况(最近更新时间:2017年1月)。

[2] 南非2016年预算,Budget Review 2016,下载自南非财政部网站:http://www.treasury.gov.za/。

[3] 南非《2016中期财政政策报告》,Medium Term Budget Policy Statement 2016,下载自南非财政部网站:http://www.treasury.gov.za/。

第六篇
亚洲

- 日本
- 韩国
- 印度
- 印度尼西亚

… …

第十章 日本

日本位于亚洲大陆以东，隔东海、黄海、朝鲜海峡、日本海与中国、朝鲜、韩国和俄罗斯相望，国土由本州、北海道、九州、四国四个大岛和3 900多个较小的岛屿组成，海岸线长3万多公里，多海湾和良港，是太平洋上一个呈弧形的群岛国家。日本基本属于单一民族（大和民族）国家（北海道地区约有2.5万阿伊努族人），人口约1.267 5亿（2017年7月）。日本是君主立宪制国家，天皇是国家的象征，不参与国家行政管理。日本的政治体制是根据1947年日本新宪法确立的，实行立法、行政、司法各自独立的三权分立体制。国会作为立法机关，是国家最高权力机构，也是国家唯一的立法部门。行政权属于内阁，内阁由内阁总理大臣及其他国务大臣组成，内阁行使有关行政权并对国会负责。日本中央政府行政机构包括1府（内阁府）12省（厅）。[1] 内阁总理大臣享有对国务大臣的任免权，以保持内阁的统一。法院作为司法机关，由最高法院及下级法院（高等法院、地方法院、家庭法院、简易法院）组成。所有的法官都独立行使职权，只受宪法和法律的约束。最高法院院长由内阁提名，天皇任命，其他法官均由内阁任命。法院有权认定一切法律、法令是否符合宪法。[2]

一、经济概况

在安倍新旧"三支箭"政策实施背景下，日本2016年实际GDP增长1.2%，

---

[1] 总务省、法务法、外务省、财务省、文部科学省、厚生劳动省、农林水产省、经济产业省、国土交通省、环境省、防卫省、国家公安委员会（警察厅）。
[2] 中国外交部：《日本国家概况》，中国外交部网站，2016年12月。

而要实现安倍新三支箭提出的 GDP 到 2020 年增长至 600 万亿日元的目标，年均 GDP 增长要达到 3% 以上，从这个意义上说，2016 年的经济运行状况并不令人满意。

从宏观政策上看，金融政策未奏效。自从 2012 年提出安倍经济学以来，扭转日本长期通货紧缩状况一直是一个棘手问题，三支箭提出的 2% 通胀目标实现的时间表从 2013 年，推迟到了 2016 年。为此，日本银行于 2016 年 2 月 16 日出台了负利率政策，将利率破天荒地降至 -0.1%，并且规定民间金融机构存入日本银行的新增存款亦适用这一利率，试图以全方位的降息手段打破通缩魔咒。消息面世之初，市场反映倒也迅速，日经 225 指数一度暴涨约 600 点，涨幅超过 3%，同时，日元汇率大幅度贬值至 121 日元兑换 1 美元，贬值幅度超过了 2%。但好景不长，仅仅一周之后，形势即发生了逆转，日元重新进入上升轨道，股市亦回头向下。更为重要的是，作为政策目标的通胀目标仍未有任何好转，2016 年消费者物价指数比上年持续下跌，离 2% 的通胀目标越离越远。9 月，日本央行政策决议决定把长期利率作为货币政策调控对象，即把 10 年期国债收益率维持在 0% 上下，同时，在坚持通胀 2% 政策目标的同时，放弃了制定实现这一目标的时间表。

从实体经济成长看，在日元升值背景下，企业业绩大幅滑坡。2016 年 9 月之前日元汇率持续走高，1 月份平均汇率约在 1 美元兑换 118.25 日元左右，8 月份已经升值为 1 美元兑换 101.27 日元，最高达到过 1 美元兑换 109.19 日元。在此背景下，日本企业业绩受到相当大的影响。日本的法人企业统计显示，大多数企业比上一年同期相比业绩均有下滑，如汽车龙头企业丰田 2016 年第二季度决算显示，经常性收益与上年同期相比减少高达 16.5%。9 月份以后，特别是随着美国特朗普总统上台，日元汇率走高趋势意外逆转，11 月份，日元已贬值至 1 美元兑换 114.33 日元，企业业绩受高汇率影响受损的状况开始有所缓解。

从消费需求看，国内消费仍旧萎靡不振，观光消费大幅收缩。日本 GDP 约 60% 靠个人消费支撑。2016 年个人消费一直处于负增长状态，且减幅较大。除 2 月份受闰年影响增长为正以外，其他月份均为负数。零售业销售增长亦持续为负数，原因则是海外中国观光客，一方面从以前的非理性消费中清醒；另一方面受人民币汇率贬值影响，购买力出现下降。2016 年，日本观光人数比 2015 年增长了 20%，但是消费总额却降低了。

日本经济的主要宏观数据如表 10-1 所示（见表 10-1）。

表 10-1　　日本经济的主要宏观指标（2011~2017 年）

项目＼年份	2011	2012	2013	2014	2015	2016
经济增长（%）						
实际 GDP	-0.5	1.5	2.0	0.2	1.2	1.0
国内需求	0.4	2.6	1.7	0.0	0.1	0.4
净出口（1）	-0.8	-0.8	-0.2	0.3	0.4	-0.1
通货膨胀（年平均）						
CPI（2）	-0.3	0.0	0.4	2.7	0.8	0.2
GDP 平减指数	-1.9	-0.9	-0.6	1.7	2.0	0.6
失业率（年平均）	4.6	4.3	4.0	3.6	3.4	3.2
宏观金融（% 变化、期末值等）						
基础货币	22.2	19.3	60.3	36.7	29.1	22.6
广义货币	3.6	2.8	4.0	3.0	3.1	2.7
私营部门信贷	-0.6	3.1	5.5	1.5	2.6	2.3
非金融部门债务占 GDP 比重	191.3	196.3	225.6	238.2	234.4	234.0
家庭负债占可支配收入的比重	128.3	127.1	128.5	129.3	129.3	130.3
汇率（年平均）						
日元/美元	79.8	79.8	97.6	105.9	121.0	106.9
日元/欧元	111.0	102.6	129.6	140.8	134.3	118.9
实际有效汇率（ULC 指数，2005＝100）	118.5	119.7	96.7	88.8	85.0	—
实际有效汇率（CPI 指数，2010＝100）	101.7	100.6	80.4	75.1	70.2	—
国际收支（亿美元）						
经常账户余额	129.8	59.7	45.9	36.4	135.6	159.4
占 GDP 的百分比	2.2	1.0	0.9	0.8	3.3	3.4
贸易余额（占 GDP 的百分比）	-0.1	-0.9	-1.8	-2.2	-0.1	0.4
贸易条件（百分比变化率）	-9.0	-1.8	-2.5	-1.0	14.0	1.3
净 FDI（占 GDP 的百分比）	2.0	2.0	2.9	2.6	3.2	2.5
储备（期末值，10 亿美元）	1 258.2	1 227.2	1 237.3	1 231.0	1 207.1	—

注：（1）对 GDP 增长的贡献率；（2）没扣除 2014 年、2015 年消费税增长的影响。
资料来源：IMF 国别报告第 16/267 号、日本内阁府《主要统计数据》。

二、政府支出

(一) 政府的范围及其分类

日本 1978 年开始采用新国民经济核算体系,即 SNA (System of Nation Accounts) 体系。SNA 体系将日本国民经济主体分为家庭、企业以及公共部门 3 个部分。这三个部门通过经济活动相互关联,通过贸易、资本交易以及对外经济活动连接成一个整体。家庭与企业很容易理解与界定,公共部门的具体内容在日本主要包括一般政府与公共企业,而一般政府又包括中央政府、地方政府和社会保障基金(厚生年金、国民年金、健康保险等)3 个部门,公共企业包括公营金融机关(日本银行、公库等)和公营企业(公社、公团)等。

(二) 一般政府支出规模

2015 年日本一般政府支出在国民经济 (GDP) 中所占的比重总体为 24.9%,其中中央政府为 4.1%,地方政府为 11.0%,社会保障基金为 8.5% (见表 10-2)。从 2000 年以后的变化看,中央政府和地方政府财政规模都略有缩小,社会保障基金规模扩大迅速,反映出日本老龄少子化背景下社会保障压力。事实上,日本社会保障基金在 1990 年占 GDP 的比重只有 4.1%,1995 年上升至 4.9%,之后在整个 20 世纪 90 年代后半期维持 5% 上下,进入 2000 年突然蹿升至 5.7%,之后一路攀升至 2012 年的 8.8%,最近几年略有下降。日本一般政府支出占 GDP 的比重与美国大致相当,远低于英国、德国、法国等国家。

表 10-2　　　　日本国民经济计算中的公共支出总量　　　单位:亿日元、%

	2013 年	2014 年	2015 年	对前年度增减率 2013 年	2014 年	2015 年
公共支出	1 287 818 (25.4)	1 314 518 (25.4)	1 327 679 (24.9)	3.2	2.1	1.0
中央政府	227 980 (4.5)	224 555 (4.3)	218 240 (4.1)	9.2	-1.5	-2.8
地方政府	567 393 (11.2)	583 923 (11.3)	585 758 (11.0)	1.7	2.9	0.3

续表

	2013 年	2014 年	2015 年	对前年度增减率		
				2013 年	2014 年	2015 年
社会保障基金	424 673 (8.4)	435 879 (8.4)	450 557 (8.5)	2.5	2.6	3.4
公共企业	67 772 (1.3)	70 160 (1.4)	73 125 (1.4)	1.5	3.5	4.2
国内总生产（GDP）（支出法）	5 074 011 (100)	5 178 666 (100)	5 321 914 (100)	2.6	2.1	2.8

注：（）内为比重。
资料来源：日本总务省《地方财政白皮书（2017年3月）》。

（三）中央政府与地方政府支出

1. 总支出

2015年，日本中央政府支出约106万亿日元，地方政府支出约98万亿日元，中央政府与地方政府支出之比为51.9∶48.1；中央向地方转移支出约35万亿日元，地方向中央上缴支出约7 000亿日元；财源转移之后，日本中央政府本级支出约71万亿日元，地方政府本级支出98万亿日元，中央政府与地方政府的支出之比变为42∶58；中央与地方政府本级支出占GDP的比重分别是13.3%和18.4%（见表10-3）。

2. 中央政府支出

日本2016年中央政府一般会计①预算支出规模96.7万亿日元。从20世纪90年代以来的财政支出趋势看，整个90年代，财政支出规模呈上升趋势；2000~2008年，财政支出总体规模基本维持在81万亿上下；2008年金融危机之后，支出规模再次扩大。

20世纪90年代，日本泡沫经济破灭。日本政府从1992~2002年，实施了13次经济刺激计划，政策资金总规模合计约160万亿日元，其中财政政策规模占到一半以上，导致财政支出水平不断攀升。1990年，日本财政支出规模66万亿日元，2000年已上升为85万亿日元，增长了28.8%。财政支出占GDP的比重也从1990年的16.3%上升为2000年的18.8%。

---

① 相当于我国的经常性预算。

表 10-3 中央财政与地方财政支出比较

单位：亿日元，%

年度	支出总额 中央（A）	支出总额 地方（B）	中央向地方转移支出	地方向中央上交支出	本级支出额及比重 中央（C）	本级支出额及比重 地方（D）	GDP	本级支出占GDP的比重 中央	本级支出占GDP的比重 地方
1941	81	31	11	0	70 (69.3)	31 (30.7)	449	15.6	6.9
2005	934 347	906 973	322 145	12 731	312 202 (40.6)	894 242 (59.4)	5 258 139	11.6	17.0
2006	909 468	892 106	310 705	12 749	598 763 (40.5)	879 357 (59.5)	5 292 550	11.3	16.6
2007	879 327	891 476	265 771	12 657	613 556 (41.1)	878 820 (58.9)	5 310 134	11.6	16.5
2008	902 859	896 915	283 130	11 854	619 729 (41.2)	885 061 (28.8)	5 093 984	12.2	17.4
2009	1 056 981	961 064	344 179	12 836	712 801 (42.9)	948 228 (57.1)	4 920 751	14.5	19.3
2010	1 001 107	947 750	339 511	8 507	661 596 (41.3)	939 243 (58.7)	4 991 948	13.3	18.8
2011	1 058 330	970 026	373 166	7 698	685 164 (41.6)	962 329 (58.4)	4 938 531	13.9	19.5
2012	1 044 969	964 186	362 159	9 308	682 810 (41.7)	954 877 (58.3)	4 946 744	13.8	19.3

续表

年度	支出总额 中央（A）	支出总额 地方（B）	中央向地方转移支出	地方向中央上交支出	本级支出额及比重 中央（C）	本级支出额及比重 地方（D）	GDP	本级支出占GDP的比重 中央	本级支出占GDP的比重 地方
2013	1 058 980	974 120	367 916	7 676	691 064 (41.7)	966 444 (58.3)	5 074 011	13.6	19.0
2014	1 060 355	985 228	690 051	7 054	700 304 (41.7)	978 174 (58.3)	5 178 666	13.5	18.9
2015	1 061 292	984 052	354 709	7 220	706 583 (42.0)	976 833 (58.0)	5 321 914	13.3	18.4

注：（）内为比重。

资料来源：日本总务省《地方财政白皮书（2017年3月）》。

2000~2008年，由于近十年的大规模支出计划并未奏效，且积累了大量财政赤字与债务，财政支出规模没有进一步扩张，大致维持在80万亿~85万亿日元。2008年全球经济危机爆发，日本经济遭受严重打击。为应对这场危机，日本政府分别于2008年8月、10月，2009年4月、12月，2010年9月、10月以及2013年1月出台了7个经济刺激计划，政策资金总额约为180万亿日元，其中财政规模约为48.3万亿日元。财政支出规模也由2008年的约83万亿日元直接攀升到2009年的约88.5万亿日元，之后逐年上升至2016年的96.7万亿日元（见表10-4）。

表10-4 一般会计支出

年度	一般会计支出（10亿日元）(A)	基础财政收支经费(1)（10亿日元）	公债发行额(2)（10亿日元）(B)	公债依存度（%）(B/A)	利息费（10亿日元）(C)	利息费比重（%）(C/A)
1989	60 414	48 749	7 111	11.8	11 132	18.4
1990	66 237	51 948	5 593	8.4	11 069	16.7
1991	70 347	54 311	5 343	7.6	11 930	17.0
1992	72 218	55 771	7 280	10.1	12 126	16.8
1993	72 355	56 913	8 130	11.2	11 661	16.1
1994	73 082	57 177	13 643	18.7	11 588	15.9
1995	70 987	57 766	12 598	17.7	11 651	16.4
1996	75 105	58 730	21 029	28.0	11 703	15.6
1997	77 390	60 588	16 707	21.6	11 682	15.1
1998	77 669	60 406	15 557	20.0	11 589	14.9
1999	81 860	60 411	31 050	37.9	11 368	13.9
2000	84 987	63 022	32 610	38.4	10 743	12.6
2001	82 652	65 482	28 318	34.3	10 402	12.6
2002	81 230	64 559	30 000	36.9	9 594	11.8
2003	81 789	64 991	36 445	44.6	9 060	11.1
2004	82 111	64 542	36 590	44.6	8 734	10.6
2005	82 183	63 741	34 390	41.8	8 864	10.8
2006	79 686	60 925	29 973	37.6	8 648	10.9
2007	82 909	61 910	25 432	30.7	9 514	11.5

续表

年度	一般会计支出（10亿日元）(A)	基础财政收支经费（1）（10亿日元）	公债发行额（2）（10亿日元）(B)	公债依存度（%）(B/A)	利息费（10亿日元）(C)	利息费比重（%）(C/A)
2008	83 061	62 898	25 348	30.5	9 341	11.2
2009	88 548	68 304	33 294	37.6	9 420	10.6
2010	92 299	70 932	44 303	48.0	9 757	10.6
2011	92 412	70 863	44 298	47.9	9 924	10.7
2012	90 334	68 390	44 244	47.6	9 840	10.9
2013	92 612	70 370	42 851	46.3	9 870	10.7
2014	95 882	72 612	41 250	43.0	10 098	10.5
2015	96 342	72 891	36 863	38.3	10 115	10.5
2016	96 722	73 110	34 432	35.6	9 869	10.2

资料来源：日本财务省预、决算数据。

3. 中央政府支出结构

（1）按支出性质分类的支出结构。

日本2016年中央政府一般会计预算中，国债支出23.6万亿日元，占支出总额的24.4%，经常性财政支出73.1万亿日元，占75.6%（见表10-5）。具体地，国债支出23.6万亿日元中，包括偿还债务本金13.7万亿日元和利息支出9.9万亿日元；地方交付税支出15.3万亿日元，占支出总额的15.8%；社会保障支出32.0万亿日元，占支出总额的33.1%；文教及科学振兴支出5.4万亿日元，占支出总额的5.5%；公共事业支出6.0万亿日元，占支出总额的6.2%；防卫支出5.1万亿日元，占支出总额的5.2%；其他支出9.5万亿日元，占支出总额的8.4%。

日本中央政府一般会计预算中，国债支出、地方交付税支出以及社会保障支出三项之和占支出总额的73.3%，其他支出被挤压在不到30%。经常性财政支出中，社会保障支出比重最高，占经常性财政支出的43.7%；其次是向地方财政支出的地方交付税支出，占20.9%。这两项支出合计占经常性支出总额的65%。在其他各项支出中，公共事业支出和防卫支出比重较高，分别为8.2%和6.9%（见表10-6、图10-1）。

表 10-5　　　　　　　日本中央政府一般会计支出构成

年　度	2014 年 总额（亿日元）	2014 年 比重（%）	2015 年 总额（亿日元）	2015 年 比重（%）	2016 年 总额（亿日元）	2016 年 比重（%）
国债支出	232 702	24.3	234 507	24.3	236 121	24.4
经常性支出	726 121	75.7	728 912	75.7	731 097	75.6
社会保障关系支出	305 175	31.8	315 297	32.7	319 738	33.1
地方交付税等	161 424	16.8	155 357	16.1	152 811	15.8
合　计	958 823	100	963 420	100	967 218	100

资料来源：日本财务省预算资料整理。

表 10-6　　　　日本中央政府一般预算经常性经费支出结构

年度	2014 年 总额（亿日元）	2014 年 构成比（%）	2014 年 比上年增长（亿日元）	2015 年 总额（亿日元）	2015 年 构成比（%）	2015 年 比上年增长（亿日元）	2016 年 总额（亿日元）	2016 年 构成比（%）	2016 年 比上年增长（亿日元）
社会保障支出	305 175	42.0	15.6	315 297	46.3	8.3	319 738	43.7	1.4
文教及科学振兴支出	54 421	7.5	0.6	53 613	7.4	-0.1	53 580	7.3	-0.1
养恤费	4 443	0.6	-22.2	3 932	0.5	-22.1	3 421	0.5	-13.0
地方交付税	161 424	22.2	-2.0	155 357	21.3	-4.5	152 811	20.9	-1.6
防卫支出	48 848	6.7	3.6	49 801	6.8	4.8	50 541	6.9	1.5
公共事业支出	59 685	8.2	30.5	59 711	8.2	13.0	59 737	8.2	0.0
经济协力支出	5 098	0.7	-2.3	5 064	0.7	-1.7	5 161	0.7	1.9
中小企业对策	1 853	0.3	2.8	1 856	0.3	2.5	1 825	0.2	-1.7
能源对策	9 642	1.3	18.4	8 985	1.2	5.8	9 308	1.3	3.6
粮食安全供给支出	10 507	1.4	-4.8	10 417	1.4	-1.2	10 282	1.4	-1.3

续表

年度	2014 年			2015 年			2016 年		
	总额（亿日元）	构成比（%）	比上年增长（亿日元）	总额（亿日元）	构成比（%）	比上年增长（亿日元）	总额（亿日元）	构成比（%）	比上年增长（亿日元）
其他支出	61 526	8.5	-1.6	61 379	8.4	2.4	61 193	8.4	-0.3
预备费	3 500	0.5	0.0	3 500	0.5	0.0	3 500	0.5	0.0

资料来源：日本财务省《财政关系基础数据》（平成 29 年 4 月）。

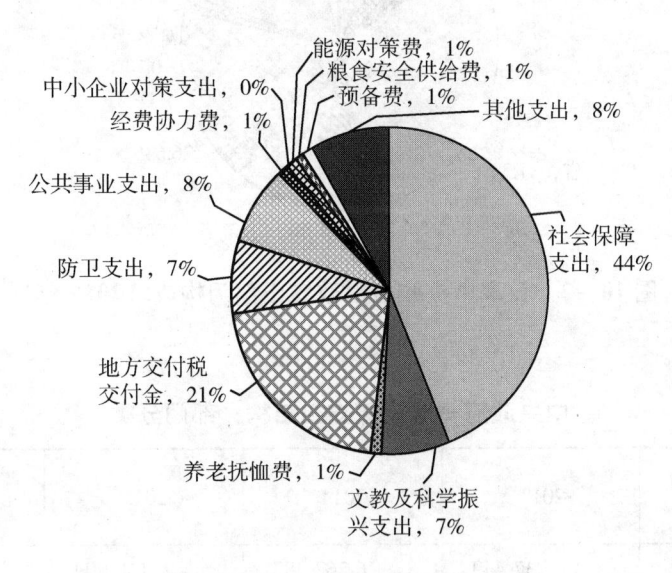

图 10-1 日本中央政府一般预算经常性支出结构（2016 年）

自 20 世纪 90 年代以来，日本财政支出结构变化的特点是国债支出比重一直居高不下，同时，社会保障支出也随着老龄化过程的加剧不断增加，其他各项经常性财政支出比重不断下滑。国债支出在财政支出总额中所占比重，1980 年为 12.7%，1990 年上升至 20.7%，2000 年达到 24%，之后一直维持在高位，2010 年一度下降至 22.4%，之后在 2011 年反弹至 23.3%；社会保障支出在财政支出总额中所占比重，1980 年为 18.8%，1990 年为 16.6%，之后由于少子高龄化社会程度加深的影响，逐渐攀升，2000 年为 19.7%，2010 年为 29.5%，2015 年高达 32.7%；地方交付税在财政支出总额中所占比重，1985 年为 22.9%，之后不断攀升，2003 年达到最高点 26.8%，之后开始回落，2015 年为 15.8%。

（2）按部门分类的支出结构。

日本 2016 年中央政府一般会计预算按部门分类的支出，厚生劳动省占比最高，达到30%以上；其次是财务省和部分省，比重分别约为27%和17%；国土交通省、文部科学省和防卫省排在第4~6位，比重在5%~6%左右；农林水产省占比2%强，其他部门占比均不足1%（见图10-2、表10-7）。

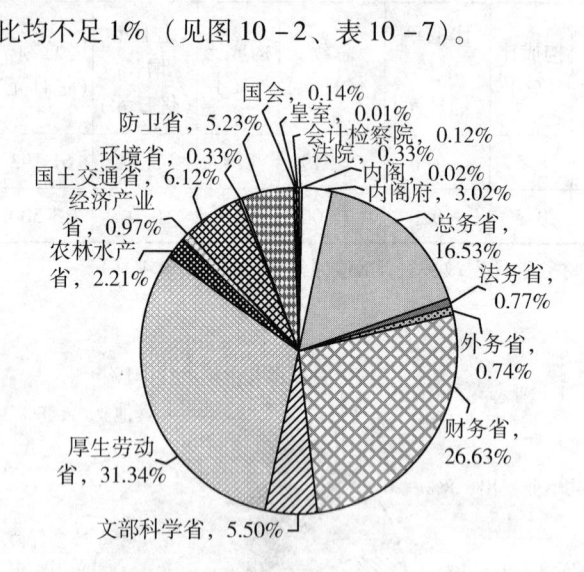

图10-2　日本中央政府财政支出部门构成（2016年）

表10-7　中央政府一般预算支出结构：部门分类

年份 项目	2013	2014	2015	2016
皇室费	6 037 449	6 267 782	6 116 909	6 099 554
国会	132 246 008	138 051 943	136 832 435	138 672 823
法院	298 204 016	313 809 227	312 656 865	315 300 114
会计检察院	15 761 342	16 952 556	16 829 135	16 826 708
内阁	108 195 197	123 868 010	126 789 916	115 231 340
内阁府	913 823 094	1 513 580 973	2 971 998 534	2 919 397 534
总务省	18 418 916 791	17 918 475 202	17 669 115 593	15 991 440 757
法务省	699 176 009	739 978 733	750 713 193	742 017 106
外务省	813 384 188	856 151 111	894 380 882	714 011 470
财务省	25 534 813 802	25 055 231 721	25 125 401 173	25 757 326 761
文部科学省	5 667 830 370	5 599 982 178	5 417 117 988	5 321 556 160
厚生劳动省	30 266 581 515	30 822 919 355	30 602 026 294	30 310 957 536
农林水产省	2 467 418 519	2 401 192 411	2 464 617 737	2 139 200 220

续表

年份 项目	2013	2014	2015	2016
经济产业省	1 342 197 604	1 569 167 618	1 186 437 626	938 624 823
国土交通省	6 193 520 634	6 465 496 265	6 454 930 264	5 917 764 283
环境省	333 468 114	371 668 241	355 430 349	323 264 693
防卫省	4 865 392 814	5 087 544 367	5 171 880 074	5 054 149 172
合计	98 076 967 466	99 000 337 693	99 663 274 967	96 721 841 054

注：2016年未包括补充预算等。
资料来源：日本财务省预、决算数据。

三、政府收入

（一）中央政府总收入

日本的中央政府预算分为一般会计预算、特别会计预算和政府关联机构预算三大类。一般会计预算是总括性预算，是综合管理国家一般性财政收支的预算，其收入主要是税收，也包括公债等，支出主要是国防、教育、社会保障、公共事业等一般行政活动所需经费。在日本，通常情况下所指的预算就是一般会计预算。值得注意的是，日本的一般会计预算与理论上的经常预算有所区别。理论上的经常预算以税收等正常收入为财源，主要提供行政、社会保障及教育等非投资性支出经费。而日本的一般会计预算，在收入方面包括国债（包括建设国债和赤字公债）收入，在支出方面包括中央财政拨款投资支出和国债偿还。

特别会计预算是中央政府为了经营某些特定事业，或管理某些特殊的收入支出根据《财政法》第13条第2项规定设置的分类管理型事业预算。历史上，特别会计预算数目繁多，如1979年有42个，1982年有38个。最初特别会计预算大致分为五类：一是管理诸如邮政、造币、道路港湾修整、土地改良、治山治水等特殊事业收支的特别会计；二是管理贵重金属、外汇资金、粮食等特殊的物资和资金的特别会计；三是管理各种保险事业的特别会计；四是管理国家投融资贷款资金的特别会计；五是管理诸如地方交付税及让与税资金、国债整理基金等特殊资金或基金的特别会计。经过近年特别会计改革，缩减特别会计数目，目前日本特别会计只剩下三大类共计18个特别会计：一是经营特定事业的事业特别会计预算；二是管理中央政府外汇资金和财政投融资资金的资金特别会计预算；三是管理中央政府特殊资金往来的整理特别会计预算。

政府关联机构预算是各政府关联机构的财务预算。政府关联机构是指依据特定法律设立的、中央政府提供全部资本金的法人，是经营事业、尤其是融资性业务的机构，将其与中央政府机构区分开来设置的目的是为了能灵活运用企业经营规则，以提高效率。但是，为了保证其公共性，其预算与政府预算同样接受国会的监督。2006年，日本府关联机构包括6个公库2个银行，之后随着行政改革的进展，2008年10月以后，只包括冲绳振兴开发金融公库、日本政策金融公库、国际协力银行以及国际协力机构4个关联机构。

以上三种预算并非单纯并列而是相互交叉的。一方面，有一般会计预算对特别会计预算及政府关联机构预算的资金转移；另一方面，也存在特别会计预算及政府关联机构对一般会计预算的利润上交。因此，在观察日本中央预算的总体规模时，不能单纯地将各种预算金融进行加总，而应从中扣除相互转移资金的重复计算部门。2016年，日本中央政府总收入505万亿日元，扣除重复计算合计248万亿日元（见表10-8）。

表10-8　　　　日本中央政府收入结构（2013~2016年）

年份 项目	2013	2014	2015	2016
一般会计收入（A）	92 612	95 882	96 342	96 722
特别会计收入（B）	408 483	414 628	406 498	407 322
政府关系机关收入（C）	1 710	1 799	1 835	1 702
财政收入总计（A+B+C）	502 805	512 309	504 675	505 746
重复计算（D）	258 529	271 902	263 613	257 882
财政收入合计（A+B+C-D）	244 276	240 407	241 063	247 865

资料来源：《日本统计》2017年。

（二）中央政府一般会计收入

2016年日本中央政府一般会计预算收入总规模97.5万亿日元。其中，债务收入34.4万亿日元，占35.3%；税收收入57.7万亿日元，占59.2%。税收收入中，主要包括：所得税17.9万亿日元，占18.4%；法人税12.4万亿日元，占12.7%；

消费税17.1万亿日元，占17.6%；其他税收10.2万亿日元，占10.5%。

从税收收入占一般预算总收入的比重看，20世纪80年代中期在70%左右，90年代中期，下降约5个百分点，到了2005年，20世纪比90年代中期下降了近10个百分点，2011年更是降到了不足40%。2014年以后，比重开始逐步回升，2016年已经恢复至60%左右（见表10－9）。

从税收构成看，直接税与间接税之比约为6∶4（见表10－10）。2016年，所得税、消费税和法人税三大税种占税收收入的比重分别为29%、28%、20%左右，合计占比近80%（见表10－10、表10－11）。

表10－9　　　　　　　　日本中央政府一般会计收入规模　　　　　单位：亿日元

年份	税收收入	其他收入	债务收入	总收入
1985	381 988 (70.7)	34 857 (6.5)	123 080 (22.8)	539 926 (100)
1995	519 308 (64.5)	73 794 (9.2)	183 959 (22.8)	805 572 (100)
2005	490 654 (55.1)	86 658 (9.7)	312 690 (35.1)	890 003 (100)
2011	428 326 (38.9)	130 989 (11.9)	427 980 (38.9)	1 099 795 (100)
2013	496 529 (44.3)	156 327 (14.7)	408 510 (38.5)	1 060 447 (100)
2014	517 260 (52.2)	67 814 (6.8)	404 929 (40.9)	990 003 (100)
2015	545 250 (56.6)	49 540 (5.1)	368 630 (38.3)	963 420 (100)
2016	577 120 (59.2)	53 729 (5.5)	343 698 (35.3)	974 547 (100)

注：（）内数字为构成比重，单位：%。
资料来源：日本财务省《财政关系基础数据》。

表10－10　　　　　　　　日本中央政府税收收入结构　　　　　单位：亿日元

	2013年	2014年	2015年	2016年
税收收入	512 274	578 492	601 872	611 967
直接税	311 381	328 821	341 575	350 230

续表

	2013 年	2014 年	2015 年	2016 年
间接税	200 893	249 670	260 297	261 737
占税收的比重（%）				
直接税	61.78	56.84	56.75	57.23
间接税	39.22	43.16	43.25	42.77

资料来源：《日本统计》2017 年。

表 10-11　　日本中央政府税收收入结构：分税种　　单位：亿日元

	2013 年	2014 年	2015 年	2016 年 总额	比重（%）
税收收入	512 274	578 492	601 872	611 967	100
所得税	155 308	167 902	175 900	179 750	29.37
法人税	104 937	110 316	117 410	122 330	19.99
继承税	15 743	18 829	17 610	19 210	3.14
地价税	0.0	1.0	0.0	0.0	0.00
地方法人税	—	10	5 225	6 365	1.04
地方法人特别税	20 010	23 945	21 753	18 809	3.07
复兴特别所得税	3 338	3 492	3 677	3 766	0.62
复兴特别法人税	12 043	4 328	—	—	
消费税	108 293	160 290	171 120	171 850	28.08
酒税	13 709	13 276	13 080	13 590	2.22
香烟税	10 375	9 187	9 060	9 230	1.51
挥发油税	25 743	24 864	24 660	23 860	3.90
石油天然气税	107	103	100	90	0.01
航空燃料税	494	522	521	520	0.08
石油煤气税	5 995	6 307	6 280	6 880	1.12
电力开发促进税	3 283	3 211	3 230	3 200	0.52

续表

	2013 年	2014 年	2015 年	2016 年 总额	比重（%）
机动车重量税	3 814	3 728	3 740	3 850	0.63
关税	10 344	10 731	11 170	11 060	1.81
吨位税	100	100	100	100	0.02
印花税	11 261	10 350	10 270	10 520	1.72
地方挥发油税	2 754	2 660	2 638	2 553	0.42
石油煤气税（让与部分）	103	97	100	90	0.01
航空燃料税（让与部分）	149	149	146	149	0.02
机动车重量税（让与部分）	2 617	2 558	2 567	2 642	0.43
特别吨位税	125	125	125	125	0.02
香烟税特别税	1 605	1 421	1 401	1 428	0.23

注：2014 年以前为决算数、2015 年为修正预算后数字、2016 年为最初预算数。
资料来源：《日本统计》2017 年。

四、政府盈余/赤字

日本自 20 世纪 90 年代以来，财政收支状况不断恶化，期间，日本政府改善财政的"建全化"计划几乎从未间断。早在 1996 年 12 月，桥本内阁就制定了《财政构造改革法》，它确定了一个多年期的支出削减计划，提出的目标是在 2005 年之前将财政赤字占 GDP 的比重控制在 3% 以下，而实际执行的结果是 5.3%。2006 年 7 月，日本内阁出台了《经济财政运营和构造改革的基本方针》、2009 年 1 月通过了《经济财政的中长期方针和 10 年展望》、2009 年 6 月又制定了《经济财政改革基本方针 2009～安心、活力、责任～》等计划，这些计划都制定了具体的基本财政收支健全化目标。虽然日本在 2007 年终于实现了赤字占 GDP 之比小于 3% 的目标，但随后而来的全球金融危机又使这一指标重新恶化，2009 年更是达到了历史高点 9.5%，2014 年以后重新进入改善通道，目前赤字占 GDP 的比重为 4.5%（见图 10-3）。

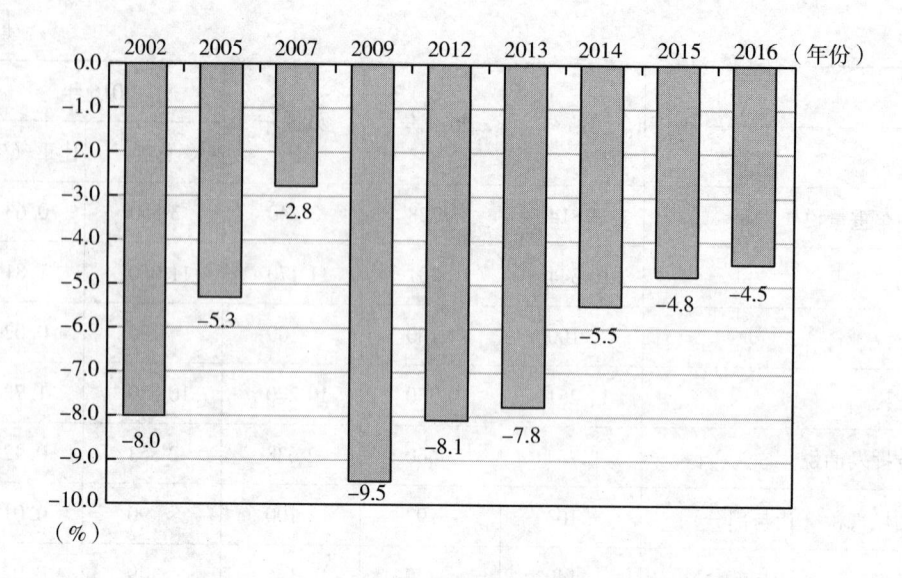

图 10-3 日本政府财政赤字占 GDP 的比重

资料来源：根据日本财务省《日本财政关系资料》（2017 年 4 月）制作。

五、政府债务

（一）政府债务总水平

自 20 世纪 90 年代以来，日本政府债务总水平不断提高。1990 年，日本国债发行额仅为 5.6 万亿日元，并且全部是建设国债；到了 1999 年，国债发行额达到了 32.6 亿日元，其中建设国债为 9.2 万亿日元，占 28.1%，而赤字国债却高达 23.5 万亿日元，占 71.9%；2005~2007 年略有下降；2008 年以后，受全球金融危机影响，国债发行额又创新高，2010 年国债发行额高达 44.3 万亿日元。从债务依存度看，1990 年是 7.6%，1999 年上升为 32.6%，2009 年达到历史最高点，为 48.0%，最近几年有所回落，2016 年为 35.5%（见图 10-4）。

目前，日本政府一般政府①债务余额为发达国家之最。根据 OECD 的统计，日本一般政府债务余额占 GDP 的比重 1995 年是 86.2%，低于意大利与加拿大；1997 年达到 100.5%，超过加拿大但低于意大利；1999 年上升为 127.0%，超过意大利，成为负债金额最多的发达国家。2009 年，日本一般政府债务余额占 GDP 的比重突

---

① 即中央政府、地方政府债务再加上社会保障债务。日本政府一般不统计一般政府债务余额情况。

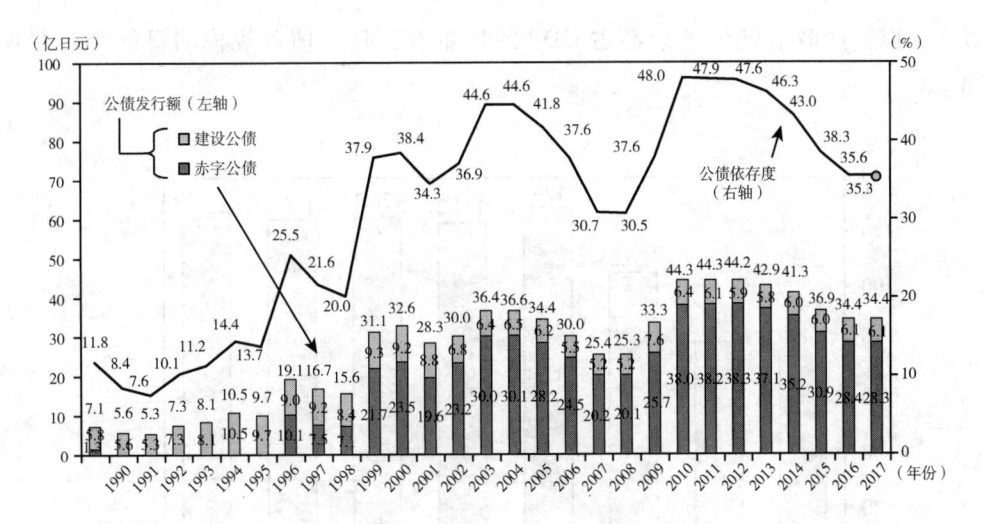

图 10-4 日本公债发行额与依存度

注：数据为每年当初预算数。

资料来源：日本财务省《日本财政关系资料》（2017年4月）。

破200%，已远远高于其他西方发达国家，2016年达到了250%，比排名第二位的意大利高出120个百分点（见图10-5）。

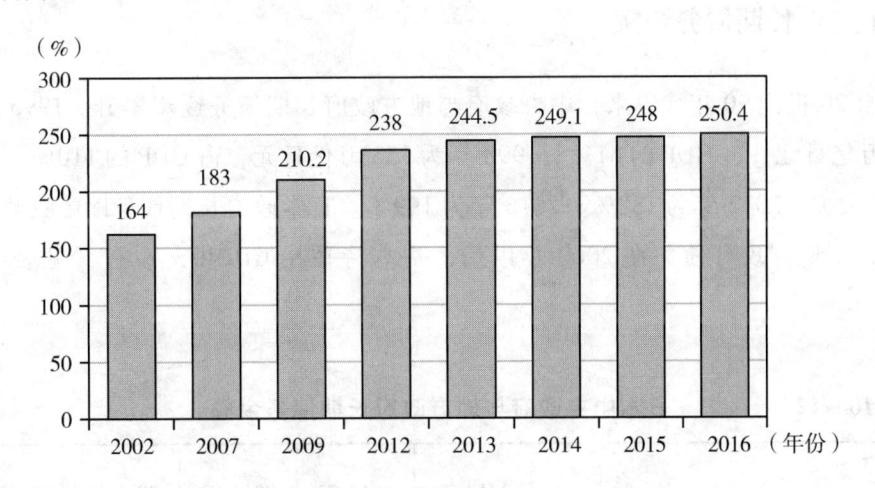

图 10-5 政府总债务余额占GDP的比重

资料来源：日本总务省，《日本财政关系资料》2017年4月。

一般政府债务余额在进行国际比较时有一个缺陷，可能会高估或低估某些国家政府债务的真实情况。因此，一般政府债务余额在与政府拥有的金融资产一起考虑调整，即要考虑政府的还债能力后，再进行国际比较，即比较一般政府纯债务余额才合理。一般政府纯债务余额等于一般政府债务余额减去外汇储备及社会保障基金等政府性金融资产后的数额。由于日本有大量的外汇储备等政府性金融资产,以一般政府纯债务余额占 GDP 的比重看,日本债务规模明显缩小(见图 10-6)。

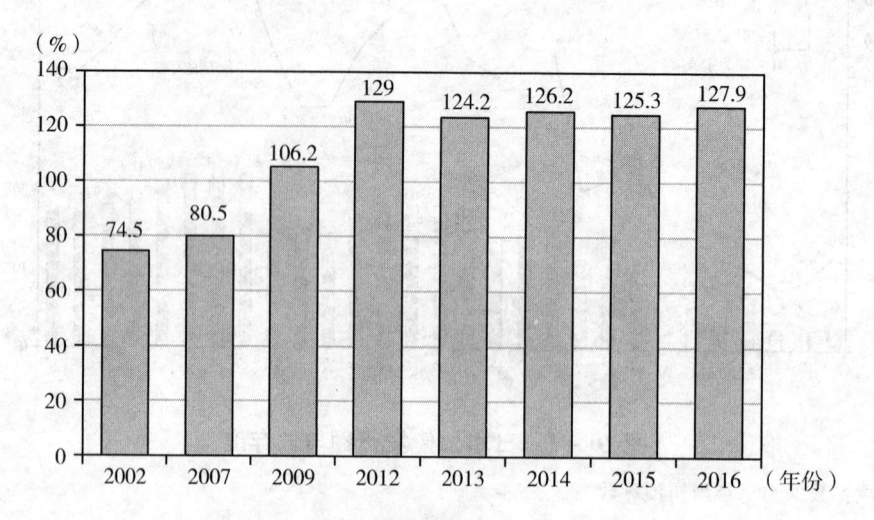

图 10-6 政府纯债务余额占 GDP 的比重

资料来源:日本总务省,《日本财政关系资料》2017 年 4 月。

(二)长期债务余额

自 20 世纪 90 年代以来,中央政府与地方政府长期债务逐步攀升。1993 年为 333 万亿日元,占 GDP 的 61%;1998 年为 553 万亿日元,占 GDP 的 110%,突破 100% 大关;2012 年为 188%;2016 年为 199%。日本政府长期债务以中央政府债务为主,地方政府债务在 2000 年以后,基本持平在 GDP40% 左右(见表 10-12)。

表 10-12　　　　　日本中央政府与地方政府长期债务余额

项目	年份	2012 年	2013 年	2014 年	2015 年	2016 年
中央	债务余额(万亿日元)	731	770	800	834	876
中央	普通债务余额(万亿日元)	705	744	774	805	845
中央	普通债务余额占 GDP 的比重(%)	143	147	149	151	156
地方	债务余额(万亿日元)	201	201	201	199	198
地方	占 GDP 的比重(%)	41	40	39	37	37

续表

项目	年份	2012 年	2013 年	2014 年	2015 年	2016 年
中央+地方	债务余额（万亿日元）	932	972	1 001	1 033	1 073
	占 GDP 的比重（%）	188	192	193	194	199

注：2016 年为估算数。
资料来源：日本总务省，《日本财政关系资料》2017 年 4 月。

六、政府间转移支付

（一）政府间事权与财权划分

日本自明治维新开始创建了地方自治制度。第二次世界大战后，在美国占领下对地方自治的具体内容进行了改革，出台了《地方自治法》，之后又于 1999 年对地方自治制度进行了调整，对《地方自治法》进行了修订。

根据《地方自治法》，日本地方政府被视为一个自主并综合地执行地区行政事务的广泛性职能机构，而中央政府承担作为国家在国际社会中的有关事务、以及应该全国统一的国民活动事务，制定有关地方自治基本准则的政策。在该法规范下，中央与地方政府的事权划分清晰。

在税收划分的原则方面，基本上沿袭了 1949 的"夏普劝告"规定的三原则：第一，税源划分以事权划分为基础，"各级政府事务所需经费原则上由本级财政负担"。第二，便于全国统一税率和征收的大宗税源归中央，征收工作复杂的小宗税源划归地方。例如，土地房屋税，税额与当地的地价密切相关，不可能统一按面积征税，因而划归最基层的市町村。第三，涉及收入公平、宏观政策的税种划归中央，地方税以受益原则为依据，主要实行比例税率或轻度累进税率。例如，中央与地方都对个人和企业的所得征税，但中央的所得税、法人税的累进性强，地方的所得税（称作居民税）累进性弱。

按照《地方自治法》划分的事权与财权，日本的地方自治曾被称为"三分自治"，现在是"四分自治"，即地方政府全部财政收入中，作为自主财源的地方税只占 40%，60% 左右是中央政府的转移支付以及地方债等。

(二) 中央对地方政府的转移支付

日本中央政府和地方政府税收收入分配比例是3∶2,而支出结构却与之相反,中央与地方支出比例约2∶3。中央政府为弥补地方政府财政支出缺口,主要有两种转移支付制度安排:一是不指定用途的一般性转移支付,即地方交付税制度;二是指定用途的专项转移支付制度,即国库支出金制度。

1. 地方交付税

日本的地方交付税制度起始于1940年开始建立的地方"财政收入平衡制度",后经"财政平衡交付金制度"逐渐演变而来。财政收入平衡制度以平衡地区间财政收入为目的,由返还税和分配税制度构成。第二次世界大战后的1950年,日本开始实行地方财政平衡交付金制度。这一制度与分配税的根本区别在于总额确定上,体现地方优先原则,地方财政平衡交付金总额不再依某些税源确定,而是根据各地实际不足的数额来定。1954年,日本废除了地方财政平衡交付金制度,开始实行地方交付税制度。

交付税从性质上来说是原本应该列入地方政府的税收收入。但是,考虑到统筹调整地方政府之间财政来源的不均衡性,为了确保所有地方政府都有相应的财源以维持一定的行政服务水平而将其作为中央税由中央政府代替地方政府进行征收,再根据一定的合理标准在地方政府间进行分配。在这一点上,可以说地方交付税是"中央政府代替地方自治体征收、由地方自治体共享的、固定的财政来源"。

地方交付税的总额如何确定,在《地方交付税法》中有着明确规定,目前地方交付税总额为"所得税、法人税和酒税收入的各32%、消费税收入的29.5%以及烟税收入的25%"。但实际上,制订地方财政计划时如果出现地方财政来源不足的情况,有关部门会采取借用交付税原资、结转交付税、特例增额或减额等措施,因而交付税总额与上述中央税的一定比例不完全一致。

地方交付税分为普通交付税和特别交付税。普通交付税按以客观标准计算的各地财政收入不足额进行分配,用于公平地填补地方政府的财政来源的不足,约占交付税总额的94%;余下的6%作为特别交付税,用于赈灾或起因于该地区特殊事件的支出等,是靠普通交付税仍然不能解决财政来源不足时的填补手段。

日本各地方政府的普通交付税分配额的计算相当复杂,具体测算方法及操作程序在《地方交付税法》中有着明确规定。总体来说,首先根据客观因素和行政服务水平要求计算出各地方的标准财政需求额,然后以各地地方税应征收税额加上地方让与税，作为各地的标准财政收入额。将标准财政需求额减去标准财政收入额则得出各地方的财源不足额，以普通交付税形式发放给该地方自治体。因此，对于标准财政收入额超过标准财政需求额的地方自治体（例如：东京都），则不发放普通交付税，这样的地方政府称为"不交付团体（政府）"。

标准财政需求额是为了合理地评价各地方自治体的财政需要，而按照土木费（道桥费）及教育费（小学校费）等各行政项目，通过一定的计算方法式算出的金额。首先，在标准团体（都道府县为人口 170 万人、市町村为人口 10 万人的城市）中计算出用于保持一定行政水平所需的费用。其次，在此基础上，考虑人口、面积或地区特点等因素补充修正，确定各地方自治体的标准财政需求额。

标准财政收入额是根据最近的税收等估算出的各地方自治体的标准地方税收额的一定比例（都道府县、市町村均为 75%）。之所以未将地方税收入额的 100% 作为标准财政收入额，是因为这样做会使地方自治体失去增加地方税收的热情（如果地方税收增加的部分，又以减少普通交付税的形式来全额抵消，那么就失去了大费周章增加地方税收的意义），同时也是为各地方自治体留出没有反映在标准财政需求额上的地方独立项目所需财源。

当这样计算出的各地方自治体的财政来源不足额的合计与普通交付税的总额不一致时（经常出现交付税额小于地方财源不足额的情况），则需将对各地方自治体的财政来源不足额进行调整，按比例压缩各地的支付额，使财政来源不足额的合计与普通交付税的总额相一致。

日本中央政府直接对都道府县和市町村分配地方交付税（国库支出金的分配也同样）。关于地方交付税在都道府县与市町村间的分配比例没有规定，从实际情况看，一般都道府县和市町村各得一半。

由于地方交付税的目的是平衡各地财政收入，而且按规定中央财政不能从地方税收中提取资金，因而在设置中央税与地方税时有意压低地方税比重，使几乎所有地方都接受来自中央财政的支付。在日本全国 47 个都道府县中，目前只有东京都和大阪府（均不包括下属的市町村）未接受该资金支付。

2. 国库支出金

国库支出金是中央政府指定用途的向地方政府转移的财政资金。根据法律规定，国库支出金的目的是：（1）确保财政资金的有计划、有重点投入；（2）确保重要行政服务的全国平均水平；（3）奖励地方从事难度较大的服务项目；（4）满足救灾等特殊财政需要；（5）支付代理中央办理事务的费用。国库支出金的支付范围，涉及地方财政支出中的工资、差旅费、设备费、融资资金、工程承包费、补助等诸多方面。国库支出金一般分为国库负担金、国库补助金及国库委托金。

国库负担金是指基于中央与地方政府的共同责任，由作为一方责任人的中央政府向作为项目主体的地方政府支付的款项，主要以保证重要行政事务的全国平均水平为目的，用于地方一般行政，其中具有代表性的是与义务教育相关的国库负担金。国库补助金是中央为了推进特定政策，采取鼓励措施向地方自治体发放的款项，以提高资金使用效益为目的，主要用于地方公共投资。国库委托金是指考虑到方便性、效率性，而将其本应由中央负责的事务委托给地方政府时，由中央支付的相关款项，具有代表性的有国会议员的选举事务经费。

由于国库支出金是针对特定事务事业发放的特定财政来源，用途由中央指定，地方不得挪用，其使用一方面要受主管部门监督、指导，另一方面要受中央会计都察院的审计，一旦发现挪用，中央可以收回资金或进行其他处罚。

（三）政府间转移支付规模

目前，日本地方交付税规模约17万亿日元，占中央财政支出总额以及地方财政收入总额的比重大体相当，约17%（见表10-13）；国库支出金规模约16万亿日元，占中央财政支出总额以及地方财政收入的比重亦大体相同，约为15%。从2015年决算数字看，地方政府财政收入中的地方交付税与国库支出金两项资金合计约占其财政收入总额的比重为32.1%，而当年地方税收入占全部财政收入的比重仅为38.4%，两者仅相差6个百分点，可见日本政府间转移支付规模对地方财政运营的重要性。

表10-13　　　　　　日本中央政府对地方政府的转移支付

年份 项目	2013	2014	2015	2016
地方特例交付金（亿日元）	1 255	1 192	1 187	1 196
地方交付税（亿日元）	175 955	174 614	173 906	166 991
国库支出金（亿日元）	165 118	155 189	152 822	161 487
占地方财政收入比重（%）				
地方特例交付金	0.12	0.12	0.12	0.11
地方交付税	17.40	17.11	17.06	15.07
国库支出金	16.33	15.20	14.99	14.57
占中央政府财政支出的比重（%）				

续表

项目 \ 年份	2013	2014	2015	2016
地方特例交付金	0.13	0.12	0.12	0.13
地方交付税	17.40	17.18	16.74	15.67
国库支出金	13.50	15.70	15.30	16.70

注：2015 年以前为决算数，2016 年为当初预算数。
资料来源：根据日本总务省《地方财政白皮书》及《日本统计年鉴（2017）》相关数据整理。

七、施政方针与财政改革

（一）经济社会面临的问题与施政方针

2015 年安倍政府重新组阁，作为新一届政府的开场，安倍在其上届执政期间提出的"三支箭"政策收效不大的背景下，又提出"新三支箭"。与旧"三支箭"制定通胀目标、扩大财政支出与经济改革等偏重宏观的经济政策不同，"新三支箭"显得更为微观、具体，包括孕育强大经济、构筑梦想的育儿支援、安心的社会保障三个方面，具体的政策目标，一是力争 GDP 在 2020 年左右达到 600 万亿日元；二是合计特殊出生率（指 1 位女性一生中所生的孩子数量）达到 1.8；三是老人护理行业离职率为零。"新三支箭"的目的主要是解决日本经济运行中的重大结构性问题，如人口老龄化、劳动力短缺等，正如安倍在经济财政咨询会议上所说：强化育儿和社保基础就能强化经济，将打造这种经济增长和利益分配的良性循环状态，实现"一亿总活跃社会"。在此背景下，日本 2016 年的财政施政方针，一方面就是配合"新三支箭"提出的经济改革目标；另一方面仍将继续采取措施，完善财政健全化这一长期财政整顿目标。

（二）2016 年财政政策重点

1. 财政政策重点

一是为实现"一亿总活跃社会"，财政政策以"合计特殊出生率达到 1.8""老年人护理离职率为零"为目标，强化育儿支援与护理服务领域并采取措施减轻教育费负担。此外，对地方经济创新发展提供支持。

二是为构筑可持续的社会保障制度，根据《经济财政再生计划》继续抑制社保障关系支出增长，推进医疗领域诊疗报酬合理化改革，推动制定改革时间表等。

三是推进"国土强韧化"，充实灾害预防、老旧工程更新、减灾等领域；进一步推进"进攻型农林水产业"。

四是充实外交预算，作为伊势志摩峰会议长国，积极推进"俯瞰地球仪外交"；充实防卫预算，切实强化防卫能力。

五是以提高教育质量为目的，推进教育机制、科学技术的基础化建设。

六是加速灾后复兴。

2. 财政健全化目标

一是按照《经济财政再生计划》要求，控制一般会计预算支出增长。

二是国债发行额减少2.4万亿日元，使公债依存度（35.6%）降低到全球金融危机以前的2008年的最初预算水平。

（三）财政收支特征

支出方面。2016年各项支出中仍以社会保障支出为最多，虽然控制社会保障支出增长是日本中央预算编制的首要政策选择，但由于老龄化进展的不可逆性，社会保障支出比2015年仍然增加了4 412亿日元，达96.7万亿日元，创历史新高；国防费用达到5.54万亿日元，首次超过5万亿日元，亦刷新历史纪录；公共事业费约6万亿日元，与2015年度基本持平；日本政府开发援助费达到5 519亿日元，时隔17年首次增加。此外，由于国债余额不断累积，国债偿还和利息支出有所增长，国债费用达到23.61万亿日元，比2015年增加了1 614亿元。

收入方面。税收收入比2015年度增长3万亿日元，达到57.6万亿日元，是继1991年以来的历史最高水平。同时，国债发行额得到控制，比2015年度减少了2.43万亿日元，仅为34.43万亿日元，国债收入在总收入中的比重比2015年度下降了3%。不过，国债在总收入中的比重仍有35.3%，日本仍有1/3的收入依靠国债，财政状况仍然严峻。

主要参考文献

[1] 日本内阁府官网：www.cao.go.jp。

[2] 日本总务省官网：www.soumu.go.jp。

[3] 日本财务省官网：www.mof.go.jp。

[4] 日本总务省统计局：www.stat.go.jp。

第十一章
韩　国

韩国位于朝鲜半岛南部，东濒日本海，西与中国山东省隔海相望，国土面积约 10 万平方公里，山地占 70%。人口约 5 100 万，人口密度排名全球第三。韩国国土面积虽小、自然资源贫乏、人口规模较小，但以国民生产总值、贸易额及出口等因素为基础进行综合分析，韩国位列世界第十三大经济体，是"亚洲四小龙"之一，是经合组织和 20 国集团的成员方。韩国的汽车、电子、信息通信、造船、钢铁等主导产业在全球占有一定的市场份额和影响力。韩国在机器人研制和应用、互联网、宽带、移动通信等科技领域处于世界领先水平。农林渔业由于成本过高，竞争力较差，是韩国政府重点保护的产业。此外，韩国经济的另外一个重要特点是三星、现代、SK 等少数大企业集团创造的价值在国民经济中所占比重超过 60%，在国民经济中占据举足轻重的地位。[①]

一、经济概况

（一）经济发展指标

1. 经济指标

2016 年韩国各项经济指标不容乐观，经济持续低迷。同时，韩国"亲信门"事件更让不振的经济雪上加霜。

---

① 中国外交部：《韩国国家概括》，中国外交部网站，2017 年 5 月。

整个2016年，韩国通胀率为1%，符合政府此前的预期，比2015年增加0.3个百分点。失业率连续三年上升。2016年失业率为3.7%，比2005年同期上升0.1个百分点，比2004年同期上升0.2个百分点。其中，青年失业问题较为突出，青年失业率为9.8%，比2005年同期上升0.6个百分点，创亚洲金融风暴以来新高。

经济增长率（GDP）不容乐观。韩国2016年经济增长率为2.8%，勉强和2015年持平，低于2014年。经合组织（OECD）针对韩国当前的经济现状，将2017年和2018年的经济增长率预期值分别下调至2.6%和3%。此外，国际货币基金组织（IMF）预测2017年韩国经济增长率达3.0%。韩国央行提出的2017年韩国经济增长预期为2.8%，韩国开发研究院也提出2017年经济增长预期为2.7%。韩国的人均国民收入（GNI）徘徊不前。韩国2016年人均GNI为2.76万美元，较2015年（2.73万美元）小幅增长，但低于2014年（2.81万美元）。早在2006年韩国人均收入已达到2万美元，且韩国金融研究院2014年曾预测韩国2016年人均国民收入从2万美元增至3万美元[①]，但至今仍未突破3万美元大关，其主要原因为韩国经济缺乏增长动力。韩国会预算政策处预测韩国将于2018年左右实现该目标，而国际货币基金组织则认为该节点为2020年。

国际收支方面，继续保持顺差。2016年韩国国际收支经常项目顺差达986.8亿美元，创下史上第二高。2016年12月经常项目实现78.7亿美元顺差，连续58个月保持顺差，刷新纪录。2016年金融项目顺差1 003.9亿美元，较2015年略有下降。2016年资本项目出现3 700万美元逆差，这是资本项目连续3年出现逆差（见表11-1）。

表11-1　　　　　　　　　韩国2011~2016年经济指标

年份 项目	2011	2012	2013	2014	2015	2016
雇佣率（%）	—	—	—	60.2	60.3	60.4
失业率（%）	—	—	—	3.5	3.6	3.7
GDP（亿韩元）	13 326 810	13 774 567	14 294 454	14 860 793	15 585 916	16 374 208
GDP（亿美元）	12 027	12 224	13 054	14 110	13 775	14 110
经济增长率（实际，上年同期比,%）	3.7	2.3	2.9	3.3	2.8	2.8
人均GNI（万韩元）	2 693	2 783	2 867	2 957	3 094	3 198

---

① 韩国金融研究院：《韩国加入30-50俱乐部的前景和意义》，2014年10月26日。

续表

年份 项目	2011	2012	2013	2014	2015	2016
人均GNI（美元）	24 302	24 696	26 179	28 071	27 340	27 561
国际收支						
经常项目（百万美元）	—	—	—	84 373	105 940	98 677
金融账户（百万美元）	—	—	—	89 334	106 299	100 386
资本账户（百万美元）				-9	-60	-37

注：—处代表原表上没有相关年度数据，只有当年每季度的数据。
资料来源：根据韩国企划财政部网站发布的《参考：主要经济指标》（2017年4月）中的雇佣表、国民账户表等数据制作而成①。

2. 持续发展指数

韩国国家持续增长指数在经合组织（OECD）28个成员方中，排第24位。国家持续发展指数是指韩国现代经济研究院综合考虑经济、社会、环境等因素，将各国的持续发展能力指数化后的数据。

根据韩国现代经济研究院2017年4月16日发表的《国家持续增长指数预测及启示》报告显示，韩国的国家持续发展指数为0.443，在OECD28个成员方中，排第24位，仅为OECD平均值（0.542）的81.7%。

从评分类别来看，评估技术创新力、人力资源创新力、生产性创新力等方面的创新发展指数为0.298，列第20位。其中，技术创新力在成员方中列第12位，为0.465，相对而言排名靠前。这是得益于研发（R&D）投资规模、国际专利申请件数等方面评级较高。

人力资源创新力排第19位（0.427），相比较而言较令人失望。这主要是受教育系统品质的拖累。生产性创新力为0.302，在OECD国家中排名较落后。

通过计算内需创造力、投资环境、外需扩张力等得出稳定发展指数为0.438，位列23位。内需创造力为0.426，投资环境为0.445，分列第19位。外需扩张力为0.445，止步于第23位，也是拖累稳定增长指数的主要原因。外国人直接投资占国内生产总值（GDP）比重以及政府的效率水平均处于低位，这些也产生了一定负面影响。

和谐发展指数（包含社会融合水平、分配体系、环境性因素等）为0.491，排

---

① http：//www.mosf.go.kr/st/ecnmyidx/detailTbEconomyIndicatorView.do? menuNo=6010300&searchNttId1=MOSF_000000000007200&searchBbsId1=MOSFBBS_000000000046.

名处于第 27 位。社会融合水平在腐败及社会矛盾、政治稳定性等方面均受到较低评价，为 0.595，排名第 25。分配体系则因为受公共社会支出占 GDP 比率较低的影响，为 0.128，排第 27 位。

OECD 成员方中，国家持续发展指数最高的国家是丹麦，为 0.685，排在其后的是芬兰（0.654）、瑞典、卢森堡、挪威（三国均为 0.648）。

（二）财政指标

韩国中央政府综合财政收入包括国税收入、非税收入、资本收入和社会保障收入。2016 年，韩国中央政府综合财政收入规模为 371.3 万亿韩元，占 GDP 的比重为 22.7%，较 2015 年增长 32.1 万亿韩元，增长率为 9.5%。其中国税收入 242.6 万亿韩元，占 65.3%。非税收入 68.4 万亿韩元，占 18.4%；社会保障收入 56.9 万亿韩元，占 15.3%（见表 11-2）。

表 11-2　　　　韩国财政收支状况（2011~2016 年）

项目＼年份	2011	2012	2013	2014	2015	2016
综合财政支出（万亿韩元）	273.7	293.0	300.2	312.4	339.4	354.4
占 GDP 比重（%）	20.5	21.3	21.0	21.0	21.8	21.6
经常支出（万亿韩元）	235.5	252.6	268.0	280.5	296.2	310.0
资本支出（万亿韩元）	34.3	34.3	34.0	31.0	34.3	32.6
净贷款（순융자）（万亿韩元）	3.9	6.1	-1.8	0.9	8.8	11.7
综合财政收入（万亿韩元）	292.3	311.5	314.4	320.9	339.2	371.3
占 GDP 比重（%）	21.9	22.6	22.0	21.6	21.8	22.7
国税收入（万亿韩元）	192.4	203.0	201.9	205.5	217.9	242.6
非税收入（万亿韩元）	58.5	60.8	63.1	62.9	64.9	68.4
资本收入（万亿韩元）	2.5	3.7	3.3	2.7	3.3	3.4
社会保障收入（万亿韩元）	38.9	43.9	46.1	49.8	53.1	56.9
综合财政收支（万亿韩元）	18.6	18.5	14.2	8.5	-0.2	16.9
占 GDP 比重（%）	1.4	1.3	1.0	0.6	-0.01	1.0
管理财政收支（관리재정수지）（万亿韩元）	-13.5	-17.4	-21.1	-29.5	-38.0	-22.7
占 GDP 比重（%）	-1.0	-1.3	-1.5	-2.0	-2.4	-1.4

续表

年份 项目	2011	2012	2013	2014	2015	2016
国家债务（万亿韩元）	420.5	443.1	489.8	533.2	591.5	627.1
占 GDP 比重（%）	31.6	32.2	34.3	35.9	37.9	38.3
税收负担率（%）	18.4	18.7	17.9	18.0	17.5	19.4
国民负担率（%）	24.0	24.8	24.3	24.8	23.9	26.3

注：(1) 综合财政基准；(2) GDP 为 2008 年 SNA 基准；(3) "综合财政收支"是在会计年度里累计一般会计、特别会计的所有收支，去掉会计和基金的内部交易或借贷以及债务偿还等，是纯财政收入减去纯财政支出的一个概念。综合财政收支=收入（经常收入+资本收入）-拨款和净贷款。

资料来源：韩国企划财政部网站发布的《参考：主要经济指标》（2017 年 4 月）。由其中的雇佣表、国民账户表等数据制作而成，http://www.mosf.go.kr/st/ecnmyidx/detailTbEconomyIndicatorView.do?menuNo=6010300&searchNttId1=MOSF_000000000007200&searchBbsId1=MOSFBBS_000000000046。

2016 年，韩国中央政府综合财政支出规模为 354.4 万亿韩元，占 GDP 的比重为 21.6%，较 2015 年增长 15 万亿韩元，增长率为 4.4%。其中经常支出 310.0 万亿韩元，占 87.5%。资本支出 32.6 万亿韩元，占 9.2%；净贷款 11.7 万亿韩元，占 3.3%（见表 11-2）。

2016 年，韩国中央政府综合财政收支出现盈余，盈余额为 16.9 万亿韩元，占 GDP 的比重为 1%。2015 年综合财政收支为负，占 GDP 的比重为 -0.01%，由此可见，2016 年的财政状况较 2015 年有较大好转。

二、政府支出

2016 年，中央政府收入合计 345.0 亿元，支出合计 332.2 万亿韩元，决算产生盈余 12.8 万亿韩元。2013~2016 年，韩国的中央政府财政支出规模逐年上升，2016 年决算显示，总支出为 332.2 万亿韩元，较 2015 年的 319.4 韩元增长 4.01%。近 4 年以来，支出增幅最高的 2015 年，较 2014 年增长 9.57%。其中，一般会计支出和总财政支出规模一样逐年上升，特别会计支出不是特别稳定，2016 年特别会计支出较 2015 年减少 5.37%（见表 11-3）。

表 11-3　　韩国中央政府财政支出状况（2013~2016年）

	2013年	2014年决算	2015年决算	2016年决算
总支出（万亿韩元）	286.4	291.5	319.4	332.2
增长率（%）		1.78	9.57	4.01
一般会计支出（万亿韩元）	229.5	236.4	257.9	274.0
增长率（%）		3.01	9.09	6.24
特别会计支出（万亿韩元）	56.9	55.2	61.5	58.2
增长率（%）		-2.99	11.41	-5.37

注：2014年、2015年、2016年数据均为决算数据。
资料来源：根据2014~2016年《预算年度收入支出整理结果》中相关数据制成。

根据韩国2017年中央政府预算案，韩国2017年财政总支出预计达到400.7万亿韩元（增长3.7%）。在以复苏经济及就业为主要支撑的特定条件下最大限度地扩大支出。按功能分类的财政支出排名前四位的分别是：保健福利劳动就业费、教育费、（3.3%）、社会基础设施费和农林水产食品费（见表11-4）。

表 11-4　　2017年韩国中央财政分领域财源分配情况

区　分	2016年（A）（万亿韩元）	2017预算案（B）（万亿韩元）	增加（B-A）（万亿韩元）	增长率（%）
◆总支出	386.4	400.7	14.3	3.7
1. 保健、福利、劳动	123.4	130.0	6.6	5.3
*就业	15.8	17.5	1.7	10.7
2. 教育	53.2	56.4	3.3	6.1
*地方教育财政拨款	41.2	45.9	4.7	11.4
3. 文化、体育、旅游	6.5	7.1	0.5	6.9
4. 环境	6.9	6.9	—	0.1
5. R&D	19.1	19.4	0.3	1.8
6. 产业、中小企业、能源	16.3	15.9	△0.3	△2.0
7. 社会基础设施	23.7	21.8	△1.9	△8.2
8. 农林、水产、食品	19.4	19.5	0.1	0.6
9. 国防	38.8	40.3	1.5	4.0
10. 外交、统一	4.7	4.6	△0.1	△1.5
11. 公共秩序、安全	17.5	18.0	0.5	3.1

续表

区　分	2016年（A）（万亿韩元）	2017预算案（B）（万亿韩元）	增加（B−A）（万亿韩元）	增长率（%）
12. 普通、地方行政	59.5	63.9	4.4	7.4
*地方拨款	36.1	40.6	4.5	12.5

注：*代表12类大的支出分类的下一级分类。
资料来源：摘自韩国企划财政部网站《2017年预算案》。

从支出结构上看，2017年，韩国中央政府支出中，社会开发支出1 616 380亿韩元，占支出总额的48.1%，是支出比重最高的一项支出；经济事务支出555 700亿韩元，占支出总额的16.5%；地方财政交付金502 570亿韩元，占支出总额的14.9%。以上三项支出之和占支出总额的81.5%，其他支出被压缩在不到20%的空间内。

社会开发支出中，社会保障支出和教育支出规模最大，分别为876 010亿韩元、503 920亿韩元，分别占支出总额的26.1%、15%。

从历史变动趋势看，近几年，社会开发支出一直占支出总额的比重也是最高的。其次是经济事务支出和地方财政交付金（见表11−5）。

表11−5　　韩国中央政府支出功能分类（2013~2015年）

	2013年 金额（10亿韩元）	占比（%）	2014年 金额（10亿韩元）	占比（%）	2015年 金额（10亿韩元）	占比（%）
一般行政	18 765	6.3	16 652	5.4	17 115	5.1
国防	32 370	10.9	33 300	10.8	35 040	10.4
公共秩序和安全	14 987	5.1	15 687	5.1	16 627	4.9
社会开发	140 759	47.5	149 989	48.5	161 638	48.1
教育	48 263	16.3	50 310	16.3	50 392	15.0
医疗卫生	3 057	1.0	3 028	1.0	4 727	1.4
社会保障	72 806	34.6	79 196	25.6	87 601	26.1
住宅	12 705	4.3	13 464	4.4	14 327	4.3
娱乐文化宗教	3 929	1.3	3 991	1.3	4 591	1.4
经济事务	48 909	16.5	47 542	15.4	55 570	16.5
燃料和能源	3 526	1.2	3 022	1.0	3 261	1.0

续表

	2013 年		2014 年		2015 年	
	金额 (10 亿韩元)	占比 (%)	金额 (10 亿韩元)	占比 (%)	金额 (10 亿韩元)	占比 (%)
农林水产粮食	12 908	4.4	11 497	3.7	13 875	4.1
矿业制造建筑	3 655	1.2	3 010	1.0	4 609	1.4
运输和通信	17 527	5.9	18 428	6.0	21 382	6.4
其他经济事务	11 293	3.8	11 584	3.7	12 443	3.7
地方财政交付金等	40 767	13.7	45 812	14.8	50 257	14.9
合计	296 557	100.0	308 980	100.0	336 244	100.0

资料来源：根据韩国企划财政部 2016 年 4 月 11 日发布的《2014 财年韩国综合财政收支》与 2017 年 3 月 23 日发布的《2015 财年韩国综合财政收支》制成。

三、政府收入

2013～2016 年，韩国中央政府收入连续 4 年增长，其中国税收入也保持连续增长，非税收入 2013～2015 年连续增长，2016 年较 2015 年有所下降。2016 年，韩国中央政府收入总额为 345 万亿韩元，较 2015 年增长 5.15%。其中国税收入 242.6 万亿韩元，较 2015 年增长 11.34%；非税收入 102.4 万亿韩元，较 2015 年减少 7.8 万亿韩元，较 2015 年降低 7.08%。所得税 12.4 万亿韩元，占 12.7%；消费税 17.1 万亿韩元，占 17.6%；其他税收 10.2 万亿韩元，占 10.5%（见表 11-6）。

表 11-6　　韩国中央政府财政收入状况（2013～2016 年）

	2013 年	2014 年决算	2015 年决算	2016 年决算
总收入（万亿韩元）	292.9	298.7	328.1	345.0
增长（%）		1.98	9.84	5.15
国税收入（万亿韩元）	201.9	205.5	217.9	242.6
增长率（%）		1.78	6.03	11.34
非税收入（万亿韩元）	91	93.2	110.2	102.4
增长率（%）		2.42	18.24	-7.08

注：2014 年、2015 年、2016 年数据均为决算数据。

资料来源：根据 2014～2016 年《预算年度收入支出整理结果》中相关数据制成。

韩国国税共13种，包括7种直接税和6种间接税：所得税、法人税、遗产税和赠与税、附加价值税、个人所得税、证券交易税、印花税、交通能源环境税、关税、教育税、综合房地产税、酒税及农特税（农渔村发展特别税）。从税收收入结构来看，所得税收入68.5万亿韩元，占国税收入的28.2%；附加价值税收入61.8万亿韩元，占国税收入的25.5%；法人税收入52.1万亿韩元，占国税收入的21.5%；规模最大的这三种税收收入基本呈逐年上升趋势（见表11-7）。

表11-7 韩国中央政府税收收入结构：分税种
（2013~2016年） 单位：万亿韩元

	2013年	2014年	2015年	2016年
总国税	201.9	205.5	217.9	242.6
所得税	47.8	53.3	60.7	68.5
法人税	43.9	42.7	45.0	52.1
继承赠与税	4.3	4.6	5.0	5.4
附加价值税	56.0	57.1	54.2	61.8
特别消费税	5.5	5.6	8.0	8.9
证券交易税	3.1	3.1	4.7	4.5
印花税	0.6	0.7	1.0	0.9
跨年度收入	4.8	4.1	3.4	4.1
交通能源环境税	13.2	13.5	14.1	15.3
关税	10.6	8.7	8.5	8.0
教育税	4.5	4.6	4.9	4.9
综合不动产税	1.2	1.3	1.4	1.3
酒税	2.9	2.9	3.2	3.2
农特税	3.6	3.3	3.8	3.6

注：数据为实际数据，非预算数据。
资料来源：根据2014~2016年《预算年度收入支出整理结果》中相关数据制成。

根据韩国2017年中央政府预算案，2017年中央财政收总收入预计达到414.5万亿韩元（增长6.0%）。其中，国税收入通过以内需为中心的增加民间消费等经济恢复和改善法人营业业绩等经济活动业绩的改善实现了8.4%增长。非税收入及基金的收入主要是社会保障性基金收入增加（3.7%）等（见表11-8）。

表 11-8　　　　　韩国 2017 年中央财政运用情况

	2016 年预算（A）（万亿韩元）	2017 年预算案（B）（万亿韩元）	增加（B-A）（万亿韩元）	增长率（%）
总收入	391.2	414.5	23.3	6.0
预算（国税收入）	250.1 222.9	267.9 241.8	17.8 18.8	7.1 8.4
基金	141.1	146.6	5.5	3.9
总支出	386.4	400.7	14.3	3.7
预算	263.9	273.4	9.4	3.6
基金	122.5	127.3	4.8	4.0

资料来源：摘自韩国企划财政部网站《2017 年预算案》。

四、政府盈余与综合财政收支

从韩国中央政府 2012~2016 年 5 年间财政盈余来看，2012~2014 年均没有盈余，这期间一直有赤字，从 2015 年起开始出现财政盈余，这是韩国国家财政自 2012 年开始连续出现赤字以来，首次转为盈余。2015 年财政盈余 2.8 万亿韩元，2016 年盈余进一步扩大至 8 万亿韩元，较 2015 年增加 5.2 万亿韩元。2016 年财政盈余中，一般会计盈余 6.1 万亿韩元，特别会计盈余 1.9 万亿韩元，特别会计盈余增幅较大（见表 11-9）。

表 11-9　　　中央政府年度盈余的规模与变化（2012~2016 年）

单位：万亿韩元

年份 项目	2012	2013	2014	2015	2016	2016 较 2015 增加
一般会计	0.9	0.1	0.1	2.5	6.1	3.6
特别会计	1.0	0.8	0.9	0.3	1.9	1.7
合计	0.1	0.8	0.8	2.8	8.0	5.2

注：年度盈余＝决算盈余(总收入－总支出)－上年度剩余。
资料来源：韩国企划财政部网站。

韩国在 OECD 国家中，属于财政纪律遵守较好的国家之一，综合财政收支基本为正，即使出现负数，占 GDP 的比重也不高。2011~2016 年只有 2015 年出现综合财政收支为负，为 -0.01%。2016 年略有盈余，综合财政收支占 GDP 比重为 0.01%（见表 11-10）。

表 11-10　　　韩国综合财政收支的变化（2011~2016 年）

项目＼年份	2011	2012	2013	2014	2015	2016
综合财政收支（万亿韩元）	18.6	18.5	14.2	8.5	-16.5	16.91
占 GDP（%）	1.4	1.3	1.0	0.6	-0.01	0.01

注：1. 综合财政收支 = 综合财政收入（经常收入 + 资本收入）- 综合财政支出和净贷款（经常支出 + 资本支出 + 净贷款）。
2. 经常收入：税收收入、非税收入。税收收入：包括社会保障缴费；非税收入：租金、利息的收入、手续费、罚款和没收金、公务员养老金等。
3. 资本收入：固定提供资产、土地和无形资产处置收入等。
4. 经常性支出：人员经费、目前的转移支付，如薪金、租金、利息、补贴和地方政府。
5. 资本支出：固定资产、对地方政府的资本转移。
6. 净贷款：贷款支出 - 贷款回收。
资料来源：韩国企划财政部。

五、政府债务

韩国政府债务包括中央政府债务、地方政府债务、赤字性债务和金融性债务在内的所有政府性债务，是指未来政府必须偿还的债务，是中长期财政健康状况的一个关键指标量。通过统计政府债务，可以分析韩国政府债务的规模、趋势、增长速度。政府债务可以分为中央政府债务和地方政府债务，也可以分为赤字性债务和金融性债务两类。

2011~2016 年，政府债务占 GDP 的比重逐年上升。2017~2010 年政府债务规模仍有上升趋势。2017~2010 年政府债务数据为《2016-2010 年国家财政运用计划》中数据（见图 11-1）。2016 年政府债务占 GDP 的比重达到 39.3%，不过这一指标在 OECD 国家中仍属于比较低的水平，说明韩国的财政稳定程度比较高。其中，中央政府债务包含国债、借入金、国库债务负担行为。韩国的中央政府债务规模远远大于地方政府债务，如 2016 年，中央政府债务 603.2 万亿韩元，占政府债务总额的 94.6%，地方政府债务 34.4 万亿韩元，仅占政府债务总额的 5.4%。

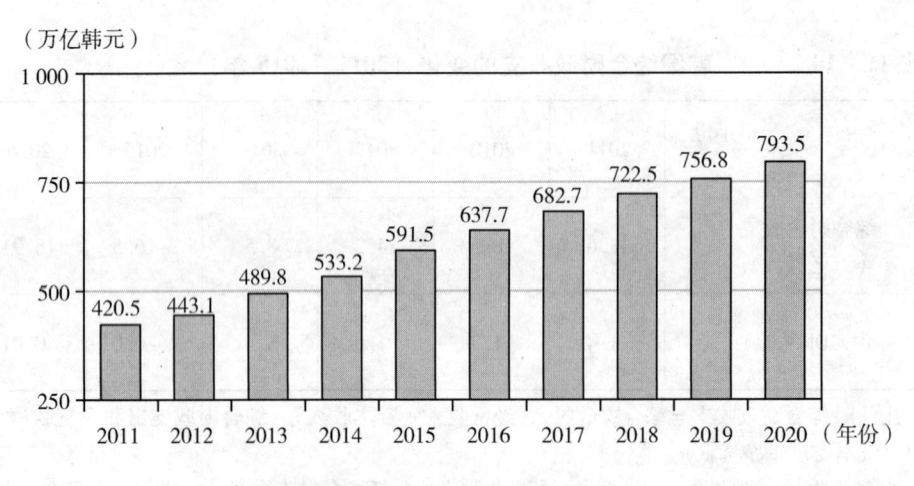

（万亿韩元）

年份	金额
2011	420.5
2012	443.1
2013	489.8
2014	533.2
2015	591.5
2016	637.7
2017	682.7
2018	722.5
2019	756.8
2020	793.5

图 11-1　政府债务的趋势

资料来源：韩国企划财政部网站。

在另一种政府债务分类中，赤字性债务规模大于金融性债务，同样以 2016 年为例，2016 年赤字性债务规模为 367.9 万亿韩元，占政府债务总额的 57.7%，金融性债务规模为 269.8 万亿韩元，占政府债务总额的 42.3%（见表 11-11）。

韩国近年通过引进财政准则、持续性进行支出结构调整以及整合重组类似重复产业，加强了应对中长期财政危机的经济体制。韩国 2017 年国债占 GDP 的比重较最初的中期财政规划进一步改善。2017 年财政收支占 GDP 的比重为 -1.7%，比 2015~2019 年中期财政规划 -2.0% 的水平增长 0.3 个百分点；2017 年国债占 GDP 的比重预测为 40.4% 的水平，比 2015~2019 年中期财政规划 41.0% 的水平降低 0.6 个百分点（见表 11-12）。

表 11-11　韩国政府债务趋势统计表

项目	年份	2011	2012	2013	2014	2015	2016
政府债务（1+2）（万亿韩元）		420.5	443.1	489.8	533.2	591.5	637.7
占 GDP 比重（%）		31.6	32.2	34.3	35.9	37.9	39.3
中央政府（万亿韩元）	合计（1）	402.8	425.1	464.0	503.0	556.5	603.2
	国债	397.1	420.0	459.5	498.1	551.5	598.8
	借入金（차입금）	2.5	2.3	1.9	2.6	3.3	3.9
	国库债务负担行为（국고채무부담행위）	3.3	2.8	2.7	2.4	1.7	0.5
地方政府纯债务（万亿韩元）	合计（2）	17.6	18.0	25.7	30.1	34.9	34.4
赤字性债务（적자성 채무）（万亿韩元）	合计（1）	206.9	220.0	253.1	286.4	330.8	367.9
	一般合计赤字（일반회계 적자보전）	135.3	148.6	172.9	200.6	240.1	279.7
	公共资金国债转换（공적자금 국채전환）	45.7	45.7	46.9	48.7	49.4	48.6
	其他	25.9	25.7	33.3	37.2	41.3	39.6
金融性债务（금융성 채무）（万亿韩元）	合计（2）	213.6	223.1	236.7	246.7	260.6	269.8
	稳定外汇市场	136.7	153	171	185.2	198.3	210.3
	稳定个人住房（서민주거 안정지원 등）	76.9	70.1	65.7	61.6	62.3	59.5

注：2016 年数据是朴充预算数据。
资料来源：韩国企划财政部网站。http://www.index.go.kr/potal/main/EachDtlPageDetail.do?idx_cd=1106。

表 11 – 12　　　　　　　韩国 2017 年国债规模　　　　单位：万亿韩元，%

	2016 年预算（A）	2017 年 2015~2019 年计划	2017 年 预算案（B）	增加（B – A）
财政收支（占 GDP 比重%）	-36.9（-2.3）'	-33.1（-2.0）	-28.1（-1.7）	8.8（0.6%p）
国债（占 GDP 比重%）	644.9（40.1）'	692.9（41.0）	682.7（40.4）	37.8（0.3%p）

注：1. 以预算为基准的财政收支占 GDP 比重降低 2.4%，国债占 GDP 比重增长 39.3%；2. 根据韩国国家财政法，国债仅指中央政府债务，地方政府债务除外。

资料来源：摘自韩国企划财政部网站《2017 年预算案》。

六、政府间转移支付

韩国政府结构由中央政府和地方自治团体（地方自治体）构成，地方自治体由广域自治团体和基础自治团体构成。行政区划分为 1 个特别市：首尔特别市（曾用名："汉城"）；6 个广域市：釜山、大邱、仁川、光州、大田、蔚山；9 个道：京畿道、江原道、忠清北道、忠清南道、全罗北道、全罗南道、庆尚北道、庆尚南道、济州道。首尔特别市、广域市和道等广域自治团体位于中央政府和基础自治团体的中间层。广域市和道接受中央机构管理，首尔特别市由管理中央政府机构的国务总理直接管理，首尔特别市和中央政府机构有同等地位。在广域自治体中，道是最多的，有 9 个。和道相比，广域市是历史较短的自治体。通过 1995 年地方自治的实施，广域市和道具有同等地位。

关于政府间事权划分，根据韩国现行地方自治法有关规定，事权可分为国家事务，地方委任事务和地方事务这三种类型。国家事务是指具全国性利害关系的由中央机关或其他所属机构直接处理的事务。地方自治法第 11 条规定，国家存在所必要的外交、国防、司法、国税等事务，需全国性统一的事务，如物价、金融、进出口政策等，需先进技术或巨大资金投入的和核能开发、航空管理等都是国家事务。地方委任事务或机关委任事务是指具全国性的利害关系属于中央政府权限的事务，出于事务处理的经济性及国民便宜性的考虑，委任给地方自治团体首长处理的事务。机关委任事务根据个别法律委任给地方自治团体的事务。这些事务包括国家性培养专业技术部门、全国性流通秩序部门、垄断店事业部门的设立，支持城市设计的批准、商品券的发行注册、盐田开发及批准等相关事务。地方事务是指处理权限及责任都专门属于地方自治团体的事务。现行地方自治法第9条规定了57项地方自治事务，另外，据该法实施细则第8条，进一步细分为680项事务。地方自治法明确规定的地方自治团体事务中，包括地方自治团体存在、维持的基本事务，如地方自治团体的组织、预算等；地方居民的生活及福祉相关事务，如健康诊断机构的指定等；是仅涉及地方自治团体的事务，如农渔村道路的建设维护等；地区性政策实施事务或需居民参加的事务，如消防检查计划的指定及实施等；有必要和地方居民频繁联系接触的事务，如建筑业许可等；有关地区特性的事务，如渔村系的设立认可等。

关于支出责任划分，国家事务由于由中央政府直接处理，事务处理的经费原则上全额由中央政府承担。但是，地方自治团体行使的事务，根据自治事务、团体委任事务、机关委任事务等，经费负担主体或者说财源分担体系不同。韩国各级地方自治团体承担着提供地方性公共服务的基本责任。根据不同的用途，地方自治团体支出类别以及各类别中的具体项目如下：（1）一般管理支出，包括日常管理、财政、文化和公共信息管理；（2）社会福利支出，包括保健、公共卫生和其他社会服务；（3）工业和经济支出，包括农业、商业、工业、畜牧、水产、林业等的指导管理和农田开发；（4）公共工程支出，包括供水、市政、住房、旅游、交通、娱乐以及治安管理；（5）公民防卫支出，包括防火、洪水控制、突发事件管理、不可预测的战争形势的教育管理；（6）教育支出包括与公共教育有关的所有服务。

关于收入划分，韩国实行分税制，税收收入是各级政府的主要财源，中央政府和地方政府收入主要包括税收收入和非税收入。中央政府集中税收管理权限，集权度较高。地方税的立法权集中在中央，地方自治团体只有一些地方零星税种的执法权。地方税的征收制度和征收标准一般由中央统一制定，地方自治团体在统一的规定下根据本地的情况制定一些具体的征收办法，确定本地地方税的适用税率。全国各税的征收由中央统一管理，征收后再按税种的划分规定拨付给地方。韩国国税共13种，包括7种直接税和6种间接税：所得税、法人税、遗产税和赠与税、附加价值税、个人所得税、证券交易税、印花税、交通能源环境税、关税、教育税、综合房地产税、酒税及农特税（农渔村发展特别税）。其中，所得税、法人税及附加价值税是国税的主体税种，占国税的70%以上。地方税包括道税6种和市郡税9种。道税：取得税、登记税、马券税、免许税、共同设施税和地区开发税。其中，取得税和登记税是道税的主体税种；市郡税：居民税、财产税、汽车税、农地税、屠宰税、烟草消费税、综合土地税、郡市计划税和事业所税。其中，烟草消费税、居民税、综合土地税和汽车税是市郡税的主体税种。

在韩国的税收总额中，地方税收收入所占比重较小，一般无法满足地方自治团体承担各项事务的财政支出需要，大部分财源主要集中在中央，地方自治团体经常出现入不敷出的情况，为了解决地方自治团体的收入不足，满足其支出需求，韩国中央政府只有通过实施转移支付制度，平衡中央和地方财力需求。地方自治团体之间尤其是近邻自治体之间是竞争关系，竞争获得中央更多的财源支持。

韩国地方财政包括一般财政（不包含地方教育）和地方教育财政。两者相互独立，一般地方财政会计和地方教育特别会计是两个相互独立的账户。一般地方财政由行政自治部管理，地方教育财政则由教育科学技术部管理。广域自治体的教育委员会和一般地方行政机构分离，教育委员会的职能包含财政。因此韩国的转移支付体系也分为两个，即地方一般财政的转移支付和地方教育财政的转移支付。地方教育财政是一种特殊的转移支付制度，本书中主要介绍一般财政的转移支付制度。

韩国一般财政的转移支付制度的主要形式是地方交付税。地方交付税主要分为普通交付税和特别交付税两种：普通交付税，是为了使地方自治团体维持行政的一定水平，保障最基本的财力，每年给基本财政收入额未达到基本财政需求额的地方自治团体补充交付不足的那部分财政需求额；特别交付税，是为了解决由于普通交付税算定过程中可能发生的无差别性，考虑由于各种原因未能及时反映到中央的一些具体事项，特别交付给相应地方的地方交付税的一种，是弹性对应地方财政条件的突然变动或预料之外（地方自治团体需要的财政资金不足或发生意外天灾事故时）的财政需求而分配给地方的转移支付资金，是对普通交付税制度的一种补充。从总规模上来看，2011~2014年，地方交付税规模逐年上升，2015年略有下降，2016年为342 719亿韩元，较2015年增长3.3%（见图11-2）。从结构来看，普通交付税占地方交付税的比重远高于特别交付税，年均都在95%以上，以2016年为例，普通交付税占地方交付税比重为97%，而特别交付税占地方交付税规模仅为3%（见表11-13）。

表 11-13　　　　　　　　韩国地方交付税规模及变化

项目	年份	2011	2012	2013	2014	2015	2016
地方交付税（亿韩元）	总规模	291 223	319 664	344 409	345 590	331 636	342 719
	普通交付税	266 255	291 884	314 479	318 845	321 762	332 438
	特别交付税	10 740	12 162	13 103	9 861	9 874	10 282
	增额交付金（증액교부금）	—	—	—	—	—	—
	分权交付税（분권교부세）	14 228	15 618	16 827	16 884	0	0
法定交付税率（법정률,%）		19.24	19.24	19.24	19.24	19.24	19.24

资料来源：韩国行政自治部网站统计资料《地方交付税》。

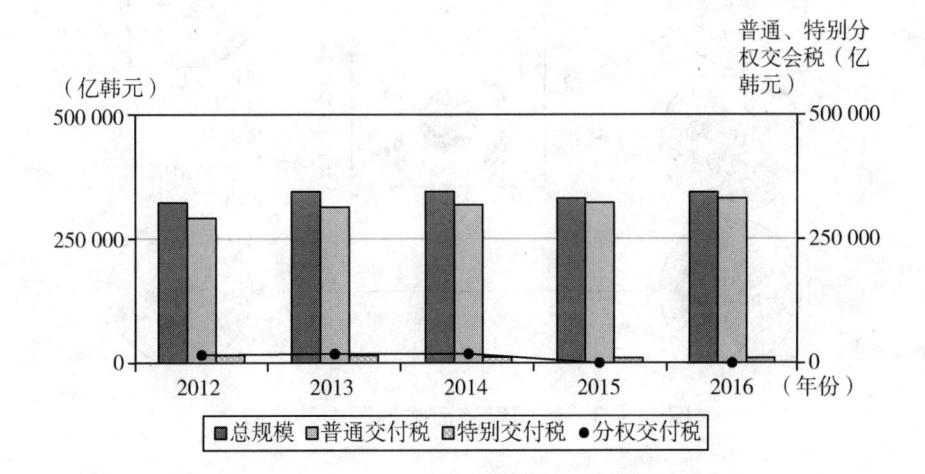

图 11-2　韩国地方交付税趋势

资料来源：韩国行政自治部网站。

七、施政方针与财政改革

（一）韩国经济面临的主要风险

2010 年以后，韩国经济急速减速，但最近有触底反弹的迹象。对于韩国而言，2016~2017 年初是一个风波不断的时期。在经济方面有韩进海运的破产、三星"Galaxy Note 7"的停止出货，而政治方面发生了最终发展至弹劾总统朴槿惠的大丑闻，负面打击频频出现。因此，2016年年初为止韩国的走向非常令人担忧，但2017年开始逐渐呈现明朗态势，经济发展开始加速。

2016年韩国的实际GDP增长率同比增长2.8%，低于21世纪初期4.4%的平均水平，出现低速增长。但2017年1~3月的GDP的同比增长1.1%（换算为年增长率为4.6%左右），大幅超过去年10~12月份的同比0.5%的增速。出口逐渐复苏，同时，建设投资的增长再次强势向好。虽说超出市场预期的结果，但接下来的发展走势仍不容乐观，展望韩国经济，有五大风险必须引起注意，主要包括两个国外风险要素与三个国内风险要素（见图11-3）。

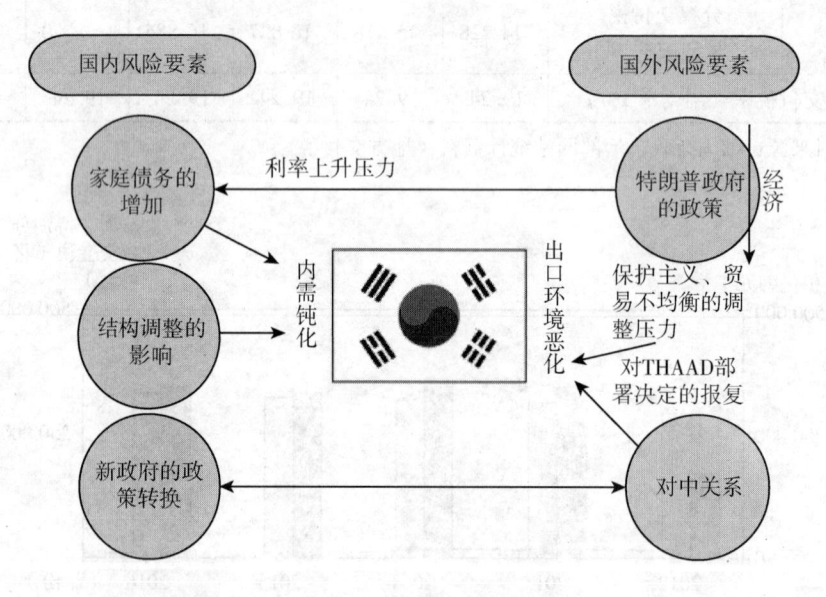

图11-3 韩国经济面临的国内外风险

1. 国外风险

一是美国特朗普政府的"美国优先"政策的风险。受益于全球化发展起来的韩国，海外形势对其格外重要。美国贸易政策的整体情况尚不明朗，但是对于美国第7大贸易伙伴的韩国而言，美国一定会对其施加压力要求其调整贸易不均衡。对本国的贸易赤字持不满态度的特朗普在选举时就强烈批评美韩FTA为"谋杀美国就业的协议"。同时，如果对NAFTA进行修正的话，浦项制铁、起亚汽车等韩国企业在墨西哥的项目将会受到打击。

二是由于部署萨德反导系统带来的经济风险。从2016年开始，特别是2017年春以后，中国对韩国的访客数2017年3月同比降低40%、4月降低66.6%，现代汽车集团的汽车销售数量减半。但韩国向中国的出口中半成品占7成左右，该部分几乎未受到影响。韩国通过放宽签证发放等积极招揽东南亚、中东的游客，在一定程度上弥补了中国游客的减少。

2. 国内风险

一是由房地产市场的繁荣累积起来的家庭负债风险。在放宽房贷调控以及降低利率增加房地产投资的同时，累积了家庭负债。中小企业、中低收入阶级从非银行机构借入的借款急剧增加，甚至出现了陷入生活困顿的居民为了生活费用举债的行为，杠杆率急剧升高。今后如果韩国国内利率上升，随着美国利率的提高，美韩之间的利率差将会缩小。如果今后美国继续加息，则可能出现逆转情况。这样不仅会导致市场利率上升，韩国央行有可能为了抑制资金流出，而提高利率。如果利率上升，居民债务负担就会加重，对消费产生负面影响。因此，对债务的恰当管理正在成为需要研究的问题，韩国政府目前也在致力于抑制房地产投资。

二是企业、产业结构调整风险。由于出口低迷和订单减少，韩国企业的业绩不断恶化，代表性案例就是2016年倒闭的韩进海运。21世纪初的前几年，随着资源交易的增加，应不断上涨的海运需求，该公司增加了自有船舶，并与租金暴涨的船舶签署长期租赁合同，而这些最终导致了事与愿违的结果。金融危机之后中国经济增长放缓，对韩国海运需求急剧减少，韩进海运陷入了越经营亏损越严重的状态。而赵秀镐会长去世后，其夫人崔恩英成为公司最高管理人，推行家族经营，延误了在经营方面的调整。不仅仅是这家公司，在韩国，这些年来很多企业被迫面临着结构调整。今后还必须要持续关注随着结构调整出现的裁员、企业债务增加等问题，但随着削减成本的努力及近期出口的复苏，企业业绩整体出现改善。造船业订单再次回归世界第一，三星电子的营业利润也有所增加，正面的消息不断出现。

三是文在寅新政府的政策风险。韩国对文在寅政府抱有很高的期待，但是未来发展方向有很多需要解决的问题。文在寅的得票率只有41%，而前政府在野党的得票率在30%以上。在国会也需要得到在野党的协助。由于韩国一直采取均衡财政主义，韩国的政府债务余额占GDP比重为40%，在OECD各国中处于较为稳健的水平。但增加福利支出，为刺激经济追加预算等，都使得近年来债务余额保持上升的基调。最令人不安的是文在寅在竞选纲领中提出，以公共部门为中心创造81万人的就业岗位，为调整贫富差距将非正式员工调整为正式员工以及提高最低工资、增加提供给老年人的基础养老金、育儿补贴、提供给年轻人的房地产供给。但另外，如何筹集资金来源却语焉不详，不明朗。韩国的大部分财政学者认为"竞选纲领几乎不可能实现"。在 OECD 各国中,韩国的公共部门就业人数所占比例较低,韩国政府税收收入占 GDP 的比重在 OECD 国家中属于低水平。但如果扩大公共部门就业,势必会增加国民的负担。如果要增税,在全球越来越广泛降低法人税的情况下,这种做法是比较困难的。如果无法增税,就必须依靠发行国债,而这恐怕会损害财政的健全性。

(二)韩国 2017 年预算概况

韩国政府 2016 年 8 月 30 日召开的国务会议敲定了 2017 财年政府预算案。根据预算案,韩国政府 2017 年预算额将增加 3.7%,有史以来首次突破 400 万亿韩元,达 400.7 万亿韩元。韩国国会在 12 月 3 日投票表决通过了 400.5 万亿韩元的 2017 年政府预算,略微低于韩国财政部之前 8 月份所提议的 400.7 万亿韩元。

预算案在创造工作岗位、提振经济和改善民生等方面的投入大幅增加。其中,投入保障就业领域的资金较 2016 年增加 10.7%,达 17.5 万亿韩元。政府希望通过增加预算,积极帮助造船业离职人员和青年等劳动力就业。投入教育领域资金增加 6.1%,达 56.4 万亿韩元。文化和旅游领域增加 6.9%,首次突破 7 万亿韩元大关,达 7.1 万亿韩元。因韩朝紧张局势升温,政府把 2017 财年的国防预算提高至 40.3 万亿韩元,增幅达 4%。在社会间接资本投资、工业、外交与统一三个方面,预算额度有所下调。由于开城工业园区中断运转,政府削减了韩朝合作基金等与开城工业区有关项目的预算,因此 2017 财年外交、统一领域预算较今年减少 1.5%,为 4.6 万亿韩元。

相对韩国 2016 财年预算的 386.4 万亿韩元,2017 年在此基础上继续增加意味着韩国政府无意改变已经持续 10 余年的扩张政策,2017 年仍然实行积极的财政政策。韩国政府预算 2006 年突破 200 万亿韩元,2011 年突破 300 万亿韩元。由于出口乏力、国内消费不振,韩国经济持续低迷。2016 年第二季度,韩国国内生产总值相比第一季度增长 0.7%,连续第二个季度增幅不足 1%。2017 财年执行扩张财政政策的同时,韩国政府致力于严控财政有效性和债务水平。政府把创造就业岗位放在重要位置,另外将着重改善福利和增加投资,应对低生育率和老龄化趋势。

(三)韩国 2017 年预算重点与政策取向

1. 经济政策与投资重点

韩国政府 2016 年 12 月 29 日发表了《2017 年经济政策方向》,期望通过加强宏观经济管理，提振经济，改善民生，提早应对即将到来的低生育和老龄化时代。《2017年经济政策方向》提出了2017年经济政策重点：一是加大出口支持力度。主要措施有，扩大贸易金融支援规模，从2016年的221万亿韩元提高到229万亿韩元；重点支持医疗、保健等服务业产品出口，支持规模同比增长14%，达4万亿韩元；向对外经济合作基金（EDCF）拨款1.6万亿韩元，加大对企业投标新兴国家工程项目的援助，并新设5 000亿韩元规模的"增进新兴国家经协基金"；扩大与美国的原材料贸易规模、改善贸易结构，计划从2017年开始的20年每年从美国进口280万吨页岩气等。二是推进多、双边贸易协定谈判。2017年将重点推进区域全面经济伙伴关系（RECP）、韩英自贸协定等多项多、双边贸易协定谈判。具体投资重点如下：

（1）创造就业机会。扩大就业投资；扩大青年就业及有针对性地支持就业薄弱阶层。

（2）扩充未来成长动力。培养未来成长动力产业；积极推进文化繁荣、创造高附加值。

（3）恢复经济活力。通过加强出口、中小企业竞争力来提高民间部门活力；搞活地域经济。

（4）民生稳定。克服结婚、妊娠、生育、养育、家庭对立等低出生率矛盾；扩大覆盖全生命周期的福利。

（5）国民安心。强化国防安保、灾难应对及治安；改善国民生活环境。

2. 政策方向

（1）积极应对内外环境及经济社会结构变化。应对由于对内对外环境变化带来的经济下滑风险，赋予以私人部门以新的活力；为应对人口机构的变化、产业结构的改变等经济社会结构的中长期变化而实行积极的财政政策。

（2）针对创造就业机会，提高经济活力等进行重点投资。把创造就业机会放在首位并扩大战略性投资；加强出口、中小企业竞争力，活跃地区经济，通过扩大未来增长动力来提高经济活力；通过解决低出生率、扩大针对性社会福利而实现民生稳定并构建国民安心社会。

（3）创造财政可持续运营的基础。通过对财政支出结构的调整而有效地分配有限财源，通过整合重组类似重复企业而消除财政浪费；通过引进财政准则、财政健全化计划的义务化建立等确保财政的可持续性。

除此以外，在内外条件均不乐观情况下，韩国政府提出2017年亦将推进提前执行财政预算,并实行两方面的财政改革。

(1) 提高财政效率。财政支出结构调整;整合重组类似重复建设。

(2) 中长期财政健全性管理。实行财政健全化法案;引进债务及收支平衡准则。

主要参考文献

[1] 韩国金融研究院:《韩国加入 30-50 俱乐部的前景和意义》,2014 年 10 月 26 日。

[2] 钻石在线编辑部:《韩国经济日薄西山 不容乐观的五大危机》,2017 年 07 月 06 日。

[3] 韩国 2017 年政府预算案。

[4] 韩国企划财政部网站。

[5] 韩国银行网站。

[6] 韩国 ASIATODAY 新闻网。

第十二章
印 度

印度，位于南亚次大陆，面积约 298 万平方公里（不包括中印边境印占区和克什米尔印度实际控制区等），居世界第七位，人口 12.95 亿人（世界银行 2014 年统计数据），居世界第 2 位。印度是世界四大文明古国之一，公元前 2500～公元前 1500 年之间创造了印度河文明。1600 年英国开始入侵印度，1757 年印度沦为英殖民地，1849 年全境被英占领，1947 年 8 月 15 日取得独立。印度农业基本自给，工业体系较为完整，自给能力较强，20 世纪 90 年代以来，服务业发展迅速，占 GDP 比重逐年上升，印度是全球软件、金融等服务业重要出口国。近些年来，印度是世界经济增长最快的国家之一，而且长期保持着较快的增长速度。[①]

一、经济概况

（一）国民经济

印度拥有世界 1/10 的可耕地，面积约 1.6 亿公顷，人均 0.17 公顷，是世界上最大的粮食生产国之一，农业基本自给。印度工业有较为完整的体系，自给能力较强，主要工业包括纺织、食品加工、化工、制药、钢铁、水泥、采矿、石油和机械等，汽车、电子产品制造、航空和空间等新兴工业近年来发展迅速。2015/2016 财

---

① 中国外交部：《印度国家概况》，中国外交部网站，2017 年 1 月。

年，印度工业生产指数同比增长3.1%，其中电力行业同比增长4.5%，在三大主要行业中增长最快，制造业和采矿业分别同比增长3.1%和2.3%。自20世纪90年代以来，印度服务业发展迅速，占GDP比重逐年上升。2013/2014财年，印度服务业增长6.8%，2015/2016财年增长9.2%。2014/2015财年，服务业占GDP比重上升至72.4%，2016年服务业对国民总增加值的贡献率为66.1%。服务业是印度创造就业、创汇和吸引外资的主要部门。旅游业是印度政府重点发展的产业，也是重要的就业部门。印度交通运输业较发达，拥有世界第四大铁路网，世界第二大公路网，海运能力居世界第18位。印度还是全球软件、金融等服务业重要出口国。

（二）经济增长

印度经济增速较快，1992~1996年经济年均增长6.2%；"九五"计划（1997~2002年）期间经济年均增长5.5%；"十五"计划（2002~2007年）期间，经济年均增长7.8%；2007/2008财年到2012/2013财年间，以现价计算的GDP年增长率分别为16.1%、12.9%、15.1%、20.3%、15.1%和11.7%，实际年增长率（以2004/2005财年不变价格计算）分别是9.3%、6.7%、8.6%、9.3%、6.2%和5.0%[1]；2014/2015财年上半年开始到2016/2017财年上半年为止，以不变价格计算的实际年增长率每半年分别是7.9%、6.6%、7.5%、7.6%和7.2%[2]，印度已经成为世界经济增长最快的国家之一，而且在较长期间保持着高速增长。

（三）宏观经济

2015/2016财年，印度主要经济数据如下（根据印度中央统计局公布的2015/2016财年经济调查数据，以现行价格计算）：

国内生产总值135.67万亿卢比（约合1.99万亿美元）；

国内生产总值增长率7.6%；

国民总收入119.62万亿卢比（约合1.76万亿美元）；

人均国民收入93 231卢比（约合1 371美元）；

汇率1美元≈67.9785卢比（2015年12月至2016年12月平均值）；

通货膨胀率4.85%；

---

[1] Economic Survey 2012–13, p. 58.
[2] Economic Survey 2016–17, p. 9.

外汇储备 3 515 亿美元。

二、政府支出

印度财政分为中央和邦两级，其中中央指联邦和没有立法机构的中央直辖区（Union Territories，UTs），邦指邦和有立法机构的中央直辖区①，印度邦以下政府的信息难以获得，因此本书没有涉及。印度的财政年度从每年4月1日至次年3月31日。

（一）中央和邦支出

1. 支出规模及其变化

政府支出是反映一国政府规模的重要指标。2013/2014财年，印度中央和邦的总支出增加到29.5万亿卢比，占GDP的26.20%。根据预算，2015/2016财年，中央和邦总支出预计会增加到37.9万亿卢比，占GDP的26.90%（见表12-1）。

表12-1　　　　　　　印度中央和邦支出状况

财年 项目	2011/2012	2012/2013	2013/2014	2014/2015 （调整数）	2015/16 （预算数）
支出总计（千万卢比）	2 381 434	2 649 263	2 953 311	3 503 496	3 794 689
支出增长率（%）	12.5	11.2	11.5	18.6	8.3
GDP（现价）（千万卢比）	8 736 039	9 951 344	11 272 764	12 653 762	14 108 945
支出占GDP比重（%）	27.26	26.62	26.20	27.69	26.90

注：支出增长率为计算得出。
资料来源：the Ministry of Finance of the Government of Indian, Indian Public Finance Statistics 2015/2016, August 2016, table1.9, http://dea.gov.in/datastatistic/public-finance-statistics.

从历史变动趋势来看，近年来中央和邦支出年增长率在10%~20%，支出占GDP的比重较稳定，在27%左右，支出占GDP比重与2008年全球金融危机之前的25%左右相比略有提高，2009/2010财年该比重更是达到28.01%，之后下降到目前的水平。

---

① Delhi中央直辖区从1993/1994财年开始划入邦，之前被列入中央。

2. 支出结构及其变化

从支出构成来看，印度财政统计（Public Finance Statistics）把支出分为非发展支出、发展支出、借款和预付款、自我平衡项目支出和基金支出五类（见表12-2）。印度中央和邦支出以前两类，即非发展支出和发展支出为主，其他三类支出所占比重很低。从历史变化来看，非发展支出和发展支出的占比交替领先，在1990/1991财年发展支出占比略高，到2000/2001财年非发展支出占比较为领先，近年来发展支出又略高于非发展支出，这体现出国家战略的调整。

表12-2　　　　　1990/1991财年~2013/2014财年印度中央和邦支出结构

财年 项目	1990/1991	2000/2001	2010/2011	2012/2013	2013/2014
A 非发展支出（千万卢比）	69 195	298 848	1 001 375	1 231 824	1 434 017
B 发展支出（千万卢比）	74 000	236 096	1 064 432	1 375 622	1 479 739
C 借款和预付款（千万卢比）	11 946	17 180	39 888	41 817	39 556
D 汇总（A+B+C）（千万卢比）	155 141	552 124	2 105 695	2 649 263	2 953 311
E 自我平衡项目（千万卢比）	5	0	0	0	0
F 基金（千万卢比）	1 079	4 540	10 783	—	—
G 总支出（D+E+F）（千万卢比）	156 226	556 664	2 116 478	2 649 263	2 953 311
占总支出比重（单位：%）					
A 非发展支出	44.3	53.7	47.3	46.5	48.6
B 发展支出	47.4	42.4	50.3	51.9	50.1
C 借款和预付款	7.6	3.1	1.9	1.6	1.3
D 汇总（A+B+C）	99.3	99.2	99.5	100.0	100.0
E 自我平衡项目	0.0	0.0	0.0	0.0	0.0
F 基金	0.7	0.8	0.5	—	—
G 总支出（D+E+F）	100.0	100.0	100.0	100.0	100.0

注：占比为计算得出。

资料来源：the Ministry of Finance of the Government of Indian, Indian Public Finance Statistics 2015/2016, August 2016, table1.1, http://dea.gov.in/datastatistic/public-finance-statistics.

印度财政统计还把支出分为经常性支出和资本性支出，印度中央和邦支出以经常性支出为主，资本性支出为辅（见表12-3）。近年来，经常性支出占比在85%

左右，资本性支出占比在 15% 左右。

表 12 - 3　　　　1990/1991 财年~2013/2014 财年印度
中央和邦支出结构　　　　单位：千万卢比

财年 项目	1990/1991	2000/2001	2010/2011	2012/2013	2013/2014
经常性支出	122 950	485 388	1 784 314	2 272 152	2 531 370
资本性支出	30 202	60 960	325 601	374 767	421 892

注：经常性支出的英文原文为 revenue expenditure。
资料来源：the Ministry of Finance of the Government of Indian, Indian Public Finance Statistics 2015/2016, August 2016, table1.3, table1.4, http：//dea. gov. in/datastatistic/public-finance-statistics.

（二）中央支出

1. 支出规模及其变化

2013/2014 财年，印度中央支出增加到 15.4 万亿卢比，占 GDP 的 13.7%。根据预算，到 2015/2016 财年，中央支出预计会增加到 17.6 万亿卢比，占 GDP 的 12.5%（见表 12-4）。

表 12 - 4　　　　2011/2012 财年~2015/2016 财年印度
中央支出状况

财年 项目	2011/2012	2012/2013	2013/2014	2014/2015 （调整数）	2015/2016 （预算数）
支出总计（千万卢比）	1 286 997	1 393 577	1 541 466	1 670 220	1 761 812
支出增长率（%）	8.3	8.3	10.6	8.4	5.5
支出占 GDP 比重（%）	14.7	14.0	13.7	13.2	12.5

注：支出增长率和支出占 GDP 比重为计算得出。
资料来源：the Ministry of Finance of the Government of Indian, Indian Public Finance Statistics 2015/2016, August 2016, table2.1, http：//dea. gov. in/datastatistic/public-finance-statistics.

从历史变动趋势来看，近年来中央支出年增长率在 10% 上下，支出占 GDP 的比重呈现不断下降的趋势，从 2011/2012 财年的 14.7% 下降到 2013/2014 财年的 13.7%，预计到 2015/2016 财年还将继续下降至 12.5%。

2. 支出结构及其变化

（1）经济分类①

按经济分类（见表12-5和图12-1），中央支出由资本形成、消费性支出、经常性转移支付和其他四部分构成。其中经常性转移支付是支出中最重要的内容，占总支出的60%左右，消费性支出和资本形成也是重要的支出类别，占总支出的比重都在20%左右。2013/2014财年，中央政府总支出15.1万亿卢比，其中经常性转移支付9.4万亿卢比，占总支出的62%，消费性支出3.1万亿卢比，占总支出的20%，资本形成2.4万亿卢比，占总支出的16%，其他支出0.2万亿卢比，占总支出的2%。从增长率上看，增长最明显的是消费性支出和经常性转移支付，分别增长了13.2%和10.5%，同时这两类支出对总支出增长的贡献也最多，对增长分别贡献了2.6%和6.5%。

表12-5　　2013/2014财年~2015/2016财年印度中央政府支出结构：经济分类

财年 项目	2013/2014 实际数	2014/2015 调整数	2015/2016 预算数
总量（千万卢比）			
总支出	1 511 200	1 634 218	1 712 127
ⅰ）资本形成	243 113	258 357	262 778
ⅱ）消费性支出	306 898	335 838	373 276
ⅲ）经常性转移支付	940 445	1 010 460	1 049 553
ⅳ）其他	20 744	29 563	26 520
增长率（%）			
总支出	9.9	8.1	4.8
ⅰ）资本形成	5.3	6.3	1.7
ⅱ）消费性支出	13.2	9.4	11.1
ⅲ）经常性转移支付	10.5	7.4	3.9
ⅳ）其他	-4.1	42.5	-10.3
对增长的贡献（%）			
总支出	9.9	8.1	4.8

---

① 印度中央和邦支出没有像中央支出这样按经济分类和功能分类进行分类。

续表

项目 \ 财年	2013/2014 实际数	2014/2015 调整数	2015/2016 预算数
ⅰ）资本形成	0.9	1.0	0.3
ⅱ）消费性支出	2.6	1.9	2.3
ⅲ）经常性转移支付	6.5	4.6	2.4
ⅳ）其他	-0.1	0.6	-0.2

注：图12-1根据本表绘制。

资料来源：the Ministry of Finance of the Government of Indian, An Economic and Functional Classification of the Central Government Budget 2015/2016, 06th June 2016, P18, Table 1: Expenditure by Economic Classification, http://finmin.nic.in/reports/EcoFunClas.asp.

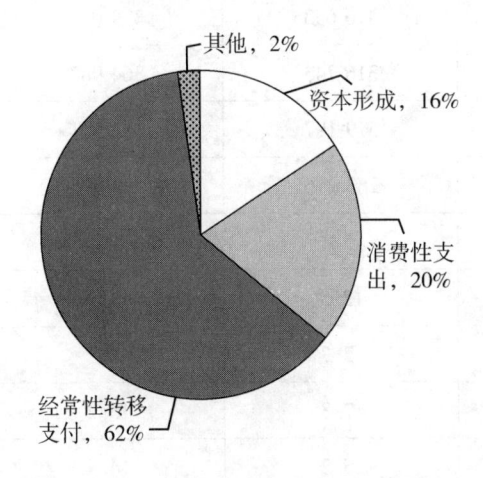

图12-1　印度中央政府支出结构：经济分类（2013/2014财年）

从近年来的变动趋势来看，消费性支出占总支出的比重最为稳定，在20%左右，经常性转移支付和资本形成占总支出的比重也较为稳定，但此消彼长，变动区间在3%以内。近些年来消费性支出排在第2的位置，但从更长的期间来看，消费性支出占总支出比重是重回第二的位置。

（2）功能分类。

按功能分类，中央支出包括社会服务、经济服务、一般服务和未分配支出（见表12-6和图12-2）。中央支出中除未分配支出以外，占总支出的比重从大到小依次是经济服务支出、一般服务支出和社会服务支出，2013/2014财年，这三项支出分别为4.1万亿、3.1万亿和2.0万亿卢比，占总支出的比重分别是27%、21%和14%，近年来这三类支出占总支出的比重变化不大。从增长率来看，2013/2014财年,中央总支出增长9.9%,其中未分配支出增长率最高(15.2%),其次是社会服务支出(12.5%),对总支出增长贡献最多的也是未分配支出(5.5%),贡献超过了一半,其次是社会服务支出和一般服务支出(均为1.7%)。

表12-6　　2013/2014财年~2015/2016财年印度中央政府支出结构:功能分类

项目\财年	2013/2014	2014/2015 调整数	2015/2016 预算数
总量(千万卢比)			
社会服务	204 627	227 630	311 706
经济服务	410 633	379 011	337 747
一般服务	316 743	364 987	407 678
未分配	579 197	662 591	654 997
总支出	1 263 216	1 398 274	1 658 033
增长率(%)			
社会服务	12.5	11.2	36.9
经济服务	3.7	-7.7	-10.9
一般服务	7.8	15.2	11.7
未分配	15.2	14.4	-1.1
总支出	9.9	8.1	4.8
对增长的贡献(%)			
社会服务	1.7	1.5	5.1
经济服务	1.1	-2.1	-2.5
一般服务	1.7	3.2	2.6
未分配	5.5	5.5	-0.5
总支出	9.9	8.1	4.8

注:图12-2根据本表绘制。

资料来源:the Ministry of Finance of the Government of Indian, An Economic and Functional Classification of the Central Government Budget 2015/2016, 06th June 2016, P19, Table 2: Expenditure by Functional Head, http://finmin.nic.in/reports/EcoFunClas.asp.

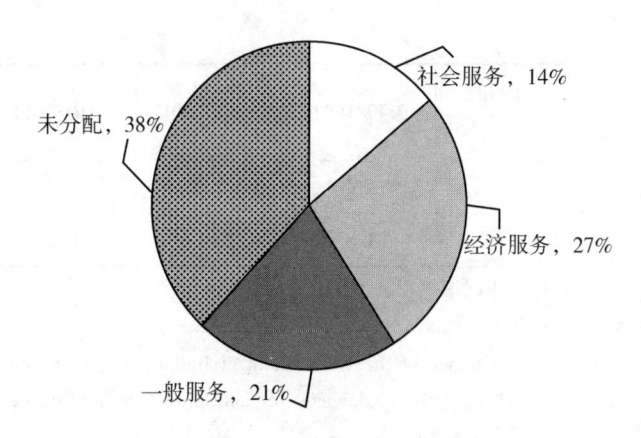

图 12 - 2　印度中央政府支出结构：功能分类（2013/2014 财年）

(3) 其他分类

印度财政统计对中央支出还有三种分类方式。一种分成非发展支出、发展支出、自我平衡项目支出、对邦的法定拨款及借款和预付款五类（见表 12 - 7）。中央支出中以非发展支出和发展支出为主，其他支出类型占比较低（合计不到 5%），其中非发展支出所占比重最高（50% 以上），其次是发展支出，占比超过 40%（见表 12 - 7 和图 12 - 3）。

表 12 - 7　1990/1991 财年 ~ 2013/2014 财年印度中央支出构成

财年 项目	1990/1991	2000/2001	2010/2011	2013/2014
非发展支出（千万卢比）	48 979	199 886	620 199	842 986
发展支出（千万卢比）	34 566	91 884	525 019	638 124
自我平衡项目（千万卢比）	5	0	0	0
对邦的法定拨款（千万卢比）	3 394	11 579	31 514	53 905
借款和预付款（千万卢比）	13 940	9 662	11 166	6 451
总支出（千万卢比）	100 884	313 011	1 187 898	1 541 466
	占总支出比重（%）			
非发展支出	48.5	63.9	52.2	54.7
发展支出	34.3	29.4	44.2	41.4
自我平衡项目	0.0	0.0	0.0	0.0

续表

项目＼财年	1990/1991	2000/2001	2010/2011	2013/2014
对邦的法定拨款	3.4	3.7	2.7	3.5
借款和预付款	13.8	3.1	0.9	0.4

注：(1) 占总支出比重为计算得出。
(2) 图12-3根据本表绘制。
资料来源：the Ministry of Finance of the Government of Indian, Indian Public Finance Statistics 2015/2016, August 2016, table2.1, http://dea.gov.in/datastatistic/public-finance-statistics.

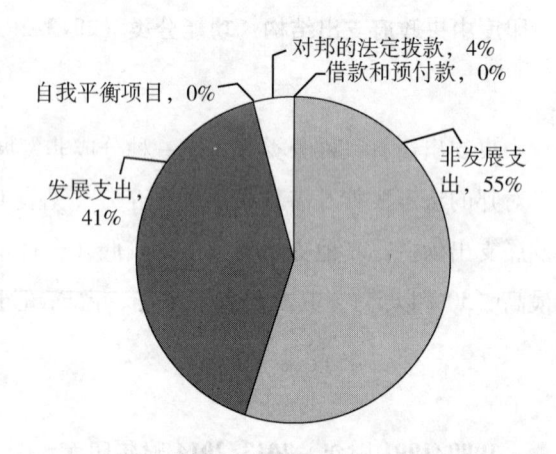

图12-3 印度中央支出构成（2013/2014财年）

2013/2014财年，非发展支出、发展支出、自我平衡项目支出、对邦的法定拨款及借款和预付款分别为8.4万亿卢比、6.4万亿卢比、0、0.5万亿卢比、0.06万亿卢比，分别占总支出的54.7%、41.1%、0.0%、3.5%和0.4%。从历史变动趋势来看，非发展支出和发展支出存在不断调整的过程，此消彼长，但非发展支出占比一直超过发展支出。

其中非发展支出以利息支出为主，占非发展支出的40%左右，此外国防支出也是非发展支出的重要组成部分，占非发展支出的比重在20%多一点。发展支出中社会和社区服务支出所占比重最高，占25%左右，其次是对邦和中央直辖区的拨款，占发展支出的17%左右。

中央支出的另一种分类如表12-8所示，分为经常性支出和资本性支出两类。总支出以经常性支出为主，占总支出的85%左右；资本性支出占总支出的15%左右。近年来经常性支出所占比重略有下降，资本性支出所占比重略为上升。

表 12-8　　　　　　　印度中央支出构成　　　　　单位：千万卢比

项目＼财年	1990/1991	2000/2001	2010/2011	2013/2014
经常性支出	73 557	277 975	1 036 061	1 366 170
资本性支出	27 327	35 036	151 837	175 296

资料来源：the Ministry of Finance of the Government of Indian, Indian Public Finance Statistics 2015/2016, August 2016, table2.3 和 table2.4, http：//dea.gov.in/datastatistic/public-finance-statistics。

中央支出以前还分为计划支出（Plan Expenditure）和非计划支出（Non-Plan Expenditure）两类，计划支出是指中央对邦和中央直辖区计划的资助性支出。中央支出以非计划支出为主，占总支出的70%左右，计划支出占总支出的30%左右。近年来非计划支出所占比重略有下降，计划支出所占比重略为上升[①]。在2017/2018财年，印度取消了对支出的这种分类方式，详情还可参考下文。

三、政府收入

（一）中央和邦收入

1. 收入规模及其变化

2013/2014财年，印度中央和邦的总收入增加到21.7万亿卢比，占GDP的19.2%。根据预算的预测，到2015/2016财年，中央和邦总收入预计会增加到28.4万亿卢比，占GDP的20.1%（见表12-9）。

表 12-9　　　　　　　印度中央和邦收入规模

项目＼财年	2011/2012	2012/2013	2013/2014	2014/2015（调整数）	2015/2016（预算数）
总收入（千万卢比）	1 647 883	1 930 876	2 165 575	2 585 480	2 841 966
增长率（%）	6.7	17.2	12.2	19.4	9.9
总收入占GDP比重（%）	18.9	19.4	19.2	20.4	20.1

注：总收入增长率、总收入占GDP比重为计算得出。
资料来源：the Ministry of Finance of the Government of Indian, Indian Public Finance Statistics 2015/2016, August 2016, table1.1, http：//dea.gov.in/datastatistic/public-finance-statistics。

---

① 资料来源：Economic Survey 2014/2015 Volume Ⅱ, table 2.2.

从历史变动趋势来看，近年来中央和邦收入的年增长率在10%～20%，收入占 GDP 的比重较稳定，在19% 左右。从更长期间来看，收入占 GDP 比重略有下降，2007/2008 财年以前该比重大约为25% 左右，也就是说从全球金融危机开始政府收支都有所缩减。

2. 收入结构及其变化

印度财政统计将中央和邦收入分为两类，分别是经常性收入和资本性收入，其中以经常性收入为主，资本性收入为辅，经常性收入大约为资本性收入的2倍～3倍（见表12-10）。经常性收入又分为税收收入、非税收入、自我平衡项目、来自基金的收入、转移支付的账户调整、其他调整共六类，其中税收收入占比最高，其次是非税收入。资本性收入以在金融市场的贷款为主。

表 12-10　　　　　　　　印度中央和邦收入结构　　　　　　　单位：千万卢比

项目 \ 财年	1990/1991	2000/2001	2010/2011	2012/2013	2013/2014
经常性收入	99 282	349 979	1 548 424	1 933 187	2 169 193
资本性收入	42 384	197 279	570 008	736 390	778 380

注：经常性收入的英文原文为 revenue receipts。

资料来源：the Ministry of Finance of the Government of Indian, Indian Public Finance Statistics 2015/2016, August 2016, table1.2, table1.5, http://dea.gov.in/datastatistic/public-finance-statistics。

2013/2014 财年，印度中央和邦的经常性收入21.7万亿卢比，资本性收入7.8万亿卢比。从历史变动来看，经常性收入一直是最重要的收入来源，而且其所占比重不断上升。

（二）中央收入

1. 收入规模及其变化

2013/2014 财年，印度中央总收入增加到10.1万亿卢比，占 GDP 的9.0%，根据预测，到2015/2016 财年，中央总收入预计会增加到11.4万亿卢比，占 GDP 的8.1%（见表12-11）。

表 12-11　　2011/2012 财年~2015/2016 财年印度中央收入规模

项目＼财年	2011/2012	2012/2013	2013/2014	2014/2015（调整数）	2015/2016（预算数）
总收入（千万卢比）	751 328	873 474	1 009 118	1 121 643	1 136 628
增长率（%）	-4.1	16.3	15.5	11.2	1.3
总收入占 GDP 比重（%）	8.6	8.8	9.0	8.9	8.1

注：总收入增长率、总收入占 GDP 比重为计算得出。
资料来源：the Ministry of Finance of the Government of Indian, Indian Public Finance Statistics 2015/2016, August 2016, table2.1, http：//dea. gov. in/datastatistic/public-finance-statistics.

从历史变动趋势来看，中央收入的年增长率相比支出等的增长率变动要大一些，有的年份是负增长，有的年份增长率接近 20%，但是收入占 GDP 的比重还是较为稳定的，在 8%~9%。

2. 收入结构及其变化

（1）收入总体结构及其变化。

印度财政统计将中央收入分为两类，分别是经常性收入和资本性收入（净值），其中以经常性收入为主，资本性收入为辅，经常性收入大约为资本性收入的 2 倍（见表 12-12）。经常性收入又分为税收收入、非税收入、自我平衡项目共三类，其中税收收入占比最高，其次是非税收入，自我平衡项目占比较小。资本性收入有 8 个来源渠道，分别为金融市场贷款、外债、小额储蓄、国家准备金、公共准备金、非政府准备金特别存款、特别证券和其他杂项资本性收入，其中以金融市场的贷款为主。

表 12-12　　1990/1991 财年~2013/2014 财年印度中央收入结构　　单位：千万卢比

项目＼财年	1990/1991	2000/2001	2010/2011	2012/2013	2013/2014
经常性收入	54 995	192 742	783 810	873 474	1 009 118
资本性收入	34 542	113 359	389 900	517 765	543 785

注：经常性收入的英文原文为 revenue receipts。
资料来源：the Ministry of Finance of the Government of Indian, Indian Public Finance Statistics 2015/2016, August 2016, table2.2, table2.5, http：//dea. gov. in/datastatistic/public-finance-statistics.

2013/2014 财年，印度中央经常性收入 10.1 万亿卢比，资本性收入 5.4 万亿卢比，经常性收入约为资本性收入的 2 倍。从历史变动来看，经常性收入一直是最重要的收入来源，从趋势来看其所占比重不断增加。

（2）经常性收入的结构及其变化。

中央经常性收入分为税收收入、非税收入和自我平衡项目收入三类（见表 12 - 13）。其中税收收入是经常性收入的主体，占比在 70% ~ 85%，其次是非税收入，自我平衡项目收入小到可以忽略不计。2013/2014 财年，税收收入和非税收入分别为 8.2 万亿卢比和 1.9 万亿卢比，占经常性收入的比重分别为 80.8% 和 19.2%，从历史变化来看，税收收入所占比重经历了下降又回升的变化过程。

表 12 - 13　　2000/2001 财年 ~ 2013/2014 财年印度中央经常性收入的总量和结构

财年 项目	1990/1991	2000/2001	2010/2011	2012/2013	2013/2014
税收收入（千万卢比）	43 042	136 659	569 869	741 877	815 854
非税收入（千万卢比）	11 948	56 083	213 941	131 596	193 264
自我平衡项目（千万卢比）	5	0	0	0	0
经常性收入汇总（千万卢比）	54 995	192 742	783 810	873 474	1 009 118
占经常性收入的比重（%）					
税收收入	78.3	70.9	72.7	84.9	80.8
非税收入	21.7	29.1	27.3	15.1	19.2
自我平衡项目	0.0	0.0	0.0	0.0	0.0

注：比重为计算得出。

资料来源：the Ministry of Finance of the Government of Indian, Indian Public Finance Statistics 2015/2016, August 2016, table2.2, http：//dea.gov.in/datastatistic/public-finance-statistics.

（3）税收收入的结构及其变化。

税收收入是中央经常性收入中最重要的内容，按收入类型可以分为直接税和间接税两种。另外印度实行收入分享的税收体制，中央税收收入总量的一部分，约为 30% 左右需要按相应的规定分享给邦。表 12 - 14 列出了中央税中直接税、间接税、分配给邦的税收收入情况，在中央税收总收入中的部分收入按规定要分配给邦，因此表中的税收收入实际上是中央税收收入净值的概念。

表 12-14　　1990/1991 财年～2013/2014 财年印度中央税收收入概况

财年 项目	1990/1991	2000/2001	2010/2011	2012/2013	2013/2014
税收收入（净值）（1+2-3）（千万卢比）	43 042	136 659	569 869	741 877	815 854
1 直接税（千万卢比）	6 909	49 652	438 515	554 063	633 578
2 间接税（千万卢比）	36 133	87 264	354 556	482 172	505 155
3 分给邦的收入（千万卢比）		257	223 203	294 357	322 879
占税收收入（净值）比重（％）						
1 直接税	16.1	36.3	77.0	74.7	77.7
2 间接税	83.9	63.9	62.2	65.0	61.9
3 分给邦的收入	0.0	0.2	39.2	39.7	39.6

注：比重为计算得出。
资料来源：the Ministry of Finance of the Government of Indian, Indian Public Finance Statistics 2015/2016, August 2016, table2.2, http://dea.gov.in/datastatistic/public-finance-statistics.

从表 2-14 中可以看出，2013/2014 财年，中央税中直接税收入 6.3 万亿卢比，间接税收入 5.1 万亿卢比，中央税总收入（直接税+间接税）11.4 万亿卢比，中央税总收入中的 3.2 万亿卢比是应该分配给邦的收入，中央税收收入的净值 8.2 万亿卢比。

从税收结构来看，2013/2014 财年，中央税收总收入中直接税收入略高于间接税。之前印度中央税收收入以间接税为主，直接税占比较低，之后直接税所占比重逐步上升，到 2007/2008 财年，直接税的税收收入开始超过间接税，2009/2010 财年，直接税所占比重达到顶峰，之后所占比重略有下降。近年来，中央税收收入分给邦的份额一直保持在中央税收收入净值的 40% 左右，比 2007/2008 财年以前的 35% 有所上升，表明中央加大了对邦转移支付的力度。

从税种来看（图 12-4），直接税的主体税种是公司所得税和其他所得税，2013/2014 财年，公司所得税 3.9 万亿卢比，其他所得税 2.4 万亿卢比，分别占直接税收入的 62.3% 和 37.5%，分别占中央税收总收入（直接税+间接税）的 34.7% 和 20.9%。从历史变动情况看，从 2006/2007 财年开始，公司所得税占中央税总收入的比重从 27% 左右开始增加，到 2009/2010 财年已经接近 40%，之后有所下降，是直接税收入超过间接税但近年来所占比重有所下降的重要因素。其他所得税占税收总收入的比重多年来基本稳定在 18% 左右。

间接税的主体税种有关税、联邦商品税[①]和服务税，2013/2014 财年，分税种的

---

①　联邦商品税（Union Excise Duty）是对商品的生产和制造征收的税收，商品不同适用的税率也不同。

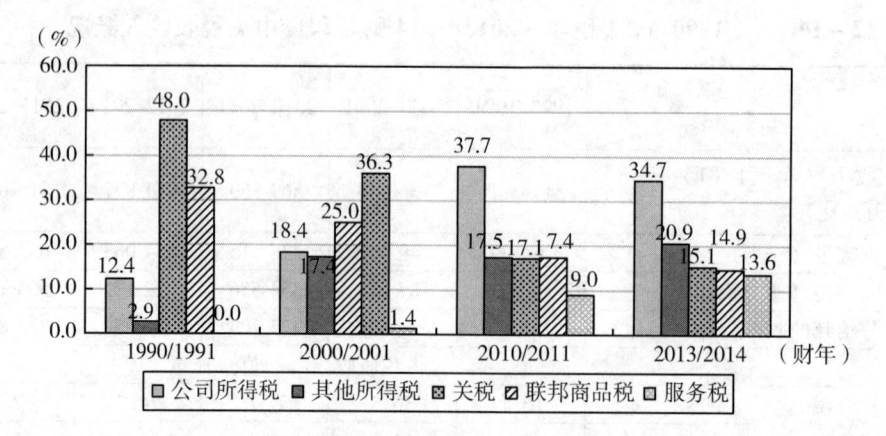

图12-4　1990/1991财年~2013/2014财年印度中央税主要税种的
税收收入占中央税收总收入比重变动情况

注：比重为计算得出。

资料来源：the Ministry of Finance of the Government of Indian, Indian Public Finance Statistics 2015/2016, August 2016, table2.2, http://dea.gov.in/datastatistic/public-finance-statistics.

税收收入中关税1.7万亿卢比，联邦商品税1.7万亿卢比，服务税1.5万亿卢比，分别占间接税收入的34.1%、33.5%和30.6%，占中央税收总收入（直接税+间接税）的15.1%、14.9%和13.6%。其中联邦商品税占税收总收入比重从2005/2006财年的超过30%下降到目前的水平，是间接税收入占税收收入比重下降的主要原因。近年来，联邦商品税和关税占税收总收入的比重持续呈现下降态势，相反服务税所占比重有所上升，是间接税所占比重略有上升的主要原因。

四、政府盈余/赤字

（一）中央和邦盈余/赤字及其变化

印度在讨论财政盈余/赤字时涉及一些基本的概念。其中经常性赤字（Revenue Deficit）指经常性支出超过经常性收入的部分；财政（总）赤字（Fiscal Deficit）是指经常性收入和非债务资本性收入与包括借款和预付款（净值）的总支出之间的差额，反映的是政府各种途径的借款总量；财政净赤字（Net Fiscal Deficit）指财政总赤字减去借款和预付款净值；原发性（总）赤字（Primary Deficit）指财政赤字减去支付的利息；原发性赤字净值（Net Primary Deficit）指财政净赤字减去利息支付净值；预算赤字（Budgetary Deficit）指包括借款和预付款的总支出与总收入的差额，等于财政赤字加上现金余额的下降以及市场稳定计划的净收入。[①]

2013/2014 财年,印度中央和邦的财政总赤字 7.5 万亿卢比,财政净赤字 7.3 万亿卢比,分别占 GDP 的 6.69% 和 6.45%。根据预算的预测,2014/2015 财年和 2015/2016 财年,中央和邦财政总赤字和财政净赤字还会略有增加,占 GDP 的比重在 2014/2015 财年略有上升,到 2015/2016 财年会有所下降(见表 12-15)。

表 12-15　　　2011/2012 财年~2015/2016 财年中央和邦盈余/赤字

财年 项目	2011/2012	2012/2013	2013/2014	2014/2015 (调整数)	2015/2016 (预算数)
1. 经常账户盈余(+)/赤字(-) (千万卢比)	-366 690	-338 965	-362 176	-374 628	-332 470
2. 资本账户盈余(+)/赤字(-) (千万卢比)	269 537	361 624	356 488	287 603	297 323
3. 总盈余(+)/赤字(-)(千万卢比)	-97 153	22 658	-5 688	-87 025	-35 147
备忘项目(千万卢比)					
1. 财政总赤字(千万卢比)	688 434	683 418	753 974	879 501	873 074
2. 财政净赤字(千万卢比)	661 414	656 707	726 549	851 991	842 459
3. 原发性总赤字(千万卢比)	285 199	225 868	216 506	279931	202 170
占 GDP 比重(%)					
1. 经常性盈余(+)/赤字(-)	-4.20	-3.41	-3.21	-2.96	-2.36
2. 总盈余(+)/赤字(-)	-1.11	0.23	-0.05	-0.69	-0.25
3. 财政总赤字	7.88	6.87	6.69	6.95	6.19
4. 财政净赤字	7.57	6.60	6.45	6.73	5.97
5. 原发性总赤字	3.26	2.27	1.92	2.21	1.43

资料来源:the Ministry of Finance of the Government of Indian, Indian Public Finance Statistics 2015/2016, August 2016, table1.6, http://dea.gov.in/datastatistic/public-finance-statistics.

历史来看,中央和邦的财政总赤字从数量上看增长幅度较大,1990/1991 财年财政总赤字为 0.5 万亿卢比,到 2013/2014 财年已经增加到 7.5 万亿卢比。但是从财政总赤字占 GDP 比重来看,1990/1991 财年和 2000/2001 财年,财政总赤字占 GDP 比重高达 9% 左右,在全球金融危机前财政总赤字所占比重已经下降到 4% 左

[①] Indian Public Finance Statistics 2012-13, Pxiii。如想加强对这几个赤字指标含义的理解,请参考英文原文。

右,2008/2009 财年,财政总赤字占 GDP 比重扩大了 1 倍多,之后赤字状态有所缓解,基本保持在 GDP 的 7% 以下。中央和邦财政净赤字及其占 GDP 比重的变动趋势也类似,不再赘述。

(二)中央盈余/赤字及其变化

2013/2014 财年,印度中央财政总赤字 5.0 万亿卢比,财政净赤字 5.0 万亿卢比,分别占 GDP 的 4.46% 和 4.40%。根据预算的预测,2014/2015 财年和 2015/2016 财年,中央财政总赤字和财政净赤字还会略有增加,但赤字占 GDP 的比重会下降到 4% 左右(见表 12-16)。

表 12-16　　　　2011/2012 财年~2015/2016 财年中央盈余/赤字

财年 项目	2011/2012	2012/2013	2013/2014	2014/2015 (调整数)	2015/2016 (预算数)
1. 经常账户盈余(+)/赤字(-) (千万卢比)	-394 628	-364 282	-357 052	-362 486	-394 471
2. 资本账户盈余(+)/赤字(-) (千万卢比)	283 472	361 943	368 490	326 987	352 367
3. 总预算盈余(+)/赤字(-) (千万卢比)	-111 156	-2 338	11 437	-35 499	-42 104
备忘项目(千万卢比)					
1. 财政总赤字(千万卢比)	515 990	490 190	502 858	512 628	555 649
2. 财政净赤字(千万卢比)	514 413	484 750	496 407	501 931	542 290
3. 原发性总赤字(千万卢比)	242 840	177 020	128 604	101 274	99 504
占 GDP 比重(%)					
1. 经常性盈余(+)/赤字(-)	-4.52	-3.66	-3.17	-2.86	-2.80
2. 总盈余(+)/赤字(-)	-1.27	-0.02	0.10	-0.28	-0.30
3. 财政总赤字	5.91	4.93	4.46	4.05	3.94
4. 财政净赤字	5.89	4.87	4.40	3.97	3.84
5. 原发性总赤字	2.78	1.78	1.14	0.80	0.71

资料来源:the Ministry of Finance of the Government of Indian, Indian Public Finance Statistics 2015/2016, August 2016, table2.6, http://dea.gov.in/datastatistic/public-finance-statistics.

从历史来看,中央财政总赤字从数量上看增长幅度较大,1990/1991 财年财政总赤字为 0.4 万亿卢比，到 2013/2014 财年已经增加到 5.0 万亿卢比。但是从财政总赤字占 GDP 比重来看，1990/1991 财年和 2000/2001 财年，财政总赤字占 GDP 比重在 6% 左右，在全球金融危机前财政总赤字占比下降到 3% 左右，受危机影响财政总赤字占比迅速又增加到 6% 左右，近年来赤字状况有所缓解，赤字占 GDP 比重基本保持在 5% 左右。中央财政净赤字及其占 GDP 比重的变动趋势也类似。

五、政府债务

（一）中央和邦债务水平及其变化

2013/2014 财年，印度中央和邦债务 80.0 万亿卢比，占 GDP 的 70.93%。根据预算的预测，2014/2015 财年和 2015/2016 财年，中央和邦债务还会略有增加，但债务占 GDP 的比重会有所下降（见表 12-17）。

表 12-17　　　　2011/2012 财年~2015/2016 财年中央和邦债务余额及其占 GDP 比重

项目＼财年	2011/2012	2012/2013	2013/2014	2014/2015（调整数）	2015/2016（预算数）
A. 中央债务（千万卢比）	4 517 252	5 070 592	5 670 181	6 278 854	6 874 991
1 内债（千万卢比）	4 347 164	4 893 303	5 485 600	6 084 568	6 669 531
2 外债（千万卢比）	170 088	177 289	184 581	194 286	205 460
B. 邦债务（千万卢比）	1 850 369	2 065 434	2 325 454	2 627 726	2 932 287
A+B 汇总（千万卢比）	6 367 621	7 136 026	7 995 635	8 906 580	9 807 278
占 GDP 比重（%）					
A. 中央债务	51.71	50.95	50.30	49.62	48.73
1 内债	49.76	49.17	48.66	48.09	47.27
2 外债	1.95	1.78	1.64	1.54	1.46
B. 邦债务	21.18	20.76	20.63	20.77	20.78
A+B 汇总	72.89	71.71	70.93	70.39	69.51

注：①邦债务中不包括中央对邦的贷款。
②截至 2016 年 3 月底。
资料来源：the Ministry of Finance of the Government of Indian, Indian Public Finance Statistics 2015/2016, August 2016, table6.2, http://dea.gov.in/datastatistic/public-finance-statistics.

从历史来看，中央和邦债务从数量上看增长幅度较大，1990/1991 财年债务 13.0 万亿卢比，到 2013/2014 财年已经增加到 80.0 万亿卢比。但是从债务占 GDP 比重来看较为稳定，基本在 70% ~ 80%。近年来在 2006/2007 财年，债务占 GDP 比重较高，为 84.60%，金融危机期间及之后债务占 GDP 比重一直呈现下降态势。也就是说，金融危机并没有导致印度债务负担的增加，得益于政府对债务状况的关注，债务状况得到了持续改善。另外，从债务结构来看，中央债与邦债务的比重大约是 7∶3 的关系，多年来保持这样的比重没有大的变化。

（二）中央债务水平及其变化

2013/2014 财年，印度中央债务 56.7 万亿卢比，占 GDP 的 50.30%。根据预算的预测，2014/2015 财年和 2015/2016 财年，中央债务还会略有增加，但债务占 GDP 的比重会有所下降（见表 12-17）。

历史来看，中央债务从数量上看增长幅度较大，1990/1991 财年债务 10.2 万亿卢比，到 2013/2014 财年已经增加到 56.7 万亿卢比。但是从中央债务占 GDP 比重来看，债务状况持续改善，债务占 GDP 比重从 1990/1991 财年的 62.67% 一直下降到 2013/2014 财年的 50.30%。同样，金融危机也并没有导致印度中央债务负担的增加，债务状况在持续改善。

从债务结构来看，印度中央债以内债为主，外债所占比重很低。2013/2014 财年，印度中央债务中的内债 54.9 万亿卢比，占 GDP 的 48.66%，外债 1.8 万亿卢比，占 GDP 的 1.64%。近年来，印度中央债中的内债占 GDP 比重较为稳定并略有下降，外债所占比重也是如此，只是下降得更为显著一些，从较长期看，外债占比下降得更为明显。

六、政府间转移支付

印度财政分为中央和邦两级，中央指联邦和没有立法机构的中央直辖区，邦指邦和有立法机构的中央直辖区[①]，印度政府间关系详见图 12-5。

---

① Delhi 中央直辖区从 1993/1994 财年开始划入邦，之前被列入中央。印度邦以下政府的信息难以获得，所以本书就没有提及。

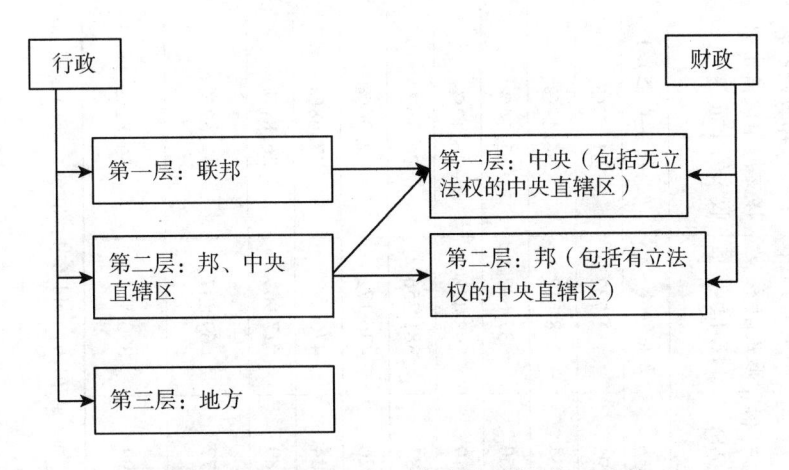

图 12-5　印度行政、财政的层级关系结构

直到 1871 年，印度仍然实行完全中央集权式政府结构，邦的所有开支都来自中央的拨款。《1919 年印度政府法案》正式划分了中央和邦的收入，导致中央赤字，不得不利用来自邦的转移支付来弥补。

目前印度中央将其收入的 30% 左右用于对邦的转移支付[1]。中央对邦的转移支付主要通过税收分享、拨款以及借款这三种方式来实现（见表 12-18）。2013/2014 财年，印度中央将其 19.3 万亿卢比收入中的 5.2 万亿卢比（约占中央收入的 26.81%）转移给邦，其中税收分享、拨款以及净借款的金额分别为 3.2 万亿卢比、1.9 万亿卢比和 0.0097 万亿卢比，分别占中央政府对邦政府转移支付的 62.3%、37.5% 和 0.2%。历史来看，从 20 世纪 70 年代以来的 40 多年里，印度中央对邦的转移支付占中央收入的比重基本在 25%~35%，2004/2005 财年中央对邦转移支付占中央收入的比重最低，为 15.86%，2008/2009 财年中央对邦转移支付占其收入的比重最高，为 38.40%，2010/2011 财年以来，中央转移支付占其收入的比重呈上升趋势。中央转移支付中税收分享是最主要的转移支付方式，其次是对邦和中央直辖区的拨款，中央对邦和中央直辖区的净借款多为负值[2]。经过转移支付的调整后，中央和邦在支出方面基本持平，近年来邦支出的 35% 左右依赖中央的转移支付（见表 12-19）。

---

[1] 这里所述都是指转移支付净值。
[2] 转移支付详情请参考财政部财政科学研究所：《各国财政运行状况》（2013），中国财政经济出版社 2014 年版，第 244~248 页。

表 12-18　1970/1971 财年~2010/2011 财年印度中央对邦的转移支付

单位：千万卢比

	中央政府收入	中央税中邦的份额	对邦级政府的转移支付			对邦转移支付汇总（总量）	中央对邦级政府转移支付净值	中央对邦级政府转移支付净值占中央收入的比重
			中央对邦和中央直辖区的拨款	中央给邦和中央直辖区借款（总量）	邦和中央直辖区偿还的借款			
	1	2	3	4	5	2+3+4	2+3+4-5	(2+3+4-5)/1
1970/1971 财年	5 506	755	612	1 028	658	2 395	1 737	31.55%
1980/1981 财年	25 507	3 792	2 796	3 146	917	9 734	8 817	34.57%
1990/1991 财年	117 297	14 535	13 293	14 522	4 653	42 350	37 697	32.14%
2000/2001 财年	376 872	51 945	37 684	20 490	11 691	110 119	98 428	26.12%
2010/2011 财年	1 419 724	223 203	157 181	10 299	9 327	390 683	381 356	26.86%
2011/2012 财年	1 360 292	259 412	177 426	10 088	10 754	446 926	436 172	32.06%
2012/2013 财年	1 722 109	294 357	177 708	14 059	9 511	486 124	476 613	27.68%
2013/2014 财年	1 931 790	322 880	194 119	11 090	10 119	528 089	517 969	26.81%
2014/2015 财年（调整数）	1 989 204	342 928	323 923	12 121	9 135	678 972	669 837	33.67%
2015/2016 财年（预算数）	2 255 479	529 648	297 572	12 679	9 372	839 899	830 527	36.82%

资料来源：the Ministry of Finance of the Government of Indian, Indian Public Finance Statistics 2015/2016, August 2016, table6.4, http://dea.gov.in/datastatistic/public-finance-statistics.

表 12-19　　　　　中央对邦的转移支付占邦支出的比重

财年	中央对邦的转移支付（千万卢比）	邦总支出（千万卢比）	比重（%）
1990/1991	37 697	81 311	46.4
2000/2001	98 428	306 689	32.1
2010/2011	381 356	1 090 665	35.0
2011/2012	436 172	1 259 447	34.6
2012/2013	476 613	1 445 003	33.0
2013/2014	517 969	1 615 870	32.1
2014/2015（调整数）	669 837	2 168 373	30.9
2015/2016（预算数）	830 527	2 347 343	35.4

注：比重为计算得出。
资料来源：the Ministry of Finance of the Government of Indian, Indian Public Finance Statistics 2015/2016, August 2016, table6.4 和 table3.1, http://dea.gov.in/datastatistic/public-finance-statistics.

税收分享是中央对邦转移支付的最重要的一种方式。中央和邦税收收入详情见表 12-20，按照制度的安排，中央税中有部分收入是分享给邦的，中央税收收入的净值是中央税减去分给邦的部分，邦的税收总收入是邦本级税收收入加上中央从中央税收收入中分给邦的部分。以 2013/2014 财年为例，中央和邦税收收入共 18.8 万亿卢比，占 GDP 的 16.67%；其中中央税收收入 11.4 万亿卢比，占 GDP 的 10.10%，邦本级税收收入 7.4 万亿卢比，占 GDP 的 6.57%。在中央税分配给邦之后，中央税净收入为 8.2 万亿卢比，占 GDP 的 7.24%，邦税收总收入为 10.6 万亿卢比，占 GDP 的 9.43%。也就是说，中央和邦税收收入中，中央税收入和地方本级税收收入大约是 6∶4 的关系，中央将其税收收入的约 28% 分给邦，之后中央税净收入和邦税收总收入大约是 4∶6 的关系。

表 12-20　　　　　2000/2001 财年～2013/2014 财年印度中央和邦的税收收入情况

财年 \ 项目	中央和邦税收收入 A+C（千万卢比）	中央税 A（千万卢比）	中央税中邦的份额 B（千万卢比）	中央税（净值）A-B（千万卢比）	邦本级税收 C（千万卢比）	邦税收总收入 B+C（千万卢比）
1990/1991	87 722	57 577	14 535	43 042	30 145	44 680
2000/2001	305 322	188 605	51 945	136 660	116 717	168 662
2010/2011	1 271 665	793 072	223 203	569 869	478 594	701 797

续表

项目 财年	中央和邦税收收入 A+C（千万卢比）	中央税 A（千万卢比）	中央税中邦的份额 B（千万卢比）	中央税（净值）A-B（千万卢比）	邦本级税收 C（千万卢比）	邦税收总收入 B+C（千万卢比）
2011/2012	1 467 891	888 898	259 412	629 486	578 993	838 405
2012/2013	1 716 117	1 036 234	294 357	741 877	679 882	974 239
2013/2014	1 879 142	1 138 733	322 879	815 854	740 409	1 063 288
2014/2015（调整数）	2 098 173	1 251 391	342 928	908 463	846 782	1 189 710
2015/2016（预算数）	2 419 085	1 449 491	529 648	919 843	969 594	1 499 242
占 GDP 比重（%）						
1990/1991	14.96	9.82	2.48	7.34	5.14	7.62
2000/2001	14.02	8.66	2.39	6.28	5.36	7.75
2010/2011	16.34	10.19	2.87	7.32	6.15	9.02
2011/2012	16.80	10.18	2.97	7.21	6.63	9.60
2012/2013	17.25	10.41	2.96	7.46	6.83	9.79
2013/2014	16.67	10.10	2.86	7.24	6.57	9.43
2014/2015（调整数）	16.58	9.89	2.71	7.18	6.69	9.40
2015/2016（预算数）	17.15	10.27	3.75	6.52	6.87	10.63

资料来源：the Ministry of Finance of the Government of Indian, Indian Public Finance Statistics 2015/2016, August 2016, table1.7 和 table1.8, http：//dea.gov.in/datastatistic/public-finance-statistics.

七、施政方针与财政改革[①]

（一）面临的优势和挑战

1. 优势

（1）通货膨胀得到缓解。

2016年12月，印度消费者价格指数（CPI）从当年7月的6%下降到了3.4%。

---

① The Ministry of Finance of the Government of Indian, Key Features of Budget 2017-18, http：//indiabudget.gov.in/ub2017-18/bh/bh1.pdf.

(2) 经济步入高增长轨道。

印度经济富于活力,根据 IMF 预测,印度将是 2017 年世界经济增长最快的主要经济体之一。

(3) 经常账户(经常性)赤字下降。

2016/2017 财年的上半段,印度经常账户(经常性)赤字占 GDP 比重从上一年的 1% 下降到 0.3%。

(4) 国外直接投资增加。

尽管在全球对外直接投资下降 5% 的不利背景下,印度接受的国外直接投资(FDI)在 2016/2017 财年的上半段仍然比上一财年同期增长 36%。

(5) 外汇储备增长。

2017 年 1 月 20 日,印度外汇储备达到 3 610 亿美元。

2. 挑战

(1) 世界经济面临巨大的不确定性。

(2) 美联储有意在 2017 年调高政策性利率。

这可能会减缓资本向新兴经济体的流入,加速资本从新兴经济体的流出。

(3) 商品价格,特别是原油价格的不确定性,对新兴经济体的财政状况会产生重大影响。

(4) 随着贸易保护主义压力的增加,商品、服务、人的全球化出现了倒退的信号。

(二) 国家战略和目标

2016 年 12 月 31 日,印度总理在讲话中宣称,国家的重点要放在解决贫困人群的住房、减轻农民的负担、为中小企业(MSMEs)提供信贷支持、鼓励数字化交易、帮助孕妇和老人、支出优先给予特定的地位低的种性或人群等。

印度 2017~2018 财年的目标是"提高质量、释放活力和净化国家",具体来说提高质量就是要提高国家治理质量和人民生活质量;释放活力指释放社会各阶层人群的活力,特别是年轻人和脆弱人群的活力,促使他们解除束缚,释放真实潜能;净化国家指消除腐败、洗钱、政治基金不透明的问题。目标落实重点要关注的十个主要方面是农民、农村人口、年轻人、贫困和社会地位低下人群、基础设施建设、金融部门、数字经济、公共服务、审慎的财政管理和税收管理。

（三）财政战略和目标

一方面，政府承诺更多地投资于农业、社会部门、基础设施和就业。另一方面，继续坚持财政巩固方针。多年来，印度一直沿着财政巩固的方向迈进，在增加财政收入的同时控制支出，不断降低赤字水平，严格坚持财政巩固的方向。[①]

（四）重点推进的财政政策和改革措施

1. 国家重点关注审慎的财政管理

审慎的财政管理具体体现在：

（1）资本性支出比上一财年增长25.4%。

（2）法定的对邦和中央直辖区的转移支付4.11万亿卢比，高于2016/2017财年预算安排的3.6万亿卢比。

印度坚持合作的联邦主义，相信只有邦发展了国家才能发展。从2015/2016财年开始，中央收入中邦的税收分享比例实现跳跃性上升。2017/2018财年的预算中，邦得到的包括邦的税收分享、拨款/贷款和中央资助计划的转移支付资金10.9万亿卢比，比2016/2017财年的调整数多0.9万亿卢比，比2015/2016财年的实际数多2.5万亿卢比。[②]

（3）综合的涵盖所有部委支出的绩效预算报告第一次与其他预算文件一起提交给了议会。

（4）财政责任和预算管理（FRBM）委员会对今后三年财政赤字提出的建议是3%。

该建议既考虑了债务的可持续性，又考虑了公共投资的需要。2017/2018财年，财政赤字占GDP比重的目标是3.2%，下一财年的目标下降到3%。

（5）2017/2018财年，政府市场净借款的上限是3.48万亿卢比（回购后），低于上一财年的4.25万亿卢比。

（6）2016/2017财年预算对经常性赤字的估计为2.3%，调整后的估计数下降到2.1%。

[①] The Ministry of Finance of the Government of Indian, Budget At A Glance 2017 – 18, http://indiabudget.gov.in/ub2017 – 18/bag/bag1.pdf.

[②] The Ministry of Finance of the Government of Indian, Budget At A Glance 2017 – 18, http://indiabudget.gov.in/ub2017 – 18/bag/bag1.pdf.

2017/2018 财年，经常性赤字被限定在 1.9%，低于财政责任和预算管理法案 2% 的强制性规定。

2. 2017/2018 财年的预算中包含的三项主要改革

（1）预算程序改革。

预算提交的时间被提前到了 2 月 1 日，这样有助于部长们在财年之初（注：财年从 4 月 1 日开始）就能够合理安排和实施各项支出活动。

（2）预算编制内容的改革。

铁路预算与一般预算进行了合并，把铁路预算融入到了政府财政政策的框架之中。

（3）支出分类改革。

财政部长在其 2016/2017 财年预算讲话中曾宣布，取消原有的长期使用的把支出分为计划支出和非计划支出的分类方法，并在 2017/2018 财年实施。取消这种分类方式将有助于加强支出和绩效之间的联系，有利于用全局的眼光在部门和部委之间分配资源，使支出重点更突出。[①]

3. 税收改革

税收改革主要集中在以下两个税种的改革上：

（1）个人所得税。

收入在 25 万 ~ 50 万卢比之间的个人适用的个人所得税税率从之前的 10% 下调到 5%。年应纳税所得额在 500 万 ~ 1 000 万卢比之间的个人，在缴纳的税款上再征收 10% 的附加费。应纳税所得额在 50 万卢比以下（不包括商业经营收入）的个人，只需要填写 1 页纸的简易的个人所得税纳税申报表。

（2）商品和服务税。

印度国会已通过商品和服务税宪法修正案，该法案目前正在推进实施阶段。商品和服务税委员会根据先后共九次会议达成的一致意见提交了最终的建议。目前已经开始着手编制为商品和服务税服务的 IT 系统。从 2017 年 4 月 1 日开始，将启动研究商业和工业系统如何适用商品和服务税的问题，以帮助这两个系统能够了解这个新的税收体系。

主要参考文献

［1］The Ministry of Finance of the Government of Indian, Economic Survey 2016 – 2017, Jan.

---

① Budget At A Glance 2017 – 18.

2017, http: //indiabudget. gov. in/es2016 – 2017/echapter. pdf.

[2] The Ministry of Finance of the Government of Indian, Indian Public Finance Statistics 2015 – 2016, August 2016, http: //dea. gov. in/datastatistic/public-finance-statistics.

[3] The Ministry of Finance of the Government of Indian, An Economic and Functional Classification of the Central Government Budget 2015 – 2016, 06th June 2016, http: //finmin. nic. in/reports/EcoFunClas. asp.

[4] The Ministry of Finance of the Government of Indian, Key Features of Budget 2017 – 2018, http: //indiabudget. gov. in/ub2017 – 2018/bh/bh1. pdf.

[5] The Ministry of Finance of the Government of Indian, Budget At A Glance 2017 – 2018, http: //indiabudget. gov. in/ub2017 – 2018/bag/bag1. pdf.

[6] 中国外交部:《印度国家概况》,中国外交部网站,2017年1月更新。

第十三章
印度尼西亚

印度尼西亚共和国,通称印度尼西亚,由约 17 508 个岛屿组成,是全世界最大的群岛国家,疆域横跨亚洲及大洋洲,别称"千岛之国"。印度尼西亚人口超过 2.555 亿人 (2017 年),仅次于中国、印度、美国,居世界第四位。印度尼西亚是东南亚国家联盟创立国之一,也是东南亚最大经济体及 20 国集团成员方,航空航天技术较强,石油资源可实现净出口,印度尼西亚群岛自公元 7 世纪起即为重要贸易地区。[①] 印度尼西亚是东盟国家中最大的经济体,2016 年经济总量达到 9 330 亿美元,人均 GDP 为 3 603 美元。[②]

一、经济概况

近年来,尽管受全球经济增长低迷,美元贬值和出口价格下降,以及国内投资低迷的影响,但印度尼西亚经济保持稳定的增长,经济增长率保持在 5% 左右的水平上。其中,消费需求的稳定增长已经成为印度尼西亚经济增长的主要动力,投资需求则由过去的高增长逐渐回归至年增长率 4%~5% 的稳定区间。并且,私人消费需求相对于公共消费需求更为稳定。2016 年,私人消费增长 5%,公共消费需求则下降 0.1%,在私人消费需求强劲增长的带动下,经济增长率达到 5.02%。此外,

---

① 中国外交部:《印度尼西亚国家概况》,中国外交部网站,2017 年 4 月。
② 印度尼西亚统计年鉴 (2012~2017)。

印度尼西亚近几年对外依赖性有所降低，2012年后，进口和出口的增长率均降低到个位数，其中，2015年和2016年，两项指标均为负数。

经济的稳定主要得益于印度尼西亚采取了一系列卓有成效的改革，通过加强产品市场的建设，改善商业环境，打击腐败等一系列内政建设，使社会和经济发展方面取得了较为稳定的进步，CPI指数在经历了2013年和2014年的高位运行后，近两年稳定在4%以内。其中，印度尼西亚为改善其商业环境，于2015年发布了一系列的改革方案，旨在降低企业注册和经营的合法成本和非法成本（如商业腐败），并于2016年废除了3 000多项与国家法律和政策不一致的地方法规。

各种社会发展计划的实施也在逐步解决贫困问题，人口城市化水平由2012年的51%稳步提高至2015年的53.7%；在劳动力保持稳定增长的情况下，失业率稳步降低，2016年为近五年最低的5.6%。同时，劳动力就业结构随经济结构调整而优化，第一产业就业占比由2012年的35%下降至2016年的32%；第二产业保持稳定，由2012年的22%下降至2016年的21%；第三产业就业占比由2012年的43%提高至2016年的47%。同时，居民生活水平也得到显著的提高，家庭消费中位数水平由2012年的446 000印尼卢比/月提高至2016年的697 000印尼卢比/月，低于国家贫困线的人口由2012年的290万人降低至2016年的280万人，贫困率也由12%降至10.9%，其中，城市贫困率由8.8%降至7.8%；农村贫困率由15.1%降至14.1%。

近年来，印度尼西亚财政状况保持良好，财政赤字和公共债务占国内生产总值的比重分别控制在安全线的3%和60%以内，2016年，两项指标分别为2.2%和27.9%。这主要得益于印度尼西亚推行的一系列财政改革，如2014年大选后，印度尼西亚对公共支出进行了大幅改革，尤其是逐步取消了部分的燃油补贴（补贴总额约占财政支出的14%），财政支出占国内生产总值的比重由2012年的18%下降至2016年的16%。未来，随着电力补贴等改革的进一步推进，公共支出规模还将得到进一步控制。另外，受税收征管水平的影响，印度尼西亚财政收入占国内生产总值的比重由2012年的15.5%下降至2016年的12.5%，税收流失较为严重。此外，印度尼西亚于2001~2005年推行分权化改革，使地方政府获得了更多的财权和事权，但分权化改革后各级政府间政策一致性受到一定的挑战。

印度尼西亚国内市场庞大，增长前景广阔，且自然资源禀赋和低成本劳动力供给充足，使其成为吸引外国直接投资的理想目的地。近几年来，外国直接投资流入量大幅度增长，外国直接投资占GDP的比重稳定在1.5%左右。目前，制约印度尼西亚吸引外国直接投资的主要因素是其商业环境存在的问题，尤其是分权化改革后，各级政府交叉重叠监管，增加了外国投资者的额外成本。同时，印度尼西亚对外国直接投资的领域还有诸多限制。2016年5月,印度尼西亚对"负面投资清单"进行了修订,取消了35个行业的投资限制,尤其是开放了诸如采矿等关键领域的投资限制,使印度尼西亚的外国直接投资机制更接近于国际开放水平。

此外,印度尼西亚是原料和轻工业产品的主要出口国,中国是其主要贸易伙伴,由于出口品替代性较强,其出口极易受到区域贸易伙伴市场变化的影响。同时,印度尼西亚政府财政严重依赖于采矿的专利使用费收入和油气收入,容易受到国际矿产品和油气价格波动的影响。此外,落后的基础设施,尤其是交通运输和物流、水处理等领域的基础设施建设滞后,尤其是作为一个群岛国家,其海运发展滞后,严重阻碍了印度尼西亚经济的发展,据印度尼西亚工商业统计局(KADIN)发布的数据显示,印度尼西亚企业的物流成本约占其总支出的17%,而邻国则为10%左右。印度尼西亚已建立了9个经济特区以推动经济发展,未来两年还计划新设17经济特区,然而,落后的基础设施极大地限制了经济特区的发展(见表13-1)。

表13-1　　　　　印度尼西亚经济的主要宏观指标　　　　（单位:万亿印尼盾）

年份 项目	2012	2013	2014	2015	2016
国内经济(变化率,%)					
实际GDP(万亿印尼盾)	6.03	5.56	5.00	4.88	5.02
投资	9.1	5.0	4.4	5.0	4.5
消费	5.5	5.4	5.1	5.0	5.0
私人消费	5.4	5.7	4.7	4.9	5.0
政府消费	5.5	5.5	5.3	4.8	-0.1
CPI,期末值	4.30	8.38	8.36	3.35	3.02
三个月货币市场利率(%)	6.3	8.8	8.3	7.2	6.4
十年期国债收益率(%)	6.9	8.2	8.2	7.8	7.4
失业率(%)	6.1	6.2	5.9	6.2	5.6
贫困率(低于国家贫困县人口比例%)	12.0	11.4	11.3	11.2	10.9
城市贫困率(%)	8.8	8.4	8.3	8.3	7.8
农村贫困率(%)	15.1	14.3	14.2	14.2	14.1
财政平衡(GDP%)	-1.8	-2.2	-2.1	-2.6	-2.5
公共债务(GDP%)	21.4	22.0	24.3	27.5	28.9
国际收支(GDP%)					

续表

项目 \ 年份	2012	2013	2014	2015	2016
经常账户余额	-2.7	-3.2	-3.1	-2.0	-1.8
贸易余额	-1.7	-4.1	-2.2	7.7	9.5
外国直接投资	1.5	1.3	1.7	1.2	1.6
进口（增长率,%）	1.6	4.2	1.1	-2.1	-1.7
出口（增长率,%）	8.0	1.9	2.1	-6.4	-2.3
储备（期末值,10亿美元）	112.8	99.4	111.9	105.9	116.4

资料来源：世界银行印度尼西亚季度经济报告。

二、政府支出

（一）总体情况

近年来，印度尼西亚财政支出总体呈逐年上升的趋势，但增长速度自2012年达到19.6%之后逐年下降，2016年财政支出的增速达到9.8%，2015年财政支出增速甚至回落至1.6%。印度尼西亚政府近年来积极实施一系列改革措施来改善投资环境以促进经济增长，主要包括：通过增加公共支出大力投资公共基础设施建设、减少政府管制、向私人投资开放更多经济领域等，这些措施取得了较好的效果，印度尼西亚国内经济增长近年来基本维持在5%以上的中高增速。财政支出与经济总量二者的关系也可以从"财政支出占GDP的比重"这一指标进行分析，近年来印度尼西亚的财政支出占GDP的比重一直较为稳定的保持在16%左右的水平，这表明印度尼西亚的财政支出对于经济增长的贡献稳定且持续，这同时也表明对于基础设施建设仍相对落后的新兴经济体而言，财政支出的效果在初期是具有较为稳健的带动经济发展的作用（见表13-2）。

表13-2　　　　　　　　印度尼西亚政府支出状况

项目 \ 年份	2012	2013	2014	2015	2016
财政支出总计（万亿印尼盾）	1 548	1 650	1 777	1 807	1 984
财政支出增长率（%）	19.6	6.6	7.7	1.6	9.8

续表

年份 项目	2012	2013	2014	2015	2016
GDP（万亿印尼盾）	8 616	9 546	10 566	11 532	12 407
财政支出占 GDP 比重（%）	18.0	17.3	16.8	15.7	16.0

资料来源：印度尼西亚统计年鉴（2012~2017 年）。

（二）支出结构

从中央和地方的财政关系来看，印度尼西亚中央政府承担了全国接近 70% 的财政支出责任，可以说印度尼西亚中央政府在公共基础设施建设、公共服务的供给中发挥了主要作用。从印度尼西亚中央和地方政府财政支出责任的演变趋势来看，2012~2016 年，中央政府的财政支出占比逐年减少，从 2012 年的 69.1% 下降到 2016 年的 66.5%，中央政府对地方政府的财政转移支付比例则逐年增加从 2012 年的 30.9% 上升到 2016 年的 33.5%，中央财政对地方财政的支持力度在不断增大。从支出的结构来看，一般公共服务、国防支出、公共秩序与安全、经济事务都是由中央财政承担了大部分的支出责任，当然理论上这是与中央政府与地方政府事权分配原则大体相符的（见表 13-3）。

表 13-3　　　　　印度尼西亚中央与地方政府财政支出结构

年份 项目	2012	2013	2014	2015	2016
总支出（万亿印尼盾）	1 548	1 650	1 777	1 807	1 984
中央政府支出（万亿印尼盾）	1 070	1 137	1 204	1 183	1 320
中央政府支出占比（%）	69.1	68.9	67.7	65.5	66.5
中央政府对地方政府转移性支出（万亿印尼盾）	479	513	574	623	665
中央政府对地方政府转移性支出占比（%）	30.9	31.1	32.3	34.5	33.5

资料来源：印度尼西亚统计年鉴（2012~2017 年）。

从财政支出的功能结构来看：2016 年，印度尼西亚中央政府在支护责任方面，一般公共服务支出占比为 24% 左右；国防支出占比为 7% 左右；公共秩序与安全支出占比8.2%左右；经济事务支出占比27%左右；环境支出占比1%左右；住房与社区设施支出2.5%左右；健康支出（卫生支出）占比5.1%左右；旅游与文化支出占比0.2%左右；宗教支出占比0.35%左右；教育支出占比10%左右；社保支出11.9%左右（见表13-4）。

表13-4　印度尼西亚中央政府支出结构：功能分类　　单位:%

项目＼年份	2013	2014	2015	2016
中央政府财政支出	100.0	100.0	100.0	100.0
一般公共服务支出	62.4	63.6	64.0	23.9
国防支出	7.0	6.9	7.0	7.5
公共秩序与安全支出	3.2	3.0	3.3	8.3
经济事务支出	10.6	10.3	10.3	27.2
环境支出	1.1	1.0	0.8	0.9
住房与社区设施支出	2.7	2.5	1.5	2.6
健康支出	1.5	1.1	1.5	5.1
旅游与文化支出	0.2	0.2	0.1	0.6
宗教支出	0.4	0.4	0.4	0.7
教育支出	10.3	10.5	10.5	11.3
社保支出	0.6	0.7	0.6	11.9

资料来源：印度尼西亚统计年鉴（2012~2017年）。

以上是印度尼西亚中央政府在各功能上的支出占比的具体数据，其中一般公共服务支出、经济事务支出、教育支出、国防支出为印度尼西亚中央政府主要负担的责任，而类似住房与社区设施支出，则主要是由地方政府财政主要负担，这样的支出结构也反映了印度尼西亚财政体制是充分考虑了印度尼西亚的人文地理特点、社会经济发展现状，中央政府主要负担具有基础公共服务特征的公共品供给，而地方政府则充分发挥区域管理方面的优势，对于本地居民更关心的公共品则承担更多的支出责任（见图13-1）。

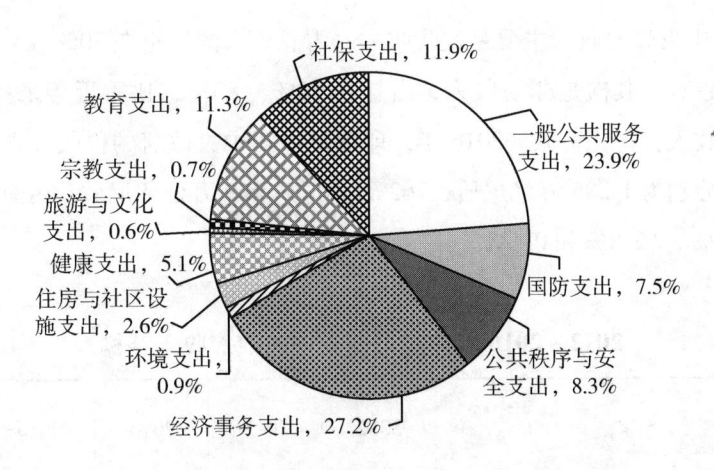

图 13-1　2016 年印度尼西亚中央政府财政支出结构（功能分类）

三、政府收入

（一）中央收入规模及其变化

2012~2016 年，印度尼西亚中央政府总收入分别为 1 338 万亿尼盾、1 439 万亿尼盾、1 508 万亿尼盾和 1 556 万亿印尼盾（见表 13-5）。收入增幅变化较大，从 2012~2014 年的较快增长，到 2015 年出现负增长，2016 年是低速增长。收入占 GDP 的比重逐年下降，占比从 15.5% 下降到 12.5%。

表 13-5　2012~2016 年印度尼西亚中央政府财政收入状况

年份 项目	2012	2013	2014	2015	2016
财政收入总计（万亿印尼盾）	1 338	1 439	1 550	1 508	1 556
财政收入增长率（%）	10.5	7.5	7.8	-2.7	3.2
GDP（万亿印尼盾）	8 616	9 546	10 566	11 541	12 407
财政收入占 GDP 比重（%）	15.5	15.1	14.7	13.1	12.5

资料来源：印度尼西亚中央政府财务报表（2012~2016 年）。

（二）中央收入结构

印度尼西亚中央政府的收入分为税收收入、非税收入、补助收入三大部分（见

表13-6）。中央政府收入主要是税收收入，占总收入的比重在70%~80%，比重近年来呈上升趋势；其次是非税收入，占比在10%~80%，比重近年来呈下降趋势；最后是补助收入，占比甚微。2016年，印度尼西亚中央政府的税收收入、非税收入和补助收入分别为1 285万亿尼盾、262万亿尼盾和9万亿印尼盾，占总收入的比重分别为82.6%、16.8%和0.6%。

表13-6　2012~2016年印度尼西亚中央政府收入结构

项目＼年份	2012	2013	2014	2015	2016
财政收入总计（万亿印尼盾）	1 338	1 439	1 550	1 508	1 556
1. 税收收入（万亿印尼盾）	981	1 077	1 147	1 240	1 285
其中：（1）国内税收	931	1 030	1 103	1 205	1 250
（2）国际税收	50	47	44	35	35
2. 非税收入（万亿印尼盾）	352	355	399	256	262
（1）自然资源使用费	226	226	241	101	65
（2）国有资产收益	31	34	40	38	37
（3）公共服务机构收入	22	25	30	35	42
（4）其他非税收入	74	70	88	82	118
3. 补助收入（万亿印尼盾）	5	7	4	12	9
占总收入比重（%）					
1. 税收收入	73.3	74.8	74.0	82.2	82.6
其中：（1）国内税收	69.6	71.6	71.1	79.9	80.3
（2）国际税收	3.7	3.3	2.8	2.3	2.2
2. 非税收入	26.4	24.7	25.7	17.0	16.8
（1）自然资源使用费	16.9	15.7	15.5	6.7	4.2
（2）国有资产收益	2.3	2.4	2.6	2.5	2.4
（3）公共服务机构收入	1.6	1.7	1.9	2.3	2.7
（4）其他非税收入	5.5	4.9	5.7	5.4	7.6
3. 补助收入	0.4	0.5	0.3	0.8	0.6

资料来源：印度尼西亚中央政府财务报表（2012~2016年）。

（三）中央税收收入结构

印度尼西亚中央政府的税收收入包括所得和收益税、增值税、奢侈品销售税、国际贸易与交易税、土地和建筑税等（见表13-7）。其中所得、利润、资本收益税是税收收入的主体，占税收收入比重50%左右；其次是增值税，占税收收入比重30%左右；再次是奢侈品销售税，占税收收入比重10%左右，其他税种的税收收入相对较小。2016年，所得和收益税、增值税、奢侈品销售税、国际贸易与交易税、土地和建筑税的税收收入分别为668万亿尼盾、411万亿尼盾、141万亿尼盾、39万亿尼盾、14万亿印尼盾，占税收收入的比重分别为52%、32%、11%、3%、1%。从近年的趋势看，直接税所占比重呈上升趋势；间接税所占比重呈下降趋势（见图13-2）。

表13-7　　　　印度尼西亚中央政府税收收入结构

年份 项目	2012	2013	2014	2015	2016
税收收入（万亿印尼盾）	981	1 077	1 147	1 240	1 285
所得、利润、资本收益税	455	506	546	608	668
增值税	341	385	409	421	411
奢侈品销售税	102	109	118	146	141
国际贸易与交易税	41	47	44	36	39
土地和建筑税	38	25	24	25	13
其他税	4	5	6	4	13
占税收收入的比重（%）					
所得、利润、资本收益税	46.4	47.0	47.6	49.0	52.0
增值税	34.8	35.7	35.7	34.0	32.0
奢侈品销售税	10.4	10.1	10.3	11.8	11.0
国际贸易与交易税	4.2	4.4	3.8	2.9	3.0
土地和建筑税	3.9	2.3	2.1	2.0	1.0
其他税	0.3	0.5	0.5	0.3	1.0

资料来源：印度尼西亚中央政府财务报表（2012~2016年）。

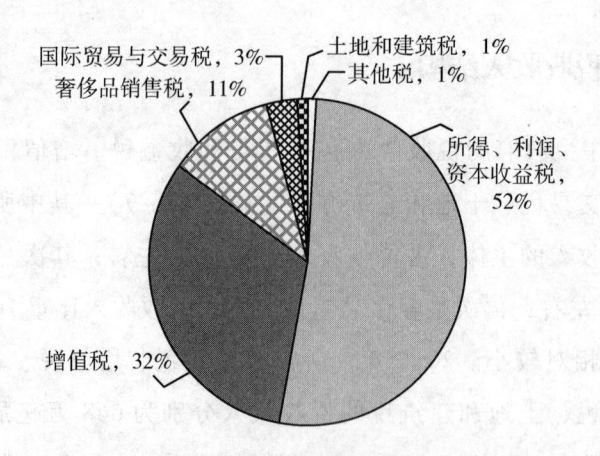

图 13－2　2016 年印度尼西亚中央政府财政收入结构（功能分类）

四、政府盈余/赤字

从 2012～2016 年的情况来看，印度尼西亚政府的财政赤字在总量上呈逐年上升的趋势，财政赤字水平从 2012 年的 124 万亿印尼盾上升至 2015 年的 273 万亿印尼盾，总体的赤字水平增长约 1 倍，但从赤字规模的占比看仍然处在一个较为合理的水平；并且印度尼西亚政府财政赤字率（财政赤字与国内生产总值之比）并没有明显的大幅变动，2012～2014 年，财政赤字率基本上维持在 1.6% 左右的水平，只有在 2015 年、2016 年财政赤字率才分别达到了 2.1% 和 2.2%，尽管如此这一数值也没有超出国际上通常认为的 3% 的警戒水平。因此，总体来看，印度尼西亚的财政赤字水平仍处在相对合理的区间（见表 13－8）。

表 13－8　　　　　　　印度尼西亚政府预算赤字与赤字率

年份 项目	2012	2013	2014	2015	2016
财政预算收入（万亿印尼盾）	1 311	1 530	1 667	1 794	1 822
财政预算支出（万亿印尼盾）	1 435	1 683	1 843	2 039	2 096
盈余/赤字（万亿印尼盾）	－124	－153	－175	－246	－273
GDP（万亿印尼盾）	8 616	9 546	10 566	11 532	12 407
赤字率（财政赤字/GDP）(%)	1.4	1.6	1.7	2.1	2.2

资料来源：印度尼西亚统计年鉴（2012～2017 年）。

五、政府债务

近年来,印度尼西亚政府的债务不断积累,债务负担逐渐增加。总量上看,从 2012 年的 1 982 万亿印尼盾增加到 2016 年的 3 523 万亿印尼盾,年均增长 15.5%。从债务占 GDP 比重看,从 2012 年的 23.0% 增加到 27.9%,处于安全的区域,债务风险较小(见表 13 - 9)。

表 13 - 9　　　　　　　　印度尼西亚政府债务水平

项目 年份	2012	2013	2014	2015	2016
政府总债务(万亿印尼盾)	1 982	2 367	2 610	3 104	3 523
政府总债务占 GDP 比重(%)	23.0	24.8	24.7	26.9	27.9

资料来源:印度尼西亚统计年鉴(2012~2017 年)。

六、政府间转移支付

(一)政府间财政关系

印度尼西亚是单一制国家,政治和行政体系由中央、省、地区(城市 Kabupaten、城区 Kota)和乡村(Desa)四级政府组成。在法律上,地方和省级政府是拥有自主行政地位的地域实体。截至 2015 年底,印度尼西亚共有 34 个省,包括首都雅加达、日惹、亚齐 3 个地方特区和 31 个省,514 个地区,和 81 936 个乡村。[①]

印度尼西亚实行中央和地方两级课税制度,税收立法权和征收权主要集中在中央。印度尼西亚法律规定地方政府有权开征地方税,为防止地方政府过度征税,相关法律规定,地方政府设立的新税种必须经由中央政府审核和批准。

印度尼西亚法律规定中央政府履行外交、防卫、安全政策、司法、货币、宏观经济政策和宗教 5 项全国性职能,地方政府必须履行提供公共设施、管理卫生部门、教育、社会事务、促进就业、环境、农业等 15 项职能和一些可灵活选择的职能。

---

① 《印度尼西亚统计年鉴(2016)》。

2001年财政分权改革之前，印度尼西亚的财政和政治体制主要为中央集权式，中央政府通过专项拨款来资助下级政府的一般性和发展性支出，地方政府财政自主空间很小。以1999年第25号法案和2000年第34号法案为基础，印度尼西亚于2001~2005年推行扩大地方财权的分权化改革，除全国性职能外，多数政府职能开始从中央转移到地方，财政支出责任随着分权由中央政府向地方政府转移。但由于增值税和所得税等重要税种的收入权仍掌握在中央政府手中，并未向下转移到地方政府，中央政府对地方政府的转移支付依然是地方政府收入的主要来源，但分权改革后的财政体制下，地方政府主要依靠其享有完全自主权的统一转移支付，而非原来的专项拨款。印度尼西亚中央政府对地方政府的转移支付主要为平衡基金（Dana Perimbangan）和特别自治和调节基金（Dana Otonomi Khusus Dan Penyeimbang），平衡基金包括税收分享（Dana Bagi Hasil）、一般转移支付（Dana Alokasi Umum）和专项转移支付（Dana Alokasi Khusus）。

（二）中央对地方政府转移支付规模

由表13-10所示，2012~2016年，印度尼西亚中央政府对地方政府的转移支付由481万亿印尼盾增加到664万亿印尼盾，增加了183万亿印尼盾，增长率达到38.1%。其中2014年和2016年增长加快，分别较上年增长了60万亿印尼盾和61万亿印尼盾，较上年增长11.8%和10.2%。

表13-10　　　　印度尼西亚中央政府转移支付

项目＼年份	2012	2013	2014	2015	2016
中央政府对地方政府的转移支付（万亿印尼盾）	481	513	574	602	664
1. 平衡基金	411	430	477	486	640
（1）税收分享	112	88	104	78	91
（2）一般转移支付	274	311	341	353	385
（3）专项转移支付	26	31	32	55	164
2. 特别自治和调节基金	69	83	96	17	18
（1）特别自治基金	12	13	16	17	18
（2）调节基金	57	69	80	0	0
3. 其他	0	0	0	99	6

续表

项目 \ 年份	2012	2013	2014	2015	2016
占转移支付比重（%）					
1. 平衡基金	85.6	83.8	83.2	80.7	96.4
2. 特别自治和调节基金	14.4	16.2	16.8	2.8	2.8
占平衡基金比重（%）					
（1）税收分享	27.1	20.6	21.8	16.1	14.2
（2）一般转移支付	66.6	72.3	71.5	72.6	60.2
（3）专项转移支付	6.3	7.1	6.7	11.3	25.6
占财政收入比重（%）					
中央政府对地方政府的转移支付	35.9	35.7	37.0	39.9	42.6
1. 平衡转移支付	30.7	29.9	30.8	32.2	41.1
2. 特别自治金和调节金	5.2	5.8	6.2	1.1	1.2
占财政支出比重（%）					
中央政府对地方政府的转移支付	31.0	31.1	32.3	33.3	33.4
1. 平衡转移支付	26.6	26.1	26.8	32.3	32.3
2. 特别自治金和调节金	4.5	5.0	5.4	1.1	0.9

资料来源：印度尼西亚中央政府财务报表（2011~2015年），印度尼西亚统计年鉴（2012~2017年）。

而就财政收支来看，中央政府对地方政府的转移支付在中央政府财政收入和支出中的占比一直维持在30%以上，且都呈逐年上升趋势。转移支付在中央财政收入中的占比由2012年的35.9%上升到2016年的42.6%，上升了近7个百分点。转移支付在中央财政支出中的占比由2012年的31%上升到2016年的33.4%，上升了2个百分点，上升幅度小于转移支付在财政收入中的占比。

（三）中央对地方政府转移支付结构

就财政转移支付的结构来看（见图13-3、图13-4，表13-10），2016年印度尼西亚中央政府对地方政府的转移支付平衡基金占比达到96%，而平衡基金中占比最高的为一般转移支付385万亿印尼盾，占平衡基金的60.2%，其次为专项转移支付164万亿印尼盾，占平衡基金的25.6%，税收分享占平衡基金的14.1%。2012~2016年，平衡基金在印度尼西亚中央政府对地方政府转移支付的占比均达到80%以上，2015年和2016年更是增加到96%以上。平衡基金中占比最高的是一般转移支付达到60%以上，但呈现先生后降的趋势，由2012年的64.95%上升到2013年的72.3%，2013年后逐渐下降到2016年60.2%，下降了12个百分点。2012~2016年税收分享却呈逐年下降的趋势，由2012年的27.1%下降到2016年的14.17%，下降了13个百分点。专项转移支付2012~2014年的占比为6%~7%左右，近两年大幅上升到25%以上，上升了近20个百分点。

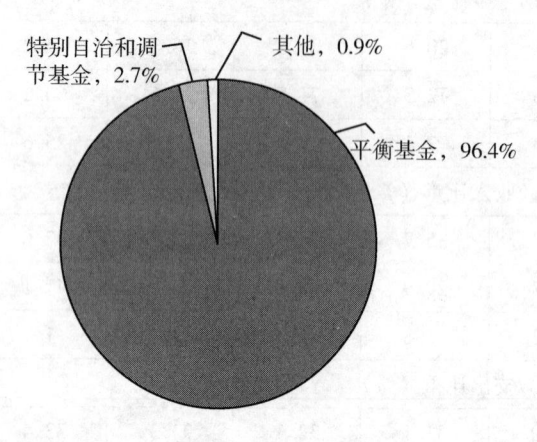

图13-3　2016年中央对地方转移支付

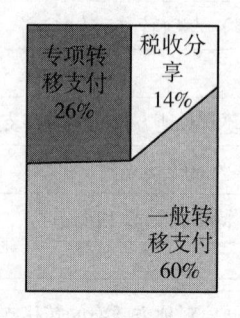

图13-4　2016年平衡基金

七、施政方针与财政改革

（一）经济形势与施政方针

2013年后，受到世界经济疲软、国际大宗商品市场萎靡、原油价格下跌、通货膨胀等因素的影响，印度尼西亚经济虽相对稳定，但增速开始放缓，大部分经济指标无法达到预期目标。为抑制经济持续下滑，2013年开始印度尼西亚中央政府出台一系列促增长、稳物价、保民生的多项经济刺激政策。2014年印度尼西亚实施了谨慎的财政政策，加大对各经济领域，特别是基础设施建设、粮食安全、扶贫、投资环境改善等方面的投入，进一步开放外资准入领域，并全面推行"一站式投资服务"以改善投资环境。2015年，印度尼西亚政府面对内外交困、增长低迷的经济，一方面加快政府预算执行进度以及加紧进行基础设施建设，落实财政扶持资金提高民众购买力；另一方面密集出台了税收优惠、简化监管制度、放宽对外资限制、最低工资制度改革等八轮经济振兴方案。

印度尼西亚政府持续的经济和财政刺激政策效力在2016年逐步开始显现,使印度尼西亚经济仍保持相对较高的增长,尤其是促进投资和拉动消费的宏观刺激政策,使得投资和消费在拉动经济增长的"三驾马车"中表现较为亮眼。但2016年印度尼西亚仍面临基础设施差、贫富差距大、经济发展不均衡、外需不足、行政管理和税收征管效率低等一系列问题。印度尼西亚总统佐科2016年底在雅加达出席印度尼西亚央行年会时将政府办事效率低和基础设施落后列为印度尼西亚政府提高国家竞争力并改善营商环境必须解决的顽疾。

佐科政府自2015年开始,先后颁布多期经济振兴计划,每期针对特定领域问题推出一个或数个具体措施。2016年出台的刺激计划共有六套(第9~14套),主要内容依次是:加快电力基础设施建设,稳定牛肉价格,提升城乡物流效率;修改投资负面表;为出口导向的中小企业提供优惠货款,设置房地产投资资金,减少货物滞港时间,发展制药和医疗器具业;完善法律法规和准证手续,降低准证审核费用;鼓励电商发展,解决中低收入人群住房问题;制定电商发展路线图,以提高印度尼西亚经济内部活力及加强与国际接轨[①]。

(二)财政改革的政策与举措

为改善印度尼西亚落后基础设施建设,缩小贫富差距,提高政府办事效率,推动经济增长和人民生活水平的提高,2016年印度尼西亚的财政政策主要侧重于进一步提高财政对基础设置建设支持力度,及提高税收征管效率确保国家财政收入为主。

1. 加大财政资金对基础设施建设的投入力度[②]

长期以来,基础设施建设是印度尼西亚经济发展中的短板。以交通为例,由于基础设施条件落后,印度尼西亚物流费用高达邻国马来西亚的2.5倍,严重阻碍经济发展。作为2016年的施政重点之一,佐科政府继续加大基建力度,财政预算投313万亿盾(约合235亿美元)用于大力发展公路、港口、机场等基础设施建设,以降低物流及交通成本和物价。佐科在2016年独立纪念日前夕发表的国情咨文中称,近两年来,政府已兴建普通公路2 225千米、高速公路132千米和160座桥梁。铁路建设在爪哇、苏门答腊、加里曼丹、苏拉威西等各岛铺开现铁路运营里程长5 200千米。快速轨道交通、轻轨等亦在加速兴建。海上交通方面,24个在建、扩

---

①② 杨晓强,王翕哲:《印度尼西亚:2016年回顾与2017年展望》,载于《东南亚纵横》2017年第1期。

建的港口被明确为"海上高速公路节点",2019年将建成港口100个。印度尼西亚还建成启用了6个机场,另外9个机场建设已经动工。因基建耗资巨大,为筹集建设资金印度尼西亚政府通过国债发行或向国际金融机构筹集资金贷款大量发展公共基础建设,使债务出现不断高涨的现象。为了减少对债务的大量依赖,印度尼西亚积极吸引国外资金投入,中国参建的雅万高铁项目是印度尼西亚基建对外合作的标志性工程。此外,政府开始选择邀请私企参与国家战略性基础设施项目的投资,以弥补政府发展基建资金的需要,印度尼西亚国有企业作为基建主力,全年投资基建410万亿盾(约合308亿美元),主要投向62个大型项目。

2. 加强税收征管,推出税务特赦法案

在印度尼西亚,税收征管一直是一大社会难题。印度尼西亚征税完成率长期低于国际平均水平,2016年更是跌至83.3%的历史低位。据《雅加达邮报》报道:印度尼西亚政府在今年前5个月只完成了全年税收目标的26.8%。印度尼西亚经济统筹部数据显示,印度尼西亚1.85亿成年人口中,有4 400万人达到缴税标准,但仅有2 800万人有缴税账户,其中仅有1 100万人实际履行了缴税义务。[①] 为吸引存放在海外的资本回国,以增加税收,填补基础设施建设的资金缺口,佐科总统上任以来一直致力于解决征税难问题,专门设计并推出了这一税务特赦计划,重点吸引公民将隐匿的财产尤其是隐匿在海外的资产于规定时间内以补缴税款的形式合法化。印度尼西亚议会于在2016年6月28日通过了《税收特赦法案》,税收特赦计划于2016年7月18日正式启动,至2017年3月31日结束,具体可划分为3个阶段。第一阶段从2016年7月18日到9月30日,在这期间,纳税人主动申报海外资产仅需按照4%的税率缴纳税款;主动汇回海外资本并投资于规定的项目,仅需按照2%的税率缴纳税款;第二阶段从2016年10月1日到12月31日,主动申报和汇回资本适用的税率分别是6%和3%;第三阶段从2017年1月1日到3月31日,主动申报和汇回资本适用的税率分别是10%和5%。此外,该法案规定,汇回资本必须在印度尼西亚境内停留3年以上,纳税人可以将其存入指定银行,或用于多种投资用途,包括购买政府债券、公司债券、共同基金和股票等。据政府预计,特赦计划会带来3 070亿美元海外资本的申报和770亿美元资本的回流,并为政府增加127亿美元的财政收入。[②]

---

① 田原. 中国经济网《经济日报》, http://www.ce.cn/xwzx/gnsz/gdxw/201704/25/t20170425_22288134.shtml, 2017年04月25日。

② http://www.cistudy.cn/bencandy.php?fid=53&id=3351。

主要参考文献

[1] [美] 安瓦·沙主编. 发展中国家的地方治理 [M]. 北京: 清华大学出版社, 2010.

[2] 政府间财政关系课题组. 政府间财政关系比较研究 [M]. 北京: 中国财政经济出版社, 2004.

[3] 杨晓强, 王翕哲. 印度尼西亚: 2016 年回顾与 2017 年展望 [J]. 东南亚纵横, 2017, (01): 23-28.

[4] 杨晓强, 杨君楚. 印度尼西亚: 2015 年回顾与 2016 年展望 [J]. 东南亚纵横, 2016, (02): 31-36.

[5] 杨晓强, 杨君楚. 印度尼西亚: 2014 年回顾与 2015 年展望 [J]. 东南亚纵横, 2015, (02): 11-16.

[6] 杨晓强, 欧芮. 印度尼西亚: 2013 年发展回顾与 2014 年展望 [J]. 东南亚纵横, 2014, (02): 21-26.

[7] 刘鹏, 胡潇文, 唐翀. 印度尼西亚 2012 年回顾与未来展望: 进展与局限 [J]. 东南亚研究, 2013, (02): 4-14.

[8] 林梅. 印度尼西亚: 2012~2013 年回顾与展望 [J]. 东南亚纵横, 2013, (03): 21-26.

[9] 杨晓强, 陈程. 政治稳定, 经济增长居东盟之首——印度尼西亚 2011~2012 年回顾与展望 [J]. 东南亚纵横, 2012, (04): 3-7.

[10] 杨晓强, 韦忠福林. 印度尼西亚: 2010~2011 年回顾与展望 [J]. 东南亚纵横, 2011, (03): 16-21.

[11] 杨晓强. 印度尼西亚: 2009 年回顾与 2010 年展望 [J]. 东南亚纵横, 2010, (03): 34-38.

[12] 郑一省. 印度尼西亚: 2008 年回顾与 2009 年展望 [J]. 东南亚纵横, 2009, (02): 12-17.

[13] 温北炎. 印度尼西亚: 2007 年回顾与 2008 年展望 [J]. 东南亚纵横, 2008, (02): 25-30.

[14] 印度尼西亚研究网站: http://www.cistudy.cn/.

[15] 印度尼西亚财政部网站: http://www.depkeu.go.id/.

[16] 印度尼西亚统计局网站: http://www.bps.go.id/.

附录：G20 的发展与展望

一、G20 的发展与架构

（一）初创

G20 机制的建立可以追溯到 1997 年的亚洲金融危机。为了应对可能蔓延的金融危机，并增加发展中国家在全球经济活动中的发言权，在七国集团（G7）主导下，1998 年的国际货币基金组织（IMF）年会期间，由 G7 成员方、中国、印度尼西亚、韩国、澳大利亚等共 22 个国家的财长和央行行长召开了对话会议。1999 年再次召开了两次类似的对话会议，奠定了 G20 财长和央行行长会议的雏形。1999 年 9 月，八国集团财长在华盛顿宣布成立 20 国集团论坛，由欧盟、布雷顿森林机构和 19 国央行行长组成。1999 年 12 月，八国集团在柏林与欧盟及亚非拉大洋洲各国财长和央行行长共创 20 国集团（G20）国际经济合作非正式论文会议。在这期间，G7 就 G20 机制的成员构成、议题设置、会议安排、与布雷顿森林体系相关组织的关系等进行了讨论，并最终选择了由成员方担任轮值主席，不设立秘书处的非正式机制安排。

1999 年 12 月 15 日在德国柏林召开了首届 G20 财长和央行行长会议，参与会议的成员为 20 个，包括阿根廷、澳大利亚、巴西、加拿大、中国、法国、德国、印度、印度尼西亚、意大利、日本、韩国、墨西哥、俄罗斯、沙特阿拉伯、南非、土耳其、英国、美国和欧盟。这样的一份最终成员名单主要考虑了成员方在世界经济中的地位和影响力，以及作为一个会议协调机制的最大容量考虑。

（二）升级

2004~2005 年，时任加拿大总理保罗·马丁就提出创建 G20 首脑峰会。但直到

2008年的金融危机爆发在世界经济中心美国，为了遏制危机恶化和蔓延，美国、法国和英国共同提议升级G20对话级别至领导人峰会，以更好应对这场历史罕见的金融危机。2008年的全球金融危机推动G20财长和央行行长会议升级为领导人峰会。会议级别的升级，标志着G20机制的重要性进一步提升，也预示着世界经济格局的实质性变革开始了。2009年的匹兹堡峰会明确了G20是协调全球经济事务的首要平台，尽管这个首要平台身份定位是自封的，但是由于其成员构成的重要性和在世界经济格局中的重要影响力，以及参会领导人的最高级别，决定了其在全球经济治理中不可替代的核心地位。

（三）架构和机制

G20是一个典型的论坛机制，由领导人峰会、财金和协调人双轨道对话会议、部长会议、专业工作组和研究小组会议组成。在机构架构方面，作为一个非正式会议的体系，G20已经形成了"峰会—协调人会议—部长级会议—工作组会议"的机制架构，但是过于集中在峰会层面。与正式的国际组织相比，G20没有秘书处[①]、国际雇员和专门的办公地点，这种非正式的国际机制特点赋予G20灵活性的同时，也带来落实效率的不确定性。尽管如此，G20机制依然是主导全球经济治理的核心平台，并受到国际社会的高度关注。

从2008年以来，G20机制实现了三个方面的完善：一是议题和议程设置不断拓展。G20峰会的议程和议题设置一直处于扩大的趋势，迄今为止已经囊括了金融、贸易、投资、发展、难民、气候变化、反腐败等几乎所有的全球经济治理议题。G20机制本身也从危机应对为主的机制，转型成为长效经济治理和短期危机应对兼备的机制。二是会议机制不断丰富，更多的部长级会议加入，相关的专业工作组得以建立。目前，G20的部长级会议机制有7个，包括央行行长和财长会议、劳工和就业部长会议、贸易部长会议、农业部长会议、发展问题部长会议、旅游部长会议和能源部长会议。G20的专业工作组有9个，包括国际金融架构工作组、投资与基础设施工作组、就业工作组、发展工作组、能源可持续工作组、反腐败工作组、增长框架工作组、普惠金融全球合作伙伴关系工作组和贸易工作组。此外，还有2个研究小组，分别是绿色金融研究小组和气候资金研究小组。三是外围机制的建立，

---

① 在秘书处建设方面，现状是每年的轮值主席国都会设立"临时秘书处"，并将前一次主席国和后一次主席国的成员吸收进来，组成所谓的"三驾马车"，以此来维持G20的日常运行，负责商量议题的安排推进等。

增强了 G20 的合法性和代表性。迄今为止，G20 已经先后建立了 6 个外围组织，分别是工商 20 峰会（B20）、智库 20 峰会（T20）、青年 20 峰会（Y20）、劳工 20 峰会（L20）、市民社会 20 峰会（C20）和妇女 20 峰会（W20）。这些外围组织的参与者不仅仅局限于 G20 成员方，具有非常广泛的代表性，也弥补了 G20 机制的合法性不足问题。

二、G20 的主要特征

（一）灵活性

G20 机制的灵活性主要体现在两个方面：一是成员数量上的灵活性，与联合国相比，G20 相对较少的成员数量更容易达成共识。并且 G20 成员在世界经济和政治格局中的重要影响力决定了其政治共识的国际影响力。二是 G20 论坛性质的灵活性，在 G20 层面达成的所有决议和共识都不具有强制约束力，G20 的决议需要通过相关的国际组织、机构和成员国来执行和落实。正是因为这样的软约束力，G20 在推进全球主要经济体之间达成政治共识方面具备了更多的空间和可能性。G20 的灵活性和缺乏落实机制就像一个硬币的两面，对于 G20 执行力弱的批评可能忽略了在纷繁复杂的全球性问题和具体的应对政策及落实举措之间，需要有一个充分协调和沟通的平台，G20 所发挥的作用正在于此。G20 每届峰会都在不断凝聚和推进新的政治共识和意愿，并且在全球主要经济体之间建立了政策沟通和协调的通道，保持了政策的相对透明，这一点对于全球经济治理和风险管控至关重要。

（二）综合性

G20 虽然是协调全球经济事务的首要平台，但是其议程和议题所涵盖的政策领域已经超越了传统的经济领域，与经济发展相关的议题如气候变化、腐败、公共健康等都被纳入，G20 机制的综合性特征日益明显。G20 平台的综合性特征使得 G20 在提高政策协调一致性方面具备显著优势：首先，提高了不同经济政策领域之间的协调和保持政策的一致性的可能。G20 平台对话包含了金融、增长、贸易、投资、气候、腐败和发展等领域广泛的议题，这些议题彼此关联并相互影响，统一到一个对话平台讨论有助于不同的政策部门之间的协调和相互沟通，考虑到各自领域的政策外溢效应，减少政策对冲和相互抵消。其次，为国家间的政策协调和一致性提供了更多沟通机会和可能。作为领导人峰会，G20 平台提供了一个在全球主要经济之间保持对话和政策沟通的机会，减少了政策不透明，提高了成员方之间在宏观经济政策上的协调性和一致性。最后，在国际政策协调和国内政策落实之间建立了信息沟通渠道。G20 领导人峰会的特性决定了领导人的政治承诺在国内政策落实方面的特殊影响力，G20 具备推动成员方领导人对其业已达成的共识给予更多关注和重视的可能。2016 年 G20 杭州峰会的主要成果之一是落实联合国 2030 可持续发展议程，G20 能够在这样一份包含 17 个目标和 169 个具体目标的全球性议程落实上发挥引领性的作用，也再次证明了 G20 平台的综合性特征。

（三）纽带性

G20 作为协调全球经济事务的首要平台，已经成为全球经济治理网络的一个链接中心。G20 的纽带性不仅体现在将全球主要经济体聚集在一起，而且也将联合国、世界贸易组织、世界银行、国际货币基金组织、经合组织和国际劳工组织等国际组织，以及部分非 G20 成员聚集在这一治理平台上。从 2016 年 G20 杭州峰会公布的参会名单来看，除了 G20 的二十个成员方以外，乍得总统代比、埃及总统塞西、哈萨克斯坦总统纳扎尔巴耶夫、老挝国家主席本扬、塞内加尔总统萨勒、新加坡总理李显龙、西班牙首相拉霍伊、泰国总理巴育等嘉宾国领导人，以及联合国秘书长潘基文、世界银行行长金墉、国际货币基金组织总裁拉加德、世界贸易组织总干事阿泽维多、国际劳工组织总干事莱德、金融稳定理事会主席卡尼、经济合作与发展组织秘书长古里亚等有关国际组织负责人与会。地区性的组织如非洲联盟、东盟、非洲发展新伙伴计划以及主要国际经济组织的代表参与 G20 峰会，增加了 G20 的代表性，也增强了 G20 在全球经济治理网络中的核心地位。经过十一届峰会，G20 已经成为全球经济治理的政策协调、信息交流和共同行动的治理中心[1]。

三、G20 的中国参与

自 G20 升级为领导人峰会以来，中国在 G20 中的角色经历了从"被动参与者"到"积极参与者"，再到"引领者和国际规则制定者"的变迁。中国在 G20 中的角

---

[1] 屠新泉，周金凯：《G20 杭州峰会成果与中国建设开放型经济强国的意义和启示》，载于《浙江学刊》2017 年第 1 期。

色定位的变迁凸显了中国在全球治理中的地位变化①。

中国在 G20 未来的角色定位要与中国综合实力、责任付出相匹配，要积极发挥引领作用，促进建立公正合理的世界经济秩序。中国要扮演好这个角色，应完善并弘扬中国特色新型全球治理体系；打造鲜明的"中国印象"；促进全球治理的主体多元化；采取合作化的方式，渐进式地推进全球治理体系改革。

（一）被动阶段

1999~2008 年 G20 首届峰会召开之前，中国的角色为"被动参与者"。G20 成立于 1999 年，初期采用的是财长和央行行长会议机制，属于临时性、非正式机制，不具备法律约束力，也不具备强制性，实效较差，国际影响力也比较低。在 2008 年升级为领导人峰会后，G20 在国际上发挥着越来越重要的作用。1999~2008 年 G20 首届峰会之前，中国在 G20 中的角色为被动参与者。

具体而言，2008 年国际金融危机之前，全球治理框架由以美国为首的 G8 集团主导，发展中国家在全球治理体系中缺失话语权，只能是"被动参与者"。在此阶段，中国开始主动参与国际事务，学习全球治理理念价值、规章制度，吸收国际规则、国际经验，谋求变革全球治理格局，为以后中国构建新型全球治理体系奠定了基础。

（二）积极参与阶段

自参加首届 G20 峰会以来，推动国际金融体系改革和提高发展中国家在国际金融组织中的代表性和发言权，一直是中国在 G20 峰会上的核心诉求，并在 G20 中主动谋求变革国际金融治理体系。在 2011 年法国戛纳召开的第六次 G20 峰会上，一致通过未来 4 年的 G20 峰会主办权将分别由墨西哥、俄罗斯、澳大利亚和土耳其等新兴经济体获得，这打破了 G20 峰会的主办权基本上由发达国家垄断的局面，新兴经济体参与全球经济治理的机会、权利在逐步增加。从 2008~2012 年是中国在 G20 的第二阶段，中国的角色定位已经发生悄然变化，虽然在全球治理体系依然无法获得权利、经济实力和责任的对等平衡，但是中国已经开始进入全球治理决策层，发挥世界经济大国的作用。随着参与程度的提升，中国对全球治理的贡献也经历了从区域性倡议和规则制定到全球性倡议和规则制定的转变。

---

① 赵进东：《中国在 G20 中的角色定位与来路》，载于《中国与全球化》2016 年第 6 期。

（三）主动和引领阶段

2013 年以来，尤其是杭州峰会以来，中国成为 G20 的重要主导方和全球规则制定者之一。在 2013 年圣彼得堡峰会上，习近平主席发表《共同维护和发展开放型世界经济》的重要讲话，提出发展创新、增长联动、利益融合等一系列新理念，提出共同完善全球经济治理，维护和发展开放型世界经济。习近平主席提出的重要主张得到与会各国认可，中方的很多观点和建议均被纳入《二十国集团圣彼得堡峰会领导人宣言》，集中发出了"中国声音"，体现了中国的话语权，提高了中国在全球经济治理中的地位与作用。

2013 年以来，中国在 G20 中发挥越来越大的作用，中国角色向引领者和国际规则制定者转变。中国已经构建出涵盖"中国理念""中国方案""中国标准"的一个新型的全球治理体系。习近平主席明确提出中国全球治理理念为"共商共建共享"，并强调"公正合理"。2016 年 G20 峰会由中国主办，充分说明世界各国对中国在全球治理中的引领作用饱含期待，寄望中国能推动全球治理体系的改革和完善，以及"公平合理"的规则制定。

中国主办的 G20 杭州峰会提出"构建创新、活力、联动、包容的世界经济"主题，这是中国向世界贡献"中国智慧""针对当前世界经济发展问题提出的'中国方案'"。"一带一路"发展框架、亚太自由贸易区、金砖国家开发银行等彰显了中国在地区治理规则和全球治理规则制定方面的中国标准。

四、G20 的作用和展望

（一）作用

1999~2016 年的 18 年间，二十国集团不论在名义上，还是在实际中，都已经成为全球化的世界进行全球经济治理的中心。G20 获得中心地位的首要原因在于接踵而至的危机，尤其是一系列的动荡。其次是其他传统的正式多边组织单凭自身力量无法满足全球治理的新需求，它们却能为 G20 治理提供越来越多的有力支持。G20 在危机应对、政策协调、改革规划、领导人督促方面依然具有优势。G20 也是现阶段唯一能够做到兼顾议事效率、效力和南北共同利益的全球性共治型经济治理平台。

首先，G20的诞生是历史的必然。G20无疑是目前各国应对全球性经济困境最有效的平台，它更适应世界经济发展的现实需要，G20的诞生本质上是世界生产力不断发展的结果。随着生产力的突飞猛进及各国贸易壁垒的减少，经济全球化的深度和广度都达到前所未有的程度，世界各国正在编织一张真正的全球经济网络，这一网络包括两个部分，一个是各国依据本国的丰裕要素和比较优势，围绕全球价值链形成的产业分工网络；另一个是全球金融机构间通过信用拆借、资产负债等关系相互连接成的全球金融网络。贸易与金融将新兴经济体和发达经济体紧密联系在一起，原有的全球经济治理平台（G7、G8）远不能满足实际需求。G20的诞生是经济全球化的必然结果。

其次，G20是新时期引领全球经济治理的重要工具。这与原有的全球经济治理战略一脉相承，仍具有重要的战略价值。我国可以通过G20有效约束发达国家利用原有不公平的经济规则和经济地位对新兴国家进行打压和排挤，同时在更大范围内争取更多的利益共同体，从而有效地保护和争取自身的利益。

最后，G20在应对全球金融危机，避免各国向贸易保护主义倒退的过程中发挥了重要作用，捍卫了多边贸易自由化的成果。2008年的金融危机正是这样一次危机，其蔓延速度之快，波及范围之广超乎想象，为发达国家和新兴国家改革全球治理框架注入了重要的政治动力。2008年华盛顿峰会和2009年伦敦峰会中，G20成员方进行了积极有效的沟通，很快达成通过实施相互协调的刺激政策共同推动世界经济复苏的共识，避免了20世纪30年代"以邻为壑"的贸易保护战的重演。实际上，G20已成为设定世界经济复苏议程的机构，其在应对金融危机中发挥的作用受到广泛认可。

（二）面临的挑战

尽管G20在全球经济治理领域内的核心位置获得了广泛认同，但是就G20机制而言所面临的挑战却有增无减。

就G20所面临的外部挑战而言，世界经济动荡有加剧的趋势。IMF在2016年7月19日最新一期世界经济展望预测报告中再次下调了世界经济增长预期。与2016年4月预测数据相比，7月的最新预测将2016年和2017年的增长预期均下调了0.1个百分点，分别降至3.1%和3.4%。2016~2017年的增长减缓集中在发达经济体，新兴市场经济增长表现的改善将被低收入经济体增长表现的恶化所抵消。就发达国家而言，复苏进程的不一致导致政策选择的分化，美联储的加息政策、日本的负利率政策和欧盟的宽松政策取向都在显示着一个日益分裂的发达世界。新兴市场国家遭受的经济波动在近两年内表现得尤为突出，受普遍低迷的世界经济、能源价格下跌和美国加息等因素影响，新兴市场国家的金融市场经历了巨幅波动，中国也不例外。同时，地缘政治和经济因素交叉影响，增加了全球经济治理的难度。此外，受危机和贫富分化的影响，反全球化和民粹主义浪潮有增强趋势，也在影响和挑战G20这一全球经济治理平台的应对能力[①]。

就G20所面临的内部挑战而言，将长期面临短期危机应对和长期促增长双重任务的挑战。就G20的短期危机应对来看，2008～2010年是应对美国次贷危机及由此引发的全球性金融危机；2010年是应对欧债危机；2013年对新兴市场国家经济波动的关注，2015年是难民危机和恐怖袭击；2016年当前是英国脱欧的影响应对。可以看到G20并没有完成对上述危机的应对，而且所有危机性事件还在持续发酵，相互影响，构成了当前G20危机应对和治理的复杂局面。就长期促进增长而言，在货币政策和财政政策手段用尽之后，G20开始更多关注结构性改革和创新增长，但是其最终效果仍然有待观察。对于更为长远的发展议题，G20在中国作为主席国的努力下，在2016年制定了落实联合国2030可持续发展议程的集体行动计划。这份集体行动计划是G20发挥其领导力和展现榜样力量的集中体现，但是其后续的落实推进和成效评估同样给G20这一协调为主的机制带来新的挑战。

（三）展望

目前，世界权力态势正在发生剧烈的变化，新兴国家快速崛起，美国霸权不断衰落，这使以G20为代表的全球经济治理机制未来发展路径的不确定性增大。但是从长远角度看，G20机制将在制度和影响力等各个维度上面凌驾于当前全球经济治理框架的所有制度和机制之上，成为新阶段全球经济治理框架的核心和枢纽[②]。

G20机制的未来发展将会取决于G20机制本身的效率。G20机制的效率主要根植于两个方面，即治理的有效性与合作的平等性。相比而言，合法性并非G20机制发展的最大挑战，从根本上讲，G20的合法性并不主要在于成员数目和基于不同地区代表性国家的选择，而在于其治理全球经济的有效性。有效性是G20机制存在的首要根本，因为G20机制本身是因危机而生，是为解决问题而设立的，如果脱离了

[①] 甄炳禧：《G20转型面临的难题及破解之策》，载于《国际问题研究》2016年第4期。
[②] 李杨，苏骁：《G20：美国领导全球经济治理的新途径——兼论中国的应对策略》，载于《当代亚太》2016年第1期。

问题解决的能力和效果，G20 机制本身的影响力也会逐步衰减。平等性对于 G20 机制的发展至关重要，这是 G20 机制能够保持其核心地位和活力的关键。相比于传统的全球经济治理机制 G7，G20 的优势在于其包括了新兴市场国家的参与，在发达国家成员和发展中国家成员之间开展平等对话和合作提供了前所未有的平台。保持平等对话与合作对于 G20 机制的存续至关重要，特别是在成员方政治文化和历史传统迥异的背景下，建设以平等原则为基础的共同价值和认同基础显得尤为关键。对于一个人类所共同拥有的全球社会而言，有效的全球治理只能建立在平等之上。

主要参考文献

［1］黄薇. G20 主导下的全球经济治理与中国的期待［J］. 国际经济合作，2015.

［2］李春顶. G20 主要经济体的结构改革路径分析与比较［J］. 经济社会体制比较，2013：191-202.

［3］甄炳禧. G20 转型面临的难题及破解之策［J］. 国际问题研究，2016，4.

［4］王国兴，成靖. G20 机制化与全球经济治理改革［J］. 国际展望，2010，3.

［5］李杨，苏骁. G20：美国领导全球经济治理的新途径——兼论中国的应对策略［J］. 当代亚太，2016，1：58-79.

［6］张丹萍，沙涛. 从 G20 杭州峰会外媒报道看主场外交优势［J］. 公共外交季刊，2017，1：66-73.

［7］赵进东. 中国在 G20 中的角色定位与来路［J］. 中国与全球化，2016，6.

［8］刘宏松. 新兴大国对 G20 议程的影响［J］. 国际展望，2014，2：109-122.

［9］屠新泉，周金凯. G20 杭州峰会成果与中国建设开放型经济强国的意义和启示［J］. 浙江学刊，2017，1：21-29.

［10］李姝，陈娜娜，李刘燕，骆晨. 杭州 G20 峰会对自由贸易的影响与启示［J］. 赤峰学院学报，2017，1.

后　记

近几年来，中国财政科学研究院外国财政研究中心（室）持续开展"各国财政运行状况"跟踪研究，相继出版了《经济危机中的财政——各国财政运行状况（2011）》《政府债务风险与财政改革——各国财政运行状况（2013）》和《世界主要国家财政运行报告（2016）》。在过去几年的研究基础之上，逐渐拓展并形成了"G20框架下财政运行分析"研究框架。这本《世界主要国家财政运行报告（2017）》，是我们对美国、英国、德国、法国、日本、韩国、印度、巴西、俄罗斯、南非等13个G20成员方的2017年度财政运行分析报告。

外国财政研究中心是中国财政科学研究院从事外国财政研究的专门机构，坚持理论联系实际，坚持国际经验与我国国情相结合，为我国财税改革提供启示与借鉴。主要研究领域为：外国财政体制，外国政府预算，外国公共收支，国际财政政策协调，外国财政理论、政策与动态等。经过持续不断的努力和探索，我们逐渐积累了丰富的国别财税资料和国际财政研究经验，本书亦是多年研究积累的体现。

为进一步拓展研究视野与深度，2016~2017年，外国财政研究中心联合广西（东盟）财经研究中心共同撰写《世界主要国家财政运行报告（2017）》。广西（东盟）财经研究中心是广西财经学院和广西壮族自治区财政厅联合组建的地方新型财经智库，重点围绕中国—东盟财税合作问题和为广西地方经济社会发展提供决策咨询服务，承担了印度尼西亚2016~2017年度财政运行状况研究。

全书共分为六篇十三章，各章作者如下：

第一章英国：李欣；第二章德国：张东明；第三章法国：于雯杰；第四章俄罗斯：白忠涛；第五章美国：李博、梁佳雯、丁雨琦；第六章加拿大：刘翠微；第七章巴西：王美桃；第八章澳大利亚：于雯杰；第九章南非：刘翠微；第十章日本：李三秀；第十一章韩国：景婉博；第十二章印度：李欣；第十三章印度尼西亚：靳友雯、刘炫、马念谊；附录 G20 的发展与展望：李成威。

  本报告的撰写和出版，得到了广西财经学院、广西（东盟）财经研究中心和中国财经出版传媒集团经济科学出版社的大力支持，在此表示衷心感谢！

  本书是集体研究成果，虽然我们竭尽全力，但不当之处在所难免，敬请各位专家批评指正！

外国财政研究中心 马洪范
2017 年 9 月 6 日

图书在版编目（CIP）数据

世界主要国家财政运行报告.2017／中国财政科学研究院，广西（东盟）财经研究中心著.—北京：经济科学出版社，2017.10

（中国财政科学研究院智库报告丛书）

ISBN 978 – 7 – 5141 – 8546 – 1

Ⅰ.①世⋯　Ⅱ.①中⋯　②广⋯　Ⅲ.①财政管理体制 – 研究报告 – 世界 – 2017　Ⅳ.①F811.2

中国版本图书馆 CIP 数据核字（2017）第 253142 号

责任编辑：高进水　王　莹
责任校对：辰轩文化
责任印制：王世伟

世界主要国家财政运行报告（2017）

中 国 财 政 科 学 研 究 院
广西（东盟）财经研究中心　著

经济科学出版社出版、发行　新华书店经销
社址：北京市海淀区阜成路甲 28 号　邮编：100142
总编部电话：010 – 88191217　发行部电话：010 – 88191522
网址：www.esp.com.cn
电子邮件：esp@esp.com.cn
天猫网店：经济科学出版社旗舰店
网址：http://jjkxcbs.tmall.com
北京季蜂印刷有限公司印装
787×1092　16 开　22.5 印张　380000 字
2017 年 10 月第 1 版　2017 年 10 月第 1 次印刷
ISBN 978 – 7 – 5141 – 8546 – 1　定价：56.00 元
（图书出现印装问题，本社负责调换。电话：010 – 88191510）
（版权所有　侵权必究　举报电话：010 – 88191586
电子邮箱：dbts@esp.com.cn）